COMENTÁRIOS À LEI DE MOBILIDADE URBANA

LEI Nº 12.587/12 E ATUALIZAÇÕES

ESSENCIALIDADE, SUSTENTABILIDADE, PRINCÍPIOS E CONDICIONANTES DO DIREITO À MOBILIDADE

GERALDO SPAGNO GUIMARÃES

Prefácio
Dinorá Adelaide Musetti Grotti

COMENTÁRIOS À LEI DE MOBILIDADE URBANA

LEI Nº 12.587/12 E ATUALIZAÇÕES

ESSENCIALIDADE, SUSTENTABILIDADE, PRINCÍPIOS E CONDICIONANTES DO DIREITO À MOBILIDADE

2ª edição

Belo Horizonte

FÓRUM
CONHECIMENTO JURÍDICO

2019

© 2012 Editora Fórum Ltda.

© 2019 2ª edição

É proibida a reprodução total ou parcial desta obra, por qualquer meio eletrônico, inclusive por processos xerográficos, sem autorização expressa do Editor.

Conselho Editorial

Adilson Abreu Dallari
Alécia Paolucci Nogueira Bicalho
Alexandre Coutinho Pagliarini
André Ramos Tavares
Carlos Ayres Britto
Carlos Mário da Silva Velloso
Cármen Lúcia Antunes Rocha
Cesar Augusto Guimarães Pereira
Clovis Beznos
Cristiana Fortini
Dinorá Adelaide Musetti Grotti
Diogo de Figueiredo Moreira Neto (in memoriam)
Egon Bockmann Moreira
Emerson Gabardo
Fabrício Motta
Fernando Rossi
Flávio Henrique Unes Pereira

Floriano de Azevedo Marques Neto
Gustavo Justino de Oliveira
Inês Virgínia Prado Soares
Jorge Ulisses Jacoby Fernandes
Juarez Freitas
Luciano Ferraz
Lúcio Delfino
Marcia Carla Pereira Ribeiro
Márcio Cammarosano
Marcos Ehrhardt Jr.
Maria Sylvia Zanella Di Pietro
Ney José de Freitas
Oswaldo Othon de Pontes Saraiva Filho
Paulo Modesto
Romeu Felipe Bacellar Filho
Sérgio Guerra
Walber de Moura Agra

CONHECIMENTO JURÍDICO

Luís Cláudio Rodrigues Ferreira
Presidente e Editor

Coordenação editorial: Leonardo Eustáquio Siqueira Araújo
Aline Sobreira de Oliveira

Av. Afonso Pena, 2770 – 15º andar – Savassi – CEP 30130-012
Belo Horizonte – Minas Gerais – Tel.: (31) 2121.4900 / 2121.4949
www.editoraforum.com.br – editoraforum@editoraforum.com.br

Técnica. Empenho. Zelo. Esses foram alguns dos cuidados aplicados na edição desta obra. No entanto, podem ocorrer erros de impressão, digitação ou mesmo restar alguma dúvida conceitual. Caso se constate algo assim, solicitamos a gentileza de nos comunicar através do *e-mail* editorial@editoraforum.com.br para que possamos esclarecer, no que couber. A sua contribuição é muito importante para mantermos a excelência editorial. A Editora Fórum agradece a sua contribuição.

Dados Internacionais de Catalogação na Publicação (CIP) de acordo com a AACR2

G963c	Guimarães, Geraldo Spagno
	Comentários à Lei de Mobilidade Urbana – Lei nº 12.587/12: essencialidade, sustentabilidade, princípios e condicionantes do direito à mobilidade / Geraldo Spagno Guimarães. 2. ed.– Belo Horizonte : Fórum, 2019.
	303 p.; 14,5cm x 21,5cm
	ISBN: 978-85-450-0658-9
	1. Direito Administrativo. 2. Direito Urbanístico. I. Título.
	CDD 341.3
	CDU 342.9

Elaborado por Daniela Lopes Duarte - CRB-6/3500

Informação bibliográfica deste livro, conforme a NBR 6023:2018 da Associação Brasileira de Normas Técnicas (ABNT):

GUIMARÃES, Geraldo Spagno. *Comentários à Lei de Mobilidade Urbana – Lei nº 12.587/12*: essencialidade, sustentabilidade, princípios e condicionantes do direito à mobilidade. 2. ed. Belo Horizonte: Fórum, 2019. 303 p. ISBN 978-85-450-0658-9.

Dedico esta obra à Letícia, Rafael e Raquel, meus bens supremos e a melhor parte da minha vida. Sei que, por isso, apoiaram e entenderam o tempo que, roubado deles, foi dedicado a este trabalho. Eu tenho uma aliança eterna com vocês.

AGRADECIMENTOS

Agradeço ao Deus Eterno, autor e consumador da minha fé e da minha jornada prazerosa com os livros, as palavras e os estudos.

Agradeço ao meu pai, Vérli Guimarães, que com seu afeto silencioso nunca deixou de me indicar o caminho da ética e do questionamento sobre a verdade. À sempre alegre Carminha (*in memoriam*), minha mãe, e à Mag, irmã querida, incentivadoras e orgulhosas desde as menores conquistas.

Agradeço aos amigos da Procuradoria-Geral do Município de Belo Horizonte e da BHTRANS, pelo companheirismo, incentivo e auxílio sempre prestativo para a produção deste trabalho e de tantos outros. Na impossibilidade de expressar gratidão a cada um, agradeço a ambas as equipes nas pessoas do Dr. Marco Antônio de Resende Teixeira e da Dra. Irlene Peixoto, respectivamente.

Agradeço também a três grandes mineiros, ícones do Direito Público, que sempre acolheram e ensinaram como se cada aluno fosse um amigo e discípulo único, uma flecha de seus arcos a ser afiada e preparada para que, imersos no mundo deles, fôssemos lançados aos grandes debates da ciência do Direito: A Paulo Neves de Carvalho, que ao invés de escrever livros preferiu plantar discípulos; a Carlos Pinto Coelho Motta, que me convidou ao debate como se eu fosse um igual desde quando ainda bruto nos bancos da graduação, e a José Nilo de Castro, prócer do municipalismo brasileiro, poeta das letras jurídicas e de todas as outras, que nunca sucumbiu na luta pela justiça. A constrangedora humildade e o sonho comum dos três foi o fundamento do IMDA, celeiro de apaixonados estudiosos do Direito Administrativo, e o tesouro amalgamado do legado deles é impagável, sendo exemplo disso cada um dos professores mineiros que hoje resplandece no cenário nacional do Direito Público, como é o caso de Cristiana Fortini e Júlio César dos Santos Esteves, que pacientemente leram o primeiro rascunho deste trabalho, num esforço hercúleo em meio às suas agendas lotadas, pelo que agradeço sinceramente com minha amizade e respeito.

Agradeço, finalmente, à competentíssima equipe da Editora Fórum, na qual cada especialista trabalha empenhado como se fosse o talentoso Luís Cláudio.

LISTA DE ABREVIATURAS

AC	Apelação Cível
ADI	Ação Direta de Inconstitucionalidade
ANTAQ	Agência Nacional de Transportes Aquaviários
ANTP	Agência Nacional de Transportes Públicos
CCB	Código Civil Brasileiro
CCT	Câmara de Compensação Tarifária
CDC	Código de Defesa do Consumidor
CLT	Consolidação das Leis do Trabalho
CONAMA	Conselho Nacional do Meio Ambiente
CRFB	Constituição da República Federativa do Brasil
CTB	Código de Trânsito Brasileiro
DNIT	Departamento Nacional de Infraestrutura de Transportes
GEIPOT	Empresa Brasileira de Planejamento de Transportes
IBGE	Instituto Brasileiro de Geografia e Estatística
IMDA	Instituto Mineiro de Direito Administrativo
IPEA	Instituto de Pesquisa Econômica Aplicada
LPNMU	Lei da Política Nacional de Mobilidade Urbana
LTRC	Lei do Transporte Rodoviário de Cargas
NTU	Associação Nacional das Empresas de Transportes Urbanos
PMU	Política de Mobilidade Urbana
PNMU	Política Nacional de Mobilidade Urbana
RDA	Revista de Direito Administrativo
RSTJ	Revista do Superior Tribunal de Justiça
RTJ	Revista Trimestral de Jurisprudência
STF	Supremo Tribunal Federal
STJ	Superior Tribunal de Justiça
TCE-MG	Tribunal de Contas do Estado de Minas Gerais
TCU	Tribunal de Contas da União
TJAC	Tribunal de Justiça do Estado do Acre
TJMG	Tribunal de Justiça do Estado de Minas Gerais
TJPR	Tribunal de Justiça do Estado do Paraná
TJRJ	Tribunal de Justiça do Estado do Rio de Janeiro
TJRS	Tribunal de Justiça do Estado do Rio Grande do Sul
TJSP	Tribunal de Justiça de São Paulo
TST	Tribunal Superior do Trabalho

SUMÁRIO

PREFÁCIO DA 2ª EDIÇÃO
Dinorá Adelaide Musetti Grotti 15

PREFÁCIO DA 1ª EDIÇÃO
Cristiana Fortini 19

NOTA DO AUTOR À 2ª EDIÇÃO..21

APRESENTAÇÃO..23

CAPÍTULO 1
SERVIÇOS PÚBLICOS: CONCEITO FINALÍSTICO,
A PARTIR DA SATISFAÇÃO DOS INTERESSES E
NECESSIDADES DOS DESTINATÁRIOS 27

CAPÍTULO 2
PRINCÍPIOS DOS SERVIÇOS PÚBLICOS E SUA APLICAÇÃO
AO TRANSPORTE PÚBLICO URBANO 41

2.1	Entendendo o que é princípio...	41
2.2	Entendendo o espaço do usuário e do Estado prestador das serventias	44
2.3	O princípio da supremacia do interesse público sobre o privado	48
2.4	Os princípios da generalidade, da igualdade e da impessoalidade	49
2.5	Os princípios da mutabilidade e da atualidade................................	53
2.6	Os princípios da regularidade e da continuidade............................	55
2.7	Os princípios da eficiência, segurança e cortesia	60
2.8	O princípio da modicidade das tarifas..	70
2.8.1	A proposta da tarifa zero...	77
2.9	Outros princípios dos serviços públicos não contemplados no estatuto das concessões	78
2.10	O princípio da consensualidade e da participação	78

2.11	Da essencialidade e da mobilidade	86
2.11.1	A essencialidade	87
2.11.2	A estrutura do Estado Democrático de Direito e sua relação com os serviços de transportes públicos	89
2.11.3	A base constitucional	91
2.11.4	A mobilidade e o transporte público como ordenadores e condicionadores do alcance de direitos fundamentais	92
2.11.5	A base legal	100
2.12	O transporte como direito social – o artigo 6º da Constituição Federal	101

CAPÍTULO 3
A LEI FEDERAL Nº 12.587/2012 E A MOBILIDADE URBANA 105

3.1	Das disposições gerais	110
3.2	Das definições	117
3.2.1	Os modos de transporte	128
3.2.2	O ônibus, o trólebus e o BRT	130
3.2.3	Os trens, o metrô e o VLT	132
3.2.4	O transporte escolar	134
3.2.5	O transporte fretado	136
3.2.6	O transporte de cargas	137
3.2.6.1	O transporte de valores	139
3.2.6.2	O transporte "compartilhado" de passageiros e os aplicativos	140
3.2.7	Dos táxis e mototáxis – a taxonomia dos táxis	143
3.3	Dos princípios, diretrizes e objetivos da Política Nacional de Mobilidade Urbana	149
3.3.1	A sustentabilidade como diretriz	157
3.4	Das diretrizes para a regulação dos serviços de transporte público coletivo	168
3.4.1	A política tarifária	168
3.4.2	Do regime econômico e financeiro das contratações	171
3.4.2.1	Tarifa pública e tarifa de remuneração	174
3.4.2.2	As fontes de receita e os subsídios	176
3.4.2.3	Os subsídios, a gratuidade e as CCTs	178
3.4.2.3.1	A gratuidade	179
3.4.2.3.2	As CCTs (Câmaras de Compensação Tarifária)	188
3.4.3	Controle e diretrizes para a delegação	197
3.4.3.1	A delegação dos serviços e seus contratos	198

3.4.3.2	Da abrangência geográfica da delegação e da reversibilidade	200
3.4.3.3	O poder delegante e os delegatários	216
3.4.3.4	Custo de Gerenciamento Operacional	217
3.4.3.5	O equilíbrio econômico-financeiro e os arts. 9º e 10 da Lei nº 8.987/95	219
3.4.3.6	Os credenciamentos	222
3.4.3.7	O transporte clandestino	223
3.5	Dos direitos dos usuários	226
3.5.1	Usuários: o cidadão e o consumidor	230
3.6	Das atribuições – a competência para organizar e regulamentar os serviços	230
3.6.1	A contextualização do ordenamento jurídico incidente sobre transporte e trânsito	232
3.6.2	A competência municipal legislativa e material para tratar do transporte urbano	235
3.6.3	O interesse público e o interesse local	240
3.6.4	As regiões metropolitanas	240
3.7	Diretrizes políticas e instrumentos de gestão, controle e restrição de uso da via pública e mobilidade urbana	243
3.7.1	Os princípios da razoabilidade e da proporcionalidade, a reserva do possível e a qualidade percebida	245
3.7.2	Histórico e espécies de pedágio urbano	258
3.7.2.1	Da sinalização das políticas de restrição	262
3.7.3	Políticas públicas de mobilidade sustentável	264
3.7.4	Interface entre trânsito e transporte	266
3.8	Responsabilidade administrativa, civil e penal	272

CONCLUSÃO 277

REFERÊNCIAS 281

ANEXO 291

PREFÁCIO DA 2ª EDIÇÃO

A partir da edição da Lei nº 12.587, publicada no *Diário Oficial da União* de 04.01.2012, que vigora desde abril de 2012, fixaram-se princípios, objetivos e diretrizes da Política Nacional de Mobilidade Urbana, bem como normas gerais aplicáveis ao planejamento, à gestão e à regulação dos serviços de mobilidade urbana e de seus respectivos instrumentos de apoio. Referido diploma legal foi instituído para melhorar a acessibilidade e o deslocamento de pessoas (e cargas) no seio das cidades e a integração entre os diferentes modais de transporte, fatores necessários ao desenvolvimento urbano.

A relevância da temática justifica o sucesso e a acolhida que a primorosa obra *Comentários à Lei de Mobilidade Urbana*, de Geraldo Spagno Guimarães, teve em sua primeira edição, publicada em 2012 e esgotada já de longa data.

Vem agora a lume a segunda edição do livro, revista, atualizada em decorrência das alterações legislativas havidas no interregno de tempo entre as duas edições, e com novas reflexões na análise da matéria feita com maestria pelo Autor.

Dentre as inovações, no plano constitucional, com a promulgação da Emenda Constitucional nº 90, de 15 de setembro de 2015, dando nova redação ao art. 6º da Carta Magna de 1988, o direito ao transporte foi incluído como um direito social, logo, um direito fundamental, imprescindível para a concreção de outros direitos sociais. Foi, assim, imposto ao Estado o dever de assegurá-lo a todos os cidadãos por meio de políticas públicas e serviços públicos, além de abrir caminho para proposituras que destinem recursos ao referido setor. A elevação desse benefício ao patamar constitucional, em virtude da sua função social para integração e acessibilidade dos cidadãos, acaba por fortalecer o direito ao transporte e valorizar a importância da mobilidade urbana.

No plano infraconstitucional foram editadas as Leis nºs 12.865/ 2013, 13.146/2015, 13.640/2018 e 13.683/2018, todas objeto de acurado exame pelo Autor.

Lembre-se que o artigo 12-A da Lei de Mobilidade, introduzido pela Lei nº 12.865/2013, previu ser o táxi serviço de utilidade pública, submetido a organização e controle do poder público, inclusive com exigência de anuência para transferências, *inter vivos* ou *causa mortis*.

A seu turno, a Lei nº 13.146/2015, que institui a Lei Brasileira de Inclusão da Pessoa com Deficiência (Estatuto da Pessoa com Deficiência), inseriu o art. 12-B à Lei de Mobilidade, que preceitua, na outorga de exploração de serviço de táxi, a reserva de 10% (dez por cento) das vagas para condutores com deficiência e estabelece requisitos mínimos a serem observados aos veículos por eles utilizados.

Por sua vez, a Lei nº 13.640/2018, suprindo lacuna legislativa, altera a Lei nº 12.587/2012, para regulamentar o transporte remunerado privado individual de passageiros. Assim, foi modificado o inciso X do artigo 4º da Lei nº 12.587/2012, para conceituar o transporte remunerado privado individual de passageiros como aquele não aberto ao público, destinado à realização de viagens individualizadas ou compartilhadas solicitadas exclusivamente por usuários previamente cadastrados em aplicativos ou plataformas de comunicação em rede. Foram também acrescentados os artigos 11-A e 11-B. O primeiro determina que os municípios e o Distrito Federal, quando da regulamentação e fiscalização prevista no *caput*, cobrem os tributos municipais devidos pela prestação do serviço (inciso I), exijam a contratação do Seguro de Acidentes Pessoais a Passageiros (APP) e do Seguro Obrigatório de Danos Pessoais causados por Veículos Automotores de Vias Terrestres (DPVAT) (inciso II) e, por fim, exijam também a inscrição do motorista como contribuinte individual do Instituto Nacional do Seguro Social, nos termos da Lei nº 8.213/1991 (inciso III). Na linha de acautelar o usuário, o artigo 11-B fixa ainda condições direcionadas ao motorista, a quem caberá cumprir as seguintes condições: possuir Carteira Nacional de Habilitação na categoria B ou superior que contenha a informação de que exerce atividade remunerada (inciso I), conduzir veículo que atenda aos requisitos de idade máxima e às características exigidas pela autoridade de trânsito e pelo poder público municipal e do Distrito Federal (inciso II), emitir e manter o Certificado de Registro e Licenciamento de Veículo (CRLV) (inciso III) e apresentar certidão negativa de antecedentes criminais (inciso IV). Por derradeiro, o parágrafo único do artigo 11-B dispõe que a exploração dos serviços remunerados de transporte privado individual de passageiros sem o cumprimento dos requisitos acima destacados implica caracterização de transporte ilegal de passageiros.

Em outras palavras, além de reconhecer a legitimidade do transporte privado individual, tais como 99 Pop, Cabify e Uber, dentre outros, a Lei nº 13.640/2018 atribuiu competência para que os Municípios exerçam regulamentação e fiscalização visando a garantir a eficiência, a eficácia, a segurança e a efetividade na prestação do serviço.

Várias são as controvérsias jurídicas suscitadas pela Lei nº 13.640/2018, que, Geraldo Spagno Guimarães não exitou em trazer à colação, especialmente as relacionadas ao significado de *compartilhamento*, pois entre os modos que a mesma lei define só há transporte individual e coletivo, sem previsão de subespécies; bem como as atinentes à possibilidade de regulamentação municipal. Nesse sentido aborda o Autor, de forma cabida, jurisprudência em tramitação no STF — ADPF nº 449 e RE nº 1054110, com repercussão geral reconhecida — que trata da legalidade do transporte individual de passageiros por meio de aplicativos.

Por fim, a Lei nº 13.683/2018 altera as Leis nºs 13.089/2015 (Estatuto da Metrópole), e 12.587/2012, que institui as diretrizes da Política Nacional de Mobilidade Urbana. Nesta última introduz no art. 6º, VIII, importante diretriz da sustentabilidade econômica das redes de transporte público, vinculando-a aos princípios da continuidade, universalidade e modicidade tarifária do serviço. Ademais, na nova redação dada ao art. 24 sobressai a infraestrutura cicloviária, a ampliação do prazo para elaboração dos planos de mobilidade municipais e a determinação para que tais planos contemplem os núcleos urbanos informais consolidados.

As inserções feitas oportunizam a montagem de um arcabouço analítico sobre a mobilidade urbana no País.

Valendo-se de estilo próprio, Geraldo Spagno Guimarães aborda tema complexo, com uma narrativa clara e vibrante, tornando-o ao mesmo tempo envolvente e instigante aos leitores. Não só comenta a Lei de Mobilidade Urbana, como vai além, contextualizando o tema dentro do panorama do serviço público, enquanto serviço essencial à sociedade.

Este estudo traz uma significativa contribuição para a área jurídica, pela sua excelente qualidade, pela linguagem clara, pela contemporaneidade do tema, examinado com elevado nível de profundidade e esmero impecável nos mais diferentes aspectos, conferindo a esta obra o grau de indispensabilidade de sua consulta por todos aqueles que se interessam em buscar soluções para problemas relacionados ao desenvolvimento urbano, à harmonia da cidade, da ordem e da convivência sustentável.

Com satisfação recebi o convite para prefaciar este livro, pleno de vigor intelectual para o debate e exame da matéria, motivo de júbilo para toda a comunidade jurídica, mas que a ela não se adscreve, por ser acessível a uma vasta e variada gama de leitores.

São Paulo, 26 de março de 2019.

Dinorá Adelaide Musetti Grotti
Doutora e Mestre em Direito do Estado pela Pontifícia Universidade Católica de São Paulo. Especialista em Direito Civil pela Universidade de São Paulo. Professora de Direito Administrativo da Pontifícia Universidade Católica de São Paulo dos Cursos de Graduação e Pós-graduação. Ex-procuradora do Município de São Paulo. Autora de livros e de artigos em várias obras coletivas e em revistas especializadas.

PREFÁCIO DA 1ª EDIÇÃO

A vida é mesmo um surpreender-se. Um mexer e remexer de sentimentos que nos colhem, nos movimentam, nos humanizam.

Receber o convite para prefaciar este livro tocou o recanto mais profundo da minha alma.

Como autora, conheço os bastidores do mundo acadêmico e sei que juristas de maior calibre, na condição de prefaciadores, acrescentariam à obra o brilho que o autor merece.

Exatamente por isso, maiores os meus regozijo e desafio.

Trata-se de um trabalho construído com carinho e denodo. A dedicação com que o autor se debruçou sobre o tema do transporte coletivo, assunto de indiscutível aridez, dada a complexidade técnica que o toca, bem como novidadeiro, em face da Lei nº 12.587/12, torna-o invulgar.

O desvelar das primeiras páginas é impactante. A seriedade no trato do tema, a redação elegante, despida de excessos, o cuidado com os detalhes são facilmente perceptíveis e dignificam o sempre professor Paulo Neves de Carvalho, seu orientador no Mestrado em Direito Administrativo na Faculdade de Direito da UFMG.

O livro não se resume em apresentar e comentar a Lei de Mobilidade Urbana. Se o fizesse, Geraldo já teria cumprido com galhardia sua missão, seja pelo ineditismo da abordagem, seja porque, como bem lembra o autor, a lei está a abordar o serviço público destacado como essencial pela Constituição da República porque "condicionador do alcance de direitos fundamentais".

Ocupou-se o autor de contextualizar o tema. Como qualificado Professor, Geraldo nos insere no inebriante tema do serviço público, destacando a finalidade pública que deve mover sua prestação, dado se tratar de atividade destinada a minimizar as desigualdades sociais. Prossegue indicando os princípios que norteiam os serviços públicos e, com alguma ousadia, acrescenta à clássica lista novos princípios.

Ao enfrentar a Lei nº 12.587/12, o autor tece as considerações necessárias para que o leitor compreenda o desenho constitucional em matéria de distribuição de competências e aponta as divergências doutrinárias sobre o tema, entendendo que a nova lei lança luzes sobre o assunto.

Reconhecendo-a como "inegável marco inicial normativo", porque voltada à melhoria da acessibilidade e da mobilidade das pessoas e cargas e ambiciando incentivar a integração dos modos de transporte, o autor disseca as regras e princípios que as compõem com a autoridade do profissional que vive as dificuldades dos entes públicos de solucionar os problemas que o trânsito acarreta.

Do autor, não se esperaria nada diverso. O livro é o produto dos pensamentos e reflexões do homem, advogado e professor. E sobre ele também quero falar-lhes.

Geraldo nasce em 1960, ano que dá início a uma das mais charmosas e importantes décadas da história da humanidade.

Primo do escritor Guimarães Rosa, a quem Minas rende incessantes tributos pela magia com que decifra os segredos da nossa alma e do nosso pensar, Geraldo cresce embalado ao som dos Beatles e da Bossa Nova.

Da família composta pelos pais Vérli Ávila de Paulo e Guimarães e Maria do Carmo Spagno Guimarães e pela irmã Margarida, Geraldo recebeu as influências que traçam o seu perfil não apenas porque seguiu a profissão exercida pelos genitores, mas porque todo o seu desenvolver deu-se em cenário de enaltecimento da família como centro propulsor.

Trata-se de um professor conhecido pela delicadeza dos gestos, pela lealdade aos colegas e pela seriedade com que se dedica ao Direito Administrativo. Mas, sobretudo, trata-se de ser humano portador de amor imenso que se externaliza na docilidade encantadora com que se refere à esposa, Letícia, mãe dos seus filhos, Rafael e Raquel.

O homem e o professor. O marido, o pai e o advogado.

O colega de todas as horas: difíceis, decisivas, divertidas.

A você, os meus parabéns pela séria contribuição ao Direito Administrativo.

Seu livro é único.

Cristiana Fortini

Pós-Doutora pela George Washington University, Estados Unidos. Doutora em Direito Administrativo pela UFMG. Professora dos cursos de graduação, mestrado e doutorado na Faculdade de Direito da UFMG. Ex-Controladora-Geral de Belo Horizonte. Membro da Diretoria do Instituto Brasileiro de Direito Administrativo (IBDA). Ex-presidente do Instituto Mineiro de Direito Administrativo (IMDA). Ex-Procuradora-Geral Adjunta de Belo Horizonte.

NOTA DO AUTOR À 2ª EDIÇÃO

O Brasil ainda está bem longe de uma cultura de mobilidade. Alguns pensam que o povo ir para as ruas pedir tarifas módicas é o maior dos avanços. Embora esse comportamento evidencie uma luz em algum lugar do túnel, para uma consciência social a respeito da grandeza do tema existem várias outras questões tão ou mais importantes que ainda precisam evoluir muito.

Em muitos lugares em nosso país, quando um motorista para o veículo para um pedestre atravessar na faixa a este reservada com preferência, isso ainda é considerado uma gentileza. Até gestores e especialistas em mobilidade – não todos – ainda pensam e divulgam esse comportamento como se fosse gentileza urbana, quando em países desenvolvidos a violação à norma protetiva é considerada bem mais que uma conduta cidadã vexatória. É uma conduta natural para o motorista, mas também um direito do pedestre que sujeita os infratores a sanções que não ficam impunes como aqui. É preciso ficar claro que o senhor da cidade é o cidadão e, nessa medida, a faixa de pedestre é uma extensão da calçada.

Vivemos num país onde um Presidente vai à mídia dizer que país rico é o que dá carro popular para os pobres a preços acessíveis, quando todos sabemos que os países realmente ricos são os que investem num transporte público eficiente e, por isso, atrativo aos ricos.

Há muito o que corrigir na consciência e na prática geral, mas não há dúvida de que o assunto está incomodando e provocando debates.

Desde a primeira edição desta obra foram muitas pequenas alterações legislativas aqui e ali, a começar pela EC nº 90/2015, que incluiu o *transporte* entre os direitos sociais, no art. 6º da Carta Constitucional. Essa mudança já eleva o assunto a um patamar superior, ao ponto de exigir dos gestores inclusão compulsória nas leis orçamentárias e nos programas governamentais com o *status* que a vida das pessoas – especialmente, mas não exclusivamente, no contexto citadino – recomenda, tanto para o transporte de cargas, que abastece a *urbes*, quanto para o transporte de passageiros, que assegura o direito de ir e vir com eficiência e capilaridade.

No plano infraconstitucional vieram alterações por meio das Leis nºs 12.865/2013, 13.146/2015, 13.640/2018 e 13.683/2018.

A *Lei nº 12.865/13* alterou o art. 12 e introduziu o 12-A na Lei de Mobilidade, para dizer que o táxi passa a ser serviço de utilidade pública, mas que continua submisso a controles e organização do poder público, inclusive à imprescindível anuência para transferências, *inter vivos* ou *causa mortis*. Esse aspecto teve constitucionalidade questionada, mas a Ministra Rosa Weber (STF) pacificou, no final de 2017, em decisão monocrática transitada, que, não sendo serviço público, o Município pode sim admitir as transferências.

A *Lei nº 13.146/2015* trouxe ao mundo jurídico o Estatuto da Pessoa com Deficiência, dizendo que ele orienta os planos diretores de transporte e trânsito, introduzindo na Lei de Mobilidade o art. 12-B, que ordena a reserva de 10% (dez por cento) das vagas para condutores com deficiência e regrando requisitos mínimos quanto aos veículos destes.

A *Lei nº 13.640/2018* mudou a redação do art. 4º, X da Lei de Mobilidade para dizer que transporte remunerado privado individual de passageiros é uma espécie não aberta ao público que pode ser compartilhada, o que, a meu ver, atrairá discussões sobre o significado desse compartilhamento, pois entre os modos que a mesma lei define só há transporte individual e coletivo, sem previsão de subespécies. Essa lei também introduz os arts. 11-A e 11-B na Lei de Mobilidade, os quais tratam da competência exclusiva do Município e do DF para regulamentar e fiscalizar transporte remunerado privado individual, o que convalida legislações que vários municípios já vinham promulgando e os aplicativos e seus motoristas se negando a cumprir, com amplo debate no Judiciário. O STF reconheceu Repercussão Geral por meio do TEMA 967, no qual o relator (Barroso) e o Ministro Fux, embora negando provimento ao recurso, neste caso, já votaram em favor da competência Municipal, com limites e temperamentos, também conforme ADPF 449.

A *Lei nº 13.683/2018* altera o Estatuto da Metrópole e a Lei de Mobilidade, e nesta introduz, no art. 6º, VIII o importantíssimo balizador da sustentabilidade econômica das redes de transporte público, vinculando-a aos princípios da continuidade, universalidade e modicidade tarifária do serviço. Além disso, a nova redação do art. 24 destaca a importância da infraestrutura cicloviária, ampliou o prazo para elaboração dos planos de mobilidade municipais e determinou que tais planos contemplassem os núcleos urbanos informais consolidados.

Continuo acreditando que ainda é possível melhorar bastante e convido todos à reflexão e ao debate.

APRESENTAÇÃO

Quando convidado pelo então Procurador-Geral do Município de Belo Horizonte, o Dr. Marco Antônio de Resende Teixeira, a compor a equipe que produziria o primeiro edital para o transporte coletivo de passageiros de uma grande capital, em 1997, sabia que, mesmo conhecendo bem as licitações e concessões, o desafio seria enorme, pois o setor, por tradição, não estava acostumado a licitar.

Foram dezenas de impugnações, recursos administrativos e liminares que tumultuaram o certame e transformaram aquela jornada numa batalha jurídica com a participação de juristas de escol. Aquela experiência não foi apenas uma grande aula. Foi também um batismo que me tornou cativo por um amor à primeira vista com um tema até então inexplorado, tanto no Direito Administrativo quanto no Direito Urbanístico.

Já se foram mais de vinte anos e ainda não encontrei nenhum trabalho jurídico que enfrentasse o tema da mobilidade urbana e nem mesmo pontualmente o de transportes de passageiros, com a atenção e o relevo que esses assuntos carecem e merecem.

Nesta obra, aproveitando a promulgação da Lei de Política Nacional de Mobilidade Urbana, a Lei Federal nº 12.587, de 3 de janeiro de 2012, e todas as discussões que provocaram alterações por quatro novas leis até agora, além de um olhar mais preocupado pelo judiciário, órgãos de controle e debates no ambiente acadêmico, propus-me, na primeira edição, o desafio do pontapé inicial para o debate com todo o risco que o pioneirismo oferece. Continuo lendo artigos, acompanhando, por vezes, doutrina e jurisprudência, mas também assumo algumas posições minoritárias e até lancei na primeira edição conceitos inexistentes, procurando oferecer alguns significados ou confirmar outros que só os operadores e especialistas em transportes adotam no dia a dia do setor.

Como discípulo que bebeu da fonte de Paulo Neves, Carlos Motta e José Nilo de Castro, não pude resistir à chance de, em alguns momentos, divergir da jurisprudência, não por mero debate ou pela vaidade de deter a verdade, mas por acreditar que o tema não está suficientemente assimilado pelos que não militam na área e não conhecem os meandros, os detalhes e as aflições de quem deve decidir e agir sobretudo pelo viés da sustentabilidade, sem esquecer a razoabilidade.

Reconheço a mobilidade urbana como um assunto bem parecido com o futebol, no qual cada brasileiro se julga técnico e capaz de sugerir as melhores soluções para a harmonia da cidade, da ordem e da convivência sustentável. Quando em uma reunião social as pessoas descobrem que estudo o assunto, logo apontam problemas como se fossem causados exclusivamente por incompetência do governante ou do poder público. Contudo, é um tema mais tormentoso do que se imagina e não admite soluções cuja origem seja uma bravata de discussões intermináveis de botequim.

A mobilidade urbana é de tal importância que o transporte coletivo urbano é o único serviço público que a Constituição Federal classifica como de caráter essencial. Basta imaginar que uma greve nesse setor é capaz de inviabilizar, em grau bem acentuado, todos os demais serviços públicos, criando empeços ao desenvolvimento e à vida social em todos os níveis.

Por estas razões e por muitas outras, o artigo 21, XX, e o artigo 182 da Constituição Federal impuseram ao legislador infraconstitucional o estabelecimento de diretrizes para o desenvolvimento urbano, neste incluído o transporte de passageiros e de cargas no âmbito local, com o fim de fundamentar também princípios e objetivos que devem nortear a gestão da mobilidade e da acessibilidade, com vistas à ordenação da *urbe*, para garantia da liberdade de locomoção, compromisso e responsabilização da Administração e dos usuários da via pública.

O texto legal, ainda que com alguns dispositivos discutíveis, é, sem qualquer dúvida, um avanço que coloca o ordenamento brasileiro no patamar de primeiro mundo, mesmo que a previsão constitucional tenha esperado a regulamentação por mais de vinte e três anos, se bem que outras normas ao logo desse tempo supriram algumas carências parcial e temporariamente.

Além da lei e respectivas alterações comentadas, a obra é inaugurada com uma conceituação singular de serviço público, aplicada ao serviço de transporte, quando ele é público. Além disso, os princípios do serviço público também são examinados com um olhar dedicado aos serviços de transporte.

Um desafio da obra é suprir uma falha da lei comentada, que não impôs explicitamente uma reserva orçamentária para custear a educação para a mobilidade, assim como fez o Código de Trânsito quando obriga a destinação de parte da arrecadação das multas em investimentos na educação para o trânsito. A falta de visão para esse detalhe representa a perda de uma chance de ao menos educar as futuras gerações para a mobilidade sustentável.

Ainda que esteja nesse estágio de proêmio, sei bem que não poderia me furtar a uma segunda edição atualizada e revisada como a que agora ofereço à comunidade científica e aos citadinos em geral, e sonho ainda com outras revisões após as críticas sempre bem-vindas, especialmente dos amigos, porque o tema é essencial e necessariamente cambiante, razão pela qual, desde já agradeço aos leitores se puderem me enviar comentários e sugestões.

Desejo que este trabalho contribua de alguma maneira para os leitores e estudiosos do Direito Público, mas especialmente para o avanço do desenvolvimento urbano que a todos interessa, pois o tema de mobilidade urbana evoca a responsabilidade que cada um tem numa participação no mais alto grau da política que é o compromisso com a cidadania e com o próximo, razão pela qual podemos aqui invocar como mote da discussão uma proclamação que deve ir além de apenas um mês ou um ano de Copa do Mundo que veio após a primeira edição, na medida em que a qualidade de vida aumenta se na busca pela conquista da mobilidade sustentável formos todos *"juntos num só ritmo"*.

CAPÍTULO 1

SERVIÇOS PÚBLICOS: CONCEITO FINALÍSTICO, A PARTIR DA SATISFAÇÃO DOS INTERESSES E NECESSIDADES DOS DESTINATÁRIOS

Quem governa seja como quem serve.
Jesus Cristo[1]

Um trabalho sobre mobilidade urbana tem como um dos importantes elementos os serviços públicos de transportes urbanos e seria incompleto sem uma digressão, ainda que breve, sobre o conceito de *serviços públicos* com delineamento dos contornos que enfatize esse tipo específico de prestação. Dessa forma, tentaremos neste capítulo desenvolver um conceito finalístico, útil e conducente ao estudo dos transportes públicos.[2]

A doutrina jurídica em coro, no Brasil e fora dele, afirma ser tarefa dificílima conceituar a locução *serviço público*.[3] A busca de uma

---

[1] Em Lucas, cap. 22, vers. 26, parte final.
[2] Como o objetivo do presente trabalho é esmiuçar apenas o serviço de transporte (inclusive o não público), recomenda-se, para estudo sobre origem e conceito de serviço público o excelente trabalho de alto grau científico da professora Dinorá Adelaide Musetti Grotti (*O serviço público e a Constituição brasileira de 1988*).
[3] *Vide* comentários ALESSI. *Instituciones de derecho administrativo*, t. II, p. 364, nota 2; ARAÚJO. *Curso de direito administrativo*, p. 118; CARVALHO FILHO. *Manual de direito administrativo*, p. 265; DI PIETRO. *Direito administrativo*, p. 98; GASPARINI. *Direito administrativo*, p. 289; MEIRELLES. *Direito administrativo brasileiro*, p. 323; SANTO, Leonardo Motta Espírito; SOARES, Cláudia Ribeiro. Serviço público. *In*: MOTTA. *Curso prático de direito administrativo*, cap. 5, p. 134; VEDEL. *Derecho administrativo*, p. 688.

definição levou alguns juristas ao estudo das atividades materiais pertinentes ao Estado ou de sua responsabilidade primária. Bandeira de Mello[4] também considera imanente ao conceito o traço formal que advém do direito positivo como condição agregadora da qualificação dos tais por meio do regime jurídico-administrativo que o regramento específico lhes confere, o que chama de *"unidade normativa"*. Afirmamos agregadora porque não é o cerne do conceito, pois a essência e significado da locução estão mais acentuados na definição do mestre quando menciona a fruição pelos administrados das satisfações da coletividade em geral. Esse, aliás, deve ser o norte dos gestores das políticas públicas: a satisfação dos usuários dos serviços públicos, sabendo que a indignidade humana é inconstitucional (art. 1º, III da Constituição Federal), e a prestação ineficaz ou ineficiente pode se revelar numa órbita de vida indigna.

Gasparini[5] menciona uma *"crise da noção de serviço público"* no direito francês e anota tratar-se de um *"diálogo de surdos"*, segundo a expressão de Waline. Ocorre que entre surdos é possível haver entendimento através de uma linguagem comum, embora inaudível, enquanto que no caso do conceito que nos interessa, existem correntes e autores que consideram a linha de pensamento alheia um equívoco, razão pela qual a unanimidade e mesmo o diálogo são inimagináveis. No Brasil, referida crise se acentuou nos anos de 1990, quando da onda privatista que fez emergir um Estado mais regulador do que executor, sob o argumento de que era necessário fugir dos elevados custos das realizações pela via estatal,[6] caminho copiado da opção europeia da década anterior. Contudo, lá como cá e por qualquer ângulo que se pontue, não se pode dizer que a crise fora resolvida por essa opção nem que ela tenha contribuído para o consenso conceitual.

A variação do conceito nos remete à própria evolução do Estado, ao compasso dos tempos e das contingências políticas e econômicas, ou das necessidades coletivas. Houve tempo em que Jèze chegou a afirmar que o *"Direito Administrativo é o conjunto das regras relativas aos*

---

[4] BANDEIRA DE MELLO. *Curso de direito administrativo*. 26. ed., p. 667-668.
[5] GASPARINI, *op. cit.*, p. 289.
[6] Dinora Grotti assevera que "na quadra final do século XX o Estado do bem-estar, idealizado durante as últimas décadas, recebe crítica cerrada, identificado com a idéia de ineficiência econômica do setor público e o desperdício de recursos; incapacidade de investimento; o imenso custo, causador de gigantescos endividamentos públicos; insatisfatória qualidade dos serviços prestados, tornando-se o cidadão cativo e sufocado pelo próprio Estado" (*O serviço público e a Constituição brasileira de 1988*, p. 65).

serviços públicos",⁷ o que levava a discussão obsedante sobre a silhueta dos serviços públicos a um patamar ainda mais elevado.

A dificuldade na definição, entretanto, não afasta do Estado a função de prover o controle da eficiência e da qualidade dos serviços, porque constitui-se em direito público cívico dos cidadãos, de conteúdo positivo. Porém, o que mais se discute é o que deve ser considerado serviço público, para que nesses casos sejam exigíveis o comprometimento do Estado e aplicáveis os princípios orientadores na consecução da tarefa, razão pela qual é possível dizer que a definição tem se mostrado útil e necessária mais para revelar quais são e em que condições devem ser prestados do que para se entender o que é serviço público.

Uma característica pouco adotada, mas fundamental no conceito, é a compreensão do sentido exato da expressão que se orienta pelo destinatário dos serviços, ou seja, traduzindo o significado a partir do *direito do cidadão à fruição de um préstimo,*⁸ cuja obrigação do Estado de oferecer resulta no alcance de um interesse público que pode ser exigido pelo cidadão usuário.⁹

É certo que isso não conceitua, mas quando se delineia a finalidade afasta-se do desafio tudo o que não atinge esse objetivo. A finalidade é indicada como princípio a que está jungida a Administração Pública. Bandeira de Mello anota que, por força desse princípio, *a Administração subjuga-se ao dever de alvejar sempre a finalidade normativa.*¹⁰

Entretanto, nesse tópico, numa concepção purista e sem o cabresto da lei, preferimos para o presente estudo concluir como Gasparini, para quem o princípio da finalidade impõe à Administração Pública simplesmente a prática *de atos voltados para o interesse público.*¹¹ Certamente por isso, conclusivamente, Dallari¹² assevera que *o fim do Estado é o bem comum,* e Dromi pontua que "el bien común impera como causa orientadora de la existencia estatal".¹³

---

⁷ JÈZE. *Les principes géneraux du droit administratif.* v. 3, p. 1 *et seq.*
⁸ Aqui cuida-se de um dos préstimos, sabendo-se que o Estado realiza várias outras atividades que geram préstimos aos administrados e que não são serviços públicos, como no caso das atividades econômicas cuja exploração estatal tem amparo no artigo 173 da CRFB.
⁹ Farta doutrina menciona esse direito do usuário exigir como princípio – a exemplo de Cesar A. Guimarães Pereira (*Usuários de serviços públicos*: usuários, consumidores e os aspectos econômicos dos serviços públicos) e Edmir Netto de Araújo (*Curso de direito administrativo*, p. 135) – mas não usam esse princípio como foco do conceito.
¹⁰ BANDEIRA DE MELLO. *Curso de direito administrativo.* 26. ed., p. 106.
¹¹ GASPARINI. *Direito administrativo*, p. 14.
¹² DALLARI. *Elementos de teoria geral do Estado*, p. 112.
¹³ DROMI. *Derecho administrativo*, p. 581.

De outro giro, já se propôs que o Estado deveria ocupar-se somente de uma tarefa negativa, simplesmente como *guardião da ordem jurídica*, mas também para esse raciocínio kantista[14] sobre os fins do Estado há que se perquerir que ordem é essa, e a resposta à indagação é que a ordem a se proteger é a que impede a violação do bem-estar e da dignidade da pessoa humana. A ordem que vem se estabelecendo com o Estado-Regulador não pode repudiar o Estado do Bem-Estar, que se organiza em função das necessidades das pessoas. Ao contrário, deve persegui-lo. Aliás, segundo Sundfeld, a exata compreensão da administração ordenadora evidencia, entre outros fundamentos, estar voltada à organização da vida privada.[15]

Por esses fundamentos, não é demais dizer que o serviço público, ainda que para a visão positivista dependa de definição legal, só será legítimo quando intentar os mesmos fins almejados pela respectiva coletividade e com o intuito de viabilizar seu desenvolvimento sustentável. Por isso, entendemos que a definição legal não é suficiente se a atividade não confere ao cidadão e respectiva coletividade a fruição satisfatória. É necessário conformar-se a um conjunto de princípios e moldar-se a um regime jurídico-administrativo, mas a natureza da prestação tem que valorar-se como pública em sua essência, sob pena de não se poder distingui-la de atividades privadas de interesse geral, como o próprio texto constitucional acentuou quando estabeleceu, no artigo 173, que só é possível ao Estado explorar algumas delas, necessárias aos imperativos de segurança nacional ou por relevante interesse coletivo, em igualdade de condições e regime para não promover concorrência desleal e desestímulo ao empreendedor privado.

É fundamental, portanto, fixar que não se pode desviar a conceituação do alvo principal da prestação, porque não se cuida de mera função e sim de uma satisfação, daí o relevo do *princípio da eficiência* que haverá de ter, em sua aplicação, a companhia harmônica do *princípio da finalidade*.

Não por outro motivo a Constituição Federal dispõe, expressamente, no art. 175, que incumbe ao Poder Público, na forma da lei,

---

[14] Del Vecchio ensina que "O Estado, para Kant, não deve ocupar-se do Bem em geral, da felicidade ou da utilidade comum, mas tem uma tarefa negativa; deve ser simplesmente o *guardião da ordem jurídica*, com o único fim de assegurar a actuação do Direito e impedir a sua violação. Este conceito kantiano ficou expresso pela fórmula: *Estado de Direito* (e oposição ao tipo de Estado que as fórmulas *Estado-providência* ou *Estado-polícia* consagravam)" (*Lições de filosofia do direito*, p. 497).

[15] SUNDFELD. *Direito administrativo ordenador*, p. 20.

a prestação de serviço público. É dizer: o Estado foi incumbido, em seu Estatuto Maior, de satisfazer prestações àqueles que, ao invés de serem tratados como seus súditos, deveriam ser vistos como senhores. A obrigação tem como foco, portanto, a oferta eficiente aos cidadãos dessas utilidades ou serventias que a lei elenca ou define como tais.

O fato de o legislador constituinte comandar ao legislador infraconstitucional que a lei tem que delimitar quais são não quer significar que a forma de conceituação do serviço público dependa da lei, mas reflete a imperatividade da incumbência estatal em prover, diretamente ou não, os préstimos aos cidadãos de forma a preservar a dignidade humana, o que acentua a finalidade dos serviços a tal ponto que a satisfação do beneficiário comporá necessariamente ao menos o invólucro conceitual.

Irene Patrícia Nohara[16] garimpa em Sundfeld[17] e Odete Medauar[18] as razões ou *finalidades* pelas quais determinadas atividades devem ser consideradas serviços públicos. Assim, a finalidade está presente no ato de eleição ou distinção de um serviço como público, seja para proteger setores da especulação privada, para promover justiça social, para suprir carências da iniciativa privada, favorecer o progresso técnico ou o desenvolvimento social, ordenar o aproveitamento de recursos finitos ou manter a unidade do país.

Cumpre observar que na prestação dos serviços públicos estão envolvidos dois sujeitos, um titular de um dever de prestar e outro titular de um direito de usufruir. Diga-se, por oportuno, que há casos em que a proximidade entre o prestador e quem recebe o serviço público é tão acentuada que nas hipóteses em que o usuário participa materialmente na atividade há quem encontre dificuldade em discernir em que posição ele está na relação.[19]

É possível encontrar até na legislação brasileira hipótese de confusão entre a figura do usuário, que paga a tarifa, e do operador, a quem cabe prestar os serviços. É o caso do art. 3º, da Lei Federal nº 6.009, de 26.12.1973, que obriga o explorador de aeronave a pagar a tarifa de rolagem e de estacionamento da mesma. Mais nítida ainda é a simultaneidade de posições do explorador de instalação portuária para uso

---

[16] NOHARA. *Direito administrativo*, p. 435.
[17] SUNDFELD. *Fundamentos de direito público*, p. 83.
[18] MEDAUAR. *Direito administrativo moderno*, p. 314.
[19] Mescheriakopf narra a situação de uma grua onde a figura do concessionário se confunde com a de usuário (*Droit des services publics*, p. 227-228).

privativo em movimentação de carga própria, nos termos do art. 4º, §2º, II, "*a*" da Lei Federal nº 8.630, de 25.02.1993, tendo este concessão para ser ao mesmo tempo único usuário da referida instalação, o que quase transmuda a concessão de serviço numa concessão de uso de área, mas sem dúvida alguma, o concessionário, na hipótese, é prestador e usuário do serviço ao mesmo tempo.

O importante é que, quando se fala em serviço público, o que se persegue, mais que a definição conceitual, é uma construção ou concepção centrada no reconhecimento do dever de um nível de prestação adequada por parte do titular do serviço (ou outro que lhe faça as vezes), e do direito ao bem-estar e melhoria das condições de vida do titular desse direito.

Se a Carta Republicana do Brasil ganhou a alcunha de "*Constituição Cidadã*" desde o discurso inaugural de Ulisses Guimarães, quando de sua promulgação, em 05 de outubro de 1988, pelo menos nesse contexto brasileiro, deveria valer mais o conceito de serviço público que tenha como presente a prestação dos encargos estatais bem entregues ao seu destinatário, assim considerado tanto na órbita individual quanto inserido na coletividade e nos interesses desta.

A partir desse objetivo de atendimento às necessidades coletivas, e só por intermédio dele, é que se chega à definição que a doutrina enumera como conceito no sentido *material*, que é aquele que designa o serviço público como a atividade da Administração Pública destinada não apenas a cumprir os fins do Estado, como prefere Mário Masagão, mas, sobretudo, a satisfazer as necessidades de interesse geral dos administrados, ao qual preferimos nomear cidadão.

Não se nega aqui que o conceito lato[20] e talvez completo deva abarcar os três elementos combinados pela doutrina em geral e citados por Evandro Martins Guerra.[21] Assim, ao que parece, os administrativistas consideram o serviço público a partir de três noções: a do conceito *subjetivo ou orgânico* – que denota a pessoa jurídica prestadora da *atividade*; a do conceito *formal* – que é o regime ao qual se submete

---

[20] Alexandre Aragão divide as várias correntes em quatro categorias conceituais. São as concepções amplíssima, ampla, restrita e restritíssima de serviço público. A primeira concepção é orgânica, conforme a escola de Léon Duguit e envolve todas as atividades do Estado. A segunda exclui do conceito o que não é atividade prestacional. A terceira exclui os serviços *uti universi*, mantendo os serviços públicos econômicos e sociais. Na quarta, são excluídos os serviços sociais também explorados pela iniciativa privada (ARAGÃO. *Direito dos serviços públicos*, p. 143 *et seq.*).

[21] GUERRA. *Direito administrativo sintético*, p. 326.

a *atividade*, e; a do conceito *material* – que acentua a *atividade* como satisfação própria ao atendimento das necessidades dos indivíduos e respectiva coletividade, mas o fato é que, conforme destacamos, a figura central da *atividade* está presente nos três elementos conceituais, e não parece possível afastar como alvo ou objetivo desta prestação a satisfação de seu destinatário, posto que a atividade existe para atendê-lo. Portanto, a existência da própria atividade resulta da necessidade e do direito do usuário ser atendido.

Aliás, perceber a tônica dos serviços públicos nos interesses dos indivíduos que por eles são atendidos é leitura antiga. Themístocles Cavalcanti já destacava que desde meados do século XIX houve mudança na atitude tradicional dos Estados, assumida essa posição *em face dos indivíduos e dos fatos e problemas sociais*.[22]

Da mesma forma, quando Hely Lopes Meirelles[23] se propôs a classificar os serviços públicos levou em conta *a essencialidade, a adequação, a finalidade e os destinatários dos serviços*, ou seja, até para se obter o arranjo sistemático dos tipos há que se definir com precisão o fim a que se destina o serviço, que é o atendimento satisfatório do destinatário, na medida em que é essencial para a vida social o cumprimento e o controle pelo Estado quanto à adequada prestação dos tais.

Regra de ouro do setor privado, a satisfação do cliente deve também ser o norte no setor público. As grandes empresas investem muito em pesquisas para saber o gosto e o padrão de atendimento esperado pelo consumidor. A estratégia não é só uma questão de ética e boa índole do empresário. Os empreendedores inteligentes sabem que essa é uma questão de sobrevivência em um mercado cada vez mais competitivo.

Já se passaram algumas décadas desde que a escola pública era a preferida no ensino fundamental e médio, conceito mantido, em certa medida, apenas no ensino universitário, em que os investimentos na melhor formação da mão de obra e o *status* que tem o professor ainda recompensa os abnegados servidores da educação pública do nível superior.

Um dado interessante é que tanto no setor público quanto no privado o sucesso de um serviço é medido pela satisfação de seus beneficiários, e também se sabe que o êxito em ambos os setores está diretamente envolvido com o empenho de quem serve. Portanto, numa

---

[22] CAVALCANTI. *Tratado de direito administrativo*, v. 2, p. 5.
[23] MEIRELLES. *Direito administrativo brasileiro*, p. 324.

relação entre quem serve e quem é servido, a satisfação faz parte do conceito que se tem do serviço.

Um exemplo de exata compreensão desse núcleo de prestação adequada ao conceito é o testemunho de um servidor público registrado há dois mil anos em dois evangelhos. O capítulo 8 do livro de Mateus[24] narra o episódio do centurião de Cafarnaum, fato também reproduzido por Lucas, o apóstolo médico, no capítulo 7.

Centurião era o chefe de uma centúria, que podia ter cem e, em geral, até mais soldados sob suas ordens. Portanto, aquele homem era um importante servidor do Estado, o que também seria hoje, dado que não são muitos servidores em nossos dias que mantém sob suas ordens equipes tão grandes. Mesmo assim, aquele homem se considerava indigno de que o Mestre entrasse em sua casa. Sabedor da autoridade de Cristo, foi a Ele e rogou que curasse a paralisia e os tormentos de um de seus servos. Segundo o relato dos evangelhos, não sabemos se o enfermo era um parente ou amigo do Centurião, mas está registrado que se tratava de um componente de sua equipe.

No entanto, nos interessa mais aqui, e é bem peculiar, a reação do Centurião e o entendimento que tinha sobre a *função* e a *autoridade* confiada a um servidor público como ele. Ao reconhecer o poder de Jesus, aquele dirigente público disse que podia entender seu potencial de eficiência na solução dos problemas, pois também ele, como Centurião, era *homem sujeito à autoridade, porque quando dava ordens a seus servos eles iam e vinham, e cumpriam os comandos recebidos.*

Curioso é que quando alguém afirma que *"é sujeito à autoridade"*, todos pensam que ele está dizendo que acima dele há um superior hierárquico, mas não foi como ele concluiu. Ele fez relação entre sua autoridade e a sujeição dele a ela, sua responsabilidade em bem servir, mesmo quando comanda, porque após dizer que era sujeito a autoridade não disse que recebia, mas que dava ordens, ou seja, as ordens que dava, fazia dele um homem sujeito à autoridade que tinha.

Esse homem sabia o significado de *servir* e está nos ensinando que um servidor público é aquele cuja autoridade, que advém da competência a ele conferida, o submete a ações eficientes. O servidor

---

[24] *"Mas o Centurião respondeu: Senhor, não sou digno de que entres em minha casa; mas apenas manda com uma palavra, e o meu rapaz será curado. Pois também eu sou homem sujeito à autoridade, tenho soldados às minhas ordens e digo a este: vai, e ele vai; e a outro: vem, e ele vem; e ao meu servo: faze isto, e ele o faz"* (Evangelho de Mateus, cap. 8, vers. 8, 9. In: RYRIE, Charles C. *A Bíblia anotada*. Exp. São Paulo: Mundo Cristão; Barueri, SP: Sociedade Bíblica do Brasil, 2000. p. 922).

não é aquele que tem *autoridade* como *status* de potestade soberana, mas aquele que se sujeita à *autoridade* que tem, para, através desse *munus* público, decidir da maneira mais proveitosa, não para seu interesse, mas para atender aos interesses daqueles a quem serve, a coletividade. Mais que um cargo, ele vê sua posição como um encargo e retira de si o foco da prestação para direcionar ao usuário.[25]

Nesse escopo vale muito a doutrina de Rui Cirne Lima, que nos dá a noção de administração como o *bem vinculado à finalidade impessoal a que essa administração deve servir*, por ser esta a *atividade do que não é senhor absoluto*,[26] posto que um bem pertence ao proprietário da coisa, não àquele que foi feito seu gestor. Embora possa se alcançar também o interesse da própria Administração, o certo é que, com mira na função finalística, como ensinam Fortini, Pereira e Camarão, *a atividade administrativa revela uma função estatal destinada à satisfação de interesse público.*[27]

O trato do assunto com essa reverência e quase veneração, porque em causa o interesse público, é que atrai para a prestação a adoção do regime jurídico-administrativo, próprio e específico do Direito Público, e quadra aqui lembrar que Di Pietro[28] acentua a relação do serviço com o regime de Direito ao citar Leon Diguit, para quem *"em torno da noção de serviço público gravita todo o direito público"*.

Cuida-se nesse tema, então, do pleno exercício da cidadania, posto que o desenvolvimento social que aproveita aos cidadãos só pode ser alavancado à medida que o Estado promove, por um processo técnico, as melhores soluções das questões jurídicas, sociais e econômicas da coletividade, quando cada preposto estatal entende que sua atuação se destina a um único fim: prover os cidadãos das serventias que garantam a dignidade e acelerem a inserção de cada um nos estamentos que dela gozam em um plano isonômico e satisfatório.

Destarte, no presente trabalho consideraremos, senão como conceito, o qual será concluído adiante, ao menos como núcleo do conceito de *serviço público, a satisfação dos cidadãos quando do cumprimento das atividades estatais*, sabendo-se que os fins do Estado estão mais para essa satisfação do que para a mera função de obtê-los por meio

---

[25] Para Celso Antônio Bandeira de Mello a figura estelar no serviço público é o usuário (*Curso de direito administrativo*. 26. ed., p. 671).
[26] LIMA. *Princípios de direito administrativo*, p. 20.
[27] FORTINI; PEREIRA; CAMARÃO. *Processo administrativo*: comentários à Lei nº 9.784/1999, p. 49.
[28] DI PIETRO. *Direito administrativo*, p. 98.

de atividades, até porque nem é razoável que se possa crer que essas atividades ou mesmo as pessoas que as prestam tenham razão de existir senão para alcançar essa finalidade, o bem-estar social, ou seja, é a natureza da prestação com um perfil evidente de atendimento às demandas da sociedade, o que varia ao compasso dos tempos na medida em que ela evolui suas expectativas quanto ao que considera útil ou necessário.

Só há usuário quando há serviço, mas convém avançar e dizer que só há usuário satisfeito quando existe serviço eficiente, realizado por servidores capacitados e empenhados, que pesam sua atuação e cada opção decisória com foco no interesse público e atingimento dessas premissas de forma adequada, aí inseridas a atualidade, a continuidade e todos os demais indicativos de adequação do §1º do artigo 6º da Lei Federal nº 8.987/95.

Não é à toa, pois, que Rivero pontua que *a atividade administrativa exerce-se no interesse de todos*[29] e que *a satisfação do interesse geral é o fim exclusivo do serviço público*.[30] Entre nós, Bandeira de Mello propõe como primeiro princípio que orienta os serviços públicos o *dever inescusável do Estado de promover-lhes a prestação*,[31] razão pela qual sabemos que nunca abdicará da titularidade, e mesmo Gasparini,[32] quando dá a primazia ao *princípio da mutabilidade*, o faz destacando que este princípio *visa conformar o regime da prestação aos interesses da coletividade*, o que, de certa forma, é a busca do mesmo alvo, ou seja, o atendimento com ponto de mira na satisfação do usuário.

Uadi Bulos define serviço público como aquele que é capaz de satisfazer necessidades básicas da coletividade,[33] e não é demais mencionar a essa altura que Marçal Justen Filho[34] admite qualificar como serviço público somente o fornecimento de utilidades essenciais à realização da dignidade da pessoa humana, citando após essa afirmação Jean-François Lachaume, transcrevendo trecho de estudo desse autor quando correlaciona a máxima eficácia buscada em qualquer adaptação do serviço público em face do interesse geral.

Portanto, embora a expressão comporte noção plurissignificativa, como fundamento para nosso estudo, valerá aqui como conceito da

---

[29] RIVERO. *Droit administratif*, p. 308.
[30] RIVERO, *op. cit.*, p. 308.
[31] BANDEIRA DE MELLO. *Curso de direito administrativo*, p. 672.
[32] GASPARINI. *Direito administrativo*, p. 295.
[33] BULOS. *Constituição Federal anotada*, p. 1277.
[34] JUSTEN FILHO. *Teoria geral das concessões de serviço público*, p. 31.

locução *serviço público* a afirmação de que *é a atividade imprescindível do Estado, diretamente prestada ou por quem lhe faça as vezes, cuja finalidade é a satisfação do interesse público (orientado e modulado pela dignidade humana) no atendimento das necessidades, utilidades ou comodidades individuais e coletivas da sociedade.*[35]

Optamos, então, por construir e sugerir à comunidade doutrinária um conceito que chamamos de *finalístico*, porque não se baseia nos aspectos orgânicos, formais ou mesmo nos materiais em si, embora estes últimos estejam presentes, mas na razão pela qual o Estado se ocupa da organização de meios para a satisfação dos interesses da coletividade e, pontualmente, dos indivíduos. É o conceito a partir do viés persecutório da efetiva satisfação, isso porque, conforme delineado por Cesar Pereira, o usuário dos serviços públicos é um fim, não um instrumento da ação do Estado.[36]

Diga-se que a presença do traço da satisfação das necessidades individuais e da coletividade é mais importante que a titulação normativa, pois a lei se presta mais a distinguir os serviços públicos das atividades econômicas (que também são prestadas para atender o interesse público) do que propriamente para arrolar quais são e quais não são serviços públicos. A lei, aliás, nem deveria declarar como pública, embora muitas vezes indevidamente o faça, a atividade que não detém em si os princípios caracterizadores dos serviços públicos, conquanto o inverso possa se estabelecer como verdade, ou seja, há serviços que aderem um ou outro princípio e nem por isso são públicos ou não deveriam ser taxados como tais pela norma.

O traço satisfativo das necessidades também parece mais importante que o aspecto orgânico da corrente que se apega a isso para definição, na medida em que vários serviços públicos podem e são

---

[35] Entre os doutrinadores brasileiros, quem tem conceito mais próximo deste é Maria Sylvia Zanella Di Pietro, que ainda acrescenta os regimes jurídicos pelos quais podem ser prestados os serviços (*Direito administrativo*, p. 102). Edmir Netto de Araújo menciona o conceito doutrinário teleológico, mas referindo-se à necessidade pública ou coletiva, e não diretamente sob a ótica do destinatário, cuja satisfação é nossa tônica (*Curso de direito administrativo*, p. 126). Cesar A. Guimarães Pereira (*Usuários de serviços públicos*: usuários, consumidores e os aspectos econômicos dos serviços públicos, p. 1, 2) propõe alteração da perspectiva, retirando-se o foco da *prestação* e situando-o no *usuário* do serviço público, em face da consagração da dignidade da pessoa humana como fundamento da ação do Estado. Em amparo à sua proposição cita Marçal Justen Filho e Jorge Salomoni, quando comenta o art. 42 da Constituição Argentina, com a redação dada pela reforma de 1994.

[36] PEREIRA. *Usuários de serviços públicos*: usuários, consumidores e os aspectos econômicos dos serviços públicos, p. 34.

naturalmente prestados por particulares o que, pelo menos nesses, esvaziaria ou enfraqueceria esse ângulo de conceituação.

Para nosso trabalho, que não pretende exaurir nem fornecer conceito definitivo ou exclusivo, até mesmo o traço material deve ser relativizado – não afastado – na medida em que o que se quer destacar nos serviços de transporte, especialmente nos *públicos*, mas também naqueles tidos por *serviços de interesse público*, é a imprescindibilidade destes para a satisfação de necessidades básicas, inclusive como aquela que viabiliza a satisfação de outros serviços de interesse geral, públicos ou não. É possível que o conceito finalístico acima proposto seja criticado, por se aproximar de uma concepção mais sociológica que jurídica, mas a ciência jurídica não é senhora única do conceito nem pode desprezar os aspectos sociais, valendo destacar que o alvo maior desse trabalho é contribuir para o Direito mais na discussão das noções do serviço de transporte, público ou não, na medida em que nele está presente a viabilização estrutural da mobilidade e até da acessibilidade.

Há uma razão para insistir no conceito finalístico nessa matéria. Embora os administrativistas não definam o assunto específico do *serviço público* sob esse ângulo, boa doutrina conceitua o próprio Direito Administrativo a partir de uma raiz teleológica, em que pese tratem os estudiosos dos fins do Estado[37] ou dos fins administrativos[38] e não especificamente dos fins mirados pelos cidadãos, vistos ou não como administrados. Não que o Direito Administrativo se preste a definir os fins do Estado, mas estes são deveres que preordenam o conceito.

José dos Santos Carvalho Filho avança para definir Direito Administrativo tangenciando nesse foco da finalidade da satisfação do interesse coletivo nas relações Administração/Administrado, ao dizer que esse ramo da ciência do Direito é o conjunto de normas e princípios que *regem as relações jurídicas entre as pessoas e órgãos do Estado e entre este e as coletividades a que devem servir*.[39]

Ademais, a se admitir o *serviço público* como uma atividade material do Estado que provê a coletividade, há que pertencer ao conteúdo relevante de sua definição o fato de que, precipuamente, o fim dessa atividade é a satisfação das necessidades e interesses dos cidadãos e não do Estado. O cidadão não pode ser visto como objeto, mas como sujeito, um sujeito de direitos. É o caso de se concluir que o fim mediato

---

[37] MEIRELLES. *Direito administrativo brasileiro*, p. 40.
[38] DI PIETRO. *Direito administrativo*, p. 47 e OVIEDO; USEROS. *Derecho administrativo*, p. 17.
[39] CARVALHO FILHO. *Manual de direito administrativo*, 15. ed., p. 7.

do serviço público são os fins do Estado e o imediato é servir o cidadão e a coletividade em geral.

Por estas razões, são primorosas as conclusões de Rui Cirne Lima,[40] para quem a causa final do serviço público está no objetivo: prestação ao público, ou seja, reside aí o traço característico principal do serviço público na sua condição de existencial relativamente à sociedade.

Destarte, mesmo que Cirne Lima tenha escrito tais apontamentos antes da promulgação da vigente Constituição, se, nos moldes do art. 175 desta, não há serviço público que não seja, direta ou indiretamente, prestado pela Administração ou pelo Estado, também não se reconhecerá essa existência quando não se destinar a servir, direta ou indiretamente, a sociedade.

Aproveitamo-nos, então, da noção dada por José Nilo de Castro, quando o saudoso prócer municipalista brasileiro vincula em perfeita síntese o Estado aos serviços públicos, afirmando que o serviço público é ativado pela prestação. E o Estado existe para prestar serviços públicos.[41]

Como aqui nos interessa, com maior ênfase, o serviço público de transporte urbano de passageiros, convém destacar que os tais têm como *titular* o Município e se classificam quanto à prestação ou execução em *delegáveis*, porque é possível o trespasse da operação. Quanto à destinação são *uti singuli*, porque dedicam-se a atender determinados usuários que, individualmente, pagam a tarifa e se submetem ao regulamento próprio, mas quanto ao objeto podem ser, ao mesmo tempo, considerados *econômicos*, porque visam o oferecimento de utilidades materiais de ordem econômica necessárias não apenas à sobrevivência digna do indivíduo, mas ao oferecimento do bem-estar de qualidade, ou *sociais*, porque buscam atender as necessidades coletivas em que a atuação do Estado é essencial, em parceria com a iniciativa privada.[42] Entretanto, convém observar que boa doutrina distingue os serviços econômicos dos sociais em razão da possibilidade de contraprestação pecuniária para os primeiros e financiamento pelo Estado para os últimos.[43]

---

[40] LIMA. *Princípios de direito administrativo*, p. 82-83.
[41] REVISTA DE DIREITO MUNICIPAL – JN&C, p. 20.
[42] Maria Sylvia Zanella Di Pietro classifica expressamente o serviço de transporte simultaneamente como econômico e social, o que vale aqui como endosso a nossa afirmação nesse sentido (*Direito administrativo*, p. 111).
[43] CARVALHO FILHO. *Manual de direito administrativo*, p. 313.

CAPÍTULO 2

PRINCÍPIOS DOS SERVIÇOS PÚBLICOS E SUA APLICAÇÃO AO TRANSPORTE PÚBLICO URBANO

2.1 Entendendo o que é princípio

Como o propósito e tema central desta obra é a mobilidade urbana, e o transporte enquanto serviço público ou de interesse público nela se insere com a importância que já destacamos, é necessário introduzir o estudo por meio dos princípios, tanto os gerais da Administração Pública, ainda que em breves considerações, quanto os específicos orientadores do serviço público, mirando-se, especialmente, na forma como aplicáveis ao setor de transporte público.

Do mesmo modo que formulamos no capítulo anterior o conceito de serviço público, ainda que por um ângulo restrito e invulgar – assumindo, com certa intrepidez, o risco de crítica severa das escolas tradicionais – fincaremos os princípios no trato específico do transporte, para vergar este serviço público aos moldes daqueles fundamentos robustos ou que lhe são mais apegados.

Antes, porém, quadra aqui entender o que é princípio. Princípio não é apenas a base de um sistema, porque isso ele passa a ser somente após a catalogação do referido sistema como tal. Antes de um dado sistema existir e reconhecer suas bases, ele passa por um processo de independência, onde conquista autonomia em relação ao sistema ao qual se atrelava anteriormente. Antes de se estabelecer as bases é preciso perscrutar minuciosamente a nova vertente. Esse método é mais vinculado a real essência do preceito e da própria coisa que se estuda, pois revela a origem dela, sua intenção e os porquês de sua estruturação como ramo de ciência.

No dizer de Canotilho, uma das concepções de princípio envolve justamente uma natureza e também função normogenética fundamentante, porque eles constituem a *ratio* de regras jurídicas.[44]

Todo sistema se reproduz como uma estrutura celular e, quando o novo sistema é criado, esse fenômeno acontece justamente porque desabrocha um novo ramo de ciência que sai das entranhas da estrutura primeva e ganha vida própria.

É quando se percebe que existem princípios autônomos ainda não manejados que o novo ramo se destaca e se desloca para um ambiente novato, antes nunca visitado daquela forma, porque inadmissível após o descortinar da descoberta que continuem a conviver os agora dois sistemas como se fosse a mesma coisa. Seria como insistir a criança em permanecer no corpo da mãe com o qual se confunde. Se não declarada autonomia, a vida latente é sufocada. A diferença é que a criança é lançada para fora do útero num processo natural, enquanto o princípio se emancipa num processo de escolha necessário, ou por vezes arbitrário de expansão para um sítio distante daquele a que pertencia.

Uma vez reconhecida a força geratriz e confirmada a solidez de sua autonomia, nasce um novo sistema e inaugura-se um ramo da ciência, e assim também acontece na ciência jurídica. Embora cada ramo, no sentido do étimo, pertença à mesma ciência, a jurídica, com a revelação de princípios autônomos o ramo ou sub-ramo noviço é reconhecido como outra estrutura, com vida própria, mesmo que tenha pontos de contato e mantenha relacionamento com o que lhe deu origem ou ainda com outros ramos e até com outras ciências.

Quando o Tribunal de Conflitos do Conselho de Estado francês estudava um conflito negativo para decidir o famoso caso Blanco, em 1873, concluiu que a responsabilidade do Estado deveria ser analisada e estabelecida não mais no campo do Direito Civil, e assim passou a se reconhecer o Direito Administrativo como ramo da ciência jurídica, despregado do *jus civile*.

Portanto, antes de constituir a base do novo sistema, o princípio é sua *verdade fundante*, um *novel valor*, a *via* ou *iter antepositivo* que inaugura o sistema quando este ainda não existia, nem era reconhecido de forma autônoma em relação àquele do qual se deslocou. Daí em diante sim, após essa transição resultante da verdade fundamental recém concebida como valor condensado, que se emancipa do antigo núcleo,

---

[44] CANOTILHO. *Direito constitucional e teoria da Constituição*, p. 1086.

tornar-se-á a base por sobre a qual será erigida toda a construção do sistema, e em relação à qual nada se mantém de pé sem a liga imprescindível e imantada desde então. Com essas verdades fundamentais erigidas como o veio de um canal, é que se estabelece o que haverá de constituir a base do sistema, a qual se constituirá no conduto de circulação natural de tudo que por ele passará.

Por isso, antes de ser uma base, o princípio é o fenômeno que serve de parâmetro para a gênese da coisa nova, a fonte de onde flui sua essência, embora também possamos reconhecê-lo nesse raciocínio no qual o novo sistema encontra seu fundamento como a ideia central de que fala Sundfeld,[45] para quem o sentido lógico que o princípio informa permite a compreensão de seu modo de organizar-se e ajuda no ato de conhecimento e de distinção em relação a outros sistemas.

Entretanto, não é razoável afirmar que os princípios dos serviços públicos se despregaram dos princípios do Direito Administrativo, porque isso não acontece. Como o serviço público é uma atividade titularizada precipuamente pela Administração Pública,[46] todos os princípios que orientam esta devem ser seguidos na prestação dos serviços. E a recíproca pode ser reconhecida como verdadeira, como advoga Rafael Oliveira, o qual chega mesmo a afirmar que, rigorosamente, os denominados "princípios dos serviços públicos" são, em verdade, princípios que norteiam toda a atividade administrativa.[47]

Como exemplo, podemos citar em nossa atividade profissional de advogado a angústia sofrida várias vezes quando se escuta numa secretaria de vara judicial que o servidor que digita certidões ou alvarás está de férias e, por esta razão, esse serviço administrativo do Poder Judiciário desacelera, atrasa e por vezes é interrompido, em flagrante ofensa ao princípio da continuidade, que deve ou deveria nortear toda atividade administrativa.

Como acontece em vários temas do Direito Administrativo, não há unanimidade quanto aos princípios orientadores dos serviços públicos, servindo como primeiro referencial o rol sugerido por Louis Rolland,[48] que ditava apenas a continuidade, a igualdade e

---

[45] SUNDFELD. *Fundamentos de direito público*, p. 143.
[46] Maria Sylvia Zanella Di Pietro dá exemplo dos serviços de educação e saúde como atividades de titularidade bifurcada ou dividida entre o poder público e a iniciativa privada (*Parcerias na Administração Pública*).
[47] OLIVEIRA. *Princípios do direito administrativo*, p. 141.
[48] CHEVALLIER. *Le service public*, p. 21. No Brasil seguem esse rol restritivo, com pequenas variações que incluem requisitos e direitos: ARAÚJO. *Curso de direito administrativo*, p. 128-138; GASPARINI. *Direito administrativo*, p. 296-299.

a mutabilidade, aos quais vários outros vêm sendo acrescidos pela doutrina e também pela legislação como adiante serão comentados.

É fácil perceber que o caráter multifário dos princípios se reproduziu em vários tipos de serviços públicos, assim como contaminou os serviços públicos de transporte, cuja atividade é prenhe em novos modais que a engenharia e também a própria mutação social têm sugerido como recomendáveis para cada atendimento e peculiaridades locais. Assim é que o tema que estudamos é palco da modernidade e a criatividade tem avançado à frente dos conceitos em tal velocidade que os princípios se constituem em âncoras imprescindíveis à firmeza e convergência de entendimento quanto a particularidades que o direito positivo e a doutrina ainda não foram capazes de fincar uniformemente.

2.2 Entendendo o espaço do usuário e do Estado prestador das serventias

Com efeito, Rivero afirma que:

> *criar um serviço público é afirmar que o interesse geral seria comprometido caso não fosse satisfeita a necessidade social correspondente e que a intervenção de uma pessoa pública é indispensável para prover nesse sentido.*[49]

A satisfação dessa necessidade é, pois, a pedra de toque que faz nascer o princípio autônomo, a ideia de *serviço público* como atividade de responsabilidade do Estado tendente a prover seus cidadãos. Assim é que assevera Guglielmi, que o serviço público não tem sentido nem realidade senão se for efetivamente utilizado pela população, pois é à vista das necessidades desta que ele é criado.[50]

No que concerne à investigação das necessidades e realidades sociais não são apenas os estudiosos da figura do Estado que se queixam dele e o observam como o pior inimigo do homem. A sabedoria popular compara o Estado, por suas atribuições, a animais no pior sentido. Assim, a atribuição fazendária é comparada a um leão, em razão das mordidas dolorosas que arrancam sem dó as rendas das pessoas, e o Estado como um todo é visto tal qual um elefante, por sua grandeza extravagante e limitação desajeitada para mover-se.

---

[49] RIVERO, *op. cit.*, p. 494.
[50] GUGLIELMI; KOUBI. *Droit du service public*, p. 478.

A dificuldade de agir e servir com agilidade provoca a crítica contra o enorme espaço que o "paquiderme" ocupa. Os serviços públicos são mais lembrados pela falta do que pela eficiência, embora a falta possa nem ter relação com a presença do Estado. O liberalismo e o neoliberalismo desejam um Estado mínimo, que para os defensores dessas ideologias traria atendimento melhor e mais liberdade às ações privadas caso a presença do Estado fosse notada apenas como fomentador, regulador e fiscalizador, nos moldes do artigo 174 da CRFB. Os economistas mais entusiasmados chegam a afirmar que juridicamente não há indivíduo se a propriedade não for a base do capital da sociedade[51] e mesmo o STF já se posicionou na proteção da ordem econômica ao decidir que *não é possível ao Estado intervir no domínio econômico, com base na discricionariedade quanto à adequação das necessidades públicas ao seu contexto econômico, de modo a desrespeitar liberdades públicas e causar prejuízo aos particulares*.[52] Embora sejamos partidários da noção de que tanto o Estado quanto a iniciativa privada falham no atendimento adequado dos serviços públicos, temos que concluir que, do raciocínio sobre a preferência por um Estado mínimo, decorre uma indagação que não se pode olvidar: Se o que se quer é que o Estado seja mínimo, quem deve ocupar o máximo de espaço na vida social senão aquele a quem deve o Estado servir?

Dessa forma, a ideia fundamental dos serviços públicos deve ser, como já dito no capítulo anterior, aquela que dê ao cidadão o seu devido espaço, vital à satisfação de seu legítimo interesse em ser bem servido por aquele que não negocia nem pode negociar sua condição de titular do serviço enquanto cidadão. Quando se fala em Estado mínimo, que vem a ser a diminuição da influência do Estado, especialmente no plano da economia, o que se acentua é a presença da iniciativa privada, a qual, sob essa ótica, deveria ocupar o ângulo operacional dos serviços, mas o fato é que onde o núcleo das decisões é focado no usuário, como acontece, por exemplo, em alguns países da Europa ocidental, tem-se alcançado o serviço adequado, sabendo-se que a adequação nada mais é que a somatória dos princípios norteadores da prestação, como, aliás, estabelece o §1º do art. 6º da Lei Federal nº 8.987/95, dispositivo esse que foi traduzido e reconhecido pelo artigo 14, I da Lei nº 12.587/12 como direito dos usuários.[53]

---

[51] SOTO. *O mistério do capital.*
[52] RE nº 422.941/DF, Rel. Min. Carlos Velloso, j. 06.12.2005.
[53] Art. 6º Toda concessão ou permissão pressupõe a prestação de serviço adequado ao pleno atendimento dos usuários, conforme estabelecido nesta Lei, nas normas pertinentes e no

Não se intenta aqui defender em nosso estudo a intervenção máxima ou mínima, mas propugna-se pela atuação estatal eficiente e essencial, quando for o caso. Nesses termos, convém aqui a observação mais acertada de Juarez Freitas, quando assevera que se deve lutar pelo Estado essencial, ponderadamente capaz de promover a eficácia dos direitos fundamentais, vertical e horizontalmente considerados.[54]

Sob o enfoque dos serviços públicos, o que se deve almejar entender é que o Estado existe para bem servir seus cidadãos. Como insiste José Nilo De Castro, é de se sentir na mensagem da Constituição republicana que o indivíduo é o fim e a sociedade o meio.[55]

Quadra aqui, entretanto, registrar que, ainda que não se considere o usuário como titular do serviço, essa perspectiva não retira dele a posição de protagonista na relação, tanto que a citada Lei Federal nº 8.987/95, que dispõe sobre o regime de concessões e permissões, estabelece, no art. 6º, que todas essas delegações pressupõem o *serviço adequado* ao *pleno atendimento dos usuários*, considerando, no §1º, adequado o serviço que satisfaz condições consubstanciadas em princípios da prestação. Esse dispositivo regula o art. 175, IV da Constituição Federal.

Em face desse traço peculiar essencial da adequação que deve plasmar toda a prestação dos serviços, nos editais de licitação não se pode fixar como vantagem o que a legislação classifica como indispensável à adequada prestação.[56]

Convém a essa altura ponderar que os mencionados preceitos do §1º, do art. 6º da Lei nº 8.987/95, embora tidos por boa doutrina como *pressupostos da delegação*,[57] na verdade, devem ser reconhecidos como princípios a serem observados na prestação, mesmo que operados e fornecidos diretamente pelo Poder Público, posto que o §1º define como adequado o serviço que é prestado em condições satisfatórias aos usuários. Portanto, o foco dos preceitos não está na delegação ou

---

respectivo contrato. §1º Serviço adequado é o que satisfaz as condições de regularidade, continuidade, eficiência, segurança, atualidade, generalidade, cortesia na sua prestação e modicidade das tarifas.

[54] FREITAS. *O controle dos atos administrativos e os princípios fundamentais*, p. 146.
[55] CASTRO. *Hei de vencer*, p. 144. E o inconformado municipalista mineiro esmiúça a obra de Vincent Pellion para concluir que, entre outros tabus, devemos ser afastados da noção de pegajosos neo-positivistas quanto à crença de que o indivíduo estaria contra o Estado (p. 144-145).
[56] *Vide* Apelação Cível nº 70020296315 TJRS. Apte: Real Rodovias de Transportes Coletivos S/A; Apdo: Ministério Público Estadual em Esteio/RS.
[57] MOTTA. *Eficácia nas concessões, permissões e parcerias*, p. 52.

na obrigação acometida meramente a delegatários, mas na satisfação que o prestador obriga-se a cumprir na operação, seja ele o titular dos serviços ou quem dele recebe a incumbência. Esse raciocínio de foco nos usuários é o mais correto, razão pela qual Marçal Justen Filho também os menciona como destinatários dos princípios, desde que se submetam às regras de fruição dos serviços,[58] mas nestes a adequação não se dá no âmbito das obrigações, e sim dos direitos.

A avaliação da adequação do serviço, por seu turno, é circunstancial, porque o adjetivo *adequado* reflete um conceito indeterminado e está sujeito às condições específicas da prestação. Coincidentemente, Marçal Justen Filho exemplifica essa imprecisão exatamente com o serviço urbano de transporte público, porque serão diferentes os critérios de apreciação da adequação numa metrópole e em uma pequena cidade interiorana.[59] Pelo mesmo raciocínio, o plano de mobilidade urbana adequado à cidade histórica de Tiradentes (MG) será, necessariamente, distinto daquele adequado à litorânea Fortaleza (CE) e à megalópole São Paulo (SP).

Embora o artigo 6º da Lei nº 8.987/95 institua a adequação sob a forma de princípios genéricos que orientam qualquer serviço público, é possível distinguir de forma ainda mais específica o que torna adequado o serviço público de transporte coletivo urbano, sem embargo dos pressupostos traçados naquele dispositivo. É que existem instrumentos práticos de otimização operacional desses serviços, tais como as decorrentes dos estudos com vistas à criação ou realocação das interseções semafóricas, dos pontos de parada, das conversões ou faixas especiais, da eliminação das valetas, da fiscalização do estacionamento irregular nos trajetos dos ônibus etc.

Como estabelecemos o foco da adequação no usuário, não é demais clarear o fato de que tanto este quanto a coletividade são beneficiários do transporte público. Ele acumula as duas condições (usuário e beneficiário) porque é servido diretamente e, ao mesmo tempo, enquanto membro da coletividade beneficiária, porque quando o usuário opta pelo transporte público ela tem a contrapartida da fluidez do trânsito, da ordem urbana e da diminuição da poluição no caso em que o usuário deixa em casa seu veículo particular.

---

[58] JUSTEN FILHO. *Teoria geral das concessões de serviço público*, p. 302.
[59] JUSTEN FILHO, *op.cit.*, p. 305.

2.3 O princípio da supremacia do interesse público sobre o privado

Com efeito, o Estado, visto como titular do serviço, não busca os fins do governo, pois os fins do Estado estão mais para os interesses dos governados que para os interesses daquele. É o que esclarece Bandeira de Mello[60] a quem possa, segundo ele, absorver equivocada intelecção sobre o verdadeiro significado e alcance do princípio da *supremacia do interesse público sobre o privado* ao considerar que *as prerrogativas que nesta via exprimem tal supremacia não são manejáveis ao sabor da Administração*, concluindo que quem exerce função *está assujeitado ao dever de buscar, no interesse de outrem, o atendimento de certa finalidade*.

Já se propôs que na contemporaneidade vislumbra-se – pelo avanço do exercício da cidadania e da busca pela vida digna – que o *direito à cidade* passe a ser encarado como um direito fundamental.[61] Portanto, a *urbe* evoca o ideal de uma dimensão coletiva sobreposta ao privado e exclusivo de cada qual que a compõe, ideal esse que faz surgir um direito à harmonia da convivência preponderante sobre outros de valores individualistas. Essa vertente não cassa o direito à propriedade nem outros direitos individuais, mas elabora o justo proceder por um veio que é traçado com vistas a proteger o direito à cidade como uma faceta da cidadania maior que o cidadão, porque faz prevalecer uma cidadania coletiva.

A supremacia do interesse público no caso da mobilidade urbana está nitidamente voltada para as condicionantes das decisões sobre oferta e uso dos transportes, as quais levam em conta o atendimento e a forma de apropriação da via. Os conflitos e convergências entre os interesses público e privado devem ser mitigados tendo em vista a coletividade e os impactos sociais muito mais que as consequências contornáveis ou compensáveis no plano individual. Exemplificando, mais importante que arrecadar o pedágio urbano (que será adiante explicado) é assegurar à coletividade a mobilidade urbana sustentável.

Nesse passo, a gestão municipal do transporte público urbano assume uma condição de juridicidade sustentada em sede constitucional

---

[60] BANDEIRA DE MELLO. *Curso de direito administrativo*. 26. ed., p. 97.
[61] COSTALDELLO. A supremacia do interesse público e a cidade: a aproximação essencial para a efetividade dos direitos fundamentais. *In*: BACELLAR FILHO; HACHEM. *Direito administrativo e interesse público*: estudos em homenagem ao Professor Celso Antônio Bandeira de Mello, p. 239-265.

que corresponde, em sua estrutura, a um *direito coletivo primário*, conforme a definição de Romeu Bacellar,[62] até porque a expressão "interesse público", preferida pelo direito positivo, como adiante se explicitará, é menos de interesse propriamente dito e mais de direitos e obrigações, pois assim é que se vincula a atuação da Administração Pública, como ensina o professor Luciano Ferraz.[63]

Essa posição que o Município assume resulta também de norma princípio infraconstitucional, acentuada pelo inciso II, do parágrafo único, do artigo 2º da Lei Federal nº 9.784/99, que veda a renúncia total ou parcial de poderes ou competências, salvo autorização em lei, no caso do princípio que o *caput* chama de *interesse público*, e que acaba por atrair também a aplicação dos princípios da indisponibilidade e da finalidade. Não pode, pois, o Município se omitir na organização dos transportes públicos e, mais que isso, tem o dever, o poder e a competência para intervir na ordem municipal, limitando interesses individuais com o intuito de assegurar a locomoção e a mobilidade como direitos coletivos supremos.

2.4 Os princípios da generalidade, da igualdade e da impessoalidade

A *supremacia do interesse público sobre o privado* é tida por princípio não apenas dos serviços, sendo orientadora de toda atividade da Administração, assim como a *igualdade*, que é explícita, *lato sensu*, no art. 5º da Constituição Federal Brasileira (tanto no *caput* quanto em diversos incisos referentes ao atendimento dos cidadãos, a exemplo dos incisos XXXIII, XXXIV e LXXVIII). Nos *serviços públicos* acentua-se a percepção aristotélica sobre o tema da isonomia, pois em função de vários fatores, a desigualdade entre usuários implicará a admissão ao atendimento diferenciado, sendo esse, por exemplo, o caso dos idosos ou de outros que, por características personalíssimas, irão usufruir de *gratuidade* no transporte público, tema que trataremos em capítulo próprio.

---

[62] BACELLAR FILHO. A noção jurídica de interesse público no direito administrativo brasileiro. *In*: BACELLAR FILHO; HACHEM. *Direito administrativo e interesse público*: estudos em homenagem ao Professor Celso Antônio Bandeira de Mello, p. 89-116.
[63] FERRAZ, Luciano. Direito administrativo. *In*: MOTTA, Carlos Pinto Coelho. *Curso prático de direito administrativo*, p. 26.

A generalidade é a *igualdade dos usuários perante o serviço público*,[64] o que repele, em regra, discriminações, apanágios ou distinções pessoais impertinentes na eleição dos beneficiários dos serviços. Essa igualdade deve prevalecer tanto em relação aos benefícios quanto em relação aos encargos.[65]

Essa condicionante do atendimento visa, por consequência, uma amplitude tal que alcançará o maior número de beneficiários. Nessa linha de objetivo, cidadãos que não seriam usuários, passam a ser, e existe aí um aspecto da generalidade nos serviços de transportes públicos que não é debatido, mas em futuro breve será pauta recorrente, necessariamente apontado como consequência do caos absoluto que se instalou na mobilidade urbana.

É que, tradicionalmente, quando se fala em generalidade pelo ângulo da abrangência de atendimento nos transportes, pensa-se nessa alteridade do princípio como o maior alcance possível de *necessitados* desses serviços públicos. Essa é uma visão, e sem dúvida a mais importante, mas é parcial ou até estrábica, fruto da cultura dos transportes públicos reinante no Brasil, porque muitos cidadãos de boa condição social não se sentem atraídos a usar outro meio de locomoção que não o próprio carro. Na Holanda é possível ver pessoas vestidas a rigor que fazem uso do transporte coletivo para ir a um teatro ou concerto noturno, algo quase impensável no contexto da cultura brasileira, seja por questões de segurança, seja por puro *status*.

É claro que a maior parcela de culpa dessa cultura é do Poder Público, que não se aplica em uma política eficaz e expansionista de transportes públicos, nem conduz os cidadãos a uma educação consciente pela mobilidade. A generalidade deve também ter esse alvo de oferecer e estimular o uso dos transportes públicos a quem dele não se considera carente ou destinatário, pois todos devem ser, tanto quanto dos serviços da educação e da saúde e, no caso dos transportes públicos, quanto mais os cidadãos sorverem, maior será o benefício

---

[64] Di Pietro prefere a nomenclatura *igualdade dos usuários perante o serviço público* (*Direito administrativo*, p. 108). Jean Rivero menciona também a igualdade perante as autoridades públicas, estendendo-se a igualdade de tratamento aos colaboradores dos serviços (*Droit administratif*, p. 503).

[65] Rivero pondera que "pelo que toca aos *utentes*, aplica-se tanto aos encargos do serviço como aos seus benefícios; qualquer particular, desde que preencha as condições legais, tem o direito de obter as prestações que o serviço fornece, sem qualquer distinção atinente à sua pessoa e sem que as tarifas possam variar em função de outras considerações que não sejam a diferença de situação dos utentes ou as necessidades de interesse geral"(*Droit administratif*, p. 503).

coletivo do ponto de vista da mobilidade e da sustentabilidade, e a cidade ficará mais humana.

É cediço que o art. 37 da Constituição Federal é o que contém os princípios que norteiam a Administração Pública, mas ao falarmos de *igualdade* no serviço público estamos centrados no atendimento e em como ele é prestado aos usuários. O princípio deverá estar presente no acesso parificado, na forma e condições intrínsecas de sorver, no regime homogêneo e na distribuição de toda otimização, o que justifica até a gratuidade na fruição em casos extremos na busca da isonomia nesse atendimento, quando desigualar a forma é fundamental para a conquista da igualdade no acesso.

Entretanto, assim como se admite que sejam classificadas as novas tecnologias por classes de usuário, podendo, quem paga mais, acessar a rede mundial de computadores numa banda larga de cem megas, enquanto os populares se debruçam esperando o contato em velocidade bem mais baixa, da mesma forma que existem passagens de primeira classe e econômica ou, no caso do transporte urbano, o preço da tarifa do ônibus coletivo mais acessível que a do transporte seletivo. Em todos esses casos, quem quer que pague o preço do serviço melhor terá direito a ele, devendo ficar bem claro que, se essa "discriminação" é possível, o privilégio não é, embora, admita-se, há quem diga e é difícil negar que, em certa medida, a tarifa se constitui num *apartheid* urbano.

Embora a igualdade tenha como tônica a neutralidade, essa característica não importa em uma atuação totalmente passiva do Estado, e, nesse diapasão, orienta a Lei Federal nº 10.233, de 05.06.2001 que entre os princípios gerais do gerenciamento da infraestrutura e da operação dos transportes aquaviário e terrestre está a obrigação de assegurar, sempre que possível, que os usuários paguem pelos custos dos serviços prestados em regime de eficiência,[66] ou seja, é possível estabelecer distinções entre os graus maior ou menor de satisfação, mas note-se que em ambos os polos de distinção tolerada existe o *atendimento*, e a *regularidade* deve ser garantida. Aí reside a *igualdade*.

Da mesma forma, a Lei da Política Nacional de Mobilidade Urbana prevê que os planos de mobilidade devem contemplar metas de atendimento com monitoramento por indicadores preestabelecidos (art. 21, IV, Lei 12.587/12), ou seja, a satisfação deve ser dimensionada

---

[66] Veja-se que o veto aos §§1º e 3º do artigo 8º da Lei nº 12.587/12 se deu também para afastar a ideia de que a somatória dos usuários possa ser desobrigada de custear as gratuidades legais.

em faixas e proporções e medida por tais níveis, a partir de uma ideia de insatisfação até o maior grau conhecido de eficiência e adequação.

No entanto, como dito, a igualdade é o princípio que assegura a todos um mínimo de atendimento, e esse mínimo também deve estar tabulado nas metas, embora seja muito difícil mensurar dignidade.

O maior desafio no que concerne à igualdade no setor de transportes públicos é que tais serviços estão entre os meios de consolidação ou reversão das desigualdades sociais. O transporte eficiente permite acesso ao desenvolvimento social e econômico, pois abre caminhos para as classes menos favorecidas, especialmente no contexto urbano.

Se por um lado, o tratamento pode ser diferenciado nos limites expostos, é claro que quando se optar por alguma distinção legítima, os meios devem alvejar os fins buscados, em prestígio ao princípio da razoabilidade.

Quando se fala em princípios informativos dos serviços públicos, há quem coloque em mesmo patamar a *igualdade* e a *impessoalidade*. É o caso de Leonardo Motta Espírito Santo e Cláudia Ribeiro Soares, para quem a possibilidade de atendimento diferenciado a usuários que se enquadrem em requisitos legais exigidos tem traços de ambos os princípios.[67] Bandeira de Mello também considera um e outro sinônimos.[68]

Em que pese o porte intelectual desses autores, preferimos crer que o legislador constituinte não dispôs de forma indecisa. Embora ambos os princípios tenham observância obrigatória nas prestações públicas, segundo Carmen Lúcia Antunes Rocha,[69] enquanto a *igualdade* é um *direito do indivíduo*, a *impessoalidade* é um *dever da Administração Pública*, razão pela qual até os titulares de cada qual, na avaliação da Ministra do STF, seriam distintos. O próprio Bandeira de Mello diz que a igualdade é perante a lei e a impessoalidade é perante a Administração.[70]

Aproveitando esses contornos, nos serviços públicos de transporte, é possível identificar a *titularidade do dever* do Estado em prover o serviço – de forma impessoal e sem privilegiar em razão das proximidades do poder – aos usuários, os *titulares do direito à*

---

[67] SANTO, Leonardo Motta Espírito; SOARES, Cláudia Ribeiro. Serviço público. *In*: MOTTA. *Curso prático de direito administrativo*, p. 139.
[68] BANDEIRA DE MELLO, *op. cit.*, p. 114.
[69] ROCHA. *Princípios constitucionais da Administração Pública*, p. 154.
[70] BANDEIRA DE MELLO, *op. cit.*

igualdade no acesso e atendimento. Esse acesso igualitário evoca a ideia de *universalidade*,[71] que é a garantia plena de atendimento a toda coletividade. Justen Filho localiza bem o alvo desse princípio ao concluir que há ofensa à *generalidade* quando se verifica que uma parte significativa do universo de usuários não é atendida.[72]

2.5 Os princípios da mutabilidade e da atualidade

Mutabilidade e *atualidade ou adaptabilidade* não são emanações necessariamente consequentes da eficiência ou persecutórias da igualdade, embora possam contribuir com o cumprimento desses princípios. Isso quer dizer que a alteração do regime de execução e a atualização não asseguram melhora significativa na eficiência (princípio que adiante trataremos) e ambas podem acontecer em busca de outros objetivos, embora isso nem seja o alvo direto a atingir nesses casos.

A *mutabilidade* autoriza a adequação no regime de execução para aproximá-lo do interesse público, sempre cambiante. A *atualidade* é uma variação de mutabilidade, pois tem a ver com o ângulo do interesse público afeto à modernidade, a melhoria e a expansão, segundo a dicção do art. 6º, §2º da Lei Federal nº 8.987, de 13.02.1995, adequando o serviço ao compasso dos tempos. A evolução não é mais uma opção para a gestão pública, pois os tempos modernos demandam avaliação constante sobre a possibilidade de reorganização dos serviços.

A modernidade é o movimento de tendência ao fluxo de menor resistência, à capacidade de melhor resultado, o que no tema de serviços públicos tem relevância extrema e constitui-se, hoje, no foco de atuação e, sobretudo, de maior preocupação do titular e do interesse dos usuários dos serviços, porque a atualização recomenda não apenas mais conforto, mas também maior segurança e celeridade na prestação e consequente atendimento. Nesse sentido, enquanto a *mutabilidade*, *latu sensu*, advém de uma necessidade que eventualmente aparece, a exceção das hipóteses de *atualidade*, que embora espécie do gênero, é um compromisso sempre presente.

Numa linguagem *einsteniana*, podemos concluir que o movimento é a causa de todas as coisas e nada na vida é estático, até mesmo uma

---

[71] *Universalidade* é a terminologia adotada por Rodrigo Gouveia para se referir genericamente a todas as terminologias que refletem a isonomia como parte de seu sistema (*Vide* GOUVEIA. Os serviços de interesse geral em Portugal, p. 28).
[72] JUSTEN FILHO. *Teoria geral das concessões de serviço público*, p. 306.

agulha solta no espaço, por um trêmulo movimento se transforma em bússola, para nos dirigir a um rumo e, da mesma forma, um dia no qual nada parece acontecer será medida de tempo para um novo qualquer.

Por esse simples raciocínio, não há como impedir, muito menos no ritmo acelerado da vida moderna, que os serviços públicos sejam irremediavelmente mutantes e adaptáveis, sob pena de, sob certas condições, frustrar-lhes a *finalidade*, de novo ela. Contudo, a modernidade não é um imperativo de eficiência, posto que muitos serviços podem ser prestados em excelente medida mesmo com a manutenção de alguns itens ou paradigmas antigos. No transporte público, por exemplo, alguns modais modernos como o BRT, o VLT e o PRT[73] dificilmente macularão o charme dos bondes e, num certo sentido, nem a capacidade destes em bem atender, a não ser que, em algum momento, a comparação de custos se torne um referencial que afaste os modelos, novos ou antigos, nesse confronto, já que charme e *glamour* não têm relação com eficiência.

Como a *mutabilidade* é fruto de necessidade, nos serviços públicos de transporte a possibilidade dessa carência justifica manter com o titular dos serviços sua responsabilidade de alterar o *regime da execução* dos serviços sempre que preciso. A mutação é, pois, um poder-dever que impõe ao agente público agir se a alteração se mostra necessária e não há direito adquirido a regime, embora seja cabível indenização em caso de desequilíbrio econômico-financeiro na relação entre o Poder Público e o delegatário.

A mudança do regime, admitida pela inteligência do artigo 58, I da Lei Federal nº 8.666/93, se dará por intermédio da alteração das cláusulas de serviço, seja quanto às condições de execução, seja no que concerne a questões quantitativas ou qualitativas da prestação, mas o regime também pode ser modificado através de lei, a qual demanda certos cuidados relativos à competência e à previsão dos impactos. Em qualquer caso, o que deve motivar a alteração é o interesse público no resultado da modificação que há de ser empreendida. Assim, por exemplo, não há impedimento a adequações de itinerário ou implantação de integração tarifária, como já decidiu o TJRS.[74]

---

[73] BRT: *Bus Rapid Transit*; VLT: Veículo Leve sobre Trilhos; e PRT: *Personal Rapid Transit*. São variações de modais sobre rodas ou trilhos em linhas dedicadas ou pistas exclusivas.
[74] TJRS. AI 70039948344, 2ª Câmara Cível, Rel. Denise Oliveira Cezar, j. 16.03.2011. De se registrar que, nesse caso, o TJRS avaliou uma adequação de itinerário e não a criação de um novo. Sobre o novo itinerário, remetemos o leitor para o tópico sobre a reversibilidade, onde examinamos o REsp nº 27.355/GO.

Quanto à *atualidade*, é cintilante a lucidez de Marçal Justen Filho quando ressalta o efeito multiplicador de inércia da gestão desatualizada. Segundo o professor Marçal, *não adotar novas técnicas significa desatender às necessidades a ela relacionadas*,[75] o que, a todas as luzes, é um entrave ao desenvolvimento social. No caso dos transportes públicos urbanos há exemplos claros disso, tais como a hipótese de omitir a implantação de metrô e BRT ou outros modais que acelerem a qualidade e rapidez no atendimento, bem como adiar o uso de sistemas de GPS[76] nos veículos de transporte coletivo em metrópoles brasileiras, soluções que já acontecem há muito tempo na Europa e Estados Unidos. A adoção de tais medidas de ampliação de ofertas das utilidades tecnológicas importa, sensivelmente, em maior satisfação e desenvolvimento urbano, econômico e social, ou seja, há um impacto notório em necessidades e utilidades relacionadas e, consequentemente, em avanços desenvolvimentistas decorrentes.

2.6 Os princípios da regularidade e da continuidade

Há quem considere os dois princípios – regularidade e continuidade – como um só, atrelando-os à noção de funcionamento dos serviços.[77] Com certeza, regular será definido como contínuo em uma das acepções dicionarizadas, mas a maioria dos administrativistas, embora eventualmente percebam uma cognação, consegue fazer clara distinção dos conceitos quando se trata de serviço público, o que também denota o §1º do art. 6º, da Lei Federal nº 8.987/95 que, entre outras características, explicita que os serviços públicos só serão adequados quando há prestação continuada. Há quem estabeleça relação direta com a eficiência,[78] mas entendemos que também não há como negar a ligação umbilical com a essencialidade, tanto que o artigo 22 do CDC[79] encerra impondo aos órgãos públicos a prestação contínua dos serviços essenciais.

---

[75] JUSTEN FILHO. *Teoria geral das concessões de serviço público*, p. 307.
[76] GPS – *Global Positioning System* ou geo-posicionamento por satélite.
[77] MEDAUAR. *Direito administrativo moderno*, p. 316.
[78] JUSTEN FILHO. *Teoria geral das concessões de serviço público*, p. 306.
[79] CDC, Art. 22. Os órgãos públicos, por si ou suas empresas, concessionárias, permissionárias ou sob qualquer outra forma de empreendimento, são obrigados a fornecer serviços adequados, eficientes, seguros e, quanto aos essenciais, contínuos.

Ambos os princípios categorizam singularmente o serviço público de forma a assujeitá-lo a regime jurídico próprio. São as duas notas que acentuam, sobretudo, o traço e o tempero da essencialidade daqueles serviços que detêm essa característica como acontece com o serviço de transporte público urbano.

Outra congruência entre os princípios se refere à normatividade, uma vez que a regularidade e a continuidade têm parâmetros na lei. O §1º, do art. 6º da Lei Federal nº 8.987/95[80] faz menção a ambos os princípios e o art. 22 do Código de Defesa do Consumidor pontua apenas a continuidade, enquanto a regularidade é exigível como direito do consumidor a partir dos próprios regulamentos dos serviços.

Ambos (regularidade e continuidade) também estarão presentes e serão reconhecidos conforme a natureza da atividade, porque o serviço eleitoral e o censitário[81] não se enquadram na continuidade como o serviço público de transporte, assim como este não poderá ter uma regularidade conferida nos mesmos moldes que o fornecimento de energia elétrica ou água, mas é fato que existem diferenças mais acentuadas entre os princípios e realmente são de fácil percepção.

A *regularidade* tem a ver com os padrões preestabelecidos, especialmente os referenciais da técnica que serão, qualitativa e quantitativamente, tidos por aceitáveis e exigíveis, os quais nortearão objetivamente a fiscalização e a aplicação de sanções aos que não os cumprir. A regularidade também aparece na obrigação de cumprimento de condições juridicamente postas de forma objetiva para trazer segurança na equação relacional da prestação.

Por seu turno, a *continuidade* é o termômetro da prestação normal, consubstanciada no repúdio à descontinuidade dos modelos de atendimento uniforme, sob todos os ângulos que se possam configurar a interrupção ou não do serviço. Conquanto a regularidade também possa ser aferida com base nas normas que a estabelecem, a continuidade é a própria medida aferidora de qualidade e satisfação.

---

[80] Art. 6º – Toda concessão ou permissão pressupõe a prestação de serviço adequado ao pleno atendimento dos usuários, conforme estabelecido nesta Lei, nas normas pertinentes e no respectivo contrato.
§1º – Serviço adequado é o que satisfaz as condições de regularidade, continuidade, eficiência, segurança, atualidade, generalidade, cortesia na sua prestação e modicidade das tarifas.

[81] Quadra aqui destacar que, dependendo do conceito de serviço público que se adote, tais serviços nem seriam reconhecidos como públicos, pois inexiste a hipótese da fruição direta pelos administrados.

A descontinuidade da prestação causada por quem é contratado pela Administração Pública abre espaço para sancionamentos, avocação e encampação dos serviços, ocupação e assunção de recursos materiais e humanos, com fincas no artigo 58, IV e V do Estatuto das Licitações. O já citado (e transcrito em rodapé) art. 6º da Lei Federal nº 8.987/95 estabelece a continuidade como regra e, conforme percuciente avaliação do professor Onofre Alves Batista Júnior, se a atuação administrativa é um dever/poder legal imposto pelo ordenamento jurídico, é de imaginar que ela não pode ser interrompida sem se ofender ao ordenamento que a estabeleceu e determinou.[82] Contudo, o §2º, do mesmo artigo 6º daquele estatuto afasta a caracterização da descontinuidade em situação de emergência ou prévio aviso quando a interrupção é motivada por razões de ordem técnica ou de segurança das instalações, e por inadimplemento do usuário, considerando o interesse da coletividade.

Esse dispositivo foi objeto de acirrada celeuma no STJ. Primeiramente, o colendo Tribunal afirmava que era possível o corte de energia elétrica de consumidor que permanecia inadimplente após o aviso prévio (*REsp nº 363.943/MG*), inclusive quando o beneficiário direto do serviço fosse prestador de serviços públicos essenciais (*REsp nº 619610/RS*). Depois, pacificou, nos Embargos de Divergência em *REsp nº 845.982*, que a suspensão do serviço de energia elétrica, por empresa concessionária, em razão de inadimplemento de unidades públicas essenciais – hospitais; pronto-socorros; escolas; creches; fontes de abastecimento d'água e iluminação pública; e serviços de segurança pública –, como forma de compelir o usuário ao pagamento de tarifa ou multa, despreza o *interesse da coletividade* e viola a cláusula final do artigo 6º, §3º, inciso II, da Lei nº 8.987/95. A partir daí, subjaz para o fornecedor a via judicial para cobrar do inadimplente.

Portanto, no embate entre a Administração Pública consumidora e a fornecedora, o critério de preponderância para solução do impasse remete ao interesse da coletividade. Tanto isso é verdade, que o STJ decidiu que nem mesmo a cisão da concessionária dos serviços pode afetar a continuidade em todas as obrigações da prestadora (*vide REsp nº 977.875 – RS*) e o *STF* entendeu que o interesse creditício de terceiros também não pode prevalecer sobre a continuidade dos serviços, impedindo penhora incidente sobre a receita de bilheterias do metrô de São Paulo (*STF, AC nº 669 – 4/SP*).

---

[82] BATISTA JÚNIOR. *Princípio constitucional da eficiência administrativa*, p.199.

No serviço de transporte público regularidade é, ao mesmo tempo, bússola e estratégia, enquanto a continuidade equivale ao oxigênio sem o qual o serviço não subsiste. A perda, descumprimento ou diminuição de qualquer desses elementos referenciais resulta em um comprometimento tal que equivale a desserviço ou, no mínimo, a uma grave crise no setor e, sem dúvida, o prejuízo maior é o que afeta a coletividade.

A greve, por exemplo, é uma ameaça real e de grandes proporções à regularidade e à continuidade. Os serviços essenciais – caso dos transportes públicos coletivos – mereceram tratamento constitucional destacado quando do tratamento do tema. Veja-se que é assegurado o direito de greve no *caput* do artigo 9º da CRFB e o parágrafo primeiro do dispositivo remete à lei a definição de quais serviços e atividades devem ser considerados essenciais, devendo dispor sobre o atendimento das necessidades inadiáveis da comunidade.

A redação alterada do §3º, do artigo 114 da CRFB/88 estabeleceu que em caso de greve em atividade essencial, com possibilidade de lesão ao interesse público, o Ministério Público do Trabalho poderá ajuizar dissídio coletivo. Com base nesse dispositivo constitucional, a Segunda Seção do STJ decidiu, por unanimidade, no *CC nº 95.878/MG, DJ*, 11 set. 2008, com relatoria do Ministro Aldir Passarinho Junior, que compete à Justiça do Trabalho decidir qual o percentual da *frota* deve ser mantido em serviço transportando passageiros por ônibus durante o movimento grevista.[83]

A Lei Federal nº 7.783, de 28.06.1989, que dispõe sobre o exercício de greve, arrola, no artigo 10, os serviços ou atividades consideradas essenciais, indicando o transporte coletivo no inciso V como uma delas, sem, contudo, limitar essa essencialidade ao contexto urbano, como faz o art. 30, V da CRFB. Estabelece também, no artigo 13 que

---

[83] No caso de impactos à função de motorista quando da supressão de cobradores, o STJ também considerou competente a Justiça do Trabalho para decidir a demanda em razão da natureza da relação jurídica substancial (CC nº 31.469/SP, Rel. Min. Nancy Andrighi, *DJ*, 17 fev. 2003). Existem, contudo, situações em que a Justiça Comum é a competente, como foi no caso do REsp nº 796.388, no qual o STJ decidiu pela legalidade de exigência editalícia que impunha ao adjudicatário do certame obediência ao piso salarial das categorias de motoristas e cobradores empenhados nos serviços a serem executados, com relatoria do Min. João Otávio de Noronha, da 2ª Turma do STJ., *DJ*, 05 set. 2007, bem como no AgRg no CC nº 34.740/DF, com relatoria do Min. Luiz Fux, em 30.09.2002, objetivando a determinação judicial de abstenção de descontos de imposto de renda no repasse do recebimento dos vales-transporte, bem como a devolução de valores já retidos, tendo como causa *petendi* a declaração *incidenter tantum* de inconstitucionalidade do artigo 629 do regulamento do imposto de renda.

não apenas os empregadores, mas também os usuários dos serviços essenciais devem ser comunicados pelos sindicatos e empregados, com antecedência mínima de 72 (setenta e duas) horas, sobre a intenção de paralisação dos serviços.

O artigo 11 da "Lei de Greve" estabelece que, nos serviços ou atividades essenciais, empregadores e trabalhadores ficam obrigados a, de comum acordo, garantir, durante a greve, a prestação dos serviços indispensáveis ao atendimento das necessidades inadiáveis da comunidade, sem especificar quantitativo mínimo de efetivo e sem dizer o que é inadiável para a comunidade, embora no parágrafo único delineie com certa segurança e restrição de tipos de risco, estabelecendo que inadiáveis são aquelas atividades que, não atendidas, coloquem em perigo iminente a sobrevivência, a saúde ou a segurança da população.

Em greve ocorrida no setor de transporte coletivo em Salvador-BA, o TRT da 5ª Região fixou o percentual mínimo de 70% de manutenção do *efetivo dos trabalhadores* em horário de pico (entre 5h e 8h e entre 17h e 20h) e 50% nos demais horários, e essa fixação foi considerada legítima pelo TST,[84] em nada ofendendo o mencionado artigo 11. De fato, o artigo 12 da mesma norma – embora mencionando serviços *indispensáveis*, sem usar os termos *essenciais* ou *inadiáveis* – impõe ao Poder Público assegurar a prestação dos serviços no caso de inobservância do artigo 11 pelas partes obrigadas e, o artigo 13, considera abuso do direito de greve a inobservância de qualquer dispositivo da lei. O TST entendeu como razoável manter um efetivo mínimo de 80% dos aeroviários e aeronautas em serviço durante o movimento grevista, ao menos na véspera do natal e do final de 2011, o que demonstra o alto índice de impacto da descontinuidade no setor de transportes de passageiros de âmbito coletivo.

Ainda com relação à "Lei de Greve", em nenhuma hipótese, os meios adotados por empregados e empregadores poderão violar ou constranger os direitos e garantias fundamentais de outrem, nos termos do art. 6º, §1º. Considerando que o transporte público é essencial ao regular funcionamento de outros atendimentos à sociedade, como saúde, educação, saneamento, etc., não é difícil vincular a ofensa a tais direitos à essencialidade, a qual será explicada em capítulo próprio com esse foco.

---

[84] TST-RODC-45000-53.2006.5.05.0000, decisão proferida em 08.03.2010, com relatoria do Min. Márcio Eurico Vitral Amaro.

A continuidade dos serviços é tema de cuidado da própria Constituição Federal de 1988 quando autoriza, no artigo 241, a gestão associada dos entes da Federação, por meio de consórcios públicos e convênios de cooperação que tenham por fim também – mas não apenas – evitar a descontinuidade de serviços transferidos.

2.7 Os princípios da eficiência, segurança e cortesia

A *eficiência* é o princípio que impõe à Administração e seu gestor um referencial ótimo de escolhas, devendo o administrador ou colaborador público, quando diante de duas ou mais soluções, optar pela melhor delas, a que alcance com precisão, maior proveito, rendimento e presteza, e no momento e ambiência mais oportunos e menos dispendiosos, o fim ou resultado prático buscado para o alcance do interesse público em foco. A eficiência é o facho do qual dimanam essas soluções.

Em face dessa dimensão de eficiência no alcance do interesse público, Diogo de Figueiredo Moreira Neto acrescenta o componente da *legitimidade*, e ainda, num cenário juspolítico, observa que a eficiência deve conformar-se também à *legalidade*.[85] De fato, é bem pertinente essa análise no que se refere ao serviço de transporte público, e por ela podemos concluir que, em boa parte do país, é ilegítima a prestação, na medida em que, na definição de Odete Medauar,[86] a eficiência contrapõe-se à lentidão, a descaso, a negligência, a omissão.

A efetividade ou êxito da medida adotada é que confirma o grau e mesmo a presença da eficiência na atuação e permite que o cidadão reclame da prestação ilegal quando esta é ineficiente, ou seja, quando o serviço oferecido não concretiza materialmente a finalidade ditada da forma que estiver garantida no ordenamento. Por isso talvez, Paulo Modesto afirme que o princípio da eficiência é um componente da própria legalidade.[87] Porém, mais que afirmar a lei, há que se perseguir a concretização da Constituição, sob pena de, como afirma Emerson Gabardo,[88] torná-la refém dos processos políticos, nem sempre

---

[85] MOREIRA NETO. *Legitimidade e discricionariedade*: novas reflexões sobre os limites e controle da discricionariedade, p. 29.
[86] MEDAUAR. *Direito administrativo moderno*, p. 129.
[87] MODESTO. Notas para um debate sobre o princípio da eficiência. *Interesse Público*, p. 68.
[88] GABARDO. *Princípio constitucional da eficiência administrativa*, p. 85.

detentores de legitimidade material e, nos serviços de transportes públicos urbanos, os processos políticos conduzem, muitas vezes, a verdadeiros retrocessos ilegítimos de conquistas.[89]

Na verdade, a eficiência, deve estar imantada na essência da atuação como mais que apenas um adjetivo, pois é uma qualificação inarredável das atividades e de suas utilidades, dos meios materiais e dos recursos técnicos e humanos colocados à disposição dos usuários dos serviços pela atuação do prestador. É, por isso, de extrema felicidade a observação de Tércio Sampaio Ferraz Jr., quando propõe a eficiência como um princípio fim (não condição), um princípio para fora, e não para dentro.[90]

Nesse sentido, a eficiência é como que um dever positivo de lealdade e que, em boa parte das vezes, será alcançada em concomitância com o princípio da atualidade, porque o meio eficiente é, geralmente, um componente da modernidade e vice-versa.

A eficiência foi guindada ao patamar de princípio constitucional da Administração Pública por meio de inserção na nova redação do artigo 37, via Emenda Constitucional nº 19/98, embora a economicidade já compusesse como princípio o texto no *caput* do artigo 70 orientando a fiscalização contábil, financeira, orçamentária, operacional e patrimonial da União. Na verdade, à época da reforma administrativa promovida pela Emenda Constitucional 19 naquele ano de 1998 se disse que *"o objetivo da Reforma é permitir que a administração pública se torne mais eficiente e ofereça ao cidadão mais serviços, com mais qualidade"*,[91] ou seja, a eficiência foi o foco da reforma consubstanciada pela referida Emenda Constitucional tendo em vista maior qualidade na prestação de serviços aos cidadãos.

No ano seguinte, a eficiência também foi reconhecida como princípio pelo art. 2º, da Lei Federal nº 9.784/99, que regula o processo administrativo no âmbito da Administração Pública Federal.

O que se observa da positivação de ambos os dispositivos é que no final daquela década, o governo brasileiro buscava implantar uma

---

[89] Veja-se, como exemplo, o Projeto de Lei nº 1.834 de 2011, da Câmara Municipal de Belo Horizonte, no qual se propôs a revogação do artigo 44 da Lei Municipal nº 10.175/10, dispositivo esse que obriga a redução gradual do uso de combustíveis fósseis no transporte coletivo urbano. Referido projeto de lei ruma em sentido oposto aos preceitos dos artigos 23, VI e 225, da CRFB/88.
[90] FERRAZ JR. *Direito constitucional*, p. 379.
[91] CADERNOS MARE DA REFORMA DO ESTADO, p. 7.

administração de resultados, daí a relevância superlativa do princípio que, embora tenha esse reconhecimento casuístico, há que ser encarado como atemporal e recepcionado como perenal. Essa busca do resultado eficiente haverá sempre de nortear o serviço de transporte público, pois vale muito mais o atendimento excelente que o mero cumprimento de um quadro de horários.

A Lei Federal nº 8.078/90 já estabelecia, no inciso X do art. 6º, como direito básico do consumidor a *adequada e eficaz prestação dos serviços públicos em geral*, e o art. 4º, VII do mesmo *codex*, previu que a Política Nacional de Consumo tem por objetivo atender, entre outros, ao *princípio da racionalização e melhoria dos serviços públicos*. É a norma reconhecendo a finalidade do serviço público por um olhar apontado para o usuário como destinatário dos benefícios da eficiência.

Muito antes, o Plano Nacional de Viação instituído pela Lei Federal nº 5.917/73, já previa, em seu art. 3º, *caput* e alíneas, "b", "d", "h" e "m", a eficiência como princípio norteador aplicável aos serviços públicos de transportes. No caso dos transportes urbanos, a alínea "m" do referido dispositivo foi ainda mais enfática, e, embora revogada essa lei em 2011, é saudável a transcrição do dispositivo no sentido de indicar que antes mesmo da tese municipalista prevalecer na Constituição de 1988, já se entendia como imprescindível aos Municípios a organização dos planos diretores com foco nos serviços de transportes urbanos e, por consequência, na mobilidade urbana, *in verbis*:

> Art 3º O Plano Nacional de Viação será implementado no contexto dos Planos Nacionais de Desenvolvimento e dos Orçamentos Plurianuais de Investimento, instituídos pelo Ato Complementar nº 43, de 29 de janeiro de 1969, modificado pelo Ato Complementar nº 76, de 21 de outubro 1969, e Lei Complementar nº 9, de 11 de dezembro de 1970 obedecidos, especialmente os princípios e normas fundamentais seguintes, aplicáveis a todo o Sistema Nacional de Viação, e inclusive à navegação marítima, hidroviária e aérea: (...)
>
> m) os sistemas metropolitanos e municipais dos transportes urbanos deverão ser organizados segundo planos diretores e projetos específicos, de forma a assegurar a coordenação entre seus componentes principais, a saber: o sistema viário, transportes públicos, portos e aeroportos, tráfego e elementos de conjugação visando a sua maior eficiência, assim como a compatibilização com os demais sistemas de viação e com os planos de desenvolvimento urbano, de forma a obter uma circulação eficiente de passageiros e cargas, garantindo ao transporte terrestre, marítimo e aéreo possibilidades de expansão, sem prejuízo da racionalidade na localização das atividades econômicas e das habitações.

A Lei Federal nº 12.379, de 06.01.2011, revogou a Lei nº 5.917/1973 sem transportar para o novo texto os princípios antes aplicáveis ao Sistema Nacional de Viação, a exemplo do acima transcrito, o que é lamentável, na medida em que legislar por princípios é muito eficiente e mais duradouro do que por regras.

A Lei Federal nº 10.233/2001, que dispôs sobre a reestruturação dos transportes, criando o Conselho Nacional, Agências Reguladoras (ANTT e ANTAQ) e o DNIT, também previu a eficiência como orientadora da atuação no setor em vários dispositivos: no artigo 4º, §1º (eficiência operacional); no artigo 11, IV (eficiência prestacional); no artigo 20, II, "a" (eficiência da mobilidade); nos artigos, 24, §único, I e 27 §1º, I (eficiência da fiscalização), 28, I (eficiência da exploração e prestação); no artigo 84 (eficiência gerencial de programas e projetos) e; no artigo 85,§2º, "b" (eficiência funcional orgânica).

É, pois, um direito público subjetivo do usuário a prestação segura, eficiente e que se paute por padrões firmes e excelentes de funcionamento, resultado e respectivas aferições e, em razão desses delineamentos, Marcos Juruena concluiu que cabe ao administrador competente gizar os juízos de valor na concepção dos serviços, o que afasta ingerência até mesmo do Judiciário.[92]

Porém, essa posição do saudoso Juruena não se mostra absoluta, encontrando-se jurisprudência firme em sentido oposto. Como se cuida na hipótese de princípio constitucional, o Judiciário tem entendido ser possível impor ao Executivo, aos titulares e prestadores dos serviços, o cumprimento de obrigações legais e regulamentares relativas à operação eficiente, sem que isso importe em violação de competência. E, de fato, não pode o cidadão ficar, indefinidamente, à espera de serviço regularmente solicitado, como já entendeu o STJ (vide Recurso Especial nº 1.006.191 – PI).[93]

De forma mais específica, o Tribunal de Justiça do Estado do Rio de Janeiro decidiu que o Judiciário não invade competência do Executivo quando faz cumprir, pelo concessionário, exigências legais no que toca a período de espera e paradas obrigatórias nos pontos, mas viola tal competência quando estabelece horário de início e finalização da prestação dos serviços em contrariedade com o disposto

---

[92] SOUTO. *Desestatização, privatização, concessões, terceirizações e regulação*, p. 417.
[93] Na hipótese houve explícita manifestação no sentido de que não há invasão da competência constitucionalmente fixada ao Executivo, no art. 223/CF, quando o Judiciário apenas impõe o cumprimento da eficiência normativamente imposta.

no regulamento expresso no contrato (*TJRJ, Agravo de Instrumento nº 11.987/99*).

Nota-se que o cuidado com a eficiência no transporte público, inclusive o urbano, aponta para a imprescindibilidade do princípio, mesmo antes de sua promoção ao plano constitucional.

Em sede constitucional o *princípio da eficiência* do art. 37 ressurge no ordenamento quando se cuida de serviços públicos sob a alcunha de *serviço adequado* no art. 175, IV, uma vez que, no sentido do étimo, uma e outra coisa se misturam, sendo o serviço adequado como que uma derivação da eficiência ou sub-princípio desta.

Mas Blanchet ressalva que *"não é eficiente o serviço que ultrapassa as exigências da necessidade a ser suprida, onerando desnecessariamente a tarifa, como seria, por exemplo, o serviço de transporte coletivo com capacidade para a média de três mil pessoas por dia, quando a média diária é inferior a trezentas pessoas"*.[94]

Daí que a medida da eficiência não é uniforme, podendo uma solução resolver de forma adequada uma necessidade num município e ser um desastre em outro. O que precisa ficar claro é que, além de direito subjetivo dos usuários, é um dever do administrador e da Administração Pública. Por isso, no serviço público de transporte, pode o gestor extinguir ou redimensionar linhas que não atendam utilidades reais, impor ao prestador o cumprimento de obrigações contratuais, legais ou regulamentares e sancioná-lo por descumprimento, ou mesmo invocar conjuntamente outros princípios, tais como o da atualidade e da continuidade para alcançar a eficiência.

A eficiência é alvo constante dos serviços públicos, e talvez a medida mais adequada seja a do inconformismo dos envolvidos, limitada pelo que a doutrina e a jurisprudência vêm pautando como *reserva do possível*. É, como diz Henri Lefèbvre, quando o máximo de utopismo se reunirá ao *optimum* de realismo.[95]

O melhor controle da eficiência ainda é, e provavelmente sempre será, o que é realizado pelo usuário, que é aquele que está na posição que efetivamente sofre o ônus do desserviço. A cidadania plena só é alcançada quando a sociedade, diretamente ou através de órgãos de controle, se sobrepõe ao tabu de que não é possível questionar a ineficiência, pois o exercício da atividade administrativa está submetido ao princípio da eficiência, nos termos do artigo 37, *caput*, CF/88

---

[94] BLANCHET. *Concessão e permissão de serviço público*, p. 43.
[95] LEFEBVRE. *O direito à cidade*, p. 116.

(*STJ/MS nº 7.765-DF*). Com vistas à efetivação desse controle cidadão, a Lei de Política Nacional de Mobilidade Urbana estabeleceu, no artigo 15, instrumentos de participação da sociedade no planejamento, fiscalização e avaliação, expediente esse que deve identificar os objetivos, meios e metas, nos termos do artigo 21 da mesma Lei nº 12.587/12.

A eficiência foi expressa como princípio no artigo 6º, I, da Lei nº 8.987/95 e, mais especificamente no artigo 5º, IX, da Lei nº 12.587/12, sobre o que discorreremos quando dos comentários ao referido dispositivo.

A *segurança* não é indicada como princípio por todos os doutrinadores clássicos. Gasparini[96] não a qualifica como princípio propriamente, mas como um dos requisitos da adequação prevista na legislação, inclusive na Constituição.

Contudo, a segurança tem importância pela possibilidade e potencialidade de riscos de consequências severas e irreversíveis, atraindo algumas vezes até mesmo a aplicação do princípio da precaução e a repercussão geral no âmbito do STF (*vide RG no RE nº 627.189- SP*).

Assim é que, nos serviços públicos, quando ameaçada a segurança de pessoas e bens, aos operadores se impõe ponderar tanto a ideia de afastar o risco, quanto a de evitar que ocorra o dano potencial, custe o quanto isso possa custar, posto que a vida prepondera como princípio e benefício, e é inegociável com custos em qualquer avaliação. O Estado, não apenas pode, mas, sobretudo deve, a cada atuação ou decisão, ponderar sobre as formas de agir atacando as hipóteses de risco ou corrigindo os desvios quando se aperceber da possibilidade ou da ocorrência efetiva de danos.

Entretanto, é fácil perceber, como por toda sua existência experimentou e ensinou o administrativista e municipalista José Nilo de Castro,[97] que ninguém vive sem riscos. Se para morrer basta estar vivo, para correr riscos ou experimentar dissabores quando no uso de serviços públicos, com a dignidade que é própria de qualquer ser humano, é necessário apenas que se submeta à prestação desses serviços.

O risco, aliás, não é apenas uma vicissitude dos serviços públicos, mas da própria jornada a que chamamos vida. Por isso, nem todos os danos são evitáveis ou indenizáveis, como é o caso dos assaltos no interior dos veículos empenhados nos serviços públicos de transporte

---

[96] *Direito administrativo*, p. 296, 298.
[97] CASTRO. *Hei de vencer*, p. 32.

de passageiros. O Superior Tribunal de Justiça já se debruçou sobre esse tema e decidiu que o assalto à mão armada, dentro de ônibus, por se apresentar como fato totalmente estranho ao serviço de transporte (força maior), constitui-se em causa excludente da responsabilidade da empresa concessionária do serviço público.[98]

Em outro julgamento, embora reconhecendo ser objetiva a responsabilidade do *transportador* perante o passageiro, o TJMG entendeu que referida obrigação não se reveste de caráter absoluto, cedendo em face da comprovação da ocorrência de caso fortuito ou força maior.[99] Ainda em outra assentada, o mesmo TJMG também entendeu que a responsabilidade pelo dano *não pode ser atribuída ao órgão fiscalizador*, visto que a ação foi perpetrada por terceiro, e que a sua ocorrência não se deu em decorrência de negligência, imprudência, imperícia ou omissão quanto ao dever de agir, pelo que não pode ser responsabilizada pela segurança pública dos usuários, na medida em que não deu causa ao incidente, cabendo o exercício de guarda e incolumidade dos cidadãos à autoridade policial.[100] E, de fato, se entendermos que o *princípio da especialidade* estabelece que os órgãos e entidades da Administração devem cumprir o mister para os quais foram criados, fica também vedada a imposição ao poder concedente dos transportes públicos essas missões ou responsabilidades que a lei não lhes acometeu, ainda que responsáveis pela fiscalização da operação.

Nessa linha de raciocínio, há que se concluir que, quando o artigo 22 do Código de Defesa do Consumidor obriga a Administração Pública e seus colaboradores a prestar serviços seguros, ou quando o artigo 10 e seus parágrafos impõem o dever de informação no caso de serviços que apresentam alto grau de nocividade ou periculosidade, essa segurança limita-se e vincula-se aos préstimos do serviço, não se estendendo a riscos periféricos não atrelados com a prestação em si.

Por isso, o artigo 5º, inciso VI da Lei Federal nº 12.587/12, ao prever como princípio da Política Nacional de Mobilidade Urbana

---

[98] REsp nº 331801/RJ, Rel. Min. Fernando Gonçalves, 4ª Turma, DJ, 05 out. 2004. No mesmo sentido o Recurso Especial nº 435865/RJ, Rel. Min. Barros Monteiro, Segunda Seção, DJ, 09 out. 2002. Na AC nº 7228457 PR 0722845-7, o TJPR afastou o dever de indenizar passageiro por assalto havido dentro do ônibus, configurando fortuito externo.

[99] Proc. 2.0000.00.457634-7/000(1), Rel. Des. Sebastião Pereira de Souza, publicada em 02.04.2005.

[100] AC nº 1.0024.08.014422-3/001, julgada em 07.05.2009, publicada no DJMG, 19 jun. 2009, Rel. Des. Teresa Cristina da Cunha Peixoto.

a *segurança nos deslocamentos das pessoas*, não parece modificar esse entendimento, pois a responsabilidade pelo *deslocamento* tem relação com as obrigações pertinentes ao trânsito e ao tráfego, assuntos que competem ao prestador vigiar e cuidar em seu mister, já que a segurança pública é da competência do Estado.

A *cortesia* é desprestigiada pela doutrina[101] e a própria lei faz dela pouco caso. O artigo 6º, da Lei Federal nº 8.987/95 explicita de forma minudenciada os princípios da atualidade (§2º) e da continuidade (§3º) e nenhum outro, talvez porque o legislador acreditasse que os demais princípios são de conceito e observância óbvios.

A cortesia não é um mimo, um *plus* ou um favor. Embora seja uma virtude ou atributo individual, como diz Edimir Neto de Araujo,[102] essa é uma visão coloquial ou compreensão comum a respeito do vocábulo que se transforma legalmente em comportamento obrigatório. A cortesia é expressada por meio de uma ou mais condutas, mas também é um atributo. No caso dos serviços públicos, a lei impõe a cortesia como um dever, ou seja, o usuário do serviço não tem a sorte de ser tratado com amabilidade por um prestador educado; ele tem o direito. O prestador por sua vez, não presta ao usuário nenhum obséquio, mas cumpre um encargo de legalidade estrita.

É lamentável que, para assegurar como um direito de quem a recebe, a cortesia tenha que ser prevista em lei, mas com a moralidade também teve que ser assim, insculpida que foi como princípio no *caput* do art. 37 da CRFB. É como conclui Maria Rita Kehl[103] quando afirma que *o homem não é necessariamente delicado – daí a urgência de se preservar, na vida social, as condições para a vigência de alguma delicadeza*.

Ainda assim, é curioso constatar que o prestador, que deveria ter o dom de servir bem como traço essencial – no sentido nuclear da essência – o faça por dever, por um imperativo regrado. É o caso de perguntar, como Sponville,[104] se a polidez do nazista altera o nazismo, ou ainda, como ele, afirmar que o cinismo do canalha não altera nem sua polidez nem sua maldade. Por isso, já afirmamos que a cortesia

---

[101] Celso Antônio Bandeira de Mello, Edimur Ferreira de Faria, Irene Patrícia Nohara, José dos Santos Carvalho Filho e Maria Sylvia Zanella Di Pietro sequer mencionam a cortesia como princípio em seus cursos e manuais. Encontra-se, em alguns textos, referência à urbanidade.

[102] *Curso de direito administrativo*, p. 137.

[103] Disponível em: http://www.mariaritakehl.psc.br/conteudo.php?id=266. Acesso em: 16 ago. 2012.

[104] SPONVILLE. *O pequeno tratado das grandes virtudes*, p. 5.

se mostra não apenas como conduta, mas também como atributo. Se todos deveriam ter, mas nem todos têm, o legislador estabeleceu como requisito para a prestação.

Qual é o objetivo, então, de se positivar os princípios da moralidade e da cortesia se estas são posturas que deveríamos esperar como comuns ao homem médio? A finalidade está em que se permita punir quem não se conduz convenientemente segundo padrões éticos e atenda usuários de serviços públicos com a educação e gentileza que lhe são devidas. Dessa forma, há que se admitir que o princípio da legalidade é o pressuposto do princípio da cortesia.

O princípio da cortesia não depende das virtudes pessoais do destinatário de seus préstimos, mas tem, entre seus propósitos, reconhecer ao beneficiário dos serviços o exato valor que ele deve ter enquanto usuário. É como Anders Nygren,[105] também citado por Sponville, expõe sobre o amor Ágape, quando diz que o homem amado por Deus não tem valor em si; o que lhe dá um valor é o fato de Deus amá-lo. Assim, não cabe ao prestador constatar valores nos usuários dos serviços, mas criá-los, mesmo que, eventual ou sabidamente, o usuário não os tenha ou, segundo a concepção do prestador, não os mereça.

Tem-se notícia de atuação ilegítima de concessionárias de serviços de transporte coletivo de passageiros que, alegando atuar na mitigação da evasão de tarifas, colocam prepostos disfarçados de usuários dentro dos ônibus e, eventualmente, esses indivíduos atuam como fiscais, usurpando o poder de polícia próprio do poder concedente. Nessa condição expulsam e destratam usuários porque desconfiam que possam sair do veículo sem pagar a tarifa. Isso acontece porque, como ensina Marçal Justen Filho,[106] há operadores dos serviços que se consideram donos da coisa pública e, especificamente, nos serviços de transporte coletivo existe mesmo a cultura de que o transportador tal é "dono da linha tal". Esse expediente de pseudofiscalização é passível de sanções contratuais e legais, por ofensa ao princípio da cortesia, sem embargo das medidas judiciais por parte dos usuários que se considerem lesados.

Aliás, todo contrato de delegação de serviços públicos deve prever o treinamento periódico, para aperfeiçoamento no atendimento e no trato com o usuário e da mesma forma que os servidores públicos têm que se submeter à formação e aperfeiçoamento por imposição do

---

[105] SPONVILLE, *op. cit.*, p. 147.
[106] JUSTEN FILHO. *Teoria geral das concessões de serviço público*, p. 306-307.

artigo 39, §2º da CRFB. Não por outro motivo, esse tema de *cortesia* no trato e contato direito com os cidadãos em geral, previsto no inciso I, do artigo 3º da Lei Federal nº 9.784/1999 (LPA), é relacionado pela doutrina com o aperfeiçoamento de servidores imposto pelo citado artigo 39, §2º da CRFB,[107] ou seja, justamente porque a *cortesia* deve ser alvo de constante preocupação nessa vida corrida e estressada do nosso século e sempre estimulado no âmbito da gestão pública. É relevante frisar que a redação desse dispositivo foi alterada pela EC nº 19/98, portanto, vincula-se à busca da eficiência, tônica da Reforma Administrativa produzida pela referida Emenda Constitucional.

Quanto à mobilidade urbana, no que concerne ao aperfeiçoamento do atendimento e, portanto, da delicadeza que se impõe no trato com os usuários, a Lei nº 12.587/12 andou bem em definir como atribuição da União (art. 16, II) contribuir para a capacitação continuada de pessoas e para o desenvolvimento das instituições vinculadas à Política de Mobilidade Urbana nas três esferas de governo. A lei foi ainda mais incisiva, responsabilizando especificamente os Municípios na mesma atribuição de capacitar pessoas em seu âmbito local (artigo 18, III).

Para Rafael Maffini[108] o significado jurídico do *princípio da cortesia* é de difícil apreensão e controle. Concordamos que o controle é tarefa hercúlea, mas não há dúvida de que a generosidade no trato com o usuário é uma das obrigações que o prestador assume como cláusula contratual e requisito legal, razão pela qual está presente um contorno jurídico de garantia para o usuário. Não que este não deva ser cortês com o operador dos serviços, posto que a urbanidade no convívio social é um elemento de civilidade que deve compor todas as relações, mas o dispositivo obriga somente o prestador – isto porque o art. 6º da Lei Federal nº 8.987/95 não fala do *uso adequado*, mas do *serviço adequado* – cabendo a este invocar outras normas ou direitos caso seja destratado pelo usuário. A garantia é unilateral justamente porque é o usuário que tem a necessidade, que se posiciona em patamar inferior como qualquer consumidor que carece de proteção e, por isso, não pode ficar refém da boa vontade do operador dos serviços.

---

[107] FORTINI; PEREIRA; CAMARÃO. *Processo administrativo*: comentários à Lei nº 9.784/1999, p. 92, nota de rodapé 120.
[108] MAFFINI. *Direito administrativo*, p. 211.

2.8 O princípio da modicidade das tarifas

O art. 175 da Constituição Federal e o Capítulo IV da Lei Federal nº 8.987/95 cuidam da *política tarifária* das delegações de serviços públicos. O art. 196 da Carta Republicana faz referência às *políticas sociais e econômicas* de saúde, e quanto à saúde é possível identificar mesmo uma política, mas no que concerne à tarifa de serviços, a tradição brasileira está mais direcionada a um *regime tarifário* do que a uma *política tarifária*.[109]

Módico é qualidade daquilo que é moderado, parcimonioso. A modicidade fala de uma medida buscada com temperamento, que se preocupa em atender quem tem modesta condição para assumir o preço público dos serviços. O temperamento está exatamente nesse passo que compartilha o custo real com a adequação a quem irá suportá-lo.

A adequação da tarifa é, pois, mais um termômetro da boa prestação dos serviços. Embora sirva para remunerar o prestador, o usuário não paga a tarifa com esse objetivo, senão para obter o benefício de uma prestação de qualidade. Assim, conquanto a tarifa deva ser fixada em valor que cubra os custos e, quando delegados os serviços, remunere o delegatário, justamente, o princípio serve exclusivamente para proteger o usuário, o que demanda acerto e equilíbrio, em corda bamba, numa ginástica operacional gigantesca para o gestor, com malabarismo político, para conciliar a modicidade, que é direito do usuário, com a justa remuneração, que é direito do operador dos serviços. Esse nó górdio pode arruinar toda a arrumação cabente aos planejadores e gestores da mobilidade urbana.

Por sua atuação e investimentos o delegatário tem direito ao lucro, que é lícito, mas absorve a operação de uma atividade própria do Estado, o qual não tem como objetivo o lucro, mas a prestação. O usuário, por sua vez, não vê a prestação como um fim, mas como uma necessidade e um direito, agora alçado ao patamar de direito social pela nova redação do art. 6º da CFRB. O equilíbrio será encontrado quando todos esses objetivos forem conciliados numa equação que fixe a tarifa. Contudo, a modicidade é princípio que tem como norte primeiramente o usuário, e só como anelos periféricos os outros alvos e atores dessa relação prestacional, razão pela qual não é demais concluir que conspira contra a modicidade a licitação para a delegação

---

[109] Sobre essa distinção e linha de trabalho veja-se Maria Paula Dallari Bucci em "O conceito de política pública em direito" (*Políticas públicas*: reflexões sobre o conceito jurídico, p. 17).

dos serviços de transporte público, quando realizada pelos critérios da maior ou da melhor oferta (artigo 15, II ou VII da Lei Federal nº 8.987/95), embora o dispositivo esteja intacto e mantido, sem afronta constitucional declarada.

A modicidade exige uma gestão profissional, técnica e vigilante. O profissionalismo repudia o despreparo de quem não é do ramo; a técnica enfrenta as injunções políticas, especialmente nos períodos pré-eleitorais, quando a demagogia oportunista ameaça o controle consciencioso da estabilidade e saúde financeira dos serviços; e a vigilância policia as atividades paralelas e outras vias predatórias do serviço regular. Qualquer desvio nessas frentes de gestão é capaz de minar o controle e a permanência da modicidade. Portanto, cabível será a invocação do princípio quando do avanço de brechas nessas áreas e em quaisquer outras espécies de ameaças comprovadas ao equilíbrio da ambiência econômica dos serviços.

Outra face da gestão da modicidade está em que a tarifa deve suportar os impactos das gratuidades e da atualidade, esta consubstanciada na expansão dos serviços, na modernidade dos equipamentos e na constante preocupação com a melhoria no atendimento, sob pena de, com o represamento exagerado de eventual revisão necessária, se frustrarem outros princípios.

Quando os serviços são operados por delegatários, existe um termo contratual. No caso das permissões, o artigo 40 da Lei Federal nº 8.987/95 também regrou a hipótese como sendo de mesma natureza, nomeando o termo de permissão como *contrato de adesão*, embora seja essa nomenclatura questionada pela doutrina e na jurisprudência. A modicidade também haverá de ser perseguida nas permissões.

Em qualquer das formas de delegação o instrumento de ajuste cuja minuta integra o edital da licitação deve prever os insumos mais relevantes e os critérios de reajuste, como acontece com os contratos administrativos. Deverá também admitir subsídios tarifários, nos termos do §5º do artigo 9º do estatuto da mobilidade, que adiante será comentado. Ocorre que o artigo 9º da Lei Federal nº 8.987/95 diz que a mudança e a preservação do equilíbrio da tarifa seguem critérios de *revisão* (não de reajuste) fixados na lei, no edital e no contrato. Em geral, as alterações nos valores das tarifas são autorizadas por ato do Executivo, mas têm previsão de critérios em regulamentos dos serviços, que também integram os editais e contratos quando os serviços são prestados por delegatários. Assim, embora o estatuto das concessões fale apenas em *revisão*, deve se considerar que esse expediente, por ser mais abrangente e poder acontecer a qualquer momento, não impede que os editais de licitação prevejam cláusulas de *reajuste* com periodicidade mínima anual, levando-se em conta os insumos relevantes desses serviços. Dessa forma, o reajuste seria uma espécie de revisão, com data certa para acontecer e critérios prefixados para sua realização. Além dessa forma, também se pratica a previsão de criação de um fundo garantidor que pode ser sacado em casos que os contratos especificam, em geral para socorrer e assegurar a modicidade e casos fortuitos ou força maior, ou para atualizações do sistema de transporte que demandem elevado aporte de recursos. Não há por que rejeitar esse expediente como um parâmetro de revisão que revolve os padrões originais do contrato com vistas a assegurar também a modicidade em sintonia com o equilíbrio econômico-financeiro igualmente protegido em sede constitucional.

Nos serviços de transportes públicos, a grande preocupação é a visão inclusiva da prestação, o que se materializa com a aferição e acompanhamento permanente de todos os fatores que permitem o acesso ao maior número de beneficiários. A omissão desse controle pelo Poder Público resulta em que muitos sejam alijados do benefício, como observam Carvalho Filho[110] e Irene Nohara[111] em relação à modicidade dos serviços públicos em geral.

Segundo estudo do IPEA,[112] publicado em maio de 2011, com avaliação dos efeitos das variações tarifárias das nove maiores cidades brasileiras, entre 1995 e 2003 houve aumento das tarifas acompanhado por uma depreciação da renda das famílias, culminando com a queda de mais de 30% da demanda de Transporte Público Urbano (TPU). Num momento seguinte, apurado desde meados de 2003, quando o aumento dos custos permaneceu, houve certo amortecimento dos seus efeitos sobre a demanda devido ao crescimento da renda da população. O poder de compra das pessoas em relação ao transporte público permitia, em setembro de 1995, que um salário mínimo adquirisse 199 passagens de ônibus, caindo para 169 em setembro de 2003 e recuperando essa capacidade nominal em 2008, quando um salário mínimo podia pagar 215 passagens, mas o que importa considerar é

---

[110] CARVALHO FILHO, José dos Santos. *Manual de direito administrativo*. 15. ed., p. 277.
[111] NOHARA. *Direito administrativo*, p. 448.
[112] CARVALHO, Carlos Henrique Ribeiro de; PEREIRA, Rafael Henrique Moraes. Efeitos da variação da tarifa e da renda da população sobre a demanda de transporte público coletivo urbano. Brasília, Instituto de Pesquisa Econômica Aplicada – IPEA, 2011.

que, desde 1995, as tarifas dos ônibus urbanos aumentaram cerca de 60% acima da inflação medida pelo INPC, fazendo com que a demanda por transporte público caísse 30% na última década considerada naquele estudo, a primeira do milênio.

Esse quadro evidencia uma realidade perversa do setor de transporte público: um aumento da tarifa, mínimo que seja, pode, dependendo da circunstância econômica do país, abater a população a tal ponto que a demanda pelos serviços diminui substancialmente, não porque dele não precisem os que engrossam a evasão, mas porque um diminuto aumento compromete o orçamento familiar. É também lamentável o fato de que não ocorre apenas uma diminuição daqueles que usufruem os serviços, mas, ao mesmo tempo, há também um impacto negativo na receita do sistema público de transporte como um todo. É dizer: se a tarifa aumenta quando o índice de desemprego é alto e a renda da população é baixa, esse acréscimo no preço não gera, necessariamente, equilíbrio nas contas do serviço em razão daqueles usuários habituais buscarem outros meios de locomoção, até mesmo a opção por caminhar em seus trajetos rotineiros como no itinerário entre casa e trabalho.

Em suma, dependendo do cenário social, é um desafio enorme de adequabilidade promover revisão tarifária no serviço de transporte público, e, consequentemente, preservar a modicidade, quando outros componentes de bem-estar, tais como o índice de emprego e renda, estão em declínio, ou seja, a modicidade tem tanta relação com a gestão quanto com a capacidade econômica dos beneficiários dos serviços, especialmente dos usuários de transportes públicos. Nesse setor é lamentável perceber que a conta não fecha e essa é uma realidade de um niilismo congelante que desemboca numa consequência frustrante de violação a direitos humanos, como conclui André Ramos Tavares:

> Deixar de oferecer adequado transporte às populações mais carentes, justamente aquelas que habitam a periferia das cidades, que necessitam do transporte público para ter acesso aos centros urbanos, onde trabalham diariamente, é cometer grave violação dos direitos humanos.[113]

Destarte, se há um serviço público no qual o regime tarifário carece de uma efetiva política tarifária, esse setor é o do transporte coletivo urbano. Há uma tensão cotidiana que ameaça não apenas a

---

[113] TAVARES. *Curso de direito constitucional*, p. 627.

circulação, mas a própria vida das cidades. E são vários os problemas como são várias as fontes.

Uma das preocupações constantes é o impacto no equilíbrio da modicidade provocado pela concorrência predatória do transporte clandestino. O Código de Trânsito Brasileiro prevê multa irrisória por infração média e mera retenção do veículo como medida administrativa no caso de um condutor ser flagrado efetuando o transporte remunerado de pessoas ou bens, quando não for licenciado para esse fim (art. 231, VIII, do CTB).

Na prática, os passageiros saltam do veículo multado e o agente fiscalizador é obrigado a liberar o veículo retido, uma vez que a irregularidade foi sanada, mas na esquina seguinte o clandestino volta a atuar e consegue compensar o valor da multa no mesmo dia. Quem atua na fiscalização reclama e sente não poder apreender o veículo, mas o fato é que o art. 231 do CTB cuida de infração do condutor e não de irregularidade do veículo, o que, na forma do art. 230, autorizaria a apreensão (não a mera retenção para regularização) e secaria a fonte da atividade predatória.

Vários municípios vêm enfrentando esse problema aumentando, por lei, o valor da multa quando do cometimento dessa infração, ao argumento de que é evidente a ameaça ao interesse local, porque a concorrência desleal promove uma sangria na equação econômica do serviço de transporte coletivo regular.

Além do interesse local, cuja competência é do Município, a justificativa para essas normas é a garantia constitucional ao equilíbrio econômico-financeiro dos contratos administrativos (CRFB, art. 37, XXI). Contudo, o Judiciário vem entendendo que há um vício de origem em tais normas, porque ao legislar sobre essa matéria, os Municípios usurpam competência da União prevista no art. 21, XI da Carta Republicana.

Nesse diapasão já decidiu várias vezes o Tribunal de Justiça de Minas Gerais, considerando inconstitucional a Lei Municipal nº 7.907/99 de Belo Horizonte (*AC nº 1.0000.00.236204-4/000*), que apresentava os mesmos vícios, o que também se deu com as Leis Municipais nºs 4.713/00 de Governador Valadares (*AC nº 0038915-14.2010.8.13.0105*) e 3.548/02 de Contagem (*AC nº 1.0079.09.945780-0/002*).

Esses julgados entendem que não pode o Município, a pretexto de exercer a competência para legislar sobre assuntos de interesse local (art. 30, I, CF/88), criar penalidade diversa, mais severa do que a já estabelecida na norma geral de regência. É que a Lei Federal nº 9.503/97

(CTB), expedida no exercício da competência privativa da União para legislar sobre trânsito e transporte (art. 22, XI, CF/88), já estabeleceu as penalidades cabíveis para o transporte remunerado irregular de passageiros (CTB, art. 231, VIII), o que evidencia a ilegitimidade tanto da apreensão do veículo, quanto da majoração da multa e do encaminhamento do condutor à delegacia, com base em lei local que deveria se limitar à suplementariedade.

Contudo, há uma luz no fim do túnel sobre esse tema. O que se deve fixar na hipótese é que não se trata aqui de poder de polícia de trânsito, mas de poder de polícia de transporte,[114] e este serviço é tratado, inclusive constitucionalmente, com distinção no âmbito local.

O artigo 30, I e V da CFRB prevê que compete exclusivamente ao Município legislar sobre o interesse local, em especial no que concerne ao serviço essencial de transporte coletivo, e, por isso, com o devido respeito aos que pensam diferente, não me parece que haja sombra para dúvida que todo o transporte de passageiros no âmbito local, inclusive o de caráter individual com fincas no interesse local do inciso I, deve ser legislado, organizado e fiscalizado pelo Município, sem que isso importe em invasão de competência da União, que legisla com atribuição no âmbito geral, sem invadir a competência reservada com exclusividade pela Constituição ao Município.

Sobre essa inteligência do dispositivo constitucional é brilhante a contribuição da decisão do eminente Desembargador Renato Dresch ao admitir Incidente de Assunção de Competência.[115]

---

[114] Em reforço à distinção entre tais poderes de polícia, *vide* AC nº 0055777-36.2011.8.26.0114; Relator: Luiz Sergio Fernandes de Souza, TJSP, 7ª Câmara de Direito Público, julg. 18/12/2012, data do registro: 10/01/2013.

[115] A irretorquível decisão, que fez com que os pares admitissem o Incidente de Assunção de Competência no Agravo de instrumento nº 1.0000.16.025020-5/001, da 4ª Câmara Cível do TJMG, escoliava sobre a) a inegável incidência do artigo 30 da CR/88 no que concerne à competência exclusiva do município para legislar sobre o que convém e como convém ao âmbito local; b) não se trata de regulamentar trânsito, mas de regular o exercício legítimo de atividade privada de transporte remunerado de passageiros, afastando o entendimento de que conflitaria com normas de trânsito. Confira-se a decisão:
"O art. 30, inciso I, da Constituição da República estabelece a competência do Município para legislar sobre assuntos de interesse local.
É inquestionável a competência do Município de Belo Horizonte para regulamentar as atividades econômicas exercidas pelos particulares em seu território, podendo, no exercício do poder de polícia, condicionar e restringir atividades e direitos individuais.
Hely Lopes Meirelles ensina que:
'A razão do poder de polícia é a necessidade de proteção do interesse social, e seu fundamento está na supremacia geral que a Administração Pública exerce, em seu território, sobre todas as pessoas, bens e atividades – supremacia que se revela nos mandamentos constitucionais e nas normas de ordem pública, que a cada passo opõem condicionamentos

e restrições aos direitos individuais em favor da coletividade, incumbindo ao Poder Público seu policiamento administrativo'. (MEIRELLES, Hely Lopes. Direito Municipal Brasileiro. 16. ed. São Paulo: Malheiros, 2008. p. 482)

Utilizando-se do poder de polícia o município pode editar normas limitadoras e condicionadoras das condutas que afetem a coletividade, buscando a garantia da segurança e do interesse público.

Para José dos Santos Carvalho Filho:
'É bastante amplo o círculo em que se pode fazer presente o poder de polícia. Com efeito, qualquer ramo de atividade que possa contemplar a presença do indivíduo rende ensejo à intervenção restritiva do Estado. Em outras palavras, não há direitos individuais absolutos a esta ou àquela atividade, mas ao contrário, deverão estar subordinados aos interesses coletivos. Daí poder dizer-se que a liberdade e a propriedade são sempre direitos condicionados, visto que sujeitos às restrições necessárias à sua adequação ao interesse público' (CARVALHO FILHO, José dos Santos. Manual de Direito Administrativo. 27. ed. São Paulo: Atlas, 2014. p. 84)

Desse modo, ainda que não se trate de um serviço público concedido ao particular, a atividade puramente particular se sujeita ao poder de polícia se dela resultar impacto para a sociedade.

O poder de polícia, para sua validade, deve observar algumas condições que se aplicam aos atos administrativos da maneira geral. Sobre as condições de validade do ato de polícia, confira-se a lição de Hely Lopes Meirelles:

'As condições de validade do ato de polícia são as mesmas do ato administrativo comum – ou seja, a competência, a finalidade e a forma, acrescidas da proporcionalidade da sanção e da legalidade dos meios empregados pela Administração. A competência, a finalidade e a forma são condições gerais de eficácia de todo ato administrativo, a cujo gênero pertence a espécie ato de polícia'. (Op. cit. p. 491)

No caso deste recurso, discute-se a abusividade dos atos normativos do Município de Belo Horizonte que condicionam a atividade do prestador de serviço particular de transporte de passageiros.

O Decreto Municipal nº 16.195, de 7 de janeiro de 2016, que regulamenta a Lei Municipal nº 10.309/2011, prevê que 'o exercício da atividade econômica de transporte remunerado de passageiros, individual ou coletivo, em veículo particular ou de aluguel, promovido por pessoa física ou jurídica, depende de prévia concessão, permissão, autorização ou licença do órgão público competente, sendo vedado o transporte clandestino ou irregular de passageiros, nos termos da Lei nº 10.309, de 21 de novembro de 2011', o que se coaduna com o poder de polícia do município.

Trata-se de regulamento a transporte individual remunerado de passageiros exercido dentro das atribuições do Município de Belo Horizonte, sem que se verifique usurpação de competência.

Quanto à Lei Municipal nº 10.900/16, que dispôs sobre o credenciamento de pessoas jurídicas que operam e/ou administram aplicativos destinados à captação, disponibilização e intermediação de serviços de transporte individual remunerado de passageiros no Município de Belo Horizonte, trata-se de norma que regulamenta a atividade das pessoas jurídicas que disponibilizam os aplicativos relacionados ao transporte privado de passageiros, cujo cumprimento não cabe ao agravante.

Através da Portaria nº 054 de 31 de março de 2016 a BHTRANS regulamentou a Lei Municipal nº 10.900/16 e estabeleceu os critérios de credenciamento para os 'operadores e/ou administradores de aplicativos baseados em dispositivos de tecnologia móvel ou quaisquer outros sistemas georreferenciados destinados à captação, disponibilização e intermediação de serviços de transporte individual remunerado de passageiros no âmbito do Município de Belo Horizonte'.

Ao agravante cumprirá, por imposição da legislação municipal, se credenciar como prestador de serviços de transporte privado individual de passageiros, observando os regulamentos próprios.

2.8.1 A proposta da tarifa zero

Apregoa-se, no Brasil, a tarifa zero para o transporte coletivo. Seria a medida mais radical na linha do princípio da modicidade. Uma proposta concreta para o alcance dessa meta é a assunção do custo com o aumento do IPTU nas moradias de maior valor. A ideia é que o repasse seria uma forma de redistribuição de riqueza, presumindo-se que quem mora melhor tem condição favorecida e pode democratizar o uso do espaço público com o privado abastado, subsidiando e aproximando quem mora longe. É difícil crer que os mais ricos concordem com essa via para a redução das desigualdades e erradicação da pobreza, embora esse ideal constitua objetivo fundamental da República (CRFB, art. 3º, III). Também pode ser questionado que o fato gerador do IPTU é a propriedade, e a base de cálculo o valor desta, sendo ilegítima a vinculação a outros fatores, tais como a prestação de serviço que sequer tem relação com a propriedade. É fato que essa ideia já sucumbiu outrora ante o embate entre a Prefeitura de São Paulo e os contribuintes que a repudiaram quando ela surgiu ainda no século passado.

A Constituição não impõe tarifa zero, mas módica, cuja dimensão já explicamos, mas a modicidade, como princípio, não impede o sonho da gratuidade universal. Ao tratar do tema no plano infraconstitucional, a Lei nº 12.587/12 estabelece a modicidade da tarifa como diretriz para a regulação da política tarifária com foco no usuário (art. 8º, VI), e prevê que ganhos e respectivo superávit na economia do serviço devem ser revertidos ao Sistema de Mobilidade Urbana (art. 8º, §6º), também com incorporação de alguma parcela das eventuais receitas alternativas na modicidade (art. 8º, §10, I) e até a possibilidade de desconto na tarifa, desde que com anuência do poder público e sem a possibilidade de gerar direito à solicitação de revisão da tarifa de remuneração (art. 8º, §11).

Assim, diante da competência do Município de Belo Horizonte para legislar sobre assuntos de interesse local e regulamentar as atividades econômicas dos particulares no âmbito de sua competência, mostra-se relevante o fundamento apresentado para a suspensão da liminar concedida nos autos do mandado de segurança.

Quanto ao risco de lesão grave e de difícil reparação decorrente da decisão agravada, este decorre da vedação à regulamentação de uma atividade com impactos sobre a segurança dos usuários do serviço e da possibilidade de prejuízo ao interesse público.

Frise-se que o que se questiona aqui não é a vedação a uma atividade privada, mas o impedimento ao exercício do poder de polícia pelo Município de Belo Horizonte.

Do mesmo modo, não se trata aqui de regulamentação de trânsito, matéria de competência da União, como sustenta o agravado. Regulamentação de trânsito é a elaboração de normas relativas à circulação de veículos e pessoas e não se confunde com a regulamentação de uma atividade privada de transporte de passageiros'.

2.9 Outros princípios dos serviços públicos não contemplados no estatuto das concessões

Alguns dos princípios tratados até aqui têm contornos que o §1º do artigo 6º, da Lei Federal nº 8.987/95 enumera como satisfatórios da adequação dos serviços, mas existem outros princípios,[116] explícitos ou implícitos em textos normativos, e que impõem observância na prestação e compõem o rol dos fundamentos dos serviços públicos de transporte público, razão pela qual merecem estudo. Trataremos aqui da consensualidade e participação, da essencialidade e da mobilidade, deixando para abordar a razoabilidade, a proporcionalidade e a sustentabilidade quando dos comentários à Lei nº 12.587/12.

2.10 O princípio da consensualidade e da participação

> Los municipios, por su contacto directo con los problemas inmediatos de la población, representan el estadio por excelencia en el cual los mismos deben resolverse. Es obvio, asimismo, que las mejores soluciones son las que surgen de la propia comunidad y construyen dentro de ella su propio consenso.[117]

Desde que o Direito Administrativo passou a ser ramo autônomo da ciência jurídica, a prática de atos administrativos sempre teve limites fixados no sistema normativo e, tradicionalmente, nunca dependeu de uma declaração de vontade do administrado ou participação deste em sua elaboração.

Inicialmente, o ato administrativo foi, por definição, a emanação *unilateral* da Administração Pública orientada para a produção de efeitos jurídicos, mas independente de aprovação ou consentimento daqueles indivíduos em favor de quem ou contra os quais o ato possa produzir tais efeitos. Os próprios serviços públicos também só existem em virtude de uma intenção do legislador que os cria por lei e da autoridade que

---

[116] Diogo de Figueiredo Moreira Neto, citado por Marcos Juruena, menciona o *princípio da confiança legítima*, desenvolvido pela doutrina alemã e adotado no Direito Comunitário, segundo o qual se mostra imprescindível uma segurança jurídica das partes nas relações, além da informação positiva que passa aos investidores. Veja-se, por exemplo, o caso das assunções de controle de prestadoras de serviço na Bolívia, Venezuela e Argentina, que instabiliza a noção de segurança nas relações, afastando eventuais empreendedores dessas economias (SOUTO. *Direito administrativo das concessões*, p. 226).

[117] DRKOS; FUSTER. *Autonomia municipal*, p. 17.

os regulamenta por meio de atos normativos, nos moldes do critério subjetivo delineado para os serviços públicos por Laubadère.[118]

Nessa toada, numa visão restrita de reserva legal,[119] bastaria ao ato administrativo a conformação com uma norma que lhe desse fundamento, conteúdo, forma e autorização para a prática, esta com indicação do agente competente. Quanto ao mais, o ato administrativo é a tradução material da vontade estatal, uma fração de poder reconhecido ao Estado, o qual por meio dos tais, direta ou indiretamente, se manifesta no exercício regular de suas funções.

O particular, por sua vez, podia buscar a invalidação dos atos e, em situações especiais, impedir a sua prática com o auxílio da jurisdição, mas a participação na elaboração e decisão pela execução do ato, originalmente, cabia, com exclusividade, ao Poder Público.

Então, originalmente, houve uma sociedade de economia administrada por um Estado intervencionista, que cedeu espaço a uma economia de mercado, mas este mercado precisava entender que existe para atender as necessidades daqueles que ele cuida em suprir das tais.

O cliente da tal economia de mercado da coisa pública passou a sacudir o Estado fornecedor para mostrar-lhe que tem voz. Para tanto, era e é preciso ouvir desse destinatário como convém servi-lo. Quando isso não ocorre porque o mercado público dominante não se interessa em investigar ou indagar sobre a melhor performance que possa ter, é natural que os inconformados usuários consumidores se insurjam contra a atuação surda que desdenha seus clamores.

Esse desprezo e falta de comprometimento com o objetivo nuclear dos serviços públicos é que fez nascer aquilo que vem se tornando o novo motor ou condutor da evolução da sociedade, e que se situa fora do Estado, ou seja, nos indivíduos que buscam a paz com o Estado por meio da provocação que vem de revelar que o foco da adequação tem

---

[118] LAUBADÈRE. *Traité élémentaire de droit admnistratif*, p. 997 et seq.
[119] De acordo com MARRARA, Thiago. As fontes do direito administrativo e o princípio da legalidade. *In*: DI PIETRO; RIBEIRO. *Supremacia do interesse público e outros temas do direito administrativo*, p. 233 "(...) vale frisar que a reserva legal não é simplesmente o dever de agir de acordo com a regra específica e explícita no direito positivo. Reserva legal significa agir de acordo com o Direito existente e com as regras, princípios e objetivos implícitos explícitos nele contidos. Assim, salvo na existência de reserva específica para lei em sentido formal, o Poder Público também pode agir com base em regra não escrita ou mesmo com fundamento direto na Constituição desde que cumpridos alguns requisitos, a saber: (1) que a existência de regra explícita não seja considerada necessária pelo legislador (principalmente porque a ação não gera prejuízos aos direitos fundamentais do administrado nem a interesses públicos primários) e (2) que a ação se justifique em princípios da Administração Pública e objetivos estatais reconhecidos na Constituição".

como sina a *satisfação*. Como conclui com extrema felicidade Rafael Oliveira, *o Direito Administrativo, que outrora se satisfazia com o princípio da legalidade, hoje reclama ainda o respeito à legitimidade*.[120]

Em 2011, os EUA sofreram esse abalo, sacudidos pela sociedade inconformada com a falta de provisão estatal em relação aos serviços essenciais como saúde, educação e o compartilhamento e distribuição adequados das utilidades e necessidades que cabem ao Estado suprir. A marcha de todos rumo à *"Occupy* (ocupação de) *Wall Street"* nada mais foi que uma queixa emblemática que refletiu esse rotor de engrenagem social fora do Estado, onde os que ainda são tratados como súditos não aceitam mais a gestão monóloga e se negam a sossegar ante à restrição do acesso de poucos ao bem-estar. No mundo inteiro, e não apenas onde há regime ditatorial, a sociedade civil e instituições independentes resistem e se opõem a desmandos do poder político e a falta de ética e abusos do poder econômico.

Essa constatação é bem explicitada por Juarez Freitas, quando explica:

> No rol das mencionadas tendências e transformações do Direito Administrativo (não sem resistências) avulta a de construir uma relação administrativa menos monóloga, ou seja, mais aberta ao diálogo, preparada para ouvir antes de decidir (art. 3º da Lei nº 9.784/1999) e, quando possível, preocupada em construir consenso (não-artificial ou manipulado opressivamente), afastadas as repulsivas atitudes exorbitantes. Afinal, o cidadão é detentor do poder, não simples destinatário, muito menos súdito.[121]

Para Goffredo Telles Jr., *o Governo só é legítimo se for instrumento a serviço da idéia para cuja realização a coletividade se mantém unida.*[122] A gestão consensual é, pois, a vereda de legitimação da atuação governamental e de seu perfil mais democrático e, para Diogo de Figueiredo Moreira Neto, a consensualidade vem sobressaindo como alternativa para incrementar a eficiência.[123]

---

[120] OLIVEIRA. *Princípios do direito administrativo*, p. 161.
[121] FREITAS. *O controle dos atos administrativos e os princípios fundamentais*, p. 152.
[122] TELLES JUNIOR. *O povo e o poder*: "todo poder emana do povo e em seu nome será exercido", p. 37.
[123] MOREIRA NETO. *Curso de direito administrativo*: parte introdutória, parte geral e parte especial, p. 109. Convém, ainda sobre o tema, a doutrina de OLIVEIRA. *Direito administrativo democrático* e MOREIRA NETO. Novos institutos consensuais da ação administrativa. *RDA*, p. 142.

Na leitura unânime do STF, o §3º do artigo 37 da Carta Republicana prevê uma dentre outras tantas oportunidades tópicas de participação popular na administração pública.[124] O inciso I, do §3º, do artigo 37 prevê a possibilidade de *reclamações relativas à prestação dos serviços públicos em geral, asseguradas a manutenção de serviço de atendimento e a avaliação periódica externa e interna, da qualidade dos serviços*. Esse dispositivo foi prestigiado pelos artigos 5º, V, e 14, II do estatuto da mobilidade, no primeiro como princípio e, no segundo como direito.

Esse dispositivo constitucional tem a ver com alguns princípios já discorridos, tais como o da continuidade, da generalidade e da segurança, mas, especialmente, com os princípios da cortesia e com o da consensualidade, posto que a reclamação, em geral, é utilizada pelo usuário para se queixar de um mau tratamento ou para sugerir melhorias, o que é uma das espécies de participação na busca da atuação adequada.

Um dos direitos fundamentais prescritos na Constituição Federal é justamente o *princípio do contraditório*, o qual determina que se ouçam todas as partes interessadas e, mais que isso, impõe como condição de validade da atuação a participação de todos os envolvidos no processo decisório litigioso, judicial ou administrativo. Agustín Gordillo[125] é um dos que defendem a existência de uma estreita relação entre os princípios da contradição e o da participação. Também ele afirma que essa liberdade de manifestação não tem um roteiro único, devendo ser regra estabelecida previamente em relação à prestação dos serviços para evitar o informalismo, que é tão indesejado quanto o formalismo exacerbado.

É o caso de se indagar, então, se no processo litigioso os interessados são chamados a participar da decisão, porque na busca do interesse público não deveria haver também consenso se a Constituição tem como valor supremo a manutenção de uma sociedade fraterna fundada na harmonia social? Como podem andar juntos, prestador e usuário, se entre eles não há acordo?

Nesse passo, é possível dizer que a Constituição Federal previu um regime publicista de proteção do consumidor de serviços públicos, reconhecendo-se como de ordem pública as normas de relações

---

[124] ADIn nº 244-9 RJ, em Plenária de 11.09.2002. Nesse julgado, a Excelsa Corte menciona ainda outros exemplos de oportunidades de participação popular, conforme art. 5º, XXXVIII e LXXIII; art. 29, XII e XIII; art. 74, §2º; art. 187; art. 194, par. único, VII; art. 204, II; art. 206, VI; e art. 224.
[125] GORDILLO. *Tratado de derecho administrativo*, t. II, p. XI-10,11.

consumeristas. É como um alerta de orelha em sede constitucional ao legislador infraconstitucional porque este olvidou de prever entre os requisitos de serviço adequado do parágrafo primeiro do artigo 6º da Lei Federal nº 8.987/95 o envolvimento do usuário no processo decisório na construção desse conceito.

É fato que o *caput* do artigo 6º da Lei nº 8.987/95 estabelece que o serviço adequado é para atender ao usuário e o artigo 3º daquele estatuto também diz que cabe a este auxiliar o poder concedente na fiscalização do prestador. Consta igualmente entre os direitos do usuário, no artigo 7º do Estatuto das Concessões, a garantia de receber do concedente e da concessionária informações para a defesa de interesses individuais ou coletivos (art. 7º, II), bem como o direito de contribuir para a permanência das boas condições dos bens públicos através dos quais lhes são prestados os serviços (art. 7º, VI), mas não basta ao usuário auxiliar na fiscalização ou saber que o serviço existe para lhe atender, o que pode ser exigido em processo administrativo ou judicial. Também não basta participar apenas indiretamente no processo legislativo da lei que estabeleceu o que é adequado. Deveria a participação ser considerada como princípio ou como exigência prévia de caracterização da adequação no mesmo patamar do parágrafo primeiro do artigo 6º do referido diploma. O conceito de adequado seria fruto de consenso por princípio, e sujeito a modificações, conforme a modernidade. A lei das concessões não estabeleceu a participação como princípio da prestação adequada, o que seria melhor, mas o artigo 5º, V da Lei nº 12.587/12 supriu essa falha para os serviços de transporte e no mesmo estatuto foi estabelecido o direito de participação do planejamento, fiscalização e avaliação da política local de mobilidade urbana, no artigo 14, II, que adiante será comentado.

Então, quando a lei – que recebeu da Constituição poderes para estabelecer o regime e a adequada prestação dos serviços públicos – não reconhece a *participação dos usuários* no delineamento da tal prestação adequada como um dos princípios dessa prestação, é como um anjo que recebe do Criador outorga para atuar no mundo e nega-se a ouvir os clamores da criação. Esse anjo caiu do céu justamente por usurpar o trono que não era seu, mas da Fonte criadora que, com sua graça, visava mais a satisfação da criação do que a do anjo.

Se a Constituição (que é a fonte criadora) estabeleceu como de ordem pública as normas relativas ao consumidor de serviços públicos, e entre elas a faculdade desse destinatário dos serviços reclamar da qualidade do atendimento (inciso I, do §3º, do artigo 37 da CRFB), a norma infraconstitucional é o desobediente Lúcifer que, para estabelecer o que é adequado, se negou a admitir a importância que a fonte criadora e constitutiva deu *ao princípio da participação do indivíduo*, este que é o alvo amantíssimo da Constituição cidadã.

Observe-se que a Constituição não tem como objetivo último dar autoridade máxima à lei, mas ao cidadão, que da lei se valerá como instrumento de concretude de seus direitos, especialmente os fundamentais que asseguram a dignidade da pessoa humana.

Daí indagar-se, então: Como pode a pessoa humana assegurar seus direitos se entre os princípios da prestação adequada de serviços públicos não se incluiu a possibilidade de participação do indivíduo na construção dos valores e rumos para nortear a prestação adequada? Se a Constituição desse ao poder público potestade isolada para definir o que é adequado quanto a serviços ou quanto a qualquer outro assunto, não seria republicana, nem democrática e muito menos cidadã. Por isso, entendemos que a participação dos usuários é também princípio do serviço adequado, embora a Lei Federal nº 8.987/95 não tenha acolhido a orientação constitucional para essa fixação da participação dentre aqueles nortes guindados ao rol do artigo 6º do estatuto das concessões.

Tal opção reduziria, explicitamente, a intervenção pública na economia, sem que isso implicasse na absoluta submissão às leis do mercado, a não ser que se reconheça na hipótese como principal coluna dessas leis a superlativa importância do atendimento ao destinatário dos serviços. Essa construção de participação cidadã não pode fluir ao soberano sabor de condicionamentos do mercado, até porque a Constituição estabeleceu que todas as atuações necessárias ao exercício da cidadania são gratuitas (art. 5º, LXXVII da CRFB) e, que, de uma forma ou de outra, todo o poder emana do povo (art. 1º, §único da CRFB), além de a própria ordem econômica estar fundada na defesa ao consumidor (CRFB/ 170, V).

A participação popular veio incrustada na Carta Republicana, por meio dos referendos e plebiscitos, da iniciativa popular e da ação popular, e se espraiou por toda a atividade administrativa, por meio de *consultas* (art. 31, LPA e art. 10, VI, da Lei Federal nº 11.079/04) e *audiências públicas* (artigo 32, LPA e artigo 68 da Lei Federal nº 10.233/01), a *arbitragem* como meio para solução de divergências, prevista no artigo 23 da Lei Federal nº 8.987/95, no artigo 11, III, da Lei Federal nº 11.079/04 e artigos 35, XVI e 39, XI da Lei Federal nº 10.233/01, os convênios com particulares e tantas outras veredas apropriadas à convergência e ao entendimento.

Quadra aqui a distinção entre *participação administrativa* e *participação popular*, conforme os contornos fornecidos por Paulo Modesto.[126] O estimado mestre da UFBA e Presidente do IBDP diz que a primeira é ampla e configura toda forma de interferência de terceiros na realização da função administrativa, enquanto que a segunda, mais restrita, se refere à interferência no *processo* de realização da função administrativa do Estado, implementada em favor de interesses da coletividade. Dessa forma, deve ter maior relevância para nosso estudo a segunda atuação, embora ambas tenham interface com os serviços aqui apreciados.

No que se refere ao serviço público de transporte urbano a norma mais específica e atual sobre a consensualidade é a Lei nº 12.587, de 03.01.2012 (LNPU), que no artigo 15 supriu a falta da lei geral das delegações de serviços públicos, ao menos para os serviços de transporte, assegurando a participação da sociedade civil no planejamento, fiscalização e avaliação da Política Nacional da Mobilidade Urbana através de órgãos colegiados formados por representantes do Poder Executivo, da sociedade civil e dos operadores dos serviços, e também por ouvidorias, audiências e consultas públicas e procedimentos sistemáticos de comunicação, de avaliação da satisfação e de prestação de contas públicas.

É possível dizer que essa participação já era exigência legal desde a Lei Federal nº 10.257, de 10.07.2001, pois o artigo 43 do Estatuto da Cidade já indicava alguns desses instrumentos para garantir a gestão democrática da municipalidade, tais como órgãos colegiados de política urbana, debates, conferências, audiências e consultas públicas e iniciativa popular de projeto de lei e de planos, programas e projetos de desenvolvimento urbano, e em tudo isso o transporte urbano de passageiros está inserido.

Existem ainda várias outras maneiras, além das que acima se nomeou, de oitiva dos particulares como forma de se obter a opinião destes nos encaminhamentos de processos e da própria atividade administrativa, tais como as ouvidorias, a possibilidade de impugnação de editais previamente à abertura da fase de entrega de documentos e propostas, entre outras, razão pela qual é possível concluir que a participação não apenas está regrada, como efetivamente acontece. É,

---

[126] MODESTO. Participação Popular na Administração Pública: mecanismos de operacionalização. *Revista Eletrônica de Direito do Estado*, Salvador.

pois, um princípio que deveria ser observado na prática da Administração Pública, embora não positivado com esse *status* na lei que regula as delegações de serviços públicos (8.987/95), o que no caso das delegações dos serviços de transporte de passageiros foi sanado com a Lei nº 12.587/2012, nos artigos 2º, 5º, V, 7º, V, 14, II e 15.

De qualquer forma, valemo-nos também do artigo 3º da Lei do Processo Administrativo – LPA (9.784/99), para defender como princípio da prestação dos serviços públicos em geral a participação ou consensualidade. Vale aqui conferir, como dispôs a norma, que também trata do *princípio da cortesia* no inciso I:

> Art. 3º O administrado tem os seguintes direitos perante a Administração, sem prejuízo de outros que lhe sejam assegurados:
>
> I - *ser tratado com respeito* pelas autoridades e servidores, que deverão facilitar o exercício de seus direitos e o cumprimento de suas obrigações;
>
> II - ter ciência da tramitação dos processos administrativos em que tenha a condição de interessado, ter vista dos autos, obter cópias de documentos neles contidos e conhecer as decisões proferidas;
>
> III - *formular alegações e apresentar documentos antes da decisão, os quais serão objeto de consideração pelo órgão competente;* (...)

Além desse norte explícito que comanda e orienta os processos da Administração, deve ser considerada a transparência concernente ao acesso às informações e atos da gestão pública necessárias ao exercício de direitos por qualquer interessado nessas informações e documentos governamentais, tal como fixado no §2º, do artigo 216, no artigo 37, §3º, II e, especialmente no artigo 5º, XXXIII da CRFB, e agora regulamentado pela Lei Federal nº 12.527, de 18.11.2011, sob as penas estabelecidas no artigo 33 dessa norma.

A solução consensual ou negociada impõe a manutenção de canais de participação democrática em substituição à imposição da vontade unilateral do gestor, o qual, em contrapartida, obterá forte aquiescência popular em face dessa cumplicidade no ato decisório e ampliará a dimensão de sua condição de poder soberano. Nesse passo, a supremacia do interesse público cede espaço para interesses públicos ainda maiores, prestigiados no verdadeiro modelo republicano e consagrados no parágrafo único do artigo primeiro da Constituição brasileira e, por isso, caminha-se a passos largos para a ampliação da participação popular e colaboração entre a comunidade e o Estado. Nada mais óbvio do que concluir que, se o poder emana do povo, o poder será sempre um acordo de vontades no qual o Estado atua não apenas como moderador, mas como partícipe da construção tanto quanto qualquer membro da comunidade.

A participação nos serviços de transporte público comporta três momentos de diálogo. O primeiro, quando da elaboração das normas aplicáveis, por meio da democracia representativa, incluída aí a lei autorizativa da prestação por meio de delegação. O segundo, quando da preparação do edital de licitação para a delegação dos serviços, já que, na maioria dos casos, há o trespasse da operação ao setor privado. Nesse momento, é fundamental a participação dos usuários, tanto quanto dos interessados na prestação, entidades representativas de classe e da sociedade em geral. É o consenso da harmonia social que o preâmbulo da Constituição propõe com a cidadania que o art. 1º, II da mesma Carta estabelece como fundamento da República.

O terceiro momento dá-se com a operação dos serviços, por todos os canais possíveis, tais como ouvidorias, serviços de atendimento ao usuário (espécie de procedimento que cabe na definição do inciso IV, do artigo 15 da LPNMU, comissões regionais etc., obviamente não apenas com o intuito de escutar, mas de orientar e conduzir a adequação dos serviços de que trata a lei. Ao auscultar o usuário o prestador saberá exatamente em que trechos ou momentos há problemas na oferta dos serviços, tais como o baixo nível de conforto ou acessibilidade nos veículos e nos pontos de parada, o tempo excessivo de espera, a superlotação e, consequentemente, qual a demanda de cada itinerário, dentre outros gargalos críticos que exigem constante sondagem e atendimento para também, através da participação, atingir a regularidade.

2.11 Da essencialidade e da mobilidade

Os princípios abordados até aqui são os mais festejados e comumente alinhavados pela doutrina como aplicáveis aos serviços públicos em geral, mas a estes acrescentaremos aqueles que cremos serem próprios dos serviços de transporte público, ainda que não abordados na doutrina e jurisprudência com este reconhecimento específico de que se tratam de preceitos fundamentais para a atividade de transporte público.

2.11.1 A essencialidade

Veja-se que no primeiro capítulo definimos serviço público como atividade *imprescindível* do Estado ou de quem lhe faça as vezes. Relembre-se aqui o que antes ponderamos em publicação[127] a respeito do tema da *essencialidade* como característica do transporte coletivo urbano, enumerada em sede constitucional. Ainda que o Texto Magno tenha excluído, propositalmente, o transporte individual dessa qualificação, não há dúvida que a essencialidade deve ser considerada como princípio que orienta o transporte público, mesmo que somente na forma coletiva da prestação. Essa distinção, aliás, acentua a relevância da *essencialidade como princípio da mobilidade urbana*, porque a Lei nº 12.587/12 prevê como diretriz orientadora, no artigo 6º, II, a prioridade dos modos coletivos de transporte sobre os individuais.

Naquela ocasião iniciamos nossa prédica na publicação apontando que a mídia divulgou a realização de uma audiência pública, no final de 2007, que lotou o auditório da Procuradoria da República na capital paulista, para discutir *direitos fundamentais* da Comunidade Quilombola, que há quatrocentos anos vive em terras do interior do Estado, como acontece em outras regiões do país.

Entre as queixas e pedidos formulados estavam todas as preocupações possíveis da comunidade relativas ao desrespeito a *direitos fundamentais*, cidadania plena e temas correlatos à própria ocupação da terra onde vive a referida comunidade.

Um dos temas que protagonizou a reunião foi a *garantia de plena acessibilidade ao transporte público*, cujas deficiências, segundo os membros da comunidade, "prejudicam o atendimento emergencial à saúde, acesso dos alunos às escolas e o escoamento da produção do pequeno produtor rural".

Recordamo-nos – e cabe mesmo frisar – que a reunião foi convocada para discutir o desrespeito a *direitos fundamentais*, e talvez ocorra agora ao leitor desta locução (*direitos fundamentais*) que a doutrina clássica define os tais como sendo *disposições declaratórias que instituem direitos, com o fim de imprimir a estes existência legal, limitando o poder e protegendo as pessoas, naturais e jurídicas*. Daí concluir-se que a gênese dos direitos fundamentais tinha foco na proteção dos indivíduos, principalmente em relação a atuações estatais, primeiro impondo restrições ao Poder Público e, só mais tarde, também obrigações.

---

[127] GUIMARÃES. Transportes públicos urbanos: mobilidade como (garantia de) direito fundamental. *Revista da Procuradoria-Geral do Município de Belo Horizonte – RPGMBH*.

Contudo, existe na mentalidade do homem médio a ideia apequenada de que *direitos fundamentais* têm a ver tão só com a conceituação mais restrita que se possa dar a partir da dicção literal do rol do *caput* do artigo 5º, da Constituição Federal, ou seja, o direito à vida, à liberdade, à igualdade, à segurança e à propriedade, o que, aparentemente, nada tem com o *transporte público*.

Entretanto, um dos propósitos deste trabalho, como foi daquele nosso artigo publicado em 2008, é destacar, e até mesmo acentuar, o caráter fundamental dos transportes públicos não apenas como subsídio, mas como prerrogativa cidadã para o acesso a vários direitos reconhecidos e estatuídos como fundamentais, bem como para guindar o assunto a um patamar de respeito, a fim de que a *mobilidade*, especialmente a proporcionada pelos transportes públicos urbanos, possa ser tratada como paradigma referencial, inclusive e especialmente jurídico, de uma sociedade democrática.

Fato mais que notório é que o caos aéreo, rodoviário, ferroviário e, principalmente, o caos no trânsito e no transporte urbano, são problemas estruturais cada vez mais evidentes, que eclodiram já bem supurados, por falta de planejamento e investimento responsável, embora estudos e dados nunca faltassem ao Poder Público.

As circunstâncias caóticas que experimentamos são capazes de restringir a conquista e a manutenção de paradigmas jurídicos de uma sociedade verdadeiramente democrática, e essa ferida precisa de uma abordagem não apenas técnica operacional para estancá-la, mas também de um estudo jurídico de base, envolvendo, sobretudo, o Direito Constitucional e o Direito Administrativo (mas também a sociologia e a antropologia), para que tanto a sociedade, como a jurisdição que a ela socorre compreenda e amadureça a partir dos aspectos jurídicos do tema no patamar que ele merece dentro da Ciência do Direito.

O crescimento desordenado da economia, sem a correspondente atualização da regulação dos diversos setores de infraestrutura e um estudo dos impactos dessa demanda social limita, e até mesmo ameaça, a sociedade democrática, razão pela qual, as três esferas de governo têm cuidado do assunto nas últimas décadas em textos mais consistentes, mas ainda há uma demanda de gestão e monitoramento que reclamam um eficiente pacote normativo e uma mudança de paradigmas da jurisprudência, para enfrentar e evitar os riscos para a sociedade democrática.

Certamente existem caminhos políticos e jurídicos, para oferecer melhor acesso aos cidadãos a bens e serviços, especialmente educação e saúde, porém nada pode ser alcançado diante de um quadro caótico ou mesmo limitado no atendimento aos serviços públicos de transportes públicos urbanos, que deveriam canalizar o acesso aos outros serviços.

2.11.2 A estrutura do Estado Democrático de Direito e sua relação com os serviços de transportes públicos

Um Estado Democrático de Direito é o resultado da consolidação ou efetividade de *direitos fundamentais*, sejam *individuais*, que delimitam a esfera de autonomia dos indivíduos, estabelecendo as áreas onde estão a salvo da interferência do Estado e de seus pares; sejam *coletivos*, os quais representam os direitos do homem enquanto integrante de uma coletividade; sejam, principalmente, *sociais*, porque regulam as relações sociais e culturais, visando a inserção das pessoas na vida social, mediante o acesso aos bens que satisfaçam as suas necessidades básicas.

Por essa razão, talvez, tenha concluído o professor Uadi Lamêgo Bulos que *"sem os direitos fundamentais, o homem não vive, não convive, e, em alguns casos, não sobrevive"*.[128]

A noção de Estado Democrático evoca a distribuição equitativa do poder e a relevância da soberania popular, em face da liberdade de participação no processo das decisões do Estado e escolha de seus representantes e da possibilidade de controle da autoridade, também resultante do Estado de Direito. Delineando de forma mais acentuada o conceito de Estado Democrático de Direito, é que J.J. Gomes Canotilho faz menção deste como o "Estado da Razão", limitado em nome da autodeterminação da pessoa.

Assim, impende realçar a ideia da obrigação do Estado de colocar a disposição dos seus cidadãos os meios materiais e de implementar condições de exercício dos direitos básicos em uma sociedade pluralista e verdadeiramente democrática.

Daí porque, num país de extensão geográfica continental, o serviço público de transporte é assunto que assume proporções muito mais sérias e de consequências severas, como condição para guindar seus cidadãos a patamares de conquistas dos padrões aceitáveis dos direitos fundamentais.

---

[128] BULOS. *Curso de direito constitucional*, p. 401.

É mais que esperado ser irremissível e, principalmente, incomensurável, a dimensão dos efeitos da falta de um sistema metroviário e ferroviário eficiente num país como o Brasil se comparado às conquistas da democracia em países como Estados Unidos e Holanda. O fato é que, no Brasil, o que é possível fazer em nível de investimento e de planejamento agora é transformar os ônibus em verdadeiros metrôs sobre rodas, porque eles estão a substituir aquele modal em itinerários e rotas que os veículos sobre trilhos atenderiam com maior eficiência e rapidez e, no longo prazo, com menor custo.

Outros modais de transporte também cabem nessa avaliação em medida equivalente para estabelecer o risco da má prestação dos serviços para a sociedade democrática.

Observe-se, por exemplo, o transporte aéreo, que vez por outra tem exposto suas falhas e a falta de gestão pública comprometida, e ainda, sem regulamentação confiável, o que tem trazido indagações tais como: Pode o Estado ser responsabilizado por danos causados em face de um "apagão" aéreo? Se pode, em que medida e qual o comprometimento desses danos para a estabilidade da democracia?

A segunda indagação é inquietante e juridicamente ainda impensada já que se dá mais importância à primeira, na medida em que a legislação cuida das indenizações cabíveis, norteando o Judiciário para a cominação das punições, em face do serviço ineficiente e prejudicial. Mas como ficam os tais *direitos fundamentais* dos esperançosos cidadãos do tão almejado Estado Democrático?

A responsabilidade objetiva a que se submete o Estado não pode ficar no acanhado campo dos danos patrimoniais, morais ou estéticos, se bem que a lesão ao Estado Democrático de Direito é capaz de emoldurar o dano moral. A restrição dos cidadãos dentro do espaço configura sim um "dano democrático" ou dano para a efetividade da plena cidadania, de culpa presumida do Estado que não diligenciou em suas tarefas de planejamento do setor de transporte público.

Na hipótese do Poder Público competente manter-se inerte ao aumento da demanda dos serviços, são evidentes os danos para os cidadãos em suas necessidades gerais, inclusive, em alguns casos, em necessidades básicas. Veja-se, como exemplo, a providência serôdia de redesenho do espaço aéreo para equilibrar o fluxo de voo controlado pelos CINDACTAS (Centros Integrados de Defesa Aérea e Controle do Tráfego Aéreo). Vidas foram ceifadas tendo como causa voos feitos às cegas, e o direito à vida é direito fundamental.

2.11.3 A base constitucional

Os direitos fundamentais são classificados pela doutrina e pela jurisprudência[129] como de primeira geração ou dimensão (de liberdade, que envolvem prestações negativas), segunda (de liberdade, que garantem o trabalho, a existência digna e a seguridade social) e terceira (de solidariedade, que protegem direitos difusos, o meio ambiente e a vida saudável), e há quem ainda advogue a existência dos de quarta dimensão, como direito dos povos, neoliberais e *globalizantes*,[130] de quinta geração (o direito à comunicação – a cibernética e informática, etc – e ao patrimônio comum da humanidade) e os de sexta geração, que tratam da democracia, do pluralismo e do direito à informação correta.

Se os de terceira geração são os que exigem a ampliação de proteção e emancipação dos cidadãos, antes devem ser alcançados os de segunda geração, que impõem participação do Estado na busca de superar as carências individuais e sociais e, sem dúvida, os serviços de transportes públicos contribuem para o êxito desse processo em ambas as dimensões, da mesma forma que todo o contexto de planejamento da mobilidade, especialmente no contexto urbano.

A Carta Republicana estabelece que é competência privativa da União legislar sobre trânsito e transporte (CRFB/22, XI) e sobre as diretrizes da política nacional de transportes (CRFB/22, IX), podendo a exploração desses serviços se dar diretamente ou através de autorização, concessão ou permissão (CRFB/22, XII, "c"", d", "e" e "f"), sendo que, nas duas últimas formas de delegação, será esta sempre através de licitação (CRFB/175). Entretanto, acentuo aqui que a mesma Constituição confere aos Municípios a competência para legislar sobre assunto de interesse local (CRFB/30, I) e, especialmente, sobre o transporte coletivo urbano (CRFB/30, V).

Nota-se, então, que os serviços públicos de transporte rumaram para as tendências da administração consensual, entendida esta como sendo a que exige compartilhamento do processo decisório entre Administração e administrados, bem como a divisão de responsabilidades entre a Administração Pública e os parceiros da iniciativa privada, que a substituem na execução dos serviços quando delegados.

A intenção de compartilhar a carga dessa prestação é uma cessão à realidade de que o Estado, embora continue sempre como titular dos serviços, não tem recursos e meios para fazê-lo por si, e também

---

[129] STF. Pleno, MS nº 22.164, *DJ*, p. 39206, 17 nov. 1995, em 30.10.95, Rel. Min. Celso de Mello.
[130] STF. Pleno, ADI nº 3510/DF, *DJ*, 28 maio 2010, Rel. Min. Ayres brito.

a constatação de que são explorações de atividades mais convenientes à iniciativa privada.

Como todos sabemos, um dos objetivos anunciados desde a posse no primeiro mandato do ex-Presidente Lula foi o sonho de, até o final do governo, poder ver cada brasileiro fazendo três refeições diárias, mas ousamos ir além, para sonhar também que os princípios fundamentais da República, constantes do artigo 3º da Carta Brasileira poderiam ser efetivamente alcançados e experimentados de forma a rotular nossa sociedade como democrática e igualitária quando nenhum trabalhador se preocupar em despender 30% do seu salário com transporte, e quando todos puderem gastar a cada trajeto casa/trabalho um tempo máximo de 35 minutos,[131] como talvez aconteça apenas com poucas cidades do chamado primeiro mundo. Sem isso – embora a maioria de nós considere exagero – é difícil dizer que existe cidadania ou dignidade da pessoa humana em plenitude tamanha a repercussão da mobilidade urbana no contexto da vida em sociedade. Aí também reside a *essencialidade* desse serviço capaz de transformar e garantir qualidade de vida a qualquer um do povo.

Em reflexão teleológica, José Afonso da Silva[132] ensina que nenhuma necessidade haveria de se destacar no texto constitucional o transporte coletivo urbano como serviço público local (artigo 30, V), pois como este serviço o é, por princípio, bastaria a menção do inciso I aos serviços públicos em geral, prestados no âmbito e interesse municipal. Portanto, a finalidade do destaque é tão somente frisar o *caráter essencial* de tais serviços para a garantia da ordem social e econômica, enfim, da vida cotidiana da urbe.

2.11.4 A mobilidade e o transporte público como ordenadores e condicionadores do alcance de direitos fundamentais

A doutrina classifica como serviços *essenciais* a segurança nacional, a segurança pública e os serviços judiciários, afirmando que

---

[131] Em 1992, o tempo médio de deslocamento casa-trabalho do brasileiro era de 37,9 minutos. Em 2008, passou para 40,3 minutos e, 19% das pessoas perdem mais de duas horas diárias nesse trajeto, segundo estudo do IPEA. Em 2010, 25,1% dos paulistanos, 21,34% dos cariocas e 19,46% dos soteropolitanos passam entre uma e duas horas em cada trajeto casa/trabalho, segundo o IBGE. 5,87%, 4% e 2,57%, nas mesmas cidades, respectivamente passam mais de duas horas no percurso. Nesse tempo perdido no transporte poderiam aprender uma língua estrangeira em pouco mais de um ano (Dados do IBGE de 2010, como noticiado pelo MDT – Movimento pelo Direito ao Transporte, em 24.04.2012).

[132] SILVA. *Comentário contextual à Constituição*, p. 310, item 5.2, *in fine*.

os tais, em princípio, não podem ser executados por terceiros[133] e essa é uma distinção possível entre serviços *essenciais* e serviços *de caráter essencial*, eis que os últimos podem ser operados por particulares, embora em ambos os casos possa se afirmar que têm como característica comum o fato de nenhum deles poder faltar.

Verifica-se, como dito acima, que o texto constitucional só indicou o transporte coletivo urbano como serviço público de interesse local *"de caráter essencial"* (art. 30, V, CF/88). Não há referências explícitas a outros serviços públicos na Constituição em relação a esse traço característico. Não foram assim classificados outros serviços públicos como a educação, a energia, os serviços de água e esgoto e nem mesmo a saúde, razão pela qual poderíamos concluir que o legislador constituinte não identificou essa *essencialidade* característica em outros serviços públicos, ou ao menos não percebeu com mesma intensidade a ponto de se referir expressamente a outros com essa adjetivação característica.

E a explicação da escolha do legislador constituinte, que pinçou o serviço de transporte coletivo urbano entre os demais, para qualificá-lo, isolada e exclusivamente, como aquele, dentre os outros, o que deve ser considerado como detentor de *caráter essencial* é bem simples, e de tão simples a justificativa, talvez até difícil de ser incorporada pela doutrina conservadora.

É mesmo simples concluir que todos os trabalhadores dos serviços de energia, água, educação, saúde e outros, inclusive o das seguranças pública e nacional, dependem de transporte eficiente para chegar a seus locais de trabalho. Considere-se ainda que até mesmo para fazer os trajetos de atividades meio e promover a viabilização logística de toda a atuação nos serviços públicos em que estão empenhados aqueles que atuam em todos os demais serviços públicos não prescindem de boa prestação dos serviços de transporte, realizados diretamente ou por delegação, e em qualquer município, porque a essencialidade da Constituição Federal não foi restringida a capitais e cidades maiores.

Outrossim, a essencialidade do transporte coletivo urbano está para a liberdade de locomoção assim como a alfabetização está para a livre manifestação do pensamento e o direito à moradia para o exercício do direito à intimidade. Colocam-se em pé de igualdade como indivíduos que não exercem os direitos fundamentais à liberdade os analfabetos (CFRB, 5º, IV), os sem-teto (CFRB, 5º, X) e os sem-mobilidade urbana (CFRB, 5º, XV).

---

[133] GAPARINI. *Direito administrativo*, p. 294.

Entretanto, os juristas têm uma visão mais complexa do que entendem como *serviço público essencial*, e poderíamos, a essa altura, reconhecer que a Constituição não diz que o transporte coletivo é serviço público essencial, mas que *"tem caráter essencial"*, ou seja, carrega em si essa característica como inerente à atividade, destacando sua importância em relação à sua evidente necessidade pública e, nesse sentido, não parece fazer a menor diferença ser ou apenas ter caráter essencial.

O *TSE* decidiu, por meio do *REE nº 27.563*, que *"em sentido amplo, todo serviço público é essencial ao interesse da coletividade. Já em sentido estrito, essencial é o serviço público emergencial, assim entendido aquele umbilicalmente vinculado à 'sobrevivência, saúde ou segurança da população'"*. E esse acórdão, cujo relator foi o Ministro Carlos Ayres Britto, conclui que *educação* não é um serviço público *essencial* no sentido que o inciso V, do art. 73, da Lei nº 9.504/97 empresta ao termo, que seria mais estrito. Por outro lado, no julgamento da *AC MC-QO 659-7*, do *STF*, o mesmo Ministro Carlos Ayres Britto entendeu que transportes hidroviários são *serviços públicos essenciais*, embora não tenha esclarecido se em sentido lato ou estrito.

O fato é que, identificando um sentido *lato* à expressão, o acórdão do TSE acaba relativizando e diminuindo a força do texto constitucional, quando este adota e reconhece, de forma expressa, esse traço de característica peculiar como presente apenas no serviço de transporte coletivo prestado no contexto urbano, já que o dispositivo trata só do interesse local. É claro que, nem por decisão do TSE se pode retirar o poder que a Constituição tem para dizer ou criar o direito. O que se admite é que os ministros do STF, em exercício exegético, possam traduzir o que a Constituição quis dizer, e são eles os últimos que têm o direito de acertar ou não nessa tradução. Digamos que a definição da essencialidade desse julgado do TSE tem aplicação apenas para os fins da legislação eleitoral, até porque a decisão do processo em causa discutia a validade da contratação de professores em período que a lei eleitoral restringe.

Portanto, não pode o Judiciário simplesmente ignorar que a Constituição definiu o transporte coletivo como sendo serviço plasmado pela *essencialidade*, ainda que só como *de caráter* essencial, já que o texto expressou essa característica como presente apenas quando se referiu a este serviço.

Embora a Constituição refira-se à saúde, no art. 197, como serviço *"de relevância pública"*, só ao transporte urbano, repita-se, é que se refere como de *caráter essencial*. Não há dúvida que a saúde é importante, justamente pelo fato de que é relevante "*aquilo que se destaca em escala comparativa ou de valores*"[134] e, embora esse relevo seja inegável, em face de que a saúde é preceito fundamental, pois em última análise preserva o direito à vida, também o que é tido por *essencial* é fundamental e indispensável, sinônimos dicionarizados do termo, que é explicado como o "*que constitui o mais básico ou o mais importante em algo*".[135] Essa *importância* "*atrelada a algo*" é que faz dos serviços de transporte público um elo imanente aos demais serviços públicos e que, em certa medida, os torna interdependentes. É dizer: não haverá saúde, educação, energia, saneamento ou outros préstimos relevantes sem o atendimento *essencial* característico do transporte coletivo no contexto urbano. Se houver, não será minimamente eficiente em dimensão aceitável como direito do povo.

Observe-se nas grandes metrópoles que essa importância tem, no mínimo, uma equivalência entre a saúde e o transporte público, notória no que concerne ao trato que se dá em política urbana, já que nas capitais existem *faixas preferenciais* nas vias centrais de acesso tanto para as ambulâncias como para o transporte coletivo, valendo frisar que, em Belo Horizonte, existem *pistas exclusivas* para o transporte coletivo em alguns corredores (Av. Cristiano Machado, Av. Antônio Carlos, Av. Amazonas Av. Sra. do Carmo), o mesmo acontecendo em São Paulo e outras cidades, mas não é comum encontrar pistas exclusivas para ambulâncias, implantadas apenas nas proximidades das regiões hospitalares, o que reforça, na prática, a conclusão sobre a importância do transporte público, embora seja tranquilamente justificável o uso da pista exclusiva dos ônibus pelas ambulâncias para atendimento a emergências.

Não se pretende aqui estabelecer conflitos ou hierarquias, até porque quando se fala em *direitos fundamentais* não existe hierarquia, razão pela qual foi prudente e comedida a adjetivação distinta dos serviços de transporte público e de saúde tal como feita pelo legislador constituinte, que optou por uma abordagem ecumênica dos termos em boa medida de convergência.

Por outro lado, a Constituição diz que a *educação* tem como objetivo e finalidade o "*preparo para o exercício da cidadania*" (CF, art. 205).

---

[134] Relevante. *In*: DICIONÁRIO Houaiss. Disponível em: http://educacao.uol.com.br/dicionarios/.
[135] *Idem*.

A colocação evidencia que a educação é indutora, ou seja, não tem característica de *essencialidade* explícita na dicção da norma. Contudo, cremos que é justo reconhecer que o transporte público eficiente é um meio inegavelmente *essencial* de permitir à grande massa cidadã a efetividade desse *status*. Portanto, há que se admitir, nessa lógica, que também os transportes *"preparam para o exercício da cidadania"*, embora talvez seja ainda melhor concluir que tanto o acesso à educação quanto à utilização dos transportes públicos já são, em si, práticas de *cidadania*, considerada em seu aspecto sociológico, muito além da restrita ótica jurídico-constitucional, que cuida da universalidade de participação e legitimidade subjetiva, ativa e passiva, de expressão política.

A própria regulação da gratuidade nos transportes públicos é um assunto que configura a inclusão cidadã, e é tão sério o tema que ela só pode existir quando determinada por lei que preveja realisticamente seus impactos na modicidade das tarifas, em obediência ao art. 175, III, da CF e, especialmente, nos termos do §1º, do art. 6º, da Lei Federal nº 8.987/95.[136]

De fato, estão positivados percentuais mínimos obrigatórios de gastos com educação e saúde pela Administração Pública, enquanto isso não acontece com os transportes públicos (e nem seria operacionalmente factível essa previsão para os transportes), mas também é fato que, se o ônibus não chegar ao alto da favela, de lá não saem os enfermos crônicos ou terminais nem os mortos, muitas vezes conduzidos morro abaixo em carrinhos de mão, o que também é um problema para a saúde. Da mesma forma, se o transporte público não for eficiente para os quilombolas, eles não terão acesso à escola e não haverá preparo de cidadania, conforme estabelece o texto constitucional.

Dizer que os direitos fundamentais se circunscrevem aos diques do decantado artigo 5º da Constituição é leitura estrábica da Carta Magna, na qual se espraiam por diversos cantos os direitos fundamentais, devendo ser considerados como tais, todos aqueles, explícitos ou não, que viabilizem essa condição cidadã, ou ao menos contribuam necessariamente com o seu preparo.

Assim, não é sem razão que o professor Cesar A. Guimarães Pereira assevera ser possível afirmar que os serviços públicos são sempre vinculados à satisfação de direitos fundamentais[137] e Juarez

---

[136] Sobre o tema leia-se OLIVEIRA. *Transporte, privilégio e política*: um estudo sobre gratuidade no transporte coletivo em Belo Horizonte.

[137] PEREIRA. *Usuários de serviços públicos*: usuários, consumidores e os aspectos econômicos dos serviços públicos, p. 302.

Freitas, em sua aula/obra magistral sobre a sustentabilidade como direito ao futuro propõe uma atitude de abertura hermenêutica das relações de administração, segundo a qual o professor gaúcho acentua que:

> (...) urge adotar uma atitude contínua de abertura que faz o Direito Administrativo permeável à aparição de novos princípios, notadamente à vista das sofisticadas e complexas emergências regulatórias, por exemplo, em matéria de internalização dos impactos ambientais negativos. Os citados princípios da prevenção e da precaução exemplificam bem o fenômeno. Supõem admitir, sem restrição míope, que o Direito Administrativo existe, com sendo de inovação e cautela, para evitar danos e assegurar o bem-estar multidimensional, no âmbito das relações internas e externas do Estado-Administração. Reciprocamente, essa abertura faz reconhecer que a gestão pública, mormente em face do mundo digital, precisa estar arejada para a sindicabilidade plena das políticas públicas.[138]

Para dar sossego aos fundamentalistas que não aceitam a ideia de que os serviços públicos de transporte podem ser classificados como *direitos fundamentais* ou ao menos tidos como *essenciais* ao pleno exercício daqueles, especialmente no âmbito urbano, vale conferir os comentários de José Afonso da Silva ao *inciso XV, do art. 5º*, da Carta de 1988 – encravado no Título dos Direitos e Garantias Fundamentais – quando o festejado professor distingue as espécies de direito de locomoção e circulação, valendo-se de Escribano Collado para afirmar que o *direito ao deslocamento através da via pública*, por qualquer meio, há que ser preservado como direito:

> Isso quer dizer [acrescenta Escribano Collado, em nota] que, *independentemente do meio através do qual se circula por uma via pública, o transeunte terá direito de passagem e de deslocamento por ela*, por constituir esta forma de deslocamento a manifestação primária e elementar de direito de uso de uma via afetada.[139] (Destacamos)

No mesmo diapasão, porém afirmando de forma ainda mais específica a natureza fundamental desse direito, Kildare Gonçalves Carvalho[140] observa que as necessidades humanas, individuais ou

---

[138] FREITAS. *Sustentabilidade*: direito ao futuro, p. 214-215. Na primeira edição, além de *novos princípios*, o autor mencionava também *direitos fundamentais* (vide 1. ed. p. 249).
[139] SILVA. *Comentário contextual à Constituição*, p. 111.
[140] CARVALHO. *Direito constitucional*, p. 731-732.

coletivas, vêm sendo consideradas como fonte de *direitos fundamentais* que emergem informalmente, na medida em que as privações atingem a dignidade, e o nobre desembargador elenca em sua obra como um dos novos direitos fundamentais o *direito ao transporte*. Por seu turno, André Ramos Tavares advoga que a falta de um transporte público eficiente viola a dignidade humana e o direito de locomoção previstos no art. 5º da Constituição Federal.[141] Assim, boa doutrina tem classificado o direito à locomoção ou deslocamento, a pé ou por qualquer dos modais de transporte, ora como fonte ora como corolário do direito à liberdade,[142] o que é reforçado na Constituição brasileira inclusive pelo fato de que a supressão ou limitação a esse valor é prevista como excepcionalidade na vigência do Estado de sítio (CRFB/139).

Assim é que Wolkmer justifica a eficácia e a legitimidade de novos tipos de direito mencionando, entre outros, o *direito a satisfazer necessidades materiais*, dentre estes o direito ao transporte e o *direito a satisfazer as necessidades sócio-políticas*, dentre estes o direito de locomover-se.[143] O constitucionalista Flávio de Leão Bastos Pereira explica que a *mobilidade urbana* apresenta características as mais interessantes, na medida em que, assim como outros direitos fundamentais, risca a trajetória dos anseios do ser humano de forma transversal, perpassando todas as dimensões dos direitos essenciais à sobrevivência e ao desenvolvimento das mulheres e homens que habitam as grandes metrópoles.[144]

---

[141] O autor citado amplia a concepção do direito de locomoção da Carta Constitucional assim: "O que enriquece de forma assustadora esse direito é a constatação de que o Estado precisa passar a garantir, materialmente falando, a liberdade de locomoção. É por isso que tal liberdade há de alcançar o direito de existência de um transporte público eficiente, assim como o acesso a ele, ainda que não seja gratuito, mas de forma economicamente acessível a todas as camadas sociais.
A não-existência de formas de transporte sustentadas ou controladas pelo Estado implica, incontestavelmente, uma forma de cerceamento da liberdade de cada um em se locomover livre e amplamente pelo território nacional.
Ademais, como categoria dos direitos fundamentais do Homem, o não-acatamento de referida liberdade por parte do Estado constitui grave ofensa à dignidade do Homem, atualmente erigida, esta última, à categoria de princípio constitucional explícito (art. 1º, III, da Constituição Federal de 1988)" (TAVARES. *Curso de direito constitucional*, p. 627).

[142] Canotilho e Moreira advogam que as deslocações internas ou transfronteiras constituem simples corolários do direito à liberdade (*Constituição da República portuguesa anotada*, p. 251).

[143] Analisando as novas condições de vida e as crescentes prioridades impostas socialmente, Wolkmer assinala que "as mudanças e a evolução do modo de viver, produzir, relacionar e consumir de indivíduos, grupos e classes podem perfeitamente determinar anseios, desejos e interesses que transcendem os limites e as possibilidades do sistema, propiciando situações de privação, carência e exclusão" (*Pluralismo jurídico*: fundamentos para uma nova cultura no direito, p. 165).

[144] PEREIRA, Flávio de Leão Bastos. A fundamentalidade do direito à mobilidade urbana. *In:* PIRES, Antonio Cecílio Moreira; PIRES, Lilian Regina Gabriel (Org.). *Mobilidade urbana*: desafios e sustentabilidade. São Paulo: Ponto e Linha, 2016, p. 17-27. p. 19.

Essa defesa da doutrina ao direito inarredável à locomoção aponta para uma ligação da *essencialidade* com o *princípio da continuidade*. Essa vinculação serviu de suporte para fundamentar, inclusive, decisão do STF que suspendeu decisão judicial anterior que determinava o bloqueio de vultosa quantia nas contas da Companhia do Metropolitano de São Paulo (METRO), por entender que o interesse creditício de terceiros não pode sobrepor-se ao princípio da continuidade, reforçado pelo caráter essencial do transporte coletivo do art. 30, V da Lei Maior (*AC nº 669*, Rel. Min. Carlos Britto, julgamento em 6.10.2005, Plenário, *DJ*, 26 maio 2006).

De se notar que ao transporte individual de passageiros (táxi) o legislador constituinte não deu o mesmo tratamento, ou seja, não reconheceu caráter essencial nesse modo[145] ou qualquer outro que não seja de transporte *coletivo* local (urbano), nomeado expressamente no texto, o que atrai para o tema da essencialidade a importância da mobilidade (assunto que merecerá cuidado adiante), na medida em que o táxi, embora promova a locomoção de pessoas, contribui em medida bem menor para a fluidez da coletividade. A *essencialidade*, então, não está no meio de transporte, mas na circulação efetiva, no deslocamento fácil que proporciona à coletividade que ele serve.

Considerando o fenômeno metropolitano e as implicações óbvias da vida dessa coletividade conurbana, seria o caso do legislador constituinte ampliar essa essencialidade às regiões metropolitanas, mas não o fez, o que seria perfeitamente possível ao constituinte derivado pelos meios próprios, alterando a abrangência desse princípio. A ideia da delimitação poderia parecer adequada, na medida em que a própria Constituição já reconhece, no parágrafo 3º, do artigo 25, a integração necessária à organização, planejamento e execução de funções públicas de interesse comum. Contudo, no caso do transporte coletivo público essa medida certamente colocaria em perigo a autonomia municipal em tema de grande risco para a ordem e economia municipal, como adiante será exemplificado.

---

[145] Os doutrinadores e técnicos da área de transporte se valem, eventualmente, da terminologia "modal", mas a Lei nº 12.587/2012, que instituiu a PNMU (Política Nacional de Mobilidade Urbana), adotou a nomenclatura "modo" de transporte, mantendo apenas no plural a terminologia "modais" no artigo 14, III. A escolha da norma uniformiza a linguagem de forma mais acessível ao público, uma vez que o termo "modal", preferido entre os profissionais da área, embora dicionarizado e com mesmo significado, não é de uso comum do povo.

2.11.5 A base legal

No Brasil, são definidos como atividades ou serviços essenciais os constantes da listagem do artigo 10, da Lei nº 7.783, de 28.06.99, que cuida do exercício do direito de greve dos trabalhadores do regime celetista e dá outras providências. Os transportes coletivos aparecem no inciso V, do mencionado artigo 10, frisando-se que a lei tem entre seus objetivos atender às necessidades inadiáveis da comunidade, o que reforça nossa tese de que a essencialidade do transporte está atrelada a outras necessidades relevantes da sociedade local.

Em Portugal, a Lei nº 12/2008, de 26.02.2008, que alterou a Lei nº 23/96, não elegeu o transporte coletivo como serviço público essencial no rol do artigo 1º, o que denota que a essencialidade, em que pese existir como conceito fático, na prática, é dependente de previsão normativa para que a imprescindibilidade dos serviços seja reconhecida, o que, a nosso ver, é um equívoco, porque a essencialidade é evidenciada por si. Contudo, a previsão de um rol taxativo dos serviços essenciais se mostra necessária para que em casos levados à jurisdição essa característica influencie nos julgamentos, assim como na definição das prioridades nas políticas públicas pelas autoridades competentes.

Finalmente, para que não se encerre a discussão sobre a essencialidade sem uma avaliação prática dos danos e possíveis soluções para o caso (ou caos) urbano, sugerimos a observação das regiões metropolitanas em seu contexto conurbano, como acima citado, onde é mais flagrante o sofrimento do cidadão, já que vários itinerários foram criados pelos Estados em concorrência predatória com o *transporte local*, em desrespeito até mesmo ao pacto federativo, ao pífio e equivocado argumento de que compete a eles (Estados) o transporte intermunicipal e metropolitano e, por isso, tudo podem no âmbito metropolitano.

Essa competência estadual sobre a órbita metropolitana é inegável, mas não autoriza a ofensa aos *interesses locais*, protegidos em sede constitucional pelo artigo 30, em especial pelo inciso I. Imagine-se, então, se o Estado de São Paulo decidir que todas as linhas metropolitanas devem passar em longo itinerário na capital, embarcando passageiros, e terminar o trajeto na Praça da Sé, ou se o Estado de Minas Gerais impuser que toda linha metropolitana tenha ponto na Praça da Liberdade e itinerário denso na região hospitalar, tudo ao arrepio do entendimento obrigatório com as respectivas municipalidades de onde sangram a receita do sistema local. Aliás, atuação irresponsável e politicamente irrefletida como a desses exemplos, que geram evidente caos urbano, foi rejeitada pelo Judiciário em face da inconstitucionalidade.[146]

Não se advoga aqui uma exclusividade de atuação municipal. O que é certo e está fixado pela Constituição é a predominância do interesse, que deve ser respeitado quando conflitante com a atuação do Estado-membro, prevalecendo a regulação e ordenação conveniente e discricionária da municipalidade.

O que se quer marcar, em conclusão, é que a *essencialidade* característica do transporte coletivo, assim definida pelo legislador constituinte, no inciso V, do art. 30, evidencia a interdependência deste serviço público com os demais, e resulta no raciocínio lógico de que, se os direitos à educação, saúde, dentre outros, e a própria cidadania dependem tanto dos transportes para plena realização de direitos fundamentais, essa interdependência justifica, no mínimo, o entendimento de que a mobilidade urbana, através do transporte coletivo, é meio assecuratório da efetividade de *direitos fundamentais*, se, numa visão ainda mais vanguardista, não for, no sentido do étimo, encarado ou arrolado como um deles.

2.12 O transporte como direito social – o artigo 6º da Constituição Federal

Já dissemos em outra senda[147] que "Desde setembro de 2015, com a aprovação da Proposta de Emenda à Constituição (PEC) 90/2011, que introduziu o transporte como direito social no rol do art. 6º da Constituição Federal brasileira, o tema tem de ser entendido com um novo olhar, uma leitura de maior respeito que, a todas as luzes, amplia o espectro do substantivo.

---

[146] Entre outros julgados, o STJ no RMS 575-0 RJ, no qual foi decidido que "*os problemas relacionados a circulação dos coletivos, as áreas para estacionamento, aos pontos de parada, aos horários, a concessão e o itinerário das linhas, ficam compreendidos entre as atribuições das autoridades municipais, sem que importe em invasão da competência estadual ou federal*". Em acórdão não tão claro e, *data venia*, de duvidosa constitucionalidade, em face do art. 30, I e V da CRFB, a Segunda Tuma do STJ decidiu que as paradas do transporte intermunicipal no município de Belo Horizonte devem ser regulamentadas em conjunto pelas autarquias estadual (DER/MG) e municipal (BHTRANS) (REsp nº 977.302-MG, julgado em 06.05.2008).
[147] GUIMARÃES, Geraldo L. Spagno. As delegações dos serviços de transporte, algumas implicações de sua classificação como direito social e o imperativo uso da tecnologia como instrumento de auxílio à mobilidade. *In*: PIRES, Antonio Cecílio Moreira; PIRES, Lilian Regina Gabriel (Org.). *Mobilidade urbana*: desafios e sustentabilidade. São Paulo: Ponto e Linha, 2016, p. 97-106.

Nesse novo contexto, o assunto se agiganta e essa natural expansão, decorrente do impulso dado ao tema, guindando-o ao patamar dos direitos mais sensíveis da sociedade, favorece o transporte em todos os seus matizes com o relevo que ele merece num país de proporções continentais.

(...)

Quadra aqui destacar que a nova redação do art. 6º da Carta Magna indica o transporte sem restringir tipos ou modais, o que impõe entender que, tal como posto no Texto Maior, refere-se a qualquer das diversas espécies e dimensões que o tema comporta.

Assim, a indicação inespecífica remete tanto ao transporte público quanto ao privado, motorizado ou não, aéreo, marítimo ou terrestre, de pessoas ou de cargas, local, regional ou nacional, individual ou coletivo, remunerado ou gratuito. Todos, sem distinção, reclamam agora tratamento nas leis orçamentárias anuais e plurianuais, rigor no alcance de metas, respeito aos princípios, objetivos e diretrizes regulados no âmbito do ordenamento infraconstitucional e participação democrática no planejamento, regulação, implantação, operação segura e fiscalização.

A alteração da Constituição indica um novo tempo de necessárias acomodações, providências e embates. É mais que cediço que o direito positivo apenas caminha atrás dos fatos sociais que correm a passos largos à sua frente. Daí a dificuldade de haver sintonia na velocidade dos instrumentos de consolidação da paz social, mas "(...) a Carta de 1988 rejeita o absenteísmo estatal, isto é, o Estado Brasileiro não pode manter-se inerte diante das demandas econômico-sociais".[148]

Poderia ser tido por exagerado considerar direito social, por exemplo, o transporte de cargas. Contudo, a cidade sucumbirá se não for abastecida. Os gestores podem, e até devem nas grandes metrópoles, regulamentar limites de horários e taras para o trânsito de veículos de transporte de carga, para proteger a vida citadina, suas vias, seus habitantes e equipamentos urbanos, e essa cautela está entre as competências do poder de polícia de transporte local, o que fortalece nosso entendimento de que, seja pela proteção nas restrições, seja pela necessária circulação das cargas, em face do imprescindível abastecimento, esse direito tem um inegável viés social.

---

[148] MELLO, Rafael Munhoz de. Atividade de fomento e o princípio da isonomia. In: SPAPARINI, Priscilia; ADRI, Renata Porto (Coord.). *Intervenção do Estado no domínio econômico e no domínio social*: homenagem ao Professor Celso Antônio Bandeira de Mello. Belo Horizonte: Fórum, 2010, p. 263-265.

É possível também que, após dizermos que o transporte, em especial o de passageiros no âmbito local e na forma coletiva, é um direito fundamental, alguém possa ter dificuldade sobre a distinção deste como direito social fundamental. Para afastar qualquer dúvida, valemo-nos do Ministro Alexandre de Moraes que, em sua obra, ensina que "Direitos Sociais são direitos fundamentais do homem, caracterizando-se como verdadeiras liberdades positivas, de observância obrigatória em um Estado Social de Direito, tendo por finalidade a melhoria das condições de vida aos hipossuficientes, visando à concretização da igualdade social, e são consagrados como fundamentos do Estado democrático, pelo art. 1º, IV, da Constituição Federal".[149]

Por sua vez, o eminente juiz e pós-doutor Ingo Wolfgang Sarlet avalia as divergências doutrinárias sobre a ideia de que direitos sociais são fundamentais e afasta a leitura reducionista, acentuando que todo o direito constitucional positivado em si é fundamental.[150]

---

[149] MORAES, Alexandre de. *Direito Constitucional*. São Paulo: Atlas, 2011, p. 206.

[150] SARLET, Ingo Wolfgang, Os Direitos Sociais como Direitos Fundamentais: contributo para um balanço aos vinte anos da Constituição Federal de 1988. Disponível em: http://www.stf.jus.br/arquivo/cms/processoAudienciaPublicaSaude/anexo/artigo_Ingo_DF_sociais_PETROPOLIS_final_01_09_08.pdf. Acesso em: 26 fev. 2017.

CAPÍTULO 3

A LEI FEDERAL Nº 12.587/2012 E A MOBILIDADE URBANA

Para o pobre, os lugares são mais longe.

Guimarães Rosa[151]

Mobilidade urbana é um apanágio das cidades, um predicativo que serve de atributo a urbe. Em concepção sumária, é a *facilidade real ou efetiva das condições de deslocamento, realizada por qualquer modo em via pública, que leva em conta as necessidades dos citadinos.* Deve ser tratada como política pública prioritária, buscando-se promover por todos os meios, sistemas, planejamentos, intervenções e escolhas a mitigação dos efeitos e impactos negativos que as ações contrárias[152] aos deslocamentos conferem à vida da *pólis.*

Mobilidade urbana é, pois, o que proporciona ligação eficiente aos bens e serviços, o que se pode obter, especialmente nesse contexto urbano, por um programa de planificações, restrições e direcionamentos, mas, sobretudo, pela oferta adequada de transportes públicos e de uma infraestrutura de sistema viário, equipamentos, instalações, controle e sinalização próprios à circulação eficiente dos diferentes modos de

---

[151] *Primeiras histórias*, p. 62.
[152] Entre as ações contrárias aos deslocamentos ou à facilitação dos mesmos nomeiem-se os congestionamentos, os acidentes de trânsito, mas também o impacto das opções de políticas públicas, tais como a diminuição drástica do IPI em grande número de automóveis para uso individual sem investimento em uma educação para a mobilidade e ainda outras opções como o prestígio ao transporte individual, mesmo que público.

transporte, sendo desejável a integração destes e das respectivas tarifas, tudo com o amparo de um ordenamento legal fulcrado em princípios, para que haja flexibilidade e efetividade da norma ao contexto mais atual possível. É também fundamental uma consciência comunitária da mobilidade urbana, pois a implantação da ordenação na urbe não tem qualquer valor se valor não se lhe dá.

A mobilidade é condicionante para a verificação de índices de inclusão social e qualidade de vida, na medida em que também viabiliza ou não a conexão com oportunidades sociais e econômicas.

Estudar a mobilidade urbana nos leva a admitir que o uso do espaço urbano passou a ser reconhecido como objeto de consumo desde que a comunidade precisou racionalizar, ordenar e gerenciar seus deslocamentos. Na verdade, especialmente na sociedade ocidental, a criança já manifesta seu anelo de incrementar sua mobilidade ao ter como desejo de consumo uma bicicleta, quando quer correr livre pelas ruas e é impedida pelos adultos que querem protegê-la dos riscos desse comportamento se exercido sem cautelas. O homem faz menos por medo de sanções ou de obstáculos. É preciso calibrar o sistema para controlar as bolhas de descontentamento.

Embora o foco da mobilidade seja uma organização e regulação no âmbito municipal, cabe à União Federal instituir as *diretrizes para o transporte urbano*, nos moldes do inciso XX, do artigo 21 da CRFB. É uma competência econômico-social e financeira,[153] mas é preciso definir aqui a amplitude dessa competência, o que impõe a harmonização do que dispõem os artigos 21, XX, 22, XI, 30, I e V e 182 da CRFB.

José Afonso da Silva ensina que o artigo 21 da Constituição Federal delimita *competências materiais exclusivas* da União,[154] enquanto Uadi Lamêgo Bulos exclui dessa classificação os incisos XX e XXI, do artigo 21, apontando esses dispositivos como exemplos de *competência concorrente* das entidades político-administrativas,[155] e essa competência se expressa por um trabalho legislativo de ação comum, segundo o professor Uadi Bulos. Portanto, não se esgota na União.

Com o devido respeito, acompanhamos o entendimento de Bulos, porque o inciso XX do artigo 21 estabelece como competência da União apenas *instituir diretrizes gerais* para o desenvolvimento urbano, incluído aí o transporte urbano, enquanto o artigo 30, I da CRFB atribui ao

---

[153] CARVALHO. *Direito constitucional*, p. 1009.
[154] SILVA. *Curso de direito constitucional positivo*, p. 480.
[155] BULOS. *Curso de direito constitucional*, p. 759-760.

Município legislar sobre o interesse local. Portanto, devemos recorrer ao princípio geral que orienta a repartição de competências das entidades federativas conforme a predominância do interesse.

É fato que o artigo 22, XI atribui à União a competência para legislar sobre trânsito e transporte, e isso se deu com a edição das Leis Federais nºs 9.503/97 e 10.233/01, respectivamente, mas a mesma Constituição cuida separadamente dos *transportes urbanos* como assunto de competência material do Município (art. 30, V) e, no que concerne à competência legislativa da matéria no contexto urbano, estabelece competência concorrente, atribuindo à União a tarefa de instituir diretrizes e aos Municípios a de complementar essas diretrizes especificamente para o âmbito e interesse local, este gizado pelo artigo 30, I da CRFB.

O STF já decidiu que "*a competência constitucional dos Municípios de legislar sobre interesse local não tem o alcance de estabelecer normas que a própria Constituição, na repartição das competências, atribui à União ou aos Estados*",[156] mas também já entendeu que "*a prestação de transporte urbano, consubstanciando serviço de transporte local, é matéria albergada pela competência legislativa dos Municípios, não cabendo aos Estados-membros dispor a seu respeito*".[157]

Por isso, é necessário um registro importante para discernir entre o que a Constituição dispõe no artigo 21, XX e no artigo 22, XI. No primeiro caso o alvo da norma é transporte como elemento do *desenvolvimento urbano* e, no segundo, o foco é o transporte nacional, em seus aspectos gerais sistêmico, estrutural e operacional. Assim, o Município não pode legislar sobre assuntos de transporte em geral, mas o *transporte urbano* há que ser organizado e regulamentado por normas municipais, porque o tema é de interesse local, sabendo-se que esse regramento deve se submeter às diretrizes instituídas pela União (CRFB, 21, XX). Outro raciocínio ou leitura poderia conduzir ao entendimento equivocado de que a Lei nº 12.587/12 é inconstitucional por vício de origem e flagrante violação ao artigo 30, I da Lei Maior, ou ainda, poder-se-ia considerar impróprias as regulamentações municipais que o Capítulo V da LPNMU impõe para o planejamento e a gestão do sistema de mobilidade.

De qualquer forma, ainda não se travou no STF discussão sobre o artigo 21, XX da Carta Magna, o que se dará a partir da evolução que advirá da aplicação da Lei nº 12.587/12 no tema dos transportes urbanos.

---

[156] RE nº 313.060/SP, Rel. Min. Elen Gracie, *DJ*, 24 fev. 2006.
[157] ADI nº 2.349-7/ES, Pleno do STF, *DJ*, 14 out. 2005.

Atente-se ao fato de que o texto constitucional não fala em *diretrizes* para a *mobilidade*, mas para o *transporte urbano*, cujos serviços públicos e modais (públicos ou não) criam condições para a mobilidade, desde que haja também uma infraestrutura eficiente para a circulação, controle e cultura da mobilidade.

O artigo 182 da CRFB estabelece que compete ao poder público municipal *executar a política de desenvolvimento urbano*, mas também que esta deve ser implementada conforme as *diretrizes gerais fixadas em lei*. O objetivo é o *desenvolvimento das funções sociais da cidade*, com mira no bem-estar dos citadinos que tem o dever de garantir. É possível dizer que esse dispositivo orienta ser essa política uma atribuição da função executiva, portanto, a organização e as definições competem ao Executivo, que para tanto se valerá das diretrizes gerais fixadas em lei federal.

Observe-se que nem o termo *política urbana* se limita aos aspectos geográficos, nem a expressão *desenvolvimento urbano* se restringe às expansões, pois ambas as locuções devem curvar-se às funções sociais do contexto urbano, entre as quais tem relevo significativo a *circulação* (nesta incluídos os direitos à mobilidade e à acessibilidade), até mesmo como fundamento da política e do desenvolvimento urbano, expressão esta que não tem ênfase no desenvolvimento, mas no urbano, porque o direito à circulação tem o seu núcleo de configuração muito mais na vida da cidade e no cotidiano das pessoas que nela se deslocam do que em qualquer outra dimensão. Amalgamados como complementos do direito à circulação estão o direito à infraestrutura sustentável e a gestão consensual, que distribuirão acesso isonômico aos beneficiários dessa função social da cidade.

José Afonso da Silva lembra que o que define a função social em cada cidade é a vocação desta[158] e essa característica singular de cada uma é que indicará o rumo recomendável e permitirá controlar e mensurar o desenvolvimento urbano aceitável em cada contexto.

A União começou por fixar diretrizes para o desenvolvimento urbano com a promulgação do Estatuto da Cidade, a Lei Federal nº 10.257, de 10.07.2001, onde foram estabelecidas com mais ênfase as diretrizes a que devem respeito as políticas de uso e ocupação do solo. Em que pese o artigo 2º daquele estatuto ter ali garantido, nos incisos II e V, o direito ao transporte adequado, o artigo 3º devolveu à União,

---

[158] SILVA. *Comentário contextual à Constituição*, p. 737.

em seu inciso IV, a competência e obrigatoriedade de instituir política específica para o transporte urbano, só estabelecendo naquele momento a obrigatoriedade de elaboração de um plano de transporte urbano integrado compatível com o plano diretor ou nele inserido paras as cidades com mais de quinhentos mil habitantes (artigo 41).

A Lei Federal nº 12.587, promulgada em 03.01.2012, publicada no dia seguinte, para viger a partir de 13.04.2012, deu continuidade à fixação das diretrizes para o desenvolvimento urbano, cuidando separadamente do transporte nesse contexto localizado, certamente porque a causa da mobilidade urbana, além do imperativo comando constitucional, carecia de um urgente cuidado com o destaque que uma lei própria, contendo um Plano Nacional, pode dar a um assunto que afeta a todos os munícipes em todo o mundo. Certamente, essa é uma norma que exalta a importância do Direito Municipal e do Direito Urbanístico como disciplinas autônomas e de interesse e alcance geral.

Antes tarde do que nunca, o estatuto da mobilidade urbana foi entregue à sociedade mais de vinte e três anos após a promulgação da vigente Constituição e dezessete anos após o projeto de lei que lhe deu causa (PL nº 694/1995).[159]

É norma de ordem pública, que veio ao mundo jurídico como um *conjunto normativo intermediário*. *Conjunto* porque consolida em texto único princípios, diretrizes, objetivos e medidas mitigadoras das externalidades negativas que o uso iníquo da via pública provoca. *Intermediário* porque cumpre comando constitucional[160] e, ao mesmo tempo, impõe regramentos que o complementem conforme a competência do âmbito estatal a prover.

Quanto à imprescindibilidade da preservação da ordem pública, nota-se que o estatuto da mobilidade gizou princípios, diretrizes, políticas e ações com vistas a coibir ameaças à convivência sustentável da sociedade, para a qual a influência exauriente na vida dos cidadãos, por meio dos congestionamentos e dos diversos matizes de poluição

---

[159] O PL nº 694/95, de autoria do Deputado Alberto Goldman, dispunha somente sobre diretrizes para o transporte coletivo urbano. Com relatoria da Deputada Ângela Amin, foram aproveitadas sugestões dos PLs nºs 1.974/96, 2.234/99 e 1.687/07, transformando-se no Senado no PLC nº 166/2010. Ainda sobre o tema, foram propostos os PLs nºs 4.203/1989, 870/1991, 1.777/1991, 2.594/1992, os três últimos apensados ao primeiro, todos quatro arquivados em 1995.

[160] Os artigos constitucionais que deram fundamento e justificaram a proposta foram os artigos 21, XX, 22, IX, 30, V, 173, §3º, 175, 227, §2º e 244. A norma promulgada veio fundada apenas nos artigos 21, XX e 182.

causada por alguns modais de transporte atinge a todos que escolheram o ambiente urbano para viver.

Dividida em sete capítulos, a Lei de Política Nacional da Mobilidade Urbana (LPNMU) foi sancionada com vinte e sete artigos, porque foi integralmente vetado o artigo 27 do projeto de lei que continha, originalmente, vinte e oito artigos e agora, com o acréscimo dos artigos 12-A e 12-B, passou a ter vinte e nove artigos. Foi modificada pelas Leis Federais nºs 12.865, de 2013, 13.146, de 2015, 13.406, de 2016, mas não se pode olvidar que ainda sofreu o impacto da PEC nº 90/2011, que acabou por alterar o artigo 6º da CRFB para ali incluir o transporte entre os direitos sociais. Tanto a lei trata de direitos sociais que ela revogou dispositivos da CLT.

A grande questão que provoca ansiedade nos estudiosos do tema é saber sobre o efetivo alcance da lei, porque depende de vontade política e de ação da constante vigilância da sociedade e dos órgãos de controle que podem ou não se empenhar pela efetividade dos instrumentos que a lei oferece para a mobilidade urbana sustentável ou para questionar qualquer política, ações ou investimentos que contrariem ao que ela estabelece como norte imperativo das escolhas.

A lei não é perfeita nem é texto definitivo, embora seja um inegável marco normativo inicial de dimensão significativa. A regra para os sociólogos, como para os juristas, é que esse tipo normativo é um universo em expansão e constante reorganização, o que já se confirmou por meio das alterações realizadas até aqui. Nesse diapasão é que Lesbaupin afirma que o conteúdo dos direitos sociais é estabelecido em função das necessidades humanas fundamentais e *"não são uma lista completa e acabada, pois novas situações históricas permitem aparecer novas necessidades, novos direitos enfim"*.[161]

Passemos, então, aos comentários da norma, artigo por artigo.

3.1 Das disposições gerais

Numa norma com caráter de estatuto federal para determinado tema as *disposições gerais* são os vetores preliminares que guiam o intérprete e aplicador ao entendimento não apenas do conteúdo sistemático, mas também aos objetivos do texto no bojo do ordenamento.

---

[161] LESBAUPIN. *As classes populares e os direitos humanos*, p. 67-68.

Dessa forma, os três primeiros artigos da lei informam todo o texto que os segue sobre a política, o sistema, o serviço, os modos e a infraestrutura de mobilidade urbana, tudo com alvo no fomento, na melhoria e na concretização racional, democrática e sustentável dos deslocamentos de pessoas e cargas no contexto urbano.

> Art. 1º A Política Nacional de Mobilidade Urbana é instrumento da política de desenvolvimento urbano de que tratam o inciso XX do art. 21 e o art. 182 da Constituição Federal, objetivando a integração entre os diferentes modos de transporte e a melhoria da acessibilidade e mobilidade das pessoas e cargas no território do Município.
>
> Parágrafo único. A Política Nacional a que se refere o caput deve atender ao previsto no inciso VII do art. 2º e no §2º do art. 40 da Lei no 10.257, de 10 de julho de 2001 (Estatuto da Cidade).

No artigo 1º a LPNMU começa por se autointitular um dos instrumentos da política de desenvolvimento urbano, conferindo a si a mesma importância de outros que existam, tais como o Estatuto da Cidade. Ainda esse dispositivo define seu âmbito de aplicação mais específico, restringindo-o ao território municipal, embora em seu capítulo quatro a lei atribua à União e aos Estados funções de promoção, fomento, assistência, gestão associada, entre outras, com o fim de envolver todos os entes nos alvos da norma, até porque todos são beneficiados pelas conquistas em alguma dimensão.

O texto é inaugurado apresentando-se como ferramenta política logo no artigo inicial, o qual menciona dois objetivos: O primeiro é incentivar a integração dos modos de transporte. Essa integração tem a finalidade de promover o fomento, razão pela qual o artigo 2º da lei menciona ser este o verdadeiro objetivo que está por trás da opção estratégica da integração. É como se o legislador declarasse obsoleto e ineficiente qualquer sistema local que não se inclinasse a essa tendência moderna e eficaz. A norma permite a usuários e órgãos de controle questionar a legalidade de propostas que não considerem essa diretriz normativa.

Como lei instrumental, a LPNMU objetiva também, num segundo norte, a *melhoria da acessibilidade e da mobilidade das pessoas e cargas no território do município*, ou seja, esse dispositivo revela que a lei não regula apenas os artigos 21, XX e 182 CRFB ali destacados, mas também o artigo 30, VIII da Constituição, o qual acomete ao Município o planejamento e controle do *uso* do solo. O *uso*, por óbvio, se distingue do *parcelamento* e da *ocupação* que esse dispositivo constitucional também comanda a ordenação. Quando o inciso VIII, do artigo 30 da Constituição Federal atribui ao Município o controle do uso do solo não cuida apenas da necessidade de se fiscalizar o que as pessoas edificam em seus lotes (função social da propriedade).

Usar bem o solo é promover nele a adequada apropriação, cumprir nele sua função social. Essa adequação faz parte de um processo, cujos objetivos são previamente definidos, que não levam em conta o potencial construtivo só com vistas ao tamanho dos prédios, razão pela qual, se um determinado bairro que tem ligação com a própria história da cidade e deve, por isso, ser preservado, há que se ponderar na fixação dos objetivos os limites que mantenham, por exemplo, a largura das antigas vielas. Como consequência, não será possível prover naquela via pública infraestrutura e ordenação de mobilidade motorizada com o fim de viabilizar o direito à circulação nesses modais com a mesma eficiência que em outros logradouros. E a hipótese, provavelmente, delineia que é justamente isso que se quer ali. Nesse raciocínio, embora a circulação seja uma das funções sociais da cidade, estará em conflito com a preservação, que é valor cultural a ser igualmente perseguido. Tais objetivos devem estar claros no plano diretor,[162] influenciando e estabelecendo diretrizes restritivas de mobilidade.

Ainda que se possa pensar que a norma tem apenas o propósito de regular os deslocamentos de veículos, ela é clara em afirmar, bem ao contrário, que seu objetivo é antes promover a melhoria da acessibilidade e mobilidade das pessoas e cargas no território do município (*caput, in fine*). Demonstrando essa lógica como a essência da busca normativa observe-se, por exemplo, que bem antes, em 12.07.2007, quando a Portaria nº 260, do INMETRO,[163] estabeleceu os critérios para o programa de avaliação da conformidade para a adaptação de acessibilidade de veículos de características urbanas para o transporte coletivo de passageiros, o fez com foco na segurança das pessoas, através do mecanismo de inspeção, atendendo aos requisitos do Decreto

---

[162] Como exemplo, é possível citar que a Lei de Uso e Ocupação do Solo de Belo Horizonte (Lei nº 7.166/1996) rejeita a implantação de órgãos públicos no bairro de Santa Tereza, por suas características de ocupação histórico-cultural próprias para uso residencial, o que torna imprópria e limitada a largura das ruas e inviabiliza um tráfego intenso de transporte coletivo na região.

[163] O Conselho Nacional de Metrologia, Normatização e Qualidade estabeleceu 31.07.2012 como data final para o cumprimento, pelas concessionárias de transporte coletivo, dos requisitos estabelecidos no Regulamento Técnico da Qualidade anexo à Portaria nº 260/INMETRO.

nº 5.296/04, visando propiciar, de forma segura, o transporte de pessoas com deficiência ou mobilidade reduzida. Portanto, o cerne da legislação que cuida da matéria nunca foi a fluidez do trânsito e do tráfego por si, mas para que estes sejam realizados com vistas à mobilidade e a acessibilidade de pessoas e cargas.

Não se olvide que essa integração envolve também uma interface entre o território rural e o urbano, objetivo indigitado no artigo 2º, VII, da Lei nº 10.257/01, que deve ser atendido nos moldes do parágrafo único do artigo 1º da LPNMU. É, pois, explícito que a outra dimensão evidente como alvo da prescrição da norma, além das pessoas e das cargas, é a integração e complementaridade entre as atividades urbanas e rurais, tendo em vista o desenvolvimento socieconômico do município e de todo o território sob sua área de influência, nos termos do inciso VII do art. 2º e do §2º do art. 40 do Estatuto da Cidade, porque esses dispositivos são citados no parágrafo único do aqui comentado artigo 1º.

Ambas as dimensões (pessoas e atividades) na órbita do ordenamento do contexto urbano revelam a aplicação e o aprofundamento da função social da propriedade, como norte fixado pelos artigos 5º, XXIII, 170 e 182 da Constituição Federal, bem como da relevância, em igual proporção da função social da cidade.[164]

> Art. 2º A Política Nacional de Mobilidade Urbana tem por objetivo contribuir para o acesso universal à cidade, o fomento e a concretização das condições que contribuam para a efetivação dos princípios, objetivos e diretrizes da política de desenvolvimento urbano, por meio do planejamento e da gestão democrática do Sistema Nacional de Mobilidade Urbana.

O artigo 2º traça os objetivos da LPNMU e são eles os alvos de contribuir com a *acessibilidade*, o *fomento* e a *mobilidade* como meios para a efetivação dos princípios e diretrizes da política de desenvolvimento urbano. O termo "objetivos" que consta no texto parece redundante, quando na verdade não é, pois que o *objetivo* da LPNMU é também contribuir com os *objetivos* da política de desenvolvimento urbano,

---

[164] Sobre a distinção entre a função social da propriedade e da cidade, veja-se OSORIO. Diretrizes gerais: introdução. *In*: MATTOS. *Estatuto da Cidade comentado*: Lei nº 10.257, de 10 de julho de 2001, p. 86. O artigo 2º, II da Resolução nº 34 do Conselho das Cidades, de 01.07.2005, *DOU*, 14 jul. 2005, estabelece que, além dos instrumentos da política urbana fixados pelo art. 42 do Estatuto da Cidade (Lei nº 10.257/01), o plano diretor deve garantir a acessibilidade e a mobilidade sustentável de todos os cidadãos por meio do desenho dos espaços públicos e do sistema viário básico.

frisando com isso que a primeira é um instrumento para alcançar a segunda.

Ainda cuidando dos objetivos da lei, esse dispositivo indica os meios através dos quais podem ser alcançados. São eles o *planejamento* e a *gestão democrática* do Sistema Nacional de Mobilidade Urbana, este definido pelo artigo seguinte. *Planejamento* é função estatal tão relevante que a Constituição Federal dedicou a esse assunto o artigo 21, IX, o 30, VIII, o 48, IV, o 174, §1º e, especificamente o artigo 182 quanto às diretrizes gerais de desenvolvimento urbano. *Gestão democrática* é resultante da participação popular no poder decisório, que tem como pedra angular o parágrafo único do artigo inaugural da Carta Republicana. Registre-se que o artigo 15 da LNPMU estabelece a audiência pública como instrumento de planejamento, fiscalização e avaliação da Política Nacional de Mobilidade Urbana, enquanto o Estatuto da Cidade impõe a realização de audiência pública desde o processo de elaboração do plano diretor, continuando necessária na fiscalização de sua implementação (art. 40, §4º, I). Dessa forma, o que se observa é que a elaboração do plano de mobilidade, a cargo de cada ente federal, não obriga aqui no artigo 2º a oitiva pública para implantação, se limitando a estudos e orientações técnicas e políticas, mas o artigo 5º estabelece, no inciso V, como princípio, a gestão democrática e o controle social do planejamento e avaliação da Política Nacional de Mobilidade Urbana, da mesma forma que o artigo 7º declara que essa Política possui, como objetivo, a consolidação da gestão democrática como instrumento e garantia de aprimoramento da mobilidade urbana.

Aqueles que pensam que o futuro é algo que será construído enganam-se. Em verdade, o dia a dia é que semeia o que será. Nada acontece ao acaso algum dia, senão como fruto de planejamento dessas semeaduras do dia a dia. A mobilidade não é um produto pronto nem definitivo. Está sendo construída sempre para promover soluções com prazo de validade. O que se pensa hoje é a mobilidade sustentável de amanhã e esta provavelmente não será a de depois de amanhã.

A produção do urbano e a solução dos problemas sociais têm de ser pensadas como uma resolução permanente de um campo de conflitos, tendo como ponto de partida o reconhecimento da cidade real e suas contradições.[165] O planejamento impõe humildade ao administrador em admitir e perceber que sua função envolve não

---

[165] OSORIO. Diretrizes gerais: introdução. *In*: MATTOS. *Estatuto da Cidade comentado*: Lei nº 10.257, de 10 de julho de 2001, p. 73.

apenas pensar e criar, mas, sobretudo, repensar e recriar, pois a mobilidade é um tema cíclico que envelhece.

Outra ideia que o gestor deve deixar de lado é a de que fará melhor gestão se tapar os ouvidos. Agir assim revela imaturidade política, incapacidade gerencial de recursos humanos e duvidosa constitucionalidade da conduta, já que a tônica republicana prescrita no citado parágrafo único do artigo primeiro da Constituição Federal é que o titular da governabilidade é o povo. Por essas razões é que a participação e a consensualidade foram erigidas à condição de princípio como já comentado no capítulo desta obra destinado aos mesmos, reproduzindo exatamente o conceito e a importância da gestão democrática para transformar cada vez mais o transporte urbano em transporte humano.

> Art. 3º O Sistema Nacional de Mobilidade Urbana é o conjunto organizado e coordenado dos modos de transporte, de serviços e de infraestruturas que garante os deslocamentos de pessoas e cargas no território do Município.
> §1º São modos de transporte urbano:
> I - motorizados; e
> II - não motorizados.
> §2º Os serviços de transporte urbano são classificados:
> I - quanto ao objeto:
> a) de passageiros;
> b) de cargas;
> II - quanto à característica do serviço:
> a) coletivo;
> b) individual;
> III - quanto à natureza do serviço:
> a) público;
> b) privado.
> §3º São infraestruturas de mobilidade urbana:
> I - vias e demais logradouros públicos, inclusive metroferrovias, hidrovias e ciclovias;
> II - estacionamentos;
> III - terminais, estações e demais conexões;
> IV - pontos para embarque e desembarque de passageiros e cargas;
> V - sinalização viária e de trânsito;
> VI - equipamentos e instalações; e
> VII - instrumentos de controle, fiscalização, arrecadação de taxas e tarifas e difusão de informações.

O *artigo 3º* reconhece que o conjunto organizado e coordenado dos modos e serviços de transporte e das infraestruturas de mobilidade de cada município do país compõe o chamado *Sistema Nacional de Mobilidade Urbana*. Não somente aqueles obrigados a instituir um Plano de Mobilidade Urbana (PMU) integrado com o plano diretor, nos termos do §1º, do artigo 24, mas também os que estão apenas obrigados à criação de um PMU simplificado que cuide unicamente dos deslocamentos a pé e de bicicleta, pela ausência de um sistema de transporte coletivo ou individual (art. 24, §2º).

O alvo desse sistema de âmbito nacional é garantir deslocamentos de pessoas e cargas com foco exclusivo no território do município.

A norma define, no *parágrafo 1º*, os modos de transporte como motorizados e não motorizados, dispositivo que deve ser lido concomitantemente com o artigo 6º, II, que é uma das diretrizes vetoriais da política nacional de mobilidade urbana ao estabelecer a prioridade do primeiro sobre o segundo como alvo da mobilidade sustentável.

No *parágrafo 2º*, a norma classifica os serviços quanto ao *objeto* (de passageiros e de cargas), *características* (coletivo e individual) e *natureza do serviço* (público ou privado). O tema principal (não exclusivo) deste nosso trabalho sobre a mobilidade urbana é o transporte público de passageiros, sabendo-se que o coletivo é realizado por vários modos, assim como o individual, que pode ser através de serviços fretados, mototáxi ou táxi, mas estes não são serviços públicos a nosso ver, como explicamos nos comentários ao artigo 12. As bicicletas e os veículos de tração animal, como regra, não são considerados modais públicos, mas existem cidades que já adotam um sistema público de compartilhamento do uso de bicicletas locadas em parquímetros específicos ou fornecidas gratuitamente em parques fechados, sistemas que convivem com a locação privada, especialmente para passeios em rotas turísticas.

O *§3º* estabelece quais são as infraestruturas da mobilidade urbana. Todas podem ser erigidas e operadas tanto pela iniciativa privada quanto pelo poder público, à exceção da arrecadação de taxas prevista no inciso VII. Nota-se que a norma arrola tanto espécies de infraestutura de transporte (estações e terminais) quanto de trânsito (sinalização viária e de trânsito). Há também a previsão de equipamentos e instalações que podem ou não ser agregadas ao solo e que atuam igualmente como instrumentos de controle. É o caso dos PMV (Painel Móvel Veicular) e dos *handhelds* ou PDA (*Personal Digital Assistant*) dos agentes de trânsito. Os primeiros orientam os usuários da via pública, em tempo real, quanto à situação das principais interseções, regiões, vias arteriais e eventos em geral que impactam a mobilidade. Já o PDA é um instrumento que monitora e auxilia os agentes empenhados na fiscalização do trânsito e na mobilidade, permitindo que identifiquem os veículos que devem ser retidos ou apreendidos por irregularidades de registro ou situação.

Esse dispositivo legal (o §3º) também prevê a infraestrutura urbana como parte da infraestrutura de mobilidade, isso porque há locais em que os modos de transporte devem ser implantados conforme os espaços e vias de acesso existentes entre os respectivos logradouros. Exemplificando, um estádio de futebol com capacidade para mais de cinquenta mil pessoas não pode ser implantado em bairro ou região de ruas estreitas onde a acessibilidade e a mobilidade são limitadas. Configura-se especialmente aí a interface entre a infraestrutura urbana e de mobilidade. Há que se estabelecer orientações firmes no plano diretor que assegurem a mobilidade sustentável na cidade e impeçam a aprovação de projetos que a coloquem em risco. No exemplo do estádio de futebol, que vale para qualquer avaliação de potencial construtivo de locais de grande concentração de pessoas, a negativa à implantação será motivada pela absoluta impossibilidade de circulação de modais de média ou alta capacidade que permitam que as multidões afluam ao local.

Da mesma forma, outros elementos de infraestrutura urbana se mostram como auxiliares e imprescindíveis à mobilidade sustentável. É o caso dos estacionamentos dissuasórios, cuja finalidade é incentivar o uso do transporte coletivo para trajetos com destino aos locais de maior adensamento nos centros urbanos e que o itinerário deve ser melhor atendido pelos modais coletivos de média ou alta capacidade, com preferência para os públicos.

Todas essas ferramentas se justificam – agora legalmente – como complementares entre si e devem ser implantadas e modernizadas conforme a demanda da mobilidade o exigir.

3.2 Das definições

Art. 4º Para os fins desta Lei, considera-se:

I - transporte urbano: conjunto dos modos e serviços de transporte público e privado utilizados para o deslocamento de pessoas e cargas nas cidades integrantes da Política Nacional de Mobilidade Urbana;

II - mobilidade urbana: condição em que se realizam os deslocamentos de pessoas e cargas no espaço urbano;

III - acessibilidade: facilidade disponibilizada às pessoas que possibilite a todos autonomia nos deslocamentos desejados, respeitando-se a legislação em vigor;

IV - modos de transporte motorizado: modalidades que se utilizam de veículos automotores;

V - modos de transporte não motorizado: modalidades que se utilizam do esforço humano ou tração animal;

VI - transporte público coletivo: serviço público de transporte de passageiros acessível a toda a população mediante pagamento individualizado, com itinerários e preços fixados pelo poder público;

VII - transporte privado coletivo: serviço de transporte de passageiros não aberto ao público para a realização de viagens com características operacionais exclusivas para cada linha e demanda;

VIII - transporte público individual: serviço remunerado de transporte de passageiros aberto ao público, por intermédio de veículos de aluguel, para a realização de viagens individualizadas;

IX - transporte urbano de cargas: serviço de transporte de bens, animais ou mercadorias;

X - transporte remunerado privado individual de passageiros: serviço remunerado de transporte de passageiros, não aberto ao público, para a realização de viagens individualizadas ou compartilhadas solicitadas exclusivamente por usuários previamente cadastrados em aplicativos ou outras plataformas de comunicação em rede. (Redação dada pela Lei nº 13.640, de 2018).

XI - transporte público coletivo intermunicipal de caráter urbano: serviço de transporte público coletivo entre Municípios que tenham contiguidade nos seus perímetros urbanos;

XII - transporte público coletivo interestadual de caráter urbano: serviço de transporte público coletivo entre Municípios de diferentes Estados que mantenham contiguidade nos seus perímetros urbanos; e

XIII - transporte público coletivo internacional de caráter urbano: serviço de transporte coletivo entre Municípios localizados em regiões de fronteira cujas cidades são definidas como cidades gêmeas.

No artigo 4º da Lei Federal nº 12.587 anota-se o glossário legal, com definição amplíssima de transporte urbano no *inciso I*, o que não pode ser entendido como restrição quanto ao cabimento dela somente às cidades integrantes da Política Nacional de Mobilidade Urbana, isto porque os Municípios que a lei não obriga, nos moldes do art. 24, §1º, também podem ter aplicação, já que mesmo municípios bem pequenos têm transporte no contexto urbano de alguma forma, especialmente o transporte de cargas. O que a lei determina é que são por ela considerados na definição, mas esta não é imprestável para outros contextos menores.

O *inciso II* apresenta *mobilidade urbana* como a *condição em que se realizam os deslocamentos de pessoas e cargas no espaço urbano*, enquanto a *acessibilidade* é definida, no *inciso III*, como a *facilidade disponibilizada às pessoas que possibilite a todos autonomia nos deslocamentos desejados, respeitando-se a legislação em vigor*.

A mobilidade urbana tem a ver com a ideia de acessibilidade (de macro e microacessibilidade[166]) e, consequentemente, com o direito à locomoção, pois é a falta da acessibilidade que faz emergir o direito à locomoção, que também é afetado em grau distinto de intensidade pela falta da mobilidade. Nessa conceituação de Vasconcelos macroacessibilidade se aproxima mais de mobilidade, pois essa nomenclatura (mobilidade) é de conceituação recente, enquanto a microacessibilidade é a acessibilidade em si, tal como o ordenamento parece defini-la hoje.

Ao afirmar ser a acessibilidade uma facilidade *"disponibilizada"* como se o adjetivo integrasse sempre o conceito, a redação do inciso III parte do pressuposto de que a acessibilidade é só a facilidade que existe, quando a verdade é que ela não é imanente ao conceito senão como uma possibilidade, e o artigo 2º reforça nossa tese, pois distingue o objetivo de *acesso universal* da *concretização* dessa intenção, que é a acessibilidade como condição efetivamente conquistada, aquela que promove a integração das pessoas e bens com a cidade.

Disponibilizada é, pois, a mobilidade concretizada, enquanto a acessibilidade é a facilidade *disponibilizável*, aquela que, em algum grau, indica a forma adequada e suas variações em cada circunstância que também busca alcançar a mobilidade para a totalidade ou para o maior número possível de usuários da via pública. A acessibilidade

---

[166] Eduardo Alcântara Vasconcelos (*Transporte urbano, espaço e equidade*: análise das políticas públicas, p. 91) ensina que existem dois tipos de acessibilidade. O primeiro, *macroacessibilidade*, refere-se à facilidade relativa de atravessar o espaço e atingir as construções e equipamentos urbanos desejados. Ela reflete a variedade de destinos que podem ser alcançados e, consequentemente, o arco de possibilidades de relações sociais, econômicas, políticas e culturais dos habitantes do local. Ela tem, portanto, alto interesse para a análise sociológica do transporte urbano. A macroacessibilidade tem relação direta com a abrangência espacial do sistema viário e dos sistemas de transporte, estando ligada às ações empreendidas no nível do planejamento de transporte, que define a constituição básica destes sistemas. (...) O segundo tipo, *microacessibilidade*, refere-se à facilidade relativa de ter acesso direto aos veículos ou destinos desejados (por exemplo, condições de estacionamento e de acesso ao ponto de ônibus).

universal de que cuida a lei é o percurso do princípio da generalidade; a mobilidade é o alvo do princípio da finalidade.

Diga-se, por oportuno, que a locução *mobilidade* foi cunhada muito recentemente se comparada à expressão *acessibilidade*, até porque a acessibilidade teve sempre uma preocupação com as pessoas portadoras de deficiência ou com mobilidade reduzida muito antes que com toda a coletividade. Entretanto, a acessibilidade não tem tratamento uniforme no ordenamento, o que agrava a dificuldade do exegeta para firmar o conteúdo exato do vocábulo. Confira-se a dicção de algumas normas que conceituam o termo *acessibilidade* a partir do núcleo de ação de cada conceito grifado nos trechos abaixo transcritos:

Lei Federal nº 10.098/01, art.2º, inc. I - acessibilidade: *possibilidade e condição de alcance para utilização*, com segurança e autonomia, dos espaços, mobiliários e equipamentos urbanos, das edificações, dos transportes e dos sistemas e meios de comunicação, por pessoa portadora de deficiência ou com mobilidade reduzida.

Decreto nº 5.296/04, art. 8º, inc. I - acessibilidade: *condição para utilização*, com segurança e autonomia, total ou assistida, dos espaços, mobiliários e equipamentos urbanos, das edificações, dos serviços de transporte e dos dispositivos, sistemas e meios de comunicação e informação, por pessoa portadora de deficiência ou com mobilidade reduzida (Esse decreto regulamenta a Lei nº 10.098/01).

Portaria INMETRO nº 260, de 12.07.2007 – acessibilidade: *condição para utilização*, com segurança e autonomia, total ou assistida, dos serviços de transporte coletivo de passageiros, por pessoa com deficiência ou mobilidade reduzida.

Lei Federal nº 12.587/12, art. 4º, inc. III – acessibilidade: *facilidade disponibilizada* às pessoas que possibilite a todos autonomia nos deslocamentos desejados, respeitando-se a legislação em vigor.

As normas traduzem o termo acessibilidade de formas diferentes, ora como *possibilidade*, ora como *condição para utilização* ou *facilidade disponibilizada*, o que evidencia a dificuldade que antes observamos, sendo necessária a elucidação para fixação do termo como *condição que pode ou não existir, portanto nem sempre disponibilizada*, embora devendo representar sempre a *busca da generalidade do acesso aos modais e respectivas vias*.

Veja-se ainda o caso da acessibilidade imposta pelo artigo 5º da Lei Federal nº 10.048, de 08.11.2000, que concedeu, no §2º, aos proprietários de veículos de transporte coletivo em utilização à época de sua promulgação o prazo de cento e oitenta dias a contar da regulamentação desta lei, para proceder às adaptações necessárias ao *acesso facilitado* das pessoas portadoras de deficiência. Nessa norma a acessibilidade tanto era a *possibilidade* quanto a *concretização*, mas na lei da mobilidade não há clareza quanto a essa dupla capacidade, até porque na LPNMU a acessibilidade é definida apenas como uma efetiva autonomia nos deslocamentos.

Uma expansão normativa que se deu ao tema para aprofundar especificidades no atendimento às pessoas portadoras de deficiência aparece no glossário da Lei Federal n° 13.146, de 6 de julho de 2015, constando quatorze definições nos incisos do artigo 3°, sobre as quais convém leitura detida, mas para a coleta aqui produzida são mais interessantes aquelas que constam nos incisos I e II, assim:

> Art. 3° Para fins de aplicação desta Lei, consideram-se:
>
> I - acessibilidade: possibilidade e condição de alcance para utilização, com segurança e autonomia, de espaços, mobiliários, equipamentos urbanos, edificações, transportes, informação e comunicação, inclusive seus sistemas e tecnologias, bem como de outros serviços e instalações abertos ao público, de uso público ou privados de uso coletivo, tanto na zona urbana como na rural, por pessoa com deficiência ou com mobilidade reduzida;
>
> II - desenho universal: concepção de produtos, ambientes, programas e serviços a serem usados por todas as pessoas, sem necessidade de adaptação ou de projeto específico, incluindo os recursos de tecnologia assistiva;

Ainda segundo o artigo 48 da Lei n° 13.146/2015, os veículos de transporte coletivo terrestre, aquaviário e aéreo, as instalações, as estações, os portos e os terminais em operação no País devem ser acessíveis, de forma a garantir o seu uso por todas as pessoas, com prioridade de embarque e desembarque para os portadores de deficiência.

A Lei n° 13.146/2015 orienta, no artigo 60, a observância de conceitos e diretrizes das Leis n°s 10.098/2000, 10.257/2001 e 12.587/2012.

Veja-se, portanto, que a inteligência ideal e adequada à norma seria a que conferisse à *acessibilidade* um conceito restrito de *possibilidade*, criada ou não, de autonomia do usuário para iniciar e concluir os deslocamentos através dos modais nas respectivas vias que conferem a mobilidade por meio de viagens, enquanto a *mobilidade* é a concretização dos efeitos buscados para assegurar o direito à locomoção por meio dos modos de transporte e vias adequados a cada necessidade e ocasião, cujo uso é resultante das variáveis de acessibilidade efetivamente disponibilizadas num contexto urbano ou conurbano considerado. É nessa ótica, que o direito à locomoção se mostra, nitidamente, como uma faceta do direito à liberdade, aquela que deve coibir a iniquidade no uso do espaço urbano e ter em vista desobstruir óbices ao deslocamento.

De forma bem simples, Renato Boareto[167] resume a mobilidade urbana como sendo a capacidade de fazer as viagens necessárias para a realização dos direitos básicos do cidadão, e acrescenta que isso deve ser alcançado com o menor gasto de energia possível e menor impacto no meio ambiente, tornando-a ecologicamente sustentável.

De outro giro, se a imobilidade é representada pela quantidade de pessoas que não podem realizar viagens em um dia típico, a inacessibilidade é representada pela quantidade de pessoas impossibilitadas de realizar uma rotina mínima, seja porque não têm acesso ao transporte público eficiente ou não contam com equipamentos urbanos e infraestrutura funcional acessível de outros serviços públicos em sua comunidade, ou a ela não conectados pela ineficiência do tratamento do transporte local em qualquer de seus modais ou atendimentos necessários.

A mobilidade eficiente é aquela que consegue conciliar o espaço de conflitos próprio da circulação urbana, do deslocamento das pessoas e das realizações das organizações, com soluções marcadas por políticas públicas eficientes agregadas à maturidade social, que depende de uma forte implantação da cultura da mobilidade.

A *acessibilidade eficiente* acontece quando todas as pessoas, especialmente (mas não somente) as portadoras de deficiências físicas ou mobilidade reduzida,[168] são satisfatoriamente conduzidas ou têm a seu dispor a viabilidade de, por meios próprios, alcançar os modais que permitirão a *mobilidade eficiente* para cada pessoa em qualquer ocasião ou circunstância.

Quando se fala em acessibilidade, logo se pensa num cadeirante, mas a acessibilidade envolve também outras preocupações. Veja-se o exemplo dos "passes livres" ou da meia tarifa para estudantes da rede pública. O artigo 205 da CRFB estabelece que a educação é um direito de todos e um dever do Estado. É certo que o Estado deve se preocupar com a acessibilidade dos estudantes criando meios para a efetividade do direito à educação, ainda mais agora que o transporte, após a

---

[167] BOARETO. A mobilidade urbana sustentável. *Revista dos Transportes Públicos*, p. 49.

[168] Um exemplo de conquista da mobilidade eficiente resultante da acessibilidade eficiente pela via normativa é a Lei Municipal nº 10.066/11, que determina a adaptação de táxis no Município de Belo Horizonte para atender às necessidades de deslocamento de pessoas com deficiência ou mobilidade reduzida, temporária ou permanente.

PEC 90/2011, foi elevado ao mesmo nível da educação no rol enunciado dos direitos sociais estabelecidos pelo artigo 6º da Carta Republicana. Assim, se as escolas públicas municipais cadastrarem os alunos do ensino fundamental conforme a proximidade de suas casas, de forma que todos residam a uma distância que permita o trajeto casa/escola a pé, o transporte gratuito não será obrigatório com base nesse contexto normativo constitucional. Para os alunos do ensino médio o critério da distância e demais condições podem ser até mais flexíveis, presumindo que os alunos mais crescidos têm maior autonomia de deslocamentos. No caso dos alunos da rede privada nem se justifica a gratuidade ou o subsídio, porque o benefício econômico só é cabível quando ele é realmente imperativo a garantir o acesso à escola e à igualdade de oportunidades.

A *mobilidade eficiente* é um conceito em constante construção e, embora possa existir independentemente de uma acessibilidade eficiente, o ideal é que dela se valha e dependa.

No contexto do transporte existe uma interface total com o trânsito, o que pode ser representado graficamente a partir do estudo de hierarquizações das vias urbanas tal como nomeadas e classificadas pelo artigo 60, I, do CTB, na proporção dos serviços oferecidos conforme a categoria ou classificação legal da via. Vejam-se os gráficos abaixo:

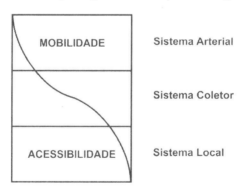

GRÁFICO ACESSIBILIDADE x MOBILIDADE URBANA

Figura 4 – Proporção dos serviços oferecidos pelas categorias de vias
Fonte: AASHTO (1990) [169]

---

[169] ASSOCIATION OF STATE HIGHWAY AND TRANSPORTATION OFFICIALS – AASHTO. *A Policy on Geometric Design of Highways and Streets.*

Outro gráfico mais comum é o que mostra o grau das curvas de acessibilidade e mobilidade aplicadas ao sistema viário e que permite uma leitura em um plano cartesiano, o qual sugerimos apenas conceitualmente, sem uma precisão obtida em dados científicos ou pesquisa de campo que aponte números exatos. Nosso gráfico é proposto a seguir apenas para delimitar uma proporção visual entre as facilidades oferecidas sob forma gráfica distinta da utilizada pela AASHTO, mas adotando, como feito na figura anterior, uma leitura meramente conceitual, sem graduação numérica para medição. Veja-se a figura:

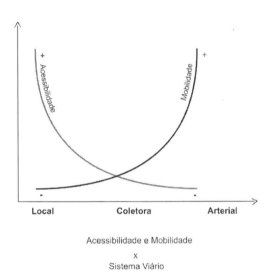

Acessibilidade e Mobilidade
x
Sistema Viário

Como se observa nesse último gráfico, as vias arteriais têm alta mobilidade e baixa acessibilidade enquanto as locais se revelam na proporção inversa e as coletoras estão na média de ambas as curvas. Assim é porque o propósito é que todos, mesmo a pessoa de mobilidade reduzida, tenham maior acessibilidade na via local, e a via arterial serve apenas como meio de passagem, ampliando a mobilidade entre dois pontos. A via de trânsito rápido, embora não apareça no gráfico, teria configuração ainda mais acentuada em grau em relação à via local, pois naquela não existem interseções, mobiliários urbanos e, em regra, nem mesmo interferências de *trafic calming*.

A acessibilidade corresponde, nessa hipótese, aos locais onde se dão a saída e a chegada, e a mobilidade se dá no deslocamento entre a origem e o destino, especialmente entre esses pontos de saída e chegada. Por esse raciocínio, é possível entender a raiz dos termos. É o mesmo que dizer, definindo os significados no âmbito do trânsito e dos transportes, que *acessibilidade* é a capacidade de acessar a via e *mobilidade* é a capacidade de se mover por ela. Onde se move melhor (na via arterial e na via de trânsito rápido) há maior mobilidade e onde se acessa melhor é, ou deveria ser, no contexto local.

Exemplificando de forma prática, numa via expressa ou anel rodoviário não há espaço para embarque e desembarque, sendo ideal que eles ocorram nas vias marginais, coletoras ou locais, e é absurdamente caótico o impacto negativo para a mobilidade quando da ocorrência de um defeito numa carreta larga e de grande extensão no meio de uma via arterial. É como cortar suprimento de oxigênio da via, passando a ter vida útil comprometida.

Mas a acessibilidade não se resume à possibilidade de saída e chegada. Embora boa parte da legislação traga como referência apenas o portador de deficiência, a Lei nº 12.587/12 amplia o alcance do termo quando concentra o cerne do conceito de acessibilidade na autonomia, fazendo dela o elo entre as pessoas e os destinos que elas desejam alcançar ou deveriam desejar. Exemplo disso é a antiga discussão do passe livre estudantil no transporte coletivo urbano. Se o Município tem o compromisso de manter as crianças no ensino fundamental e para isso trabalha com o fim de implantar escolas que absorvam a demanda onde ela está, correto será se o Município cadastrar as crianças em estabelecimentos próximos da casa delas. Esse é também um direito à autonomia que a acessibilidade deve buscar. Se para atender todo o universo de estudantes for necessário oferecer transporte para alguns que não puderam ser matriculados em escolas próximas de suas casas é nesse espaço que as políticas públicas promovem acessibilidade a esse grupo para garantir a educação que é direito de todos e dever do Estado, nos termos do artigo 205 da CRFB. Não há como daí concluir que o transporte gratuito é direito de todos, pois a acessibilidade e a mobilidade que operam de forma eficiente podem ser atingidas com ou sem o transporte público.

Em outra apreciação também não exaustiva, é possível dizer que a mobilidade urbana é uma conquista de jornada longa e contínua, quando as políticas públicas e as definições da operação do tráfego são efetivamente voltadas para o interesse público e atentas à migração constante dos movimentos da *urbs*. É quando tais políticas conquistam a cultura da prioridade, seja pela simples oferta adequada, seja pela via da imposição legal (o que cabe exclusivamente ao Poder Público), seja ainda e, especialmente, pela mudança comportamental coletiva, que embora, em certa medida, ao menos como iniciativa educativa, caiba ao Poder Público, também depende do comportamento maduro e da generosidade da comunidade.

Mais que um alvo, a mobilidade é um exercício cotidiano de engenharia social, medida por tempos ou duração de percursos. Se os meios não são eficientes, os resultados obviamente não acontecem, e nesse tema, o fracasso das escolhas dos responsáveis é sentido por toda a comunidade. Esse é o caso típico que demonstra que não havendo sábia liderança quem sofre é o povo, como já dizia o Rei Salomão,[170] ao afirmar seu princípio fundamental de políticas públicas.

Veja-se, por exemplo, no que concerne às políticas públicas, como uma opção de governo tem impacto na mobilidade urbana. É o caso da reação do governo brasileiro à crise mundial de 2008, esta decorrente do estouro da bolha de especulação do mercado imobiliário norte americano. Naquela ocasião, o governo brasileiro reduziu o IPI de vários automóveis disponíveis no mercado, zerando a alíquota para carros populares de até 1.000 cm^3, ao argumento de que essa iniciativa preservaria empregos, fomentaria a indústria e equilibraria contas no mercado interno, protegendo a economia nacional de uma quase bancarrota experimentada inclusive pela Europa.

De fato, essas avaliações talvez sejam corretas do ponto de vista da economia, mas o que se quer aqui não é aquilatar um juízo de valor, negativo ou positivo, de um governo específico, nem questionar a ação enquanto política econômica, até porque o setor automotivo era responsável por uma arrecadação equivalente ou superior a 10% do PIB, o que é um argumento difícil de esconder. O que cabe aqui constatar são os reflexos para a mobilidade urbana dessa medida apelidada como "tática da marolinha", em oposição ao *tsunami* que a crise teria provocado na economia mundial. O resultado é que cada brasileiro passou a ter acesso a um carro novo por prestações inferiores a 60 ou 70% do salário mínimo, e no mercado de motocicletas o rebuliço foi

---

[170] No livro de Provérbios de Salomão (cap. 11, vers. 14) está escrito que "não havendo sábia direção, o povo cai", no sentido de que o povo se corrompe, perde e se perde tanto quanto ou mais que aqueles que os conduziram aos desvios distantes das soluções adequadas e justas (BÍBLIA sagrada. Tradução de João Ferreira de Almeida. rev. e corrigida. Sociedade Bíblica do Brasil, 1995).

ainda maior porque as prestações chegaram a 10% do salário mínimo, enquanto que os encarroçadores de ônibus não foram lembrados pelo festival de reduções tributárias no setor automotivo as quais seguiram ainda por um bom tempo até a decadência no sentido oposto que acabou em uma crise sem precedentes no setor automotivo brasileiro. A crítica dos especialistas em transportes públicos à resposta do governo brasileiro à crise mundial era mais que óbvia e ela pode ser resumida no seguinte comentário ainda no primeiro ano em que a crise aconteceu e foi enfrentada:

> Infelizmente o setor de transporte público mais uma vez foi esquecido por ocasião da definição das prioridades do governo federal. As medidas adotadas para ampliação do crédito foram direcionadas principalmente para a compra de automóveis e motocicletas, apontando para o fortalecimento do uso do transporte individual nas cidades brasileiras.[171]

Outra forma de observar os efeitos dessa medida é a situação das ruas. Verifique-se, como exemplo, a cidade de Belo Horizonte, à época a sexta mais populosa do país. Em novembro de 2011, o IBGE remeteu ao TCU uma estimativa de população de 2.385.640 habitantes em 01.07.2011 na microrregião[172] e, em agosto de 2011, o DETRAN/MG apontou uma frota de 1,38 milhão de veículos emplacados na capital,[173] o que dá um veículo particular circulando para cada *1,72* habitantes[174] nos 330 km² de topografia diversificada, com morros e baixadas, cercados pela Serra do Curral.

É mesmo incomum ver na capital mineira carro circulando com mais alguém além do motorista e, na conta acima, não se considera o fato de que a Região Metropolitana tinha naqueles dias 4,8 milhões de habitantes, e que nas cidades vizinhas à capital moram muitas pessoas

---

[171] PIRES; PINTO. Investir no transporte público é uma das respostas à crise econômica atual. *Revista dos Transportes Públicos*, p. 6. Renato Boareto também comenta e avalia essa circunstância quando diz que *"o sistema de transporte coletivo perde passageiros de maior poder aquisitivo, que passam a resolver seus problemas de mobilidade com a compra de motocicletas ou de um automóvel, possibilidade advinda das facilidades de financiamento para sua aquisição, inclusive muitas vezes estimuladas pelo Governo Federal"* (*Revista dos Transportes Públicos* – ANTP, ano 25, n. 100, p. 47, 3. trim. 2003).
[172] No censo de 2010 o IBGE registrou uma população existente de 2.375.444 na capital mineira.
[173] REVISTA MÃO DUPLA. n. 90, ago. 2011.
[174] O Brasil tem um veículo para cada cinco habitantes e o Estado de São Paulo um veículo para cada 1,47 habitantes (Disponível em: http://www.readmetro.com. Acesso em: 17 abr. 2012, p. 5).

que trabalham, compram e convivem nela, aumentando a complicada mobilidade para os aproximadamente 3.250 ônibus, entre convencionais e suplementares, que circulam diariamente na cidade.

No contexto desse cenário não há engenharia de trânsito que resolva, nem se pode culpar o concessionário de transporte por colocar número reduzido de veículos se não houver usuários que deem preferência ao transporte público, e se as pesquisas de O/D (origem/destino) não apontarem regularmente quem precisa se locomover, com que frequência e, principalmente, para onde quer ir. Contudo, essa observação não desculpa a demanda reprimida causada pela baixa oferta de veículos que os delegatários dos transportes coletivos colocam em circulação quando se sabe que no segundo quinquênio do século passado aumentou acima do esperado o número de usuários.

Ao reduzir ou "zerar" o IPI, o governo não apenas apequenou o art. 11, IX da Lei Federal nº 10.233/2001, mas relativizou a importância do princípio nele contido, eis que o dispositivo estabelece que o gerenciamento da infraestrutura e a operação dos transportes terrestre e aquaviário serão regidos por princípios gerais, dentre eles, o da *priorização ao transporte coletivo de passageiros*,[175] que nada mais é que uma política de mobilidade, passo imprescindível à maiêutica da mobilidade cidadã que só foi tratada especificamente pelo ordenamento nacional onze anos depois pela aqui comentada Lei nº 12.587/12.

3.2.1 Os modos de transporte

Os incisos IV a X do artigo 4º cuidam de alguns tipos de prestação e dos modos ou modais de transporte, que podem ser *não motorizados* (*inc. V*), porque movidos por esforço humano, que pode ser a pé, por bicicletas, ou por tração animal, como as carroças. Em nossos dias, os mais comuns e nocivos à mobilidade sustentável são os *motorizados* (*inc. IV*), que são os veículos automotores que realizam transporte público ou privado, de cargas ou de passageiros, estes últimos coletivos ou individuais.

O *inciso V* já conta com regulamentação em cidades brasileiras que legislaram organizando e autorizando, com exigências e limites,

---

[175] Lei nº 10.233/01 – Art. 11 – O gerenciamento da infra-estrutura e a operação dos transportes aquaviário e terrestre serão regidos pelos seguintes princípios gerais: (...) IX – estabelecer prioridade para o deslocamento de pedestres e o transporte coletivo de passageiros, em sua superposição com o transporte individual, particularmente nos centros urbanos.

o transporte de tração animal, os quais devem ser identificados, sujeitando-se às normas de circulação do CTB e as que vierem a ser fixadas pelo órgão ou entidade com circunscrição sobre a via, admitida a circulação à direita da pista no sentido da via ou pelo acostamento onde houver (artigo 52 do CTB). Na onda ecológica, vários Municípios estão implantando ciclovias e paraciclos (dispositivos para estacionamento de bicicletas). Em 25.04.2012, a Comissão de Desenvolvimento Urbano da Câmara dos Deputados aprovou o PL nº 1.346/11, do Deputado Lucio Vieira Lima. Com relatoria do Deputado Valadares Filho, o projeto propõe a criação do Estatuto dos Sistemas Cicloviários, com o objetivo de vincular os entes federativos à promoção do uso de bicicletas como meio de transporte viável e efetivo, implementando infraestrutura e articulação com a malha viária, além de outras facilidades.

Andar a pé é também um modo de transporte, ao menos complementar de todos os demais, embora o espaço para pedestres e as condições de utilização desse modo não sejam objeto de tanta preocupação dos governos e dos demais usuários das vias no Brasil. Já existem normas locais que sancionam o avanço sob a faixa de pedestres por veículos automotores, como na cidade de São Paulo, mas é preciso uma conscientização maior que só acontece de forma localizada, como é o caso do Distrito Federal. É notório que a cada aumento de tarifa nos transportes de massa, ao menos no primeiro impacto, ocorre uma busca maior ao modo a pé de transporte, especialmente em tempos de crise de emprego como no início deste século.

O *inciso VI do artigo 4º* cuida do transporte público coletivo, acentuando o princípio da generalidade (universalidade) e o caráter remuneratório da prestação, atribuindo a titularidade e organização ao poder público.

Blaise Pascal, autorizado por Luís XV, foi o primeiro a implantar um serviço público de transporte de passageiros, através de carroças, em 1617, mas o serviço por meio de ônibus tem origem na cidade francesa de Nantes, que, no século XIX, substituiu o serviço de carros puxados a cavalo que atendia aos clientes da chapelaria Omnes pelos ônibus e também para atender aos fregueses de Stanislav Baudry, em cuja propriedade, distante da região central, era oferecido o serviço de banhos públicos.[176] Há registros de serviços públicos de transporte

---

[176] Daí sustentarmos que, desde sempre, a essencialidade do transporte coletivo reside na sua imprescindibilidade para acesso a outros serviços, especialmente os públicos atrelados a direitos sociais (educação, saúde etc.).

de passageiros em Londres e Nova York na mesma época, mas Nantes é considerada a pioneira, mesmo que por trens passageiros já fossem transportados, já que nesse outro modal o serviço era prestado apenas fora do âmbito local. Nesse sentido, e incluindo o fato de que os trens também foram criados com vistas a conduzir trabalhadores à indústria, pode-se dizer que o transporte coletivo tem origem muito mais em interesses comerciais do que propriamente em atender interesses pessoais de deslocamento dos usuários desses serviços.

3.2.2 O ônibus, o trólebus e o BRT

> *Ônibus vem da garagem e do latim*
> *OMNIBUS (para todos),*
> *especial para você, espacial para mim,*
> *sentado ou em pé, viagem sem fim*
> (Carlos Ávila. BUS, 2001. Acervo do Museu Histórico Abílio Barreto – Belo Horizonte)

É muito importante saber que ônibus não vem só da garagem; vem também do latim *omnibus*, que quer dizer *"para todos"*. E, por isso, é o transporte coletivo que carrega no nome seu fim social. Dessa forma, cabe aqui a reflexão de que deve se preocupar com a acessibilidade plena a esse modal por todos. Gente de todas as idades, ricos, pobres e, mais recentemente, portadores de deficiência e obesos etc, justamente em razão da sua flexibilidade quanto ao alcance das rotas e mutabilidade de itinerários de forma ágil, para acompanhar as mutações do interesse público e migrações das atividades e da própria vida das pessoas.

Não anda em trilhos, salvante a versão em trólebus – que é o mesmo que um trilho às avessas em um veículo com pneus de borracha –, mas dada sua importância conquistou o direito a corredores ou faixas exclusivas por todo o mundo.

No Brasil, ainda é o modal com maior inserção no atendimento dos usuários de transportes coletivos, especialmente no contexto urbano, e o que demanda maior preparo dos que decidem sobre as melhores opções da engenharia operacional, pois ainda há muito espaço para evolução de tecnologias e eficiência no atendimento.

Embora o ônibus seja o modal mais utilizado para o transporte de passageiros, merece destaque o sistema de BRT (*Bus Rapid Transit*), adotado como espinha dorsal para políticas sustentáveis de desenvolvimento urbano nas principais metrópoles do mundo – quase uma centena delas, em mais de vinte países distribuídos nos cinco continentes – como modo eficiente mais utilizado no transporte de massa e se constitui na principal atração do espaço nobre a que foi guindado o assunto da mobilidade mesmo antes do anúncio do PAC (Plano de Aceleração do Crescimento) da mobilidade,[177] lançado em março de 2011 pelo governo federal.

Esse sistema é um aprimoramento que faz do ônibus um metrô sobre pneus, porque tem corredores exclusivos e cobrança de tarifa em estações ao longo da via, permitindo maior agilidade e conforto no ato do pagamento realizado nessas estações, o que também acaba por oferecer maior espaço no interior do veículo, não apenas por retirar a catraca, a cadeira e aparatos que cercam o assento do cobrador, mas também pelo tamanho dos veículos articulados ou biarticulados, os quais podem alcançar otimização na velocidade do percurso e, consequentemente, menor tempo de viagens, ou seja, maior mobilidade. Enquanto os ônibus do sistema convencional carregam de 10 a 15 mil passageiros por hora no mesmo sentido, o BRT pode embarcar até 35 mil passageiros por hora no mesmo sentido, além de reduzir o tempo de embarque de 4,0 para 0,8 segundos por passageiro.

A migração do sistema comum de ônibus (de baixa capacidade) para o BRT (de média capacidade) traz ganho significativo para o meio ambiente. A cidade de Bogotá é um exemplo desse salto em sustentabilidade. Após a alteração, a capital colombiana reduziu em 44% a concentração média diária de dióxido sulfúrico (SO_2), em 7% o dióxido de nitrogênio (NO_2) e em 24% as partículas de matéria (PM10).

O trólebus, por ser um ônibus movido por energia elétrica exógena suspensa por cabos sobre os veículos, tem a vantagem da ausência da emissão de poluentes, sendo, no quesito de sustentabilidade, preferível aos demais sistemas do modal ônibus, se bem que a eletricidade também pode ser propulsora de ônibus sem necessidade de trilhos.

Adotado em itinerários de cidades como São Paulo, Rio de Janeiro, Belo Horizonte, Recife, Ribeirão Preto e outras, especialmente

---

[177] O PAC Mobilidade inclui obras em 18 estados, em cidades com população acima de 700 mil habitantes. São 600 km de vias exclusivas para ônibus, 200 km de linhas de metrô, 381 estações e terminais e 1.060 veículos para sistemas sobre trilhos (VLTs).

nas décadas de 1960 a 1980, o que se observa, na prática, é que o sistema não agrada os gestores brasileiros, que aos poucos, o abandonam, por motivos vários, sendo o principal deles, talvez, o desinteresse de fabricantes na entrega desse tipo de equipamento. Se considerarmos que, em 2011, a idade média da frota dos trólebus que circulavam pela cidade de São Paulo era de 22 (vinte e dois) anos, não é difícil de entender as razões do desinteresse da indústria.

3.2.3 Os trens, o metrô e o VLT

Embora o transporte rápido de massa possa ocorrer por vários modais, inclusive através de ônibus, desde que sejam adotados corredores exclusivos que atendam com eficiência o que demandar as pesquisas de OD (origem/destino), quando se fala em MRT (transporte rápido de massa), a primeira lembrança que vem à mente é de veículos sobre ou sob trilhos, talvez pela sua capacidade embarcada em volume de passageiros que dá maior impressão de atendimento, com vazão célere e contínua.

Como regra no âmbito nacional, o transporte sobre pneus é o modal mais utilizado, mas vem perdendo passageiros para o transporte sobre trilhos na capital paulista desde 2006, em razão do aumento de veículos particulares nas ruas e da falta de investimentos em corredores.[178] Mesmo nos corredores, os ônibus rodam em velocidades de 15 km/h no horário de pico, o que é mais lento que uma bicicleta, ou seja, até a escolha dos modais e locais de implantação tem que ser totalmente técnica e resultante de estudos locais específicos. O que vale para Goiânia não serve para o Rio de Janeiro ou Manaus.

Dessa forma, convém frisar que não há parâmetros econômicos uniformes que indique qual modal poderia ser sempre o mais adequado e menos custoso. Essa equação deve ser resolvida conforme os objetivos e condições de cada cidade. Como o estatuto da mobilidade é um instrumento da política de desenvolvimento urbano e essa política por ele instituída tem por objetivo a concretização das respectivas diretrizes ali traçadas, esses acabam sendo os vetores da escolha, especialmente

---

[178] Segundo José Benedito da Silva (*Folha de S.Paulo*, 02 maio 2012) desde 2006, com a integração dos sistemas pelo Bilhete Único, o número anual de passageiros transportados saltou 63% na CPTM e 44% no Metrô, enquanto nos ônibus a alta foi de 13,3%, somados os sistemas da SPTrans (prefeitura) e da EMTU (estatal do governo paulista). O crescimento foi ainda menor – de 10,5% – se for levado em consideração apenas o sistema municipal, que transporta 2,9 bilhões de passageiros por ano, ou quatro vezes o que leva a CPTM.

quanto às avaliações que partem dos princípios da eficiência, eficácia e efetividade na prestação, insculpidos no *artigo 5º, IV* da lei.

O modal metrô ganhou esse nome porque geralmente era utilizado para deslocamentos no âmbito metropolitano, sendo que o primeiro sistema de que se tem notícia data da segunda metade do século XIX e teve lugar na cidade de Londres. Também foi lá que circulou a primeira locomotiva com o propósito de transportar passageiros, em 1804, embora a primeira linha férrea, com 61 km, entre cidades inglesas só tenha sido inaugurada em 1825. Com a revolução industrial era fundamental implantar um sistema de transporte para trabalhadores e foi isso que deu origem ao uso dos transportes sobre trilhos para passageiros.

Outro modal que é opção de mobilidade sustentável é o VLT (Veículo Leve sobre Trilhos), já adotado em contextos urbanos e suburbanos brasileiros, e que, por sua estrutura de recursos materiais mais leve e silenciosa que a dos trens, causa menor poluição sonora, bem como impacto arquitetônico reduzido na paisagem urbana, desde que implantado no solo. Quanto ao mais, é bem parecido com os modais metroferroviários, inclusive na acessibilidade, com portas no nível da plataforma e permite excelente integração com estes e com os outros modais, motorizados ou não.

No Brasil a CBTU (Companhia de Trens Urbanos), empresa controlada pelo Governo Federal, opera metrôs e trens de subúrbio em ligações metropolitanas, mas há experiência de explorações por governo estadual (CPTM-SP) e por concessionárias (Supervia, no Rio de Janeiro). No que concerne aos transportes sobre trilhos, a jurisprudência brasileira – com poucas exceções, algumas delas mencionadas nesta obra – cuida de discussões sobre responsabilidade civil ou obrigações contratuais, especialmente reequilíbrio econômico-financeiro da delegação.

Há projetos de reestruturação de hidrovias no país, para atender demandas do transporte conurbado por embarcações, aproveitando-se da queda na eficiência de outros modais e do desenvolvimento tecnológico no setor a partir de equipamentos capazes de operar com segurança em maior velocidade de percurso, gastando menos tempo com atracação e desatracação. Não há como desprezar circunstâncias locais que viabilizam essa alternativa, que pode ser considerada sustentável em todos os níveis, inclusive no que concerne ao custo, menos elevado do que aqueles que dependem de grandes investimentos em infraestrutura.

O *inciso VII do artigo 4º* trata do transporte privado coletivo, aquele limitado quanto à generalidade de usuários – não aberto ao público – e cujas características operacionais da linha ou demanda o distingue dos demais. É o caso do transporte escolar e do fretado, por exemplo, embora estes serviços, a nosso ver, se aproximem mais da definição de transporte individual do que de coletivo, na medida em que as viagens são individualizadas, sem itinerários ou tarifa estabelecida pelo poder público, mas essencialmente conforme a demanda, como a própria lei diz, sendo igualmente imprópria a referência a linha, até porque os passageiros do fretado podem livremente estabelecer e mudar as rotas para alcançar seus destinos, diferentemente, portanto, da ideia de itinerário ou de linhas, nas quais, por serem regulares e definidas pelo poder público, os usuários têm que se submeter aos respectivos trajetos. Assim analisado, pelo ângulo do atendimento concreto, ao que parece nem existe, na prática, tanto transporte privado coletivo, mas individual. A exceção ficaria por conta daqueles que, mediante autorização do poder público, fazem linhas intermunicipais e interestaduais com itinerários preestabelecidos e só modificados por decisão do transportador, mas esse também é aberto ao público, o que não segue a definição legal.

Outra questão controvertida da admissão do transporte privado coletivo está em seu eventual conflito e concorrência predatória com o transporte coletivo público urbano, na medida em que este, por comando constitucional, tem caráter essencial e assim não pode ter sua continuidade e oferta comprometidas ou ameaçadas. Se não é aberto ao público assemelha-se ao transporte fretado, mas se for aberto ao público – e entenda-se que os aplicativos também deseajm competir nessa demanda – há que se verificar o atendimento para ver se, na prática. é de oferta coletiva e ameaça o serviço protegido pelo art. 30, V da CRFB.

3.2.4 O transporte escolar

Há Municípios que definem o transporte escolar como um serviço público.[179] O TCE/MG o considerou como serviço contínuo na Licitação

---

[179] É o que parece resultar, *data venia*, do solecismo do art.193 e §1º da Lei Orgânica do Município de Belo Horizonte.

nº 696.169, com relatoria do Conselheiro Moura e Castro,[180] mas é preciso entender que nesse julgamento a continuidade foi reconhecida para fins de definição de serviço contínuo ajustado pelo poder público junto ao contratado em processo licitatório, caracterizando a situação do artigo 57 da Lei Federal nº 8.666/93.

O transporte de escolares não é serviço público, pois não se mostra como fruição ao público nos moldes do princípio da generalidade, nem se submete rigorosamente ao princípio da continuidade, na medida em que, diferentemente do transporte coletivo público, o transportador escolar não está impedido de encerrar suas atividades a qualquer tempo, nem sofrerá sanções por essa decisão senão as previstas em contrato firmado com o cliente. Não está jungido à generalidade, pois pode escolher com quem e com quantos contrata numa relação que nada tem de impessoal. Não tem preço tarifado, não se lhe aplicando o princípio da modicidade. A igualdade e a legalidade que deve manter no trato com os clientes resultam do artigo 5º da CRFB, e não do artigo 37.

Por óbvio, o serviço de transporte escolar é um serviço privado, que se submete aos artigos 730 a 742 do CCB, mas também deve obediência aos regramentos, organização e sanção do poder público local ou regional, conforme as orientações normativas aplicáveis. A autorização do órgão ou entidade de trânsito estadual resulta de determinação dos artigos 136 a 138 do CTB. A submissão ao poder municipal se deve ao fato de que este é um assunto de interesse local (CRFB/30, I), mas também nos termos da previsão do artigo 139 do CTB.[181]

O *STJ* já se manifestou no sentido de que não é possível classificar a atividade de transporte escolar como transporte público de passageiros[182] e, de fato, a prática é de transporte fretado. A Resolução nº 789, de 13.12.1994, do CONTRAN dispõe sobre curso para treinamento de condutores de veículos de transporte de escolares, e seu anexo estabelece as normas gerais.

Além do transporte escolar, outros tipos de atendimento demandam essa classificação, tais como as vans que atendem a eventos e *shows*, que igualmente dependem das autorizações legalmente fixadas.

---

[180] *Apud* MENDES, Renato Geraldo. *Lei de Licitações e contratos anotada*: notas e comentários à Lei nº 8.666/93. 8. ed. rev. atual. e ampl. Curitiba: Zênite, 2011. p. 866. Referida manifestação do TCE/MG foi proferida em 20.12.2005, decidindo a respeito da Concorrência Pública nº 02/2005 do Município de Veríssimo.

[181] Sobre o disposto no artigo 139 do CTB, confira-se a doutrina de João Baptista da Silva (*Código de Trânsito brasileiro explicado*, p. 309-310).

[182] REsp nº 1.041.836 – DF, Min. Humberto Martins, *DJe*, 02 dez. 2008.

O que não parece ser conveniente no inciso em comento (art. 4º, VII) é a previsão de linhas não abertas ao público, pois essa linguagem tradicionalmente tem uso técnico ligado a serviços regulares e de atendimento universal, próprio dos serviços de transporte coletivo público.

3.2.5 O transporte fretado

O transporte fretado de passageiros é uma atividade econômica realizada no âmbito privado na qual um transportador é contratado para conduzir um grupo certo de pessoas de um local a outro, pelo preço ajustado e no horário determinado nessa avença. Um equívoco em sua definição seria tentar caracterizá-lo a partir da ausência de horário fixo, itinerário e pontos de embarque e desembarque fixos, pois uma empresa de ônibus pode contratar o transporte dos empregados de outra, de forma regular, adotando todos esses procedimentos e isso também é fretado.

O poder público deve regular e pode fiscalizar essa atividade, o que não significa que neste setor deva adotar o mesmo rigor com vistorias regulares e exigências pertinentes ao transporte público. Não haveria efetivo de recursos humanos para esse fim nem está entre as funções dos órgãos e entidades gestoras dos transportes públicos essa tarefa. É, contudo, desejável que se exija uma vistoria periódica em entidades credenciadas para tanto, uma vez que o transporte de passageiros tem inegável interesse geral com as cautelas imprescindíveis à proteção e mitigação de riscos.

Doutrinariamente, o certo seria dizer que esses serviços pudessem ser prestados mediante licença do Poder Público competente. Na prática, a Administração Pública de Estados e Municípios adotam, em geral, a figura da autorização. É provável que essa opção se dê em face do que prescreveu o §2º, do artigo 14 da Lei Federal nº 10.233/2001, quando vedou a prestação de serviços de transporte coletivo de passageiros (embora, como dissemos, em geral não possa o fretado ser considerado transporte coletivo na medida em que as viagens são individualizadas), de qualquer natureza, que não tenham sido autorizados, concedidos ou permitidos pela autoridade competente.

A vedação é, *data venia*, equivocada no conceito porque distante da prática. Ocorre que essas "autorizações" de transporte fretado, a maioria delas previstas em leis estaduais e municipais, sob essas formas de delegação que a Lei nº 10.233/01 admite, são atos vinculados, porque todos os transportadores que preenchem os requisitos regulamentados ou de lei são autorizados a prestar os serviços, sem exigências ou vínculos tão rigorosos quanto os outros serviços de atendimento público e universal, que se sujeitam às vistorias regulares, limites rigorosos e várias burocracias. O certo é que, se qualquer um que preencha requisitos pode ser autorizado, o ato é, na verdade, uma licença, ainda que a legislação crie obstáculos a essa figura.

O *inciso VIII do artigo 4º* cuida do transporte público individual, por intermédio de veículos de aluguel, para a realização de viagens individualizadas. Essa figura legal, em nosso sentir, é uma anomalia. Serviço público não se aluga. Presta-se, gratuitamente ou mediante tarifa módica. De outro giro, se a viagem é individualizada, nega o princípio da generalidade, na medida em que não se busca beneficiar o maior número de indivíduos e o contratante do serviço sai e chega onde quer e pode impor o itinerário entre um e outro ponto, o que acentua o caráter individual ou particular (não público) da prestação. O tema é mais trabalhado, com destaque de doutrina e jurisprudência, nos comentários ao artigo 12, ao qual remetemos o leitor.

3.2.6 O transporte de cargas

O *inciso IX do artigo 4º* trata do transporte de cargas, típica atividade econômica de livre mercado, que pode legalmente ser explorada mediante inscrição no Registro Nacional de Transportadores Rodoviários de Cargas (RNTR-C) da Agência Nacional de Transportes Terrestres (ANTT), em uma das categorias previstas no artigo 2º da Lei Federal nº 11.442, de 05 de janeiro de 2007 (LTRC – Lei do Transporte Rodoviário de Cargas). São elas as categorias TAC (Transportador Autônomo de Cargas) ou ETC (Empresa de Transporte Rodoviário de Cargas).

Os fretes realizados sob responsabilidade do transportador, à exceção dos danos decorrentes das operações de transbordo realizadas por operadores de terminais e armazéns (art.16 da LTRC), são considerados serviços de aluguel quando prestados pelo transportador autônomo e, para a inscrição devida, devem ser comprovadas pelo transportador ou empresa as exigências legais relativas à experiência profissional e propriedade de veículo automotor de carga. Quando empresa, também é exigida a comprovação da capacidade financeira e idoneidade dos sócios e do responsável técnico.

Conforme dispõe o artigo 13 da LTRC, sem prejuízo do seguro de responsabilidade civil contra danos a terceiros previsto em lei, toda operação de transporte contará com o seguro contra perdas ou danos causados à carga, de acordo com o que seja estabelecido no contrato ou conhecimento de transporte, podendo o seguro ser contratado pelo contratante dos serviços, eximindo o transportador da responsabilidade de fazê-lo, ou pelo transportador, quando não for firmado pelo contratante. O Transportador Autônomo de Cargas Auxiliar deverá contribuir para a previdência social de forma idêntica à dos Transportadores Autônomos, mas sem que isso caracterize vínculo de emprego (artigo 4º, §§4º e 5º da LTRC).

A lei estabelece o prazo prescricional de um ano para a busca da reparação de danos oriundos do transporte, contado do conhecimento do referido prejuízo pelo interessado (LTRC, art.18) e faculta às partes recorrerem à arbitragem para solução de seus conflitos (LTRC, art.19), atribuindo à ANTT o exercício do poder de polícia, com a possibilidade de graduação e aplicação de sanções por infrações à lei (LTRC, art.21).

O motofrete é uma atividade exercida por motociclista em veículo registrado como da categoria de aluguel, desde que autorizado pelo poder competente e em obediência às regras de segurança reguladas pela Lei Federal nº 12.009, de 29.07.2009, que introduziu alterações no CTB.

A Lei Federal nº 12.009, de 29.07.09, regulamentou a atividade de motoboy e mototaxista, estabelecendo regras de segurança para o serviço de motofretista, mas o Procurador Geral da República interpôs a ADI nº 4.530 contra a norma, sob o argumento de grave prejuízo à saúde pública e consequente afronta aos artigos 6º e 196 da Constituição Federal, bem como aos princípios constitucionais da razoabilidade e da proibição de proteção deficiente. A ação foi distribuída ao Ministro Ricardo Lewandowski, após negativa pelo Presidente do STF da caracterização da situação de urgência, já que interposta a ação mais de um ano após a promulgação da norma. Houve substituição da relatoria, passando ao Ministro Edson Fachin (artigo 38, RISTF). O Senado Federal e a AGU prestaram informações, esta última defendendo a norma por entender que é justamente uma questão de saúde pública que exige regulamentação da atividade, além de invocar o princípio da igualdade, a livre-iniciativa do artigo 170 da Constituição, o fomento ao emprego, o livre trabalho e concorrência, as proteções à propriedade privada e a existência digna e o ganho para os consumidores. Entidades como NTU, Força Sindical e Federação Interestadual de mototaxistas e motoboys requereram e tiveram acolhido o ingresso na qualidade de *amicus curiae* e os autos foram conclusos ao relator, onde se encontram desde setembro de 2018.

Em 04 de agosto de 2011, entrou em vigor a Resolução CONTRAN nº 356/2010 (alterada pela Deliberação Contran nº 103/10 e Resolução Contran nº 378/11), que estabeleceu os requisitos mínimos de segurança para *mototáxi* e *motofrete* (motoboy), conferindo a estes o prazo até 04.08.2012 para se adequar às exigências ali contidas, tais como o limite de dimensão dos alforjes, bolsas ou caixas laterais, o uso de retrovisores especificados, de colete de segurança dotados de dispositivos retrorrefletivos e capacetes para condutor e passageiro no caso do mototáxi nos municípios onde existe regulamentação. Esses requisitos, de obrigatoriedade nacional, podem e devem, segundo a própria Resolução nº 356, ser regulamentados pelos órgãos com circunscrição sobre a via, razão pela qual vários Municípios, inclusive São Paulo e Belo Horizonte tiveram a data de vigência das normas do motofrete e respectiva fiscalização adiada para fevereiro de 2013 e não se confundem com a responsabilidade de cada Município regulamentar essas atividades em sua circunscrição. Contudo, considerando que vários motofretistas prestam simultaneamente serviços em Municípios limítrofes, será muito difícil a operacionalização nessas hipóteses, na medida em que cada ente federado poderá exigir o cumprimento de obrigações distintas.

3.2.6.1 O transporte de valores

O *transporte de valores*, os quais se inserem entre os *bens* mencionados no *inciso IX, do art.4º*, foi alvo de regulamentação inconstitucional do CONTRAN, através da *Resolução do CONTRAN nº 268, de 15.02.2008*, pois os artigos 3º e 4º dessa norma classificam o serviço de transporte de valores como serviço de utilidade pública, prestado na via pública, quando, na verdade, o serviço evidencia uma prestação ajustada entre contraentes privados, em atendimento ao interesse econômico direto e imediato destes, ainda que ocorra proteção a bens de terceiros. Também é evidente que o serviço não é prestado na via pública, como exige o artigo 29, VIII do CTB, que a resolução do CONTRAN deveria regulamentar. Veja-se que o Código de Trânsito delegou nesse dispositivo apenas a competência para *estabelecer a forma de identificação dos veículos prestadores de serviços públicos quando em atendimento na via pública* (CTB, art. 29, VIII, *in fine*), não se estendendo a delegação à possibilidade de definir quais serviços seriam reconhecidos como tais, o que só lei em sentido material e formal pode fazer.

Em relação ao poder normativo derivado conferido ao CONTRAN, *não pode sua competência entrar em choque com os artigos do Código, nem alastrar-se em campos não permitidos*,[183] inclusive sob pena de afronta à hierarquia das leis fixada no artigo 59 da CRFB.

O *TJMG* já manifestou entendimento no sentido de que a atividade prestada pelas empresas de transporte de valores possui natureza exclusivamente particular, porquanto contratada e executada para instituições financeiras e os serviços prestados são realizados no interior dos estabelecimentos, não em via pública.[184] Há que se considerar serviço prestado em via pública apenas a poda de árvores, a manutenção da pista, dos semáforos e da energia elétrica, dentre outros com essa pertinência da prestação em relação à via. Até o reboque de veículos – que não há lei declarando que se trata de serviço público, mas tem inegável interesse público, especialmente porque a atividade contribui com a mobilidade urbana – é prestado na via, o que não é o caso do transporte de valores.

3.2.6.2 O transporte "compartilhado" de passageiros e os aplicativos

Os incisos VIII e X do artigo 4º parecem tratar do mesmo tipo de transporte, mas a distinção existe, veio, inicialmente, para orientar os agentes fiscais de trânsito e transporte. Na redação original, o inciso VIII cuidava de hipótese de serviço público *remunerado* e o inciso X trata de transporte privado (*não remunerado*) que podia ser individual e também solidário. Esse último tipo (inc. X) incluía a carona, expediente informal, mas eficaz no auxílio à mobilidade urbana.

Sabe-se que, por falta de previsão legal indicativa e clara, agentes de trânsito promoveram retenções de veículos particulares, aplicando sanções aos condutores, julgando que realizavam transporte remunerado não autorizado. A lei não impede que os agentes possam coibir o transporte clandestino, mas agora deve ser apurada a prática com precisão para evitar injustiças, realizando acompanhamento, se for o caso, para a perfeita caracterização da prática. Não há sequer um contrato de transporte se o condutor do veículo não faz disso uma

---

[183] RIZZARDO. *Comentários ao Código de Trânsito brasileiro*, p. 683.
[184] AC nº 1.0024.08.158549-9/002, 3ª Câmara Cível, Rel. Exm. Sra. Des. Albergaria Costa, *DJMG*, 30 out. 2009.

atividade econômica organizada, mas leva graciosamente coisas ou pessoas a um dado destino, ainda que o faça com certa regularidade em alguns casos, como nos rodízios entre colegas de trabalho ou escola.[185] Em tais hipóteses, o que pode ser invocado no campo do Direito é apenas o que pertine à relação resultante de uma obrigação de fazer gratuita, afeta ao Direito Civil, bem como a responsabilidade civil nos casos em que o condutor incorre em dolo ou culpa grave, nos termos da Súmula 145 do STJ.

Ainda convém destacar nesse tópico que, quando a lei diz que o transporte é público *individual*, não pretende distinguir esse modo do transporte *coletivo* pelo número de usuários passageiros; o que é individualizado é a viagem ou corrida realizada, embora a Lei nº 12.468/11 delimite o número de passageiros máximo para caracterização do serviço de transporte por táxi, como será referido adiante.

Outrossim, a alteração no inciso X promovida pela Lei nº 13.640/18 incluiu a condição de remunerável à hipótese e possibilidade de compartilhamento da prestação, o que, certamente, vai gerar discussão pela imperfeição da mudança. Basta observar que o mesmo art. 4º define transporte individual no inciso VIII como aquele que realiza *viagens individualizadas*, como dissemos no parágrafo anterior, e esse é o entendimento adequado, adotado inclusive tecnicamente por quem é do setor.

Entretanto, quando a lei diz que a viagem pode ser *compartilhada*, a hipótese não é tão simples de se caracterizar, ainda que pela forma residual de se conceituar, excluindo o que se entende por viagem individualizada ou coletiva. Certamente não se refere a um carona gratuito, porque este se submeterá à viagem individualizada tal como escolhida por quem paga. No caso de rateio entre parceiros com idênticos itinerário e destino, a viagem será, pelo mesmo raciocínio da lei, tipicamente individualizada, não compartilhada. Se for, como acontece no caso do *táxi lotação* quando, obedecido o limite de passageiros que o veículo comporta, no qual haverá para todos os usuários embarcados um itinerário e tarifa comum, cobrada de cada um como previamente estabelecido em regulamento e todos que nesse percurso embarcarem ou desembarcarem se submeterem a esses limites, o nome disso não é transporte compartilhado, mas coletivo, embora talvez seja essa ao menos uma da situações que o legislador tenha pretendido definir como compartilhada.

---

[185] Sobre a conceituação do contrato de transporte, *vide* COELHO. *Curso de direito civil*: contratos, p. 391-409.

Sobraria a hipótese de que cada um tenha destino e cobrança de valores diversos, com itinerário parcialmente comum, não regulamentado previamente pelo poder público, porém, mesmo esta forma tende a ser considerada como transporte individual, justamente porque não tem um serviço que atende a coletividade com características comuns e regulares. O mais provável é que a intenção do legislador tenha sido se referir ao compartilhamento da mesma plataforma de aplicativo para mais de um usuário na onda do *sharing economy*, mas isso nada tem a ver com o rol taxativo que o art.3º se presta a regular exaustivamente entre os serviços classificados.Então, e mais importante, do ponto de vista jurídico a caracterizar um desvirtuamento de regulação sistêmica, é que o art. 3º fixa, no inciso II do §2º, apenas as características de serviço coletiva e individual entre os modos de transporte urbano, sem desmembrar o transporte individual em compartilhado ou não. Para tanto, veja-se também que o inciso X do art. 4º fala em viagens "individualizadas *ou* compartilhadas" do que se conclui que não está a tratar a segunda como espécie da primeira.

Fato é que, pressionado pelos *lobbies* dos aplicativos e dos taxistas, o legislador acabou por introduzir mais um "jabuti" sem nexo no contexto terminológico dos serviços discriminados no ordenamento, ao ponto de fazer o judiciário oscilar na tradução do que é o transporte clandestino, sua relevância e seus impactos na economia de um setor motriz para o desenvolvimento e fundamental para a ordem da cidade.

Muitas decisões chegam a se escorar na livre-iniciativa, esquecendo-se que esse direito está inserido na Constituição Federal no capítulo da *Ordem Econômica* e com importância secundária e dependente da dignidade do trabalho humano, enquanto o que se vê é uma total desordem na economia e na regulação dos transportes urbanos ditos *compartilhados*.

Nesse contexto, várias têm sido as sentenças no judiciário trabalhista que reconhecem não apenas vínculo laboral, mas, e principalmente, um fomento à escravidão de motoristas que trabalham submetidos a um *dumping* do capitalismo mais voraz, doze horas diárias ou para além, a fim de garantir pouco mais que um jantar, sem qualquer proteção trabalhista, previdenciária, acidentária etc. De minha parte, não vejo dificuldade em perceber os aplicativos como da essência dos preceitos dos artigos 5º a 7º da Lei nº 12.587/12, mas, sem dúvida, sujeitos a regulamentação e fiscalização na oferta do serviço de transporte pelas autoridades competentes e normas pertinentes.

Na verdade, esse não é o único problema da nova redação do inciso X do art. 4º e das outras alteraçõs da Lei nº 13.460/2018. Como assevera Cristiana Fortini, o debate está longe do fim.[186]

3.2.7 Dos táxis e mototáxis – a taxionomia dos táxis

Pode ser considerado táxi o veículo de aluguel cujo condutor cobra por seus serviços de transporte de passageiros tendo como referencial a distância percorrida além de outros parâmetros permitidos, tais como o horário da prestação dos serviços e o acréscimo por volume de bagagens ou por número de passageiros. Os acréscimos são contabilizados conforme a bandeirada adotada em cada caso.

No Brasil este é um serviço realizado por veículos com capacidade máxima para carregar até 7 (sete) passageiros, conforme o limite fixado pelo artigo 2º, da Lei Federal nº 12.468/11. Acima desse número a característica do serviço poderá se manter como individual (nos termos do artigo 3º, §2º, II da Lei nº 12.587/12), mas não por táxi, sabendo-se que o que é *individualizado* é a viagem (em nada se referindo o termo ao número de passageiros), como estabeleceu o artigo 4º, inciso VIII dessa mesma norma. Por outro lado, o inciso VIII, do art. 4º teve um esvaziamento parcial de seu objetivo, após a decisão do STF da lavra da Ministra Rosa Weber, em 26/10/2018, nos autos do RE nº 1169159/MG, que pacificou o entendimento de que não se exige licitação para exploração do serviço de táxi, nos termos do art. 175 da CRFB, por não ser este um serviço público.

Uma intenção clara da nova redação do inciso X desse art. 4º, dada pela Lei nº 13.640/2018, era diferenciar o transporte remunerado individual de passageiros daquele realizado pelos táxis, veículos de aluguel (também nos termos do art. 135 do CTB), que o legislador infraconstitucional e boa parcela da jurisprudência indevidamente qualificavam como serviço público até a partir da redação no art. 4º, VIII. Com a pacificação da matéria no Judiciário, deixa de existir esse entendimento e, portanto, não há que se falar em serviço público de transporte individual remunerado de passageiros ou pelo menos na existência de um serviço atual que se caracterize como tal. A sistemática dos serviços de táxi admite classificação por tipo. Existem os táxis que prestam serviços do tipo convencional, especial, acessível, lotação e

---

[186] Veja-se FORTINI, Cristiana. Lei 13.640/18: fim da controvérsia sobre os aplicativos de transporte de passageiros? Disponível em: www.conjur.com.br/2018-abr-05/lei-1364018-fim-controversia-aplicativos-transporte-de-passageiros. Acesso em: 4 mar. 2019.

também os mototáxis. Certamente que alguns desses tipos não estão presentes em todos os municípios, a quem, em geral, cabe regular, com exceção dos táxis intermunicipais sobre os quais a lei foi omissa, mas pela característica extralocal, remete a competência aos Estados. Tais regulamentos devem ser específicos, não se admitindo, em face do princípio da legalidade estrita, a fiscalização e aplicação de sanções por analogia ao regulamento dos serviços de transporte coletivo.[187]

Na verdade, a lei especificou o transporte público coletivo intermunicipal (art. 4º, XI), mas, como dito acima, não cuidou do serviço de transporte individual intermunicipal, cuja realização também é possível, conhecida e reconhecida no âmbito intermunicipal, com autorização, regulação e fiscalização a cargo dos Estados-membros.

O que não é possível é a prestação dos serviços no âmbito local a partir de lançamento do registro da autorização de poder competente estadual, ou vice-versa, sob pena de ofensa ao pacto federativo.[188] Por isso, a alcunha de carro ou veículo *de praça*, justamente porque ao taxista é dado oferecer serviços apenas na praça onde é registrado e na qual está legítima e regularmente autorizada a prestação. Se a praça é estadual, o serviço se limitará ao atendimento de deslocamentos entre municípios, sem oferta de corridas no contexto urbano. Se a praça é municipal, será irregular a atividade exercida para fora dos limites locais,[189] ressalvada a existência de convênios entre municípios limítrofes, comum nas regiões metropolitanas, inclusive porque, em geral, servidas por aeroporto de uma das cidades.

Outrossim, convém mencionar que muitos são os municípios em que o Executivo preferiu não regulamentar o serviço de mototáxi, certamente pelo risco de ter que arcar com os altos custos

---

[187] RMS nº 21.922 GO 2006/0090644-1, Rel. Min. Teori Albino Zavascki, Órgão Julgador: 1ª Turma, *DJ*, p. 273, 21 jun. 2007.
Ementa – ADMINISTRATIVO. RECURSO ORDINÁRIO EM MANDADO DE SEGURANÇA. TRANSPORTE COLETIVO E INDIVIDUAL DE PASSAGEIROS. TAXI. PENALIDADE. PRINCÍPIO DA LEGALIDADE ESTRITA. 1. A aplicação de penalidades está sujeita ao princípio da legalidade estrita. Mesmo no âmbito do poder de polícia, a Administração não está autorizada a aplicar sanções não previstas em lei. Não é legítima a aplicação a motoristas de taxi, modalidade de transporte individual, de penalidades estabelecidas para infrações no âmbito do transporte coletivo de passageiros. No âmbito do poder estatal sancionador, penal ou administrativo, não se admite tipificação ou penalização por analogia. 2. Recurso ordinário provido.
[188] *Vide* ADI nº 2.349/ES, Pleno do STF, *DJ*, 14 out. 2005.
[189] No RMS nº 21.843/GO 2ª Turma, Rel. Min. Mauro Campbell Marques, *DJe*, 25 nov. 2008, o *STJ* considerou legítima a autuação de veículos autorizados a prestar o serviço local flagrados realizando o transporte intermunicipal.

sociais dos acidentes,[190] uma vez que, além dessa atividade vitimar exponencialmente mais condutores a cada ano, presume-se que o mototaxista não indenizaria o passageiro em tais situações.

Segundo entendeu o TJMG, na *AC nº 1.0443.05.024716-4/001* (Rel. Edilson Fernandes, *DJMG*, 29 jan. 2009), a regulamentação do mototáxi pelos Estados depende de lei complementar que a admita, mas nessa assentada o Egrégio Tribunal não fez a necessária distinção entre o tema transporte em geral, que cabe privativamente à União legislar (art. 22, XI) e o transporte urbano (art.21, XX) que, conforme entendemos, na esteira de Uadi Bulos, compete concorrentemente a todas as entidades federativas normatizar. Essa decisão do tribunal mineiro reproduz o entendimento do STF na *ADI nº 3.136/MG*.

Quanto às discussões sobre esse tema, remetemos o leitor ao debate que mencionamos relativamente à Lei Federal nº 12.009/09 no tópico relativo ao transporte de cargas e quanto à discussão sobre serem os táxis serviços públicos ou privados remetemos o leitor aos comentários ao artigo 12 desta lei. Sobre a discussão do mototáxi, como já dito aliás, a questão deverá ser pacificada quando do julgamento da ADI nº 4.530 pelo STF, na qual, entre outros argumentos, discute-se a violação a direitos da saúde albergados pelos artigos 6º e 196 da CRFB, cuja proteção é dever do Estado.

Os incisos XI, XII e XIII, do artigo 4º albergam singular erronia, consubstanciada na expressão *"de caráter urbano"* ao final de cada um deles, locução que se repete no artigo 16, inciso VIII e §2º, no artigo 17, inciso I e parágrafo único e no artigo 26. Essa dicção permitiria a indesejável superposição de itinerários, com concorrência predatória lesiva à saúde econômica do sistema de transporte local, bem como configuraria violação constitucional, porque colocaria em risco a essencialidade do transporte local, afrontando a divisão de competências do princípio federativo, garantias estabelecidas, respectivamente, nos artigos 30, V e 18 da CRFB.

O transporte público coletivo intermunicipal cumpre sua atribuição ao permitir a condução de usuários de um município a outro, nunca oferecendo itinerários com paradas diversas em cada município por ele atendido. Da mesma forma, os transportes públicos coletivos interestaduais e internacionais precisam se valer das vias públicas municipais, mas esses serviços não podem ser prestados em *caráter urbano*.

---

[190] Sobre o tema leia-se VASCONCELOS. O custo social da motocicleta no Brasil. *Revista dos Transportes Públicos*.

O que pode e deve acontecer é a integração cuja promoção cabe também aos Estados (art.17, III), competindo à União estimular (art.16, §2º).

A multicitada expressão *"de caráter urbano"* é infeliz, pois o transporte de caráter urbano é aquele destinado a atender aos deslocamentos locais, entre pontos de controle, bairros ou estações de integração, ainda mais agora que a lei propõe logo no artigo primeiro a integração como objetivo de toda a norma, restando claro que os transportes não locais se obrigam à integração com os modais locais, conforme dispositivos acima enumerados, do que se dessume que com eles nunca podem competir ou ser confundidos.

Foi com esse raciocínio que o STJ decidiu que a concessionária ou permissionária de serviço de transporte intermunicipal de passageiros não pode, a seu talante, extrapolar os limites estabelecidos em sua permissão e/ou concessão, *executando transporte coletivo urbano* (RMS nº 15.798, DJ, 26 set. 2005, Rel. Min. Francisco Peçanha Martins). No ROMS nº 11.050/RJ e no RMS nº 12.766/RJ,[191] a mesma Corte distinguiu com clareza as competências, afirmando que ao Estado cabe apenas conceder e fiscalizar suas concessões, devendo deixar ao Município a incumbência de disciplinar o tráfego e o trânsito em seus limites, no que foi acompanhado pela AC nº 1.0024.03.996199-0/001 do TJMG.[192]

No RMS nº 575/RJ o STJ concluiu ainda que quando as autoridades municipais organizam a circulação dos coletivos, as áreas para estacionamento, os pontos de parada, horários e itinerários de linhas, estão atuando em sua competência reservada pela Carta Republicana. Várias outras decisões estão em nota de rodapé, quando se comenta a competência municipal, para onde se remete o leitor.

O STF decidiu, ainda na vigência da Constituição anterior, pela ilegalidade de alteração de ponto terminal de transporte coletivo com

---

[191] "EMENTA: ADMINISTRATIVO – TRANSPORTE INTERMUNICIPAL – LIMITAÇÃO AO TRÁFEGO. 1. É da competência do Município disciplinar o tráfego e trânsito na cidade respectiva. 2. Ao Estado cabe a concessão e fiscalização das concessões e trechos. 3. Recurso improvido" (RMS 12.766/RJ; Rel. Min. Eliana Calmon; Órgão Julgador: 2ª Turma, DJU, 16 dez. 2002).

[192] Vale conferir trecho do voto do Rel. Des. José Domingues Ferreira Esteves, que assim se manifestou sobre a matéria, frisando-se aqui que o julgado apreciou explicitamente a LC nº 26/93 do Estado de Minas Gerais que cuida das funções públicas de interesse comum na Região Metropolitana da Capital: "Nesse rumo, embora haja a notícia de que o DER, dentro dos limites de Belo Horizonte, utiliza, para parada dos ônibus do sistema metropolitano, os mesmos pontos do sistema de ônibus municipal, não se pode olvidar que, ainda assim, pode haver uma interferência prejudicial no tráfego municipal, *que torna as ordens de serviço da autarquia estadual inexeqüíveis diante do interesse local*" (6ª Câmara Cível do TJMG, AC 1.0024.03.996.199-0)

mera permissão do antigo DNER (*RE nº 77.903*, j. 03.09.1974), declarou a competência municipal para estabelecer regras sobre itinerário e pontos de parada dos transportes coletivos no perímetro urbano (*RE nº 70.958/SP*, j. 10.12.1971) e ratificou o entendimento de que não pode autoridade do Estado alterar terminais de linhas de ônibus intermunicipais sem autorização do prefeito municipal (*RE nº 91.398/RJ*, j. 21.09.1979).

De se notar que essa dicção legal equivocada dos dispositivos em comento já aparecia no artigo 1º da Lei Federal nº 7.418, de 16.12.1985, quando da redação alterada pela Lei Federal nº 7.619, de 30.09.1987. Embora essa lei que instituiu o vale-transporte tenha sido recepcionada pela Constituição de 1988, em seus pronunciamentos o STJ sequer apreciou essa norma, até porque ela não falava em transporte *intermunicipal e/ou interestadual de caráter urbano*, mas mencionava transporte "*intermunicipal e/ou interestadual com características semelhantes aos urbanos*".

Se a intenção do legislador foi permitir com a nova ordem jurídica entendimento diverso para viabilizar o tratamento até hoje repudiado pelos tribunais, esbarrou em duvidosa constitucionalidade, pois que os julgamentos acima mencionados não se firmaram em normas infraconstitucionais ou na ausência delas, mas nas competências estabelecidas em sede constitucional. Portanto, não será um plano de mobilidade estabelecido em estatuto nacional capaz de provocar alteração nos fundamentos constitucionais da jurisprudência, isto porque foi a Constituição de 1988 que elegeu determinados serviços de interesse local, dentre eles o transporte coletivo, como dever expresso e exclusivo do Município,[193] com sua capacidade de autoadministração, que evidencia seu poder para gerir negócios próprios, mediante a prestação e manutenção de serviços locais, sem o flagelo da concorrência de itinerários e da competição de tarifas.

A Constituição não previu como essencial no inciso V do artigo 30 o transporte individual e todos os dispositivos ora comentados tratam do transporte coletivo, razão pela qual o cuidado em separar o tipo não deixa dúvidas quanto à intenção do legislador constituinte em atribuir com exclusividade ao Município essa hipótese única que os demais entes da federação não podem usurpar.

---

[193] MEIRELLES. *Direito administrativo brasileiro*, p. 333.

Note-se que o artigo 30 da Constituição confere ao Município o poder de legislar (inciso I) e organizar (inciso V) o *interesse local*, neste incluído o contexto urbano (cidade) e rural do ente federativo. É que a cidade compreende o perímetro urbano, o suburbano e o rural, todos sob sua jurisdição, intendência e controle. Nenhuma cercania ou arrabalde foge a essa responsabilidade e competência que o legislador constitucional fixou com exclusividade à municipalidade, que é quem dirige os negócios de um município, vocábulo derivado do latim *municipium* que designa toda a extensão territorial colocada sob um regime de autonomia administrativa.[194]

É bem provável que essa ideia da expressão *"de caráter urbano"* tenha nascido entre gestores operacionais, técnicos que atuam na área, pois é comum ouvi-los usando essa nomenclatura, na medida em que sofrem com a lógica tão conturbada quanto mais conurbada. É uma questão cada dia mais desafiadora e que a gestão política não consegue resolver tão facilmente. Mais que em qualquer outro lugar do mundo, no país dos "puxadinhos", onde se constrói antes de planejar, os governantes lutam por defender a arrecadação do IPTU, mas nem tanto para resolver os problemas criados pela conurbação nesses trechos limítrofes, nos quais os habitantes, e especialmente os usuários de transporte público, reclamam de abandono do Poder Público. Daí o surgimento da influência de outros entes da federação no contexto e com uma atuação que denominaram "de caráter urbano", mas que a jurisprudência repudia com veemência, fincada na distribuição de competências que a Constituição Federal delineou.

Esse entendimento aqui defendido não impede a invocação de normas constantes na lei para o contexto intermunicipal quando este for interurbano, na medida em que, numa região metropolitana, por exemplo, o interesse conurbano em questão é justamente atender a relação interdependente dos deslocamentos em dois ou mais contextos urbanos, porque são umbilicalmente inafastáveis.

Quanto aos meios de transporte, as novidades tecnológicas ainda exigirão muito dos Municípios para regulamentar o uso da via ou como modais autorizados em determinados serviços. Há que se programar regulamentação para as bicicletas motorizadas, para saber se podem ou não usar as ciclovias. Já foi criado carro flutuante e já estão emplacados e circulando os carros elétricos e outras alternativas antes pensadas

---

[194] SILVA. *Vocabulário jurídico*, p. 937.

só nos livros e filmes de ficção, os quais desafiarão os governos para estabelecer o melhor compartilhamento da via pública com mobilidade sustentável atualizada. Dessa forma, uma máxima da mobilidade urbana é cuidar de tudo *um dia depois do outro*, mas sempre com olhar à frente, especialmente com vistas à qualidade de vida citadina.

3.3 Dos princípios, diretrizes e objetivos da Política Nacional de Mobilidade Urbana

> Art. 5º A Política Nacional de Mobilidade Urbana está fundamentada nos seguintes princípios:
> I - acessibilidade universal;
> II - desenvolvimento sustentável das cidades, nas dimensões socioeconômicas e ambientais;
> III - equidade no acesso dos cidadãos ao transporte público coletivo;
> IV - eficiência, eficácia e efetividade na prestação dos serviços de transporte urbano;
> V - gestão democrática e controle social do planejamento e avaliação da Política Nacional de Mobilidade Urbana;
> VI - segurança nos deslocamentos das pessoas;
> VII - justa distribuição dos benefícios e ônus decorrentes do uso dos diferentes modos e serviços;
> VIII - equidade no uso do espaço público de circulação, vias e logradouros; e
> IX - eficiência, eficácia e efetividade na circulação urbana.

O artigo 5º da LPNMU finca os princípios da mobilidade urbana, iniciando por prestigiar a acessibilidade universal *(inciso I)*, que é a generalidade do acesso aos modais, norteando todas as políticas do assunto como imposição da democratização de oportunidades da vida cidadã.

A acessibilidade universal é uma agenda aberta à discussão permanente e à mitigação dos conflitos que cada cidadão suporta para ter assegurada ao máximo realizável a igualdade de acesso digno aos direitos sociais e fundamentais, ao mesmo tempo que tem em vista evitar as chamadas externalidades negativas que represam esse acesso, seja pelo uso iníquo da via pública, pelos elementos de fadiga que impõem esforço excessivo, ou ainda pela inviabilidade econômica ou mesmo pela impossibilidade de percepção do uso ou da adaptabilidade.

Existe ainda uma infinidade de impedimentos ou restrições, especialmente quando se trata de ineficiência de infraestrutura e transporte, que se aproximam de alguma forma desse núcleo de circunstâncias e direitos mencionados que cerceiam o direito de ir e vir, os direitos à moradia, à saúde, à educação, aos serviços públicos em geral e à própria dignidade humana.

Não há como negar avanços normativos desde a Lei nº 7.853, de 24/10/1989, como é o caso da Lei Brasileira de Inclusão da Pessoa com Deficiência (que também agrega as de mobilidade reduzida), a Lei Federal nº 13.146, de 06/07/2015, a qual, nos sete artigos do Capítulo X, trata da imperatividade de identificação e de eliminação dos obstáculos e barreiras ao acesso em igualdade de oportunidades ao transporte e à mobilidade desse grupo de pessoas que, segundo os especialistas, representa algo em torno de 20 a 25% da população, se considerados os deficientes em todas as suas formas motoras e sensoriais.

Cabe, pois, ao Estado provocar as escolhas conscientes de priorização da vida comunitária no que concerne à mobilidade urbana sustentável, também em face do princípio do desenvolvimento sustentável das cidades (*inciso II*), com ações eficientes de desestímulo ao uso do veículo particular. Essas políticas de priorização têm íntima relação com o perfil que se quer construir para determinada cidade, e essa conquista pode colocá-la num patamar de satisfação econômica sem conflito com a satisfação social.

É o caso de Tóquio, Londres e Nova Iorque, estudadas por Saskia Sassen na primeira metade da década de 1990, às quais chamou de *global cities*. Tais cidades constituem-se em polos que aglutinam os investimentos mundiais, e toda a produção e desenvolvimento do globo passa pelas movimentações e decisões financeiras ali realizadas. Sassen mostra que isso é possível graças a vários fatores dos quais destaca as sofisticadas infraestruturas de telecomunicações e transportes de alta velocidade, fazendo referência especial ao TGV que liga a capital japonesa a Nagoya e Osaka.[195]

Nessa toada, em que a mobilidade é fator prioritário de desenvolvimento sustentável em satisfação medida pela qualidade dos deslocamentos, e considerando que essa prioridade do art. 11, IX da Lei nº 10.233/01 trata da *gerência de infraestrutura e operação* dos serviços de transporte particularmente nos centros urbanos, é possível concluir que

---

[195] SASSEN. *La Ville Globale*: New York, Londres, Tokyo, p. 249.

mera permissão do antigo DNER (*RE nº 77.903*, j. 03.09.1974), declarou a competência municipal para estabelecer regras sobre itinerário e pontos de parada dos transportes coletivos no perímetro urbano (*RE nº 70.958/SP*, j. 10.12.1971) e ratificou o entendimento de que não pode autoridade do Estado alterar terminais de linhas de ônibus intermunicipais sem autorização do prefeito municipal (*RE nº 91.398/RJ*, j. 21.09.1979).

De se notar que essa dicção legal equivocada dos dispositivos em comento já aparecia no artigo 1º da Lei Federal nº 7.418, de 16.12.1985, quando da redação alterada pela Lei Federal nº 7.619, de 30.09.1987. Embora essa lei que instituiu o vale-transporte tenha sido recepcionada pela Constituição de 1988, em seus pronunciamentos o STJ sequer apreciou essa norma, até porque ela não falava em transporte *intermunicipal e/ou interestadual de caráter urbano*, mas mencionava transporte "*intermunicipal e/ou interestadual com características semelhantes aos urbanos*".

Se a intenção do legislador foi permitir com a nova ordem jurídica entendimento diverso para viabilizar o tratamento até hoje repudiado pelos tribunais, esbarrou em duvidosa constitucionalidade, pois que os julgamentos acima mencionados não se firmaram em normas infraconstitucionais ou na ausência delas, mas nas competências estabelecidas em sede constitucional. Portanto, não será um plano de mobilidade estabelecido em estatuto nacional capaz de provocar alteração nos fundamentos constitucionais da jurisprudência, isto porque foi a Constituição de 1988 que elegeu determinados serviços de interesse local, dentre eles o transporte coletivo, como dever expresso e exclusivo do Município,[193] com sua capacidade de autoadministração, que evidencia seu poder para gerir negócios próprios, mediante a prestação e manutenção de serviços locais, sem o flagelo da concorrência de itinerários e da competição de tarifas.

A Constituição não previu como essencial no inciso V do artigo 30 o transporte individual e todos os dispositivos ora comentados tratam do transporte coletivo, razão pela qual o cuidado em separar o tipo não deixa dúvidas quanto à intenção do legislador constituinte em atribuir com exclusividade ao Município essa hipótese única que os demais entes da federação não podem usurpar.

---

[193] MEIRELLES. *Direito administrativo brasileiro*, p. 333.

Note-se que o artigo 30 da Constituição confere ao Município o poder de legislar (inciso I) e organizar (inciso V) o *interesse local*, neste incluído o contexto urbano (cidade) e rural do ente federativo. É que a cidade compreende o perímetro urbano, o suburbano e o rural, todos sob sua jurisdição, intendência e controle. Nenhuma cercania ou arrabalde foge a essa responsabilidade e competência que o legislador constitucional fixou com exclusividade à municipalidade, que é quem dirige os negócios de um município, vocábulo derivado do latim *municipium* que designa toda a extensão territorial colocada sob um regime de autonomia administrativa.[194]

É bem provável que essa ideia da expressão *"de caráter urbano"* tenha nascido entre gestores operacionais, técnicos que atuam na área, pois é comum ouvi-los usando essa nomenclatura, na medida em que sofrem com a lógica tão conturbada quanto mais conurbada. É uma questão cada dia mais desafiadora e que a gestão política não consegue resolver tão facilmente. Mais que em qualquer outro lugar do mundo, no país dos "puxadinhos", onde se constrói antes de planejar, os governantes lutam por defender a arrecadação do IPTU, mas nem tanto para resolver os problemas criados pela conurbação nesses trechos limítrofes, nos quais os habitantes, e especialmente os usuários de transporte público, reclamam de abandono do Poder Público. Daí o surgimento da influência de outros entes da federação no contexto e com uma atuação que denominaram "de caráter urbano", mas que a jurisprudência repudia com veemência, fincada na distribuição de competências que a Constituição Federal delineou.

Esse entendimento aqui defendido não impede a invocação de normas constantes na lei para o contexto intermunicipal quando este for interurbano, na medida em que, numa região metropolitana, por exemplo, o interesse conurbano em questão é justamente atender a relação interdependente dos deslocamentos em dois ou mais contextos urbanos, porque são umbilicalmente inafastáveis.

Quanto aos meios de transporte, as novidades tecnológicas ainda exigirão muito dos Municípios para regulamentar o uso da via ou como modais autorizados em determinados serviços. Há que se programar regulamentação para as bicicletas motorizadas, para saber se podem ou não usar as ciclovias. Já foi criado carro flutuante e já estão emplacados e circulando os carros elétricos e outras alternativas antes pensadas

---

[194] SILVA. *Vocabulário jurídico*, p. 937.

esse dispositivo estabeleceu a *mobilidade como princípio* que orienta esses serviços, na medida em que quando se cuida da gestão da operação e se planeja a infraestrutura o que está em voga é a mobilidade. Observe-se que essa norma foi publicada pouco mais de um mês antes do Estatuto da Cidade e quase doze anos antes da Lei Nacional do Plano de Mobilidade Urbana. Portanto, foi precursora da ideia de mobilidade como princípio.

Só quando há uma política pública de transporte eficiente, a mobilidade resultante pode modificar o hábito de uso do transporte individual. Nesse aspecto, é de fácil verificação a opção dos cidadãos. O estudo realizado pelo IPEA[196] publicado em 2011 e já mencionado neste trabalho quando se tratou da modicidade registrou que o uso do transporte público caiu 30% em dez anos, enquanto a compra de carros cresceu, em média, 9% ao ano e a de motocicletas subiu 19%. Onde vamos chegar até que o assunto seja tratado com a prioridade e seriedade que merece?

O desenvolvimento sustentável precisa ser cuidado em todos os seus aspectos já que a lei não fala só da dimensão ambiental do assunto, mas também da sustentabilidade socioeconômica, que vem a ser aquela que promove o alcance do bem-estar ao maior número de pessoas ao mesmo tempo em que busca que o sistema seja economicamente sustentável.

O *inciso III do artigo 5º* estabelece a *equidade no acesso* ao transporte público coletivo como princípio, termo que denota ao mesmo tempo *equivalência* e *integridade*. A equivalência é estabelecida quando todos, ou ao menos a grande maioria das pessoas converge para uma consciência de compartilhamento do espaço urbano, quando as cidades oferecem uma infraestrutura tal, que mesmo quem possua carro possa escolher com integridade não sacar essa opção. É quando o proprietário de um SUV (*Sport Utility Vehicle*),[197] ao deslocar-se sozinho, prefere valer-se do ônibus ou do metrô que passa a trezentos metros de sua casa para ir a um ponto que o deixa a trezentos metros do trabalho. Essa é a opção da integridade pessoal que, em conjunto com equivalência social evidente na hipótese, representa a equidade no acesso por escolhas de reta razão,

---

[196] CARVALHO, Carlos Henrique Ribeiro de; PEREIRA, Rafael Henrique Moraes. Efeitos da variação da tarifa e da renda da população sobre a demanda de transporte público coletivo urbano. Brasília, Instituto de Pesquisa Econômica Aplicada – IPEA, 2011.

[197] Ou *Veículo Utilitário Esportivo*, que são aqueles de porte avantajado e capazes de conciliar o uso urbano e fora de estrada.

uma razão social em respeito aos direitos alheios. É um princípio de primeiro mundo, que tem ligação umbilical com o princípio da boa-fé.

Nas décadas de 1970 e 80 os anúncios mais caros da mídia no Brasil e com os melhores atores eram os das marcas de cigarro e o Estado reagiu com campanhas e restrições severas ao consumo e alta tributação na comercialização, além de exigir a mudança nas propagandas, que passaram a conter informações claras sobre os riscos e males a que se sujeitam os fumantes ativos e passivos.

Hoje as propagandas mais caras e com os atores mais famosos são de carros e não há nenhum controle nesse fomento ao consumo automotivo, o que é outro mecanismo de desestímulo ao transporte coletivo e, consequentemente, à mobilidade, sem falar no aumento de novas fábricas de automóveis no país nas últimas décadas, o que só arrefeceu após crises econômicas.

Entretanto, é preciso e mesmo fundamental que se diga que a opção dos brasileiros pelo transporte próprio individual não é uma decorrência apenas do alto volume nas aquisições e emplacamentos de veículos novos, já que existem países de primeiro mundo em que a média de habitantes por veículo é alta também, mas a consciência e o efetivo uso do veículo privado são totalmente diferentes, até porque, além do transporte público melhor, nesses países existem educação e políticas voltadas para a democratização do espaço público de várias espécies. Nesse contexto, sem dúvida, está em operação o princípio da equidade.

Nessas nações o desenvolvimento convive melhor com a mobilidade, isto porque muitas pessoas que possuem bons veículos usam o transporte público regularmente para ir ao trabalho e em outras atividades do cotidiano, como fruto de políticas públicas eficientes de mobilidade, donde se conclui que o aumento da variação da frota de veículos individuais tem influência apenas relativa, sendo mais eficientes como políticas públicas outras quatro opções, quais sejam:

a) a gestão da demanda de transportes públicos;
b) as campanhas de conscientização da mobilidade;
c) a adoção dos instrumentos de restrição ao uso das vias públicas, e;
d) o controle de preços dos estacionamentos, com criação de estacionamentos públicos, se for o caso.

Hodiernamente, bem diante dos nossos olhos, até hospitais, que deveriam se ocupar fundamentalmente da missão de preservar e melhorar a saúde das pessoas, estão transformando suas áreas externas em fonte lucrativa de estacionamento, atividade essa que cresceu avassaladoramente desde a inserção das prescrições constitucionais do artigo 182, §4º que impõem o uso adequado do solo privado e a busca das funções sociais da cidade e da propriedade.

Nesse aspecto, nota-se que o problema do crescimento de aquisições de carros particulares é diferente nas consequências do fomento ao fumo ao qual nos referimos antes. Não é, pois, o caso de aventarmos que se deva frear o consumo, nem seria o caso das propagandas de automóveis particulares terem tarja obrigatória com dizeres tais como: "O Ministério das Cidades adverte: a compra desenfreada de automóveis particulares faz mal à mobilidade urbana". No caso da mobilidade, a preocupação não é com a aquisição, mas com o uso urbano consciente dos meios de locomoção. Frear o consumo é o caminho fácil e rápido, preferido pelos economistas. Conscientização é um trabalho mais nobre e edificante, embora custoso e de longo prazo.

O que se deve buscar é mitigar a tensão daquilo que se convencionou chamar *dilema dos comuns*. Segundo o professor Charles Vlek,[198] da Universidade de Gronigen (Holanda), dilema dos comuns é uma situação de conflito entre um interesse agregado coletivo e numerosos interesses individuais. O dilema desse embate entre os interesses individuais e coletivos é representado na questão da mobilidade urbana pela poluição do ar e sonora e pelos congestionamentos nas metrópoles em razão do uso exagerado de veículos motorizados.

Dessa forma, é fácil concluir que não se trata de avaliar a aquisição de veículos como um mal em si, mas o uso individual sem a reflexão do impacto no âmbito coletivo. E aqui contribui muito, quase que exclusivamente, a falta da educação para a mobilidade urbana. Embora existissem normas e princípios claros sobre o tema mesmo antes da Lei nº 12.587/12, nada, ou quase nada, se refletiu na prática individual, porque são poucas as políticas públicas que fazem efeito na mudança comportamental, e mesmo essas carecem de sanções, as quais nem sempre acompanham as regras concernentes ao assunto.[199]

---

[198] VLEK, Charles. Globalização, dilemas dos comuns e qualidade de vida sustentável: do que precisamos, o que podemos fazer, o que podemos conseguir?. Tradução de José Q. Pinheiro a partir de original em língua inglesa. *In*: CONFERÊNCIA DA INTERNATIONAL ASSOCIATION FOR PEOPLE-ENVIRONMENT STUDIES – IAPS, 17., 23-27 jul. 2002, La Coruña, Espanha. *Anais...* La Coruña. Artigo em versão abreviada e revisada.

[199] Veja-se que são bem recentes as sanções normatizadas relativamente ao avanço e uso de faixa exclusiva para o transporte público, ou mesmo na faixa para pedestres.

Os *incisos IV e V do artigo 5º* tratam, respectivamente, da eficiência, eficácia e efetividade na prestação e da gestão democrática com controle social do planejamento, ou seja, cuida-se da mobilidade como política de controle e como coisa do povo, atributo da *res* pública, razão pela qual os meios e os resultados da prestação submetem-se ao interesse público.

Os termos do inciso IV que servem para orientar os serviços de transporte são repetidos no inciso IX com mesmo objetivo em relação à circulação urbana. Transmitem sentidos afins, mas distintos. A *eficiência* está relacionada à conduta do agente no desempenho de seu mister; a *eficácia* tem a ver com os meios empregados e a *efetividade* com os resultados.[200] Da *eficiência* já tratamos quando falamos dos princípios, e de fato esse princípio é um norte para a atuação ordenada e otimizada de quem está empenhado nos serviços. No caso da circulação urbana, a *eficácia* é o ponto cardeal que induz à escolha do modal mais adequado a cada atendimento, assim como influenciará na opção pelos equipamentos urbanos que produzam a acessibilidade universal. Tais expedientes permitirão também o alcance da *efetividade*, pois, ao tabular resultados e o índice de satisfação dos usuários, o titular dos serviços terá como mensurar e refletir sobre as escolhas das soluções adotadas sempre com critérios mais técnicos que políticos.

A efetividade vai além dos incisos IV e IX, pois os resultados são medidos não apenas como checagem do que se planejou realizar para auditar um projeto ou conferir um *as built*. O mais importante é verificar se o resultado satisfez as necessidades dos usuários e é aí que o *inciso V* propõe a gestão democrática e o controle social – estabelecidos como regra desde o artigo 37, §3º, I da CRFB – não como mera conferência *a posteriori*, mas como participação ao longo de toda a atuação. Sobre esse tema da gestão consensual já tratamos antes neste trabalho assim como a segurança nos deslocamentos das pessoas que é referida no *inciso VI* do artigo 5º, pelo que remetemos o leitor ao capítulo dos princípios.

Os incisos VII e VIII tratam do equilíbrio entre os ônus e os bônus no uso dos diferentes modos e serviços com o fim de afastar a iniquidade no uso do espaço público. Essas previsões são necessárias para estabelecer o padrão de isonomia nos transportes e circulação, permitindo ao gestor deliberar sobre vantagens para as opções aos modos e serviços que prestigiem a mobilidade urbana sem que isso configure

---

[200] Para a distinção dos termos do inciso IV é curial o ensino de José dos Santos Carvalho Filho, a partir do qual resumimos os significados conforme os escólios de seu *Manual de direito administrativo* (p. 25-26).

desrespeito à igualdade. Assim, quem preferir um modo ou serviço que não beneficie a coletividade, mas o interesse particular, pode ser preterido nos benefícios da fruição da infraestrutura viária ou de acessos a ela, tornando a equidade, nessa hipótese, um princípio preponderante em relação a uma quase ou pseudoigualdade, na medida em que a verdadeira igualdade permite desigualar os desiguais, que no caso se identificam pela intensidade de uso coletivo.

Se o meio urbano sofre com as externalidades negativas que atacam as pessoas, as vias e os logradouros com impactos sociais, econômicos e ambientais (congestionamento e poluições em geral), é mais que justo considerar esses elementos na distribuição dos custos e benefícios, e o *inciso VII* se mostra como princípio que orienta, por exemplo, a adoção de subsídios tarifários como os pedágios urbanos, do escalonamento das permanências no estacionamento rotativo, das variadas medidas de *traffic calming* etc. Esse dispositivo é, pois, uma especialização do inciso IX do artigo 2º do Estatuto da Cidade, onde foi estabelecida como diretriz a justa distribuição dos benefícios e ônus decorrentes do processo de urbanização.

Ao distinguir, no *inciso VIII*, a equidade como princípio, a lei admite a presença da desigualdade no *uso* do espaço público e dos *modos* de transporte que promovem a circulação, entre o coletivo e o individual ou entre o motorizado e o não motorizado, por exemplo. A hipótese é mais ampla que a do *inciso III*, que trata da equidade do *acesso* e do *transporte público coletivo* apenas. Guindar a equidade a esse patamar de importância, além de revelar a desarmonia social e até cultural, permite a invocação do princípio na adoção de políticas, na organização, fiscalização e sancionamento, fundamentando a eleição das preferências normativas e executivas.

O *inciso IX* cuida de três princípios que orientam a circulação urbana, dois dos quais também servem como diretrizes da política tarifária no inciso II do artigo 8º. O primeiro princípio é o da *eficiência*, a respeito do qual discorremos no capítulo sobre os princípios dos serviços públicos e que se consubstancia na ideia de fazer algo da maneira certa, mais célere e adequada possível. A *eficácia* é a habilidade de escolher a coisa certa a fazer e a *efetividade* é o atingimento ou obtenção do resultado pretendido ou que seria desejável buscar, justamente porque se escolheu a coisa certa a fazer (eficácia) e se fez da maneira certa (eficiência). Essas habilidades devem ser exigidas para quem trabalha com transporte e trânsito, pois um dia produtivo para quem lida com engenharia de tráfego é quando os dois primeiros princípios são observados e, consequentemente, o último é alcançado.

> Art. 6º A Política Nacional de Mobilidade Urbana é orientada pelas seguintes diretrizes:
>
> I - integração com a política de desenvolvimento urbano e respectivas políticas setoriais de habitação, saneamento básico, planejamento e gestão do uso do solo no âmbito dos entes federativos;
>
> II - prioridade dos modos de transportes não motorizados sobre os motorizados e dos serviços de transporte público coletivo sobre o transporte individual motorizado;
>
> III - integração entre os modos e serviços de transporte urbano;
>
> IV - mitigação dos custos ambientais, sociais e econômicos dos deslocamentos de pessoas e cargas na cidade;
>
> V - incentivo ao desenvolvimento científico-tecnológico e ao uso de energias renováveis e menos poluentes;
>
> VI - priorização de projetos de transporte público coletivo estruturadores do território e indutores do desenvolvimento urbano integrado; e
>
> VII - integração entre as cidades gêmeas localizadas na faixa de fronteira com outros países sobre a linha divisória internacional.
>
> VIII - garantia de sustentabilidade econômica das redes de transporte público coletivo de passageiros, de modo a preservar a continuidade, a universalidade e a modicidade tarifária do serviço. (Incluído pela Lei nº 13.683, de 2018)

O artigo 6º estabelece oito diretrizes da Política de Mobilidade Urbana em cumprimento ao artigo 182, mas, em especial, ao artigo 21, XX da CRFB, exaurindo a competência da União em matéria urbanística quando ordena as diretrizes para a rede urbana no território nacional. Enquanto o *princípio* (art.5º) evoca a ideia de justiça, equidade e moral inaugural do que se pretende, a *diretriz* (art. 6º) traça rumos para o bem-estar geral, o qual deve ser perseguido através da integração de todas as políticas de desenvolvimento urbano que devem ser pensadas em bloco como um plano que se completa com o atendimento interligado de todos os serviços públicos que atendem ao interesse geral da comunidade (*6º, I*), todos os modais e serviços de transporte (*6º, III*) o que impõe a adoção de estações de integração e aproveitamento de tarifas nos trajetos integrados, bem como a prioridade aos modos não motorizados e coletivos (*6º, II*), e ainda com a interface entre cidades gêmeas (*6º, VII*), assim reconhecidas aquelas em faixa de fronteira com outros países onde a convivência e o intercâmbio harmônico dependem de tratativas no âmbito das relações internacionais.

3.3.1 A sustentabilidade como diretriz

Também em busca do bem-estar geral são fixadas entre as oito diretrizes do PNMU três de benefícios gerais não integradores. O primeiro deles é o da mitigação dos custos ambientais, sociais e econômicos dos deslocamentos (6º, IV), que envolve o compromisso dos gestores e operadores de transportes com os princípios da prevenção, precaução e exploração sustentável da atividade. Bem que poderia se inferir daí que a norma sugere a necessidade de prévio estudo de impacto ambiental, o que seria útil nos termos do artigo 225 da CRFB, sabendo-se que há que se considerar impacto qualquer nível de degradação ou alteração. Assim é que se existe a diretriz da mitigação para o exercício da atividade, o ordenamento demanda outra lei que imponha o prévio estudo de impacto antes da implantação de novos serviços potencialmente poluentes.

O artigo 23, VI da CRFB, estabelece como competência comum à União, Estados, Distrito Federal e Municípios proteger o meio ambiente e combater a poluição em qualquer de suas formas. No dizer do STF,[201] é incumbência de natureza qualificadamente irrenunciável, certamente porque qualificado como direito fundamental de terceira geração que assiste à generalidade das pessoas.[202] E ainda, como é matéria de competência concorrente, compete à União estabelecer normas gerais, que podem ser suplementadas (não ampliadas[203]) no âmbito regional e local pelas demais esferas.

O *caput* do artigo 225 da CRFB, por seu turno, impôs ao Poder Público observância ao *princípio da intervenção estatal obrigatória na defesa do meio ambiente*,[204] o que torna compulsória a atuação dos entes e agentes estatais em busca da homeostase, em parceria com a coletividade e em

---

[201] ADI nº 2.544-MC, Rel. Min. Sepúlveda Pertence, *DJ*, 08 nov. 2002.
[202] ADI nº 3.540-1/DF.
[203] STF. ADI nº 1.245, Rel. Min. Eros Grau, *DJ*, 26 ago. 2005.
[204] Fábio Pontes Coelho exalta a importância do Estado como ente gestor da coisa pública, promovedor e regulador do contrato social, o qual, para ser sustentável, deve contemplar as três dimensões irredutíveis do socialmente justo, ecologicamente correto e economicamente viável (COELHO. É papel do Estado: mudar para promover a sustentabilidade. *In*: BLIACHERIS; OLIVEIRA. *Sustentabilidade na Administração Pública*: valores e práticas de gestão socioambiental, p. 287-298).

benefício desta, na atual e nas futuras gerações, valendo-se, para tanto, das incumbências arroladas no parágrafo 1º do mesmo dispositivo.

A tutela não é apenas ao meio ambiente em si; refere-se muito mais à qualidade dele, até porque é quase impossível dissociar uma ideia da outra. Como ensina José Afonso da Silva,[205] o direito que todos temos é a qualidade satisfatória, ao equilíbrio ecológico do meio ambiente. Essa qualidade é que se converteu em um bem jurídico. Paulo Bonavides diz que o interesse que merece garantia não é de um indivíduo, grupo ou Estado. A proteção visa o gênero humano.[206]

Nesse passo, voltamos aqui à ideia inicial deste trabalho de que o serviço público visa à satisfação da coletividade e essa obrigação, em boa proporção valorativa, tem um préstimo implícito na sustentabilidade que o Estado deve prover e vigiar, porque a Carta Republicana acentuou essa garantia em seu Título VIII como direito da ordem social, que tem como um de seus objetivos o bem-estar social, ou seja, a satisfação da qualidade de vida. Essa proteção visa assegurar a integridade do meio ambiente como bem de uso comum de todos quantos fazem parte do tecido social. Portanto, se o conceito que propusemos neste trabalho de *serviço público* qualifica como tal aquele que satisfaz o interesse público no atendimento de necessidades da coletividade, esse conceito tem a sustentabilidade como um forte componente, na medida em que o conceito de sustentabilidade tem em vista justamente satisfazer as necessidades da atual geração sem prejuízo das necessidades das futuras gerações.

É, pois, uma prerrogativa metaindividual, de titularidade própria da coletividade social,[207] de caráter transindividual e que consagra o princípio da solidariedade, caracterizando um direito de terceira geração difuso e intergeneracional indisponível, com comando de responsabilização para todos os entes federativos, cada qual em sua competência, dispor normativamente e exercer o correspondente poder de polícia em todas as esferas estatais.

A disposição constitucional impede o comprometimento do bem-estar ambiental por qualquer atividade, ainda que de interesse público, social ou econômico. Veja-se que até a própria ordem econômica está

---

[205] SILVA. *Comentário contextual à Constituição*, p. 835.
[206] BONAVIDES. *Curso de direito constitucional*, p. 481, item 5.
[207] Sobre a titularidade da coletividade social no tema do meio ambiente veja-se STF. MS nº 22.164, Rel. Min. Celso de Mello, *DJ*, 17 nov. 1995 e do mesmo eminente Relator ADI nº 1.856/RJ, *DJe*, 14 out. 2011.

fundada na defesa do meio ambiente, mediante tratamento diferenciado, conforme o impacto ambiental na prestação dos serviços (CRFB, 170, VI). Há que se fazer leitura conjunta e sistêmica dos artigos 3º, II e 225 da CRFB, em obediência ao *princípio do desenvolvimento sustentável* como fator de obtenção do justo equilíbrio entre as exigências da economia e as da ecologia.[208]

Nesse ponto há que se questionar se adianta a geração atual se desculpar junto à futura sob a alegação de que sobretaxou os responsáveis pelos processos poluentes, quando a única fala possível seria a de que nenhuma dessas atividades deixou de ser objeto de ação persecutória da sociedade e, especialmente, do Estado. Como será possível argumentar que a natureza foi objeto de mercancia, deixando-se vender, comprar, trocar ou traficar e, por isso, sujeitando-se somente a sancionamentos posteriores sem possibilidade de restauração do padrão natural?

Reiteramos que para a delegação dos serviços públicos de transporte não há lei que obrigue explicitamente a realização de estudo prévio de impacto ambiental, tal como poderia ser o entendimento resultante do comando do artigo 225, §1º, IV da CRFB, a exceção da lei das PPPs adiante excetuada. Embora seja inegável o potencial degradante dessa atividade ao meio ambiente, ao menos enquanto se utilizar combustível fóssil nos veículos, a dicção do mencionado inciso IV do artigo 225 da Constituição é no sentido de ser necessário o estudo prévio para a *"instalação de obra ou atividade"* e, no caso dos serviços de transportes, a única instalação é a garagem para guarda e manutenção dos veículos, não sendo razoável extrair desse dispositivo uma interpretação ampliada para fundamentar legislação que restrinja a atividade em si. A norma não faz referência ao exercício da atividade, mas à sua instalação, dando a entender que a locução está associada ao uso do solo onde será implantada a referida atividade. O impacto que merece estudo parece referir-se ao local em que deve ter início a obra ou atividade, e não ao ato de iniciar a atividade. Nada impede que o estudo de impacto seja realizado com base no *caput* do artigo 225 da CRFB, como dito alhures.

O inciso VIII do artigo 10 da Lei nº 11.079, de 30.12.2004 (Lei das PPPs), condiciona a abertura da licitação à licença ambiental prévia ou expedição das diretrizes para o licenciamento ambiental

---

[208] ADI nº 3.540-1/DF.

do empreendimento, na forma do regulamento, *sempre que o objeto do contrato exigir*. É o caso de, admitindo-se a contratação dos serviços de transportes públicos por meio de parceria público-privada, entender que o objeto do contrato exige esses cuidados enquanto atividade potencialmente degradante, ou seja, enquanto continuarem os veículos adotando combustíveis fósseis, será evidente a necessidade do estudo no caso de parceria público-privada como condição de legalidade da licitação e do consequente contrato, embora o mesmo dispositivo admita a contratação, alternativamente, mediante a mera expedição das diretrizes para o licenciamento ambiental.

De outro giro, conquanto seja competência do CONAMA estabelecer, privativamente, normas e padrões nacionais de controle da poluição por veículos automotores (artigo 8º, VI, da Lei Federal nº 6.938/1981), a Constituição impõe a promulgação de lei, em sentido material e formal, e a norma geral haverá de ser federal nos moldes do artigo 24, VI e §3º da CRFB,[209] cabendo aos Estados legislar residualmente, sem oposição à norma geral, caso exista, e plenamente, enquanto ausente.

A Lei nº 12.587/2012 poderia ter imposto esse estudo prévio nas diretrizes a serem observadas nas licitações ditadas em seu artigo 10 valendo-se do *caput* do artigo 225 da CRFB, mas não o fez. Caberia, sem dúvida, previsão dessa realização prévia de estudo de impacto ambiental ali, ou no artigo 12, ou mesmo em um inovador inciso do artigo 21 relativo a planejamento dos serviços. Há sim, a fixação do desenvolvimento sustentável das cidades, nas dimensões socioconômicas e ambientais como um dos princípios da política nacional da mobilidade urbana (artigo 5º, inciso II) e a mitigação dos custos ambientais, sociais e econômicos dos deslocamentos que, previsto como diretriz geral no artigo 6º, inciso IV, pode ser invocada como orientação para a realização prévia desse estudo, mas a lei do plano nacional de mobilidade não obriga a realização explicitamente.

O conceito apresentado pela Comissão Mundial de Meio Ambiente de Desenvolvimento (WCED) define *meio ambiente sustentável* como "*aquele que atende às necessidades da geração atual sem pôr em risco a capacidade das gerações futuras de atender às suas próprias necessidades*".[210]

---

[209] *Vide* as decisões do Pleno do STF ADIMC nº 1.086-SC, Rel. Min. Ilmar Galvão, *DJ*, 16 set. 1994 e ADIMC nº 2.396-MS, Rel. Min. Ellen Gracie, *DJ*, 14 dez. 2001.

[210] WORLD COMISSION ON ENVIRONMENT AND DEVELOPMENT – WCED. *Our Commom Future.*

É um conceito que busca harmonizar, sobretudo, as necessidades sociais entre as gerações. Do ponto de vista jurídico e legal é o mesmo que dizer que é necessário legislar para o já, tutelando o agora e o futuro.

A harmonia social é proposta como fundamento da sociedade brasileira na carta de intenções que o legislador constituinte chamou de preâmbulo do Texto Magno. Segundo Danilo Perrotti,[211] o planeta é harmonizado. O ser humano é o único ser que tem que aprender a viver em harmonia. Nessa linha de raciocínio, talvez o mais adequado nem seja mais falar em equilíbrio, mas em reequilíbrio, com intervenções que terão o propósito de resgatar os padrões corrompidos por ações irrefletidas ou inconsequentes cuja prática remonta ao menos à Revolução Industrial, quando o meio ambiente passou a ser subjugado pela atuação do homem como ser dominante.

Segundo Juarez Freitas,[212] *os maiores males nada mais são do que o subproduto dessa cultura de insaciabilidade patrimonialista e senhorial, que salta de desejo em desejo, no encalço do nada*. No mesmo sentido, o eloquente e sábio professor gaúcho aponta como inaceitável qualquer manobra que tente dar guarida à imposição de caprichos e fisiologismos do administrador, cujos interesses correntes não podem ser sobrepostos aos direitos da sociedade futura.[213]

Portanto, acertou o legislador constituinte quando impôs, no artigo 225 da CRFB, ao mesmo tempo ao Poder Público e à coletividade, o compromisso com o meio ambiente ecologicamente equilibrado, pois ambos devem vigiar e combater os equívocos presentes em qualquer atividade desenvolvida, mesmo que pretensamente executada em benefício da sociedade.

Foi certamente com esse raciocínio que o STF decidiu que a atividade econômica não pode ser exercida em desarmonia com os princípios destinados a tornar efetiva a proteção ao meio ambiente.[214]

No que concerne ao transporte público, aí incluído o de passageiros, a Lei Federal nº 10.233/2001 estabeleceu como *princípios*, no artigo 11, a compatibilização dos transportes com a preservação do meio ambiente, reduzindo os níveis de poluição sonora e de contaminação atmosférica, do solo e dos recursos hídricos (inciso V); e a promoção da conservação de energia, por meio da redução do consumo de

---

[211] *Jornal TUDO*, Belo Horizonte, ano 1, n. 32, p. 8, 2011.
[212] FREITAS. *Sustentabilidade*: direito ao futuro, p. 24-25.
[213] FREITAS, *op. cit.*, p. 207.
[214] STF. ADI nº 3.540/MC-DF, Rel. Min. Celso de Mello, *DJ*, 03 fev. 2006.

combustíveis automotivos (inciso VI). A mesma norma estabeleceu como *diretriz*, entre outras, a promoção e adoção de práticas adequadas de conservação e uso racional dos combustíveis e de preservação do meio ambiente (artigo 12, V).

A Lei da Política Nacional de Mobilidade Urbana (12.587/12) repete esses *princípios* (*artigo 5º, II*) e *diretrizes* (*artigo 6º, IV*), como já dissemos, o que amplia a acepção, pois não apenas o transporte, mas todas as ações e planificações relativas à mobilidade passam a ser orientadas por esses nortes,[215] tanto que a norma também estabelece como objetivo dessa política a promoção do desenvolvimento sustentável com a mitigação dos custos ambientais e socioeconômicos dos deslocamentos.

Também existem regras de sustentabilidade nas prioridades que a lei estabeleceu no *artigo 6º, II*, para os modos de transportes não motorizados sobre os motorizados e dos serviços de transporte público coletivo sobre o transporte individual motorizado. É o caso de perguntar aqui se ao propor uma nova alça ou viaduto para escoar melhor os veículos de transporte individual motorizado não estarão gestores planejando contra a sustentabilidade, além de ser uma opção contrária à prioridade de modos de transporte orientada como diretriz no art. 6º, II da Lei 12.587/12.

São dois os impactos dos meios de transporte no meio ambiente citadino: o *direto*, em razão da poluição atmosférica e sonora e na utilização de fontes de energia não renováveis; e o *indireto*, na incidência de acidentes de trânsito e na saturação da circulação urbana (congestionamentos).[216]

Por se tratar de atividade regulada, o Poder Público há que estabelecer parâmetros de prevenção ou precaução cada vez mais avançados e saudáveis, dentro da melhor tecnologia conhecida, com vistas à preservação desse direito fundamental que assiste a toda a humanidade, que são os relativos ao meio ambiente equilibrado ecologicamente, cuja regulação deve ser *norteada pela ponderação adequada de custos e benefícios, diretos e indiretos, bem como pela avaliação acurada dos riscos*.[217]

---

[215] O STF já decidiu que a atividade econômica não pode ser exercida em desarmonia com os princípios destinados a tornar efetiva a proteção ao meio ambiente, o qual é direito fundamental que assiste à generalidade das pessoas (*vide* igualmente ADI nº 3.540 MC/DF, Tribunal Pleno, *DJ*, 02 fev. 2006).

[216] BRASIL. Ministério das Cidades. PlanMob: construindo a cidade sustentável. *Caderno de Referência para Elaboração de Plano de Mobilidade Urbana*, p. 41.

[217] FREITAS. *Sustentabilidade*: direito ao futuro, p. 227.

A Lei Federal nº 12.587/12 não foi a única a colocar o assunto da mobilidade sustentável na pauta das políticas públicas. Ela, aliás, chegou tarde, bem após a experiência e constatação da situação literalmente insustentável dos grandes centros e até de outros nem tão grandes assim. A crise da mobilidade é, talvez, um fator de maior pressão sobre os administradores do que a lei, que só fez instalar no mundo jurídico a pauta que ressoa do clamor das ruas há vários anos.

Impende destacar que a sustentabilidade, no caso dos transportes, vai além dos problemas de poluição sonora e atmosférica. A degradação consentida com base no desejo de, a qualquer custo, buscar o desenvolvimento econômico, ofuscou a preocupação política com a *qualidade de vida*, aí incluído o planejamento dos deslocamentos e acessos. Cuidar desse assunto também é preocupar com sustentabilidade. Da mesma forma que existe poluição sonora e atmosférica que violam a sustentabilidade, os congestionamentos representam a poluição espacial, pois todos os espaços destinados aos deslocamentos estão saturados, o que também configura a insustentabilidade, nesse caso a da mobilidade urbana.

Segundo Renato Boareto, *mobilidade urbana sustentável* pode ser definida como o resultado de um conjunto de políticas de transporte e circulação que visam proporcionar o acesso amplo e democrático ao espaço urbano, através da priorização dos modos não motorizados e coletivos de transportes, de forma efetiva, socialmente inclusiva e ecologicamente sustentável, baseado nas pessoas e não nos veículos.[218] Renato Boareto amplia o conceito nele inserindo ao mesmo tempo a circulação, a economia e a sustentabilidade. O especialista acredita que a mobilidade urbana não pode ser entendida somente como o número de viagens que uma pessoa consegue realizar durante determinado período, mas a capacidade de fazer viagens necessárias para a realização dos seus direitos básicos de cidadão, com o menor gasto de energia possível e menor impacto no ambiente, tornando-a ecologicamente sustentável.

Outro valor que se impõe como benefício orientador da PNMU é o incentivo ao desenvolvimento científico-tecnológico e uso de energias renováveis e menos poluentes (*6º, inciso V*). Nesse passo, os fabricantes de automóveis e de veículos de transporte coletivo caminham em direções diversas, desenvolvendo estudos com vários tipos de

---

[218] BOARETO. A mobilidade urbana sustentável. *Revista dos Transportes Públicos*, p. 49.

combustíveis com menor ou nenhum potencial agressivo ao meio ambiente. O que a lei trouxe como maior benefício foi dar sustentação legal à possibilidade de previsão de incentivos com esse propósito. Essa é uma política que se justifica até economicamente, na medida em que um meio ambiente mais saudável reduz gastos governamentais em saúde nas três esferas federativas. Assim, toda a infraestrutura, em especial os equipamentos da mobilidade, deve refletir as inovações que aproveitem o uso do espaço urbano de forma mais sustentável.[219]

Cuida ainda o art. 6º da lei da priorização de projetos de transportes públicos coletivos estruturadores do território e indutores do desenvolvimento urbano integrado (*6º, inciso VI*), com o fim de ordenar as funções sociais da cidade, nos moldes estabelecidos pelo artigo 182 da CRFB. Essa priorização, na verdade, não é de projetos, mas de modos de circulação. É o mesmo que dizer que os projetos estruturadores que privilegiam modos não coletivos devem ceder assim como a integração tem prioridade em relação a ações pontuais.

É também proposta como diretriz a integração de cidades gêmeas localizadas na fronteira com outros países. A proposição desse tema tem uma necessidade prática e demanda ações no campo do Direito Internacional Público.

Encerrando o artigo 6º, a Lei nº 6.893/2018 inseriu o inciso VIII com o tema da sustentabilidade econômica, acentuando o espírito de preservação do serviço, através de sua continuidade, universalidade e modicidade. Tais elementos também evocam o princípio da eficiência, fixado no art. 6º da Lei nº 8.987/95, na medida em que a *eficiência é a aptidão da atividade a satisfazer necessidades, do modo menos oneroso.*[220]

A continuidade e a universalidade precisam, pois, ser preservadas sem estorvo à modicidade, em constante persecussão da sustentabilidade econômica, a qual, nesse dispositivo, tem mais a ver com a

---

[219] A SPTRANS implantou em novembro de 2011 um ponto de ônibus autossustentável em São Paulo, onde é fornecido gratuitamente o serviço de *wi-fi*, entre outras utilidades. A eletricidade que o ponto precisa para funcionar é produzida por meio de energia solar – *há painéis fotovoltaicos instalados no topo do ponto* – e cinética, gerada pela passagem dos ônibus na via. O chamado e-Ponto tem sensores de iluminação inteligentes que funcionam durante a noite apenas quando há passageiros no local e possui um sistema de filtragem e umidificação no teto, que melhora a qualidade do ar na parada. O *designer* indiano Remesh Kanth desenvolveu um projeto de ponto de ônibus sustentável, que coleta a água da chuva por canaletas até o solo, devolvendo a água da chuva aos lençóis freáticos e ajudando a mitigar impactos de enchentes (Disponível em: http://super.abril.com.br/blogs/planeta/ponto-onibus-ecologico/comment-page-1/).

[220] JUSTEN FILHO, Marçal. *Concessões de Serviços Públicos*. São Paulo: Dialética, 1997, p. 124.

preocupação relativa ao usuário, seu inerente direito ao atendimento e sua capacidade de honrar tarifas. Esses são os maiores desafios de eficiência no deslocamento de passageiros no âmbito urbano.

A universalidade evoca a generalidade da oferta, que também é princípio, nos termos do mesmo art. 6º da Lei nº 8.987/95, isso porque quando o serviço é público, não tem afluentes numericamente determinados, devendo ser pensado em função do atendimento, indiscriminadamente e, tanto quanto possível, holístico, a todos os interessados, desde que se comportem conforme a conduta adequada aos usuários e se submetam ao respectivo regulamento.

A continuidade, por sua vez, é o princípio que repudia interrupções impertinentes ao atendimento comum ou normal do serviço.

> Art. 7º A Política Nacional de Mobilidade Urbana possui os seguintes objetivos:
>
> I - reduzir as desigualdades e promover a inclusão social;
>
> II - promover o acesso aos serviços básicos e equipamentos sociais;
>
> III - proporcionar melhoria nas condições urbanas da população no que se refere à acessibilidade e à mobilidade;
>
> IV - promover o desenvolvimento sustentável com a mitigação dos custos ambientais e socioeconômicos dos deslocamentos de pessoas e cargas nas cidades; e
>
> V - consolidar a gestão democrática como instrumento e garantia da construção contínua do aprimoramento da mobilidade urbana.

O artigo 7º da lei aponta os *objetivos* que se deve perseguir com a PNMU. Objetivo não é o iter inaugural da justeza que se quer (*princípio*, art.5º), nem é a linha mestra que dá rumo à PNMU (*diretriz*, art.6º), mas a meta, o alvo em que se deve mirar a atuação para alcançar o propósito da mobilidade. Embora alguns termos dos artigos anteriores reapareçam nesse dispositivo, agora são previstos como a concretização que se busca com o PNMU e essas metas brotam de direitos e garantias fundamentais e representam a materialização dos tais. A repetição do tema do artigo 2º (objetivos da Política Nacional de Mobilidade Urbana) talvez não seja de boa técnica, mas a forma como o assunto é tratado aqui revela que não se trata de mera repetição, porém de ampliação e itemização mais clara dos objetivos.

O *inciso I* reafirma um objetivo fundamental da República que é reduzir as desigualdades sociais (art. 3º, III da CRFB), uma vez que a pobreza se evidencia pela falta de acesso a bens, apropriação e aproveitamento adequado dos benefícios espalhados pelo território. Esse objetivo conduz ao que se estabeleceu também nos *incisos II, III, IV* e *V* com vistas a promover o acesso e proporcionar a melhoria e o aprimoramento da acessibilidade, da mobilidade e do desenvolvimento sustentável, consolidando a gestão democrática.

O progresso material nunca foi solução para a pobreza pela simples razão de que a humanidade nunca teve sucesso em repartir a riqueza entre todos. O objetivo, então, é erradicar a pobreza, pois, uma vez que é utópico criar a riqueza para todos, o legislador constituinte estabeleceu como objetivo reduzir a desigualdade, reconhecendo a lei que isso é possível com a evidente inclusão social que a mobilidade urbana proporciona.

Não é demais repetir agora, comentando o *inciso II desse art. 7º*, o que antes mencionamos sobre a definição de mobilidade urbana de Renato Boareto[221] como sendo a capacidade de fazer as viagens necessárias para a *realização dos direitos básicos do cidadão*. É que a acessibilidade e a mobilidade ineficientes produzem o pior dos isolamentos, aquele que condena os indivíduos a viverem à margem da vida social, podendo chegar à subsistência em penúria degradante e conducente à miséria, num estágio cujo escape restante é a criminalidade ou a fome.

O inciso III trata a acessibilidade e a mobilidade como condições urbanas, o que na verdade são, porque a viabilização destas é o aspecto condicional da vida citadina. É em razão dessas condicionantes que tudo se faz e se vive no contexto urbano.

O *inciso IV* coloca em mesmo patamar dois entraves do desenvolvimento sustentável: os custos ambientais e os custos socieconômicos dos deslocamentos.

O custo ambiental dos deslocamentos é de constatação simples. Mais da metade de todas as emissões de carbono liberadas na atmosfera são geradas por cinco países, segundo um *ranking* de emissões de gases estufa publicado no final de novembro de 2011, no qual o Brasil aparece na sexta posição. China, Estados Unidos, Índia, Rússia e Japão lideram o *ranking*, seguidos de Brasil, Alemanha, Canadá, México e Irã, de acordo com a lista, divulgada durante as negociações climáticas da ONU em Durban, África do Sul.[222]

Segundo o mesmo estudo, esses dez países acima nomeados são responsáveis por 2/3 das emissões globais e, apenas para que se tenha

---

[221] BOARETO. A mobilidade urbana sustentável. *Revista dos Transportes Públicos*, p. 49.
[222] Fonte: UOL. Ciência. Acesso em: 06 dez. 2011.

uma ideia de proporção, o transporte é o segundo maior emissor de CO_2 nos EUA, com 1.719.685 toneladas de CO_2 emitidos em 2009, e, no Brasil, o automóvel é responsável por 60% da poluição atmosférica, segundo dados da ANTP, razão suficiente para avaliar a necessidade de previsão do prévio estudo do impacto ambiental na atividade de transporte público, especialmente no ambiente urbano.

O *custo socioeconômico dos deslocamentos* é de uma clareza ainda mais impressionante. Se uma pessoa gasta uma hora por dia indo e outra voltando do trabalho, perderá vinte dias úteis por ano em trânsito só para poder trabalhar. Em pesquisa do *Citigroup* apurou-se que o tempo gasto é maior. A média mundial, só nesse trajeto casa/trabalho/casa, é de 2,6 horas, diariamente, o que também causa redução de produtividade de 5% no trabalho. Portanto, a conta, tão simples quanto inquietante, revela prejuízo tanto à vida das pessoas quanto das organizações, e nem mencionamos aqui gastos para outros deslocamentos.

A promoção do desenvolvimento sustentável do *inciso IV* que aparece como *objetivo* da PNMU neste artigo 7º é guindada neste trabalho à condição de *princípio* dos serviços públicos de transportes urbanos de passageiros porque a lei assim trata a sustentabilidade em relação às cidades (*art. 5º, II*) e é também desenvolvida como *diretriz* no já comentado *artigo 6º, IV*. Como se vê, é possível integrar a sustentabilidade como princípio de desenvolvimento das cidades, como diretriz para a mitigação dos custos ambientais, sociais e econômicos dos deslocamentos e como objetivo de promover uma e outra coisa. Portanto, toda medida da Administração Pública que puder ser suportada nesses princípios, objetivos e diretrizes encontram nessa norma o respaldo da legalidade.

Como já dissemos quando dos comentários ao artigo 2º, a lei não obriga explicitamente uma oitiva pública para a implantação da política de mobilidade urbana, mas o *inciso V* do artigo 7º reconhece a gestão democrática – também mencionada no referido artigo 2º como ferramenta para alcance dos objetivos da Política Nacional de Mobilidade – como instrumento de aprimoramento contínuo da mobilidade. É óbvio que ouvir os cidadãos quanto às preferências de trajetos é fundamental para saber como atraí-los para o transporte público, mas o dispositivo estabelece mais que isso. Ele relaciona a mobilidade com o interesse local, exatamente como faz o artigo 30, incisos I e V da CRFB e estabelece a gestão democrática da mobilidade urbana como *garantia*, o que é mais que mero instrumento. Talvez seja desconcertante para técnicos e especialistas, mas é a lei que diz e impõe a consolidação da gestão democrática como instrumento garantidor do aprimoramento contínuo da mobilidade urbana, tornando o ouvir mais importante e preliminar ao executar.

3.4 Das diretrizes para a regulação dos serviços de transporte público coletivo

3.4.1 A política tarifária

> Art. 8º A política tarifária do serviço de transporte público coletivo é orientada pelas seguintes diretrizes:
> I - promoção da equidade no acesso aos serviços;
> II - melhoria da eficiência e da eficácia na prestação dos serviços;
> III - ser instrumento da política de ocupação equilibrada da cidade de acordo com o plano diretor municipal, regional e metropolitano;
> IV - contribuição dos beneficiários diretos e indiretos para custeio da operação dos serviços;
> V - simplicidade na compreensão, transparência da estrutura tarifária para o usuário e publicidade do processo de revisão;
> VI - modicidade da tarifa para o usuário;
> VII - integração física, tarifária e operacional dos diferentes modos e das redes de transporte público e privado nas cidades;
> VIII - articulação interinstitucional dos órgãos gestores dos entes federativos por meio de consórcios públicos; (Redação dada pela Lei nº 13.683, de 2018)
> IX - estabelecimento e publicidade de parâmetros de qualidade e quantidade na prestação dos serviços de transporte público coletivo; e (Redação dada pela Lei nº 13.683, de 2018)
> X - incentivo à utilização de créditos eletrônicos tarifários. (Incluído pela Lei nº 13.683, de 2018).
> §1º (VETADO).
> §2º Os Municípios deverão divulgar, de forma sistemática e periódica, os impactos dos benefícios tarifários concedidos no valor das tarifas dos serviços de transporte público coletivo.
> §3º (VETADO).

O artigo 8º estabelece as diretrizes da política tarifária que deverão ser adotadas pela normatização local em cumprimento ao artigo 175, parágrafo único, inciso III da CRFB, regulamentado no capítulo IV da Lei Federal nº 8.987/95 para as delegações em geral. O estatuto da mobilidade passa a ser a norma especial no que concerne ao transporte público coletivo, mas não há como ser lida em dissonância com a Lei Geral das Concessões.

O *inciso I* do artigo 8º estabelece como diretriz da regulação a *promoção* da equidade no acesso aos serviços. Veja-se que o artigo 5º já dispunha a equidade no acesso (inciso III) e no uso do espaço público (inciso VIII) como princípio, pelo que devem ser somadas aqui as reflexões e comentários sobre esses dispositivos. O que se acrescenta no artigo 8º é que na regulação devem ser previstas condições de fomento para impulsionar a regra, com o oferecimento de recursos ou a previsão de como isso se dará de forma objetiva. Quando a lei autoriza a *promoção* estatui para além do mero princípio, impõe e institui a obrigação para o Estado de favorecer a manutenção e o crescimento da equidade no acesso por meio da política tarifária. O mesmo acontece com *o inciso II* em relação aos princípios fincados no artigo 5º, inciso IX, quando estabelece o compromisso do Poder Público de incrementar a eficiência e a eficácia[223] na prestação a partir da política tarifária.

Nesse assunto nunca é demais cautela para reconhecer o que é efetivo e aceitável. A "máxima de Armstrong-Writ" de que podem ser vistas como discriminatórias as situações em que mais de 10% das famílias gastam mais de 15% de sua renda nas viagens para o trabalho, tem sido interpretada como regra razoável para determinar o nível de um preço politicamente administrado.[224] Contudo, é preciso considerar que há, mesmo nas classes mais pobres, pessoas dispostas a gastar mais em serviços oferecidos por veículos menores, mais ágeis, embora exercendo transporte clandestino, do que pagar por ônibus mais lentos. Portanto, quando se tem em mente incrementar a eficiência, a política tarifária deve caminhar junto com a qualidade e rapidez dos serviços. Vale dizer, as tarifas se justificam pelo que oferecem.

O *inciso III* assenta que a regulação tarifária deve ser instrumento da política de ocupação equilibrada da cidade de acordo com o plano diretor municipal, regional e metropolitano. A Constituição Federal impõe a implantação de plano diretor para a ordenação das cidades apenas às Câmaras Municipais dos Municípios com mais de vinte mil habitantes (CFRB, 182). As regiões metropolitanas, contudo, existem para integrar a organização, o planejamento e a execução de funções

---

[223] A distinção entre eficácia e eficiência, além da efetividade consta dos comentários ao inciso IX do artigo 5º.
[224] CIDADES em movimento: estratégia de transporte urbano do Banco Mundial, p. 43.

públicas de interesse comum, e é claro que o transporte público é uma delas, razão pela qual é fundamental que a regulação tarifária dessas regiões se reflita e funcione como política de ocupação equilibrada das cidades que a compõem. Da mesma forma qualquer impacto ao contexto citadino deve ser evitado pelos planos regionais que cabem à União, nos termos do artigo 43 da CRFB. O importante é que o espírito da lei é de imposição a todos os entes federativos de limites às suas respectivas políticas tarifárias com vistas a preservar o equilíbrio na ocupação das cidades.

O maior desafio deste inciso III, ao que se constata, é a política tarifária regional e metropolitana, pois que a massa trabalhadora sofre com a falta de integração tarifária, chegando a gastar mais da metade de um salário mínimo mensalmente só no trajeto casa/trabalho/casa, visto que muitos trabalham em município diverso de suas cidades dormitório. O *inciso IV* diz que a política tarifária a ser regulada deve considerar para o custeio da operação a contribuição dos beneficiários *diretos*, que certamente são os usuários dos serviços, e os *indiretos*, que a lei não revela explicitamente quem são. O certo é que todos os usuários da via pública, mesmo os que não se utilizam do transporte coletivo serão beneficiados por um transporte público cuja tarifa tenha regulação e política eficiente. Não é difícil concluir que os motoristas dos veículos particulares e dos outros modos individuais de transporte em geral devem ser identificados como beneficiários indiretos e poderão ser convocados a partilhar dos custos da tarifa para a melhoria da operação do transporte público. Porém, também se dessume desse inciso que, ao prever a contribuição do beneficiário direto, reconhece a gratuidade como algo distante, se não utópico, a não ser que haja repasse para os beneficiários indiretos ou subsídio.

O *inciso V* dispõe que a estrutura tarifária e o processo de sua revisão devem ser transparentes e de fácil compreensão para o usuário. Tais condicionantes expressam, respectivamente, o princípio da transparência e o direito à informação. Ambas as circunstâncias se atrelam ao princípio da motivação, na medida em que toda política pública há de ser suscetível de fundamentação. Se insuficientes os motivos ou desconformes com o direito, a justiça e a moral suscitarão controle, o qual não acontece por parte do usuário justamente em razão da obscura apresentação dos critérios de fixação da tarifa. Tome-se como exemplo os extratos de contas bancárias, telefônicas e de fornecimento de energia que deveriam ter planilhas de simples verificação, mas, ao contrário, lotam os PROCONs de reclamação. No caso dos transportes públicos, como regra, sequer é emitida uma fatura ou recibo dos serviços, que dirá um demonstrativo dos custos, fontes das receitas, critérios de fixação, reajuste, revisão, benefícios de atualizações etc. O mínimo que se há de publicizar são esses critérios, o que, normalmente, está fixado nos contratos de delegação.

O *inciso VI* estabelece a modicidade da tarifa para o usuário como uma diretriz para a regulação. O assunto já foi tratado como princípio, ao qual se remete o leitor, frisando-se que modicidade e gratuidade são conceitos distintos.

O *inciso VII* cuida da integração em todos os níveis e esse é um dos vetores da lei que traça a integração não apenas como diretriz da regulação, mas também da própria Política Nacional de Mobilidade Urbana (art. 6º, III e VII), de toda a política de desenvolvimento urbano e respectivas políticas setoriais (art. 6º, I), e ainda, como objetivo desde o artigo 1º. A integração nada mais é que a busca e conquista da capilaridade eficiente, na medida em que permite ir e vir de todo lugar para qualquer outro.

O *inciso VIII* traz como diretriz a articulação interinstitucional dos órgãos gestores dos entes federativos e estabelece a adoção dos consórcios públicos ao invés dos convênios comumente adotados. Essa articulação existe, inclusive através das regiões metropolitanas, embora, na prática, dependa essencialmente de alianças políticas mais do que do interesse público envolvido.

O *inciso IX* fala dos parâmetros de qualidade e quantidade na prestação, que permite publicidade, que é mais que mera divulgação para esclarecimento, razão pela qual o termo transparência seria mais adequado aqui que a publicidade.

O *inciso X* não apenas sugere, mas também orienta a automatização, como acontece com a bilhetagem eletrônica já implantada nos transportes em muitas cidades, o que agiliza o tempo de atendimento e cobrança, para fruição de mais usuários, e permite controle mais eficaz e concomitante à aquisição das passagens.

3.4.2 Do regime econômico e financeiro das contratações

> Art. 9º O regime econômico e financeiro da concessão e o da permissão do serviço de transporte público coletivo serão estabelecidos no respectivo edital de licitação, sendo a tarifa de remuneração da prestação de serviço de transporte público coletivo resultante do processo licitatório da outorga do poder público.

§1º A tarifa de remuneração da prestação do serviço de transporte público coletivo deverá ser constituída pelo preço público cobrado do usuário pelos serviços somado à receita oriunda de outras fontes de custeio, de forma a cobrir os reais custos do serviço prestado ao usuário por operador público ou privado, além da remuneração do prestador.

§2º O preço público cobrado do usuário pelo uso do transporte público coletivo denomina-se tarifa pública, sendo instituída por ato específico do poder público outorgante.

§3º A existência de diferença a menor entre o valor monetário da tarifa de remuneração da prestação do serviço de transporte público de passageiros e a tarifa pública cobrada do usuário denomina-se déficit ou subsídio tarifário.

§4º A existência de diferença a maior entre o valor monetário da tarifa de remuneração da prestação do serviço de transporte público de passageiros e a tarifa pública cobrada do usuário denomina-se superávit tarifário.

§5º Caso o poder público opte pela adoção de subsídio tarifário, o déficit originado deverá ser coberto por receitas extratarifárias, receitas alternativas, subsídios orçamentários, subsídios cruzados intrassetoriais e intersetoriais provenientes de outras categorias de beneficiários dos serviços de transporte, dentre outras fontes, instituídos pelo poder público delegante.

§6º Na ocorrência de superávit tarifário proveniente de receita adicional originada em determinados serviços delegados, a receita deverá ser revertida para o próprio Sistema de Mobilidade Urbana.

§7º Competem ao poder público delegante a fixação, o reajuste e a revisão da tarifa de remuneração da prestação do serviço e da tarifa pública a ser cobrada do usuário.

§8º Compete ao poder público delegante a fixação dos níveis tarifários.

§9º Os reajustes das tarifas de remuneração da prestação do serviço observarão a periodicidade mínima estabelecida pelo poder público delegante no edital e no contrato administrativo e incluirão a transferência de parcela dos ganhos de eficiência e produtividade das empresas aos usuários.

§10. As revisões ordinárias das tarifas de remuneração terão periodicidade mínima estabelecida pelo poder público delegante no edital e no contrato administrativo e deverão:

I - incorporar parcela das receitas alternativas em favor da modicidade da tarifa ao usuário;

II - incorporar índice de transferência de parcela dos ganhos de eficiência e produtividade das empresas aos usuários; e

III - aferir o equilíbrio econômico e financeiro da concessão e o da permissão, conforme parâmetro ou indicador definido em contrato.

§11. O operador do serviço, por sua conta e risco e sob anuência do poder público, poderá realizar descontos nas tarifas ao usuário, inclusive de caráter sazonal, sem que isso possa gerar qualquer direito à solicitação de revisão da tarifa de remuneração.

§12. O poder público poderá, em caráter excepcional e desde que observado o interesse público, proceder à revisão extraordinária das tarifas, por ato de ofício ou mediante provocação da empresa, caso em que esta deverá demonstrar sua cabal necessidade, instruindo o requerimento com todos os elementos indispensáveis e suficientes para subsidiar a decisão, dando publicidade ao ato.

O artigo 9º da Lei nº 12.587/12 manteve o que antes fora estabelecido pelo artigo 9º da Lei nº 8.987/95 dispondo que a fixação da tarifa é vinculada ao resultado da licitação do serviço (não fixada por este), mas o estatuto das concessões estabelece apenas que o edital e o contrato devem prever regras de revisão com vistas à preservação do equilíbrio econômico-financeiro assegurado na Constituição (arts. 9º e 10 da Lei nº 8.987/95), admitindo a diferenciação de tarifas em razão de características técnicas ou atendimentos distintos, enquanto que o Estatuto da Mobilidade Urbana amplia a abrangência da orientação quando o artigo 9º confere ao edital ordenar todo o escopo do regime econômico financeiro. A nova lei dispõe com maior profundidade conforme a orientação do artigo 175, III da CRFB, ao menos no que concerne aos aspectos econômicos da delegação.

Essa ampliação da ordenação robustece parametrizações que antes dependiam da declaração da inteligência da norma pela jurisprudência. Exemplo disso é a própria definição do critério de julgamento das licitações, porque nos sete incisos do artigo 15 da Lei nº 8.987/95 não se inclui um dos modelos adotados com frequência nas licitações de serviços de transporte coletivo que é o de *melhor proposta técnica com tarifa fixada no edital*. A jurisprudência é que vem admitindo esse modelo como leitura possível do inciso IV do artigo 15 que estatui o critério da *melhor proposta com preço fixado no edital*,[225] isto porque os termos se equivalem.

Para o saudoso professor Carlos Pinto Coelho Motta, *o valor tarifário ("menor tarifa") deve ser estabelecido com base em custos relacionados em planilha aberta (insumos, encargos, tributos, salários e outros elementos*

---

[225] TJRS Apelação Cível 70020296315, Rel. Francisco José Moesch, j. 28.11.2007. Em decisão Plenária o TCE-MG decidiu que é mais adequada a licitação do tipo melhor técnica para o serviço de táxi (Consultas nº 841.512 e 851.235, Rel. Cons. Mauri Torres, 16.11.2011).

componentes), para que o julgamento possa efetivamente refletir o preço de mercado.[226] Essa é uma lógica de boa conduta para a escolha do prestador no setor de transportes, na medida em que não há mais no Brasil a prática de prestação direta pela Administração Pública e adota-se (com raras exceções, em geral no transporte escolar) o livre mercado, com regulação e fiscalização.

3.4.2.1 Tarifa pública e tarifa de remuneração

Ao que parece essa leitura da jurisprudência continuará sendo útil para esclarecer a parte final do *caput* do *artigo 9º*, cujo texto encerra dispondo que a *tarifa de remuneração* da prestação de serviço de transporte público coletivo será resultante do processo licitatório da outorga do poder público, o que poderia sugerir que todos os certames deveriam ter como critério de julgamento a proposta que oferecesse menor *tarifa de remuneração* para a prestação dos serviços. Ocorre que o §2º do mesmo artigo reafirma o que também dispôs o inciso VI, do artigo 4º, incumbindo a fixação da *tarifa pública* ao poder público outorgante, distinguindo-a claramente da *tarifa de remuneração*.

É preciso, então, compreender as definições de tarifa que a lei não declinou no glossário do artigo 4º, preferindo fazê-lo no capítulo desse tema, cunhando conceitos nos parágrafos 1º e 2º do *artigo 9º*.

O parágrafo 2º trata da *tarifa pública* relacionado-a com o *preço público* cobrado do usuário e cuja definição se obtém em farta doutrina. O professor Bernardo Ribeiro de Moraes[227] ensina que, embora existam diferenças, o conteúdo dos vocábulos *tarifa* e *preço público* são os mesmos, por isso, muitas vezes são empregados como sinônimos. Ambos representam *o pagamento por um serviço prestado*. Segundo o ilustre professor da Universidade Mackenzie (SP) *tarifa* vem do árabe *"possuindo um sentido etimológico ligado à idéia de pauta de preços de navegação, de direitos alfandegários, que a cidade de Tarife, fundada pelos mouros, exigia dos mercadores quando por lá passavam com suas embarcações"*.[228] Inegavelmente um "preço público" é a prestação jurídica devida em contrapartida a um serviço realizado em favor do interessado que o recebe, embora não seja obrigado a utilizá-lo, sendo

---

[226] MOTTA. *Eficácia nas concessões, permissões e parcerias*, p. 81.
[227] MORAES. *Compêndio de direito tributário*, p.314.
[228] *Op. cit.*

a compulsoriedade o elemento que doutrina e jurisprudência mais adotam para distinguir as taxas dos preços ou tarifas.[229]

Na correta definição de Moraes, os preços públicos representam "a remuneração de bens, de utilidades ou de serviços, exigida pelo Estado (órgão estatal, empresa concessionária ou entidade associada) da pessoa interessada".[230] É ainda útil prosseguir e frisar dos escólios desse autor que a "obrigação em relação ao preço público não nasce da lei, mas, sempre com a participação da vontade do interessado".[231] Paga-se pela utilização ou quando da utilização do serviço. É dizer, a causa que dá origem à obrigação resulta da relação contratual, um acordo de vontades, e não da decisão unilateral do Estado (lei), surgindo daí a obrigação de pagar o preço público, de acordo com o que fixa o Poder Público relativamente ao serviço que presta, por si ou por terceiros, afastando a necessidade de lei, porque não se confunde com taxa, como já sedimentou a Súmula 545 do STF.[232]

De fato, a tarifa pública cumpre mais de uma função. Ela serve também para viabilizar a prestação do serviço e para manter o equilíbrio econômico-financeiro do contrato e, conquanto entre o poder concedente e o concessionário vigore uma normatização administrativa que norteia essa relação jurídica, entre o usuário e a concessionária a relação é consumerista[233] a ponto do STF ter consagrado ser característica do preço público o elemento pacto contratual ou facultatividade.[234] Por seu turno, também é pacífico – e nem poderia deixar de ser – que a tarifa, como instrumento de remuneração do concessionário, não ostenta natureza tributária.[235]

---

[229] Há quem sustente a existência de preços obrigatórios, assim como há quem afirme a existência de taxas facultativas, como aponta Hugo de Brito Machado (*Curso de direito tributário*, p. 434), mas o entendimento majoritário é de que a compulsoriedade é característica de tributo, nunca de tarifa.

[230] MORAES. *Compêndio de direito tributário*, p. 321.

[231] *Op. cit.*, p. 323.

[232] Súmula nº 545/stf: preços de serviços públicos e taxas não se confundem, porque estas, diferentemente daqueles, são compulsórias e têm sua cobrança condicionada à prévia autorização orçamentária, em relação à lei que as instituiu.

[233] STJ. REsp nº 976836/RS, Rel. Min. Luiz Fux *DJ*, 05 out. 2010; REsp nº 1.062.975/RS, Rel. Min. Eliana Calmon, *DJ*, 29 out. 2008.

[234] RE nº 71.324-MG, Tribunal Pleno, Rel. Min. Bilac Pinto, in *RTJ*, 61/173

[235] REsp nº 976.836/RS, Rel. Min. Luiz Fux, *DJe*, 05 out. 2010; REsp nº 979.500/BA, Rel. Min. Humberto Martins, 2ª Turma, *DJ*, 05 out. 2007; AgRg no Ag nº 819.677/RJ, Rel. Min. Denise Arruda, 1ª Turma, *DJ*, 14 jun. 2007; REsp nº 804.444/RS, Rel. Min. Luiz Fux, 1ª Turma, *DJ*, 29 out. 2007; e REsp nº 555.081/MG, Rel. Min. Teori Albino Zavascki, 1ª Turma, *DJ*, 28 set. 2006.

Consoante entendimento pacificado, o STJ qualifica *a tarifa como instrumento de remuneração do concessionário* de serviço público exigida diretamente dos usuários,[236] mas esse entendimento deverá ser revisto, ao menos conceitualmente, com a nova orientação do estatuto da mobilidade.

O parágrafo 1º especifica de forma diferente a figura da *tarifa de remuneração*, que na definição da lei consiste na arrecadação da *tarifa pública* e da receita de *outras fontes de custeio*, ficando a cargo do poder delegante adotar as fontes que entender necessárias a cobrir os custos reais do serviço, lançando mão do rol do artigo 5º adiante comentado, ou mesmo criando outras fontes. Portanto, a lei não adotou no conceito de *tarifa de remuneração* o entendimento restrito do STJ, que apenas via nela a tarifa pública cobrada do usuário. A lei também não reconhece essa rubrica como se dela se extraísse apenas a remuneração do prestador como também julgou a Corte de Justiça.

Dessa forma, o parágrafo 1º estipula a equação $TR = TP + FC$, onde TR é a Tarifa de Remuneração, equivalente ao somatório da arrecadação da Tarifa Pública (TP) e das outras Fontes de Custeio (FC). O mesmo parágrafo adota outra equação para vincular o uso dessa receita, qual seja, $CRS + RP = TR$, onde CRS representa os Custos Reais dos Serviços e RP a Remuneração do Prestador. Com essas equações serão conhecidos os eventuais *déficits* ou *superávits* do serviço de que tratam os *parágrafos 3º e 4º*, mas é bom lembrar que os Custos Reais dos Serviços (CRS) também são considerados nos cálculos da Tarifa Pública (TP).

3.4.2.2 As fontes de receita e os subsídios

O *parágrafo 5º* traz um rol de fontes de custeio possíveis e permite ao poder concedente instituir outras. Prevê o dispositivo as hipóteses de receitas extratarifárias e alternativas, subsídios orçamentários, subsídios cruzados intrassetoriais e intersetoriais provenientes de outras categorias de beneficiários dos serviços de transporte.

A lei confere ao poder público a faculdade de recorrer ou não a subsídios tarifários. Contudo, o princípio da eficiência exige essa opção como forma de garantir a economicidade da prestação, especialmente porque existe a finalidade de reverter a eventual vantagem, inclusive

---

[236] REsp nº 976836/RS, Rel. Min. Luiz Fux, *DJ*, 05 out. 2010.

através da redução da tarifa em benefício do sistema, como prevê o §6º e do usuário, conforme estabelece o §9º desse artigo.

A lei não especifica o que ou quais seriam as *receitas extratarifárias* e é difícil saber qual a exata intenção do legislador na medida em que outras opções dentre as nomeadas no próprio dispositivo também configuram claramente fontes extratarifárias de receitas para o sistema, como é o caso dos *subsídios cruzados intersetoriais* e das *receitas alternativas* – estas já previstas desde o artigo 11 da Lei nº 8.987/95 e que devem ter a admissão ditada pelo edital da licitação, nos termos do artigo 18, VI do Estatuto das Concessões. Parece, então, que o legislador dispôs, lado a lado, entre os tipos de subsídios tarifários, o que é gênero (receitas extratarifárias e subsídios intrassetoriais) e o que é espécie (subsídios cruzados intersetoriais, subsídios orçamentários e receitas alternativas), como pode ser melhor observado no quadro abaixo:

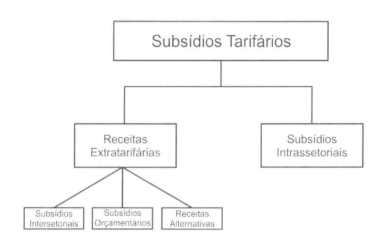

Uma possibilidade de receita extratarifária não constante desse parágrafo 5º seria a proveniente de *projetos associados* também mencionados no inciso VI, do artigo 18 da Lei nº 8.987/95, mas a regra é que, no caso dos transportes públicos, os *projetos associados* geralmente são aqueles referentes à integração dos mesmos ou de outros modais que também são sustentados por tarifas. Nessas estações de integração o poder público constrói ou permite a construção de empreendimentos privados, nos quais pode ser obtida receita com a locação de lojas destinadas a empreendimentos tais como cinemas ou *shoppings*.

Também é comum a adoção da publicidade em cascos de cartão eletrônico de bilhetagem ou ainda outras fontes que podem ser instituídas. Todas estas são também receitas alternativas e como a lei permite ao poder público criar é impensável exaurir opções, mas é inegável que a norma previu hipóteses exemplificativas semelhantes como explicado, algumas delas já reguladas pelos artigos 11 e 18, VI da Lei nº 8.987/95. Fato é que as receitas alternativas e extratarifárias se originam em atividades que não comprometem a operação dos serviços delegados nem com ela irá competir. Ao contrário, sua estipulação deve ter em vista a aplicação de recursos na melhoria da qualidade da prestação e na modicidade. Será um lucro com objetivo de diminuir o impacto do custo dos investimentos necessários, resultando em alcance da modicidade da tarifa pública compensatória dos serviços. Na lição de Marçal Justen Filho seria um objeto acessório à concessão que possibilita a racionalização de despesas e a ampliação de receita.[237] Contudo, existem hipóteses de receita alternativa cuja estimativa de lucro é incerta e deve ser bem avaliada pelos interessados, sob pena de terem que absorver eventual revés decorrente de equívoco nessa avaliação prévia.[238]

3.4.2.3 Os subsídios, a gratuidade e as CCTs

Os subsídios orçamentários são aqueles com os quais o próprio poder público opta por comparecer dando suporte aos serviços em busca da modicidade, de preço político ou de incremento para atrair investidores para a atividade. Pode ser desonerando a carga tributária, custeando parte do serviço de maneira geral ou parcial, diretamente ou em aportes nas parcerias público-privadas, ou oferecendo Vale Transporte Social (VTS) incluído na cesta básica da classe mais pobre,[239]

---

[237] JUSTEN FILHO. *Teoria geral das concessões de serviço público*, p. 372.
[238] Sobre as consequências de estimativa equivocada veja-se STJ. REsp nº 986.315 – SP, Rel. Min. Eliana Calmon, 2ª Turma, *DJe*, 06 maio 2008.
[239] Sugestão proposta por Alberto Lima e Halley Henares em: "A tarifa, os tributos e o usuário". *Revista dos Transportes Públicos*, p. 9-22. Esse caminho viria suportado na máxima aristotélica de que é possível tratar os desiguais desigualmente. Não há como negar que o vale-transporte, tal como legalmente implantado, beneficia pessoas que, embora de baixa renda, estão empregadas, restando questionável a justeza desse critério quando se pensa que os desempregados é que pertencem a um grupo ainda mais necessitado. Nessa linha, a Lei Municipal de Porto Alegre nº 5.409, de 07.05.1984 instituiu o vale transporte para desempregados.

ou via FINSOCIAL, ou qualquer outra forma de auxílio dado aos operadores ou diretamente aos usuários.[240]

O subsídio orçamentário pode ocorrer sob várias formas como uma *tarifa social*, assim reconhecida a que é destinada a propiciar o atendimento à camada social carente de recursos. O subsídio mais radical vem a ser a gratuidade, a qual merece comentários específicos.

3.4.2.3.1 A gratuidade

A Constituição vigente procurou consagrar para a nossa República um regime híbrido que propõe, senão um equilíbrio social-capitalista, ao menos a marca dessas duas vertentes como limitadoras uma da outra. Assim, da mesma forma que desde o preâmbulo a Carta de Outubro delineou a República com um perfil de compromisso social, assegurou, ao mesmo tempo, a proteção ao capital e à propriedade. Digno de nota é que tanto os *direitos sociais* quanto a *propriedade* estão assegurados no Título II da Carta Republicana, onde se encontram assentados os *direitos e garantias fundamentais*.

Kildare Gonçalves Carvalho anota a asserção de que a opção do texto constitucional, embora não o diga expressamente, é pelo capitalismo e a apropriação privada dos meios de produção, com alguns preceitos apontando para uma socialização, sem, contudo, comprometer a essência do sistema.[241] O fato é que o constituinte pátrio insculpiu nossa República como um Estado Democrático de Direito (artigo 1º da CRFB), constituído para buscar, entre outras finalidades, a integração econômica e social (artigo 4º, parágrafo único da CRFB). Assim, não apenas a ordem social tem como objetivo a justiça social, como prevê o artigo 193, mas também a ordem econômica há de existir conforme os ditames da justiça social (artigo 170 da CRFB).

No que concerne ao nosso tema, se por um lado, o legislador constituinte protegeu o *capital*, o que assegura a prestação remunerada ao concessionário privado prestador do serviço público, por outro, a

---

[240] A própria Lei Federal nº 7.418, de 16.12.1985, que instituiu o Vale-Transporte no Brasil foi promulgada após amplo estudo de várias soluções promovido por técnicos do Ministério dos Transportes (BRASIL. Ministério dos Transportes. *Subsídio do transporte coletivo urbano*: alternativas de aplicação) onde, além dessa opção, foram estudadas hipóteses de adoção de horários econômicos e linhas sociais para implantação total ou parcial no sistema de transporte de passageiros.

[241] CARVALHO. *Direito constitucional*, p. 1421.

dignidade humana aparece garantindo ao cidadão o acesso às necessidades essenciais, dentre as quais podem ser enumeradas a prestação de vários serviços com essa particularidade marcante, frisando-se aqui, como dito alhures, que o único serviço público adjetivado no texto constitucional com a característica da essencialidade foi o transporte coletivo urbano (CRFB, 30, V).

Com efeito, a gratuidade não é característica essencial do serviço público e, com base nessas orientações constitucionais acima expostas, é possível, então, concluir que a relação entre a utilidade a ser fornecida e a satisfação da dignidade humana não acarreta o dever estatal de atuação gratuita,[242] e a estipulação de novos benefícios tarifários pelo poder concedente fica condicionada à previsão, em lei, da origem dos recursos ou da simultânea revisão da estrutura tarifária do concessionário ou permissionário,[243] de forma a preservar o equilíbrio econômico-financeiro do contrato, nos termos do artigo 35 da Lei Federal nº 9.074, de 07.07.1995, e, por conseguinte, especialmente quando a prestação seja realizada de forma indireta, tal como permitido pelo artigo 175 da CRFB, não se pode falar em gratuidade sem previsão legal da respectiva fonte de custeio, que bem poderá ser, dentre outras, o *pedágio urbano* como dito pela Lei nº 12.587/12.

Quanto a esse tema, o *STF* afirmou, por meio da *ADI nº 3.225*, *DJ*, 26 out. 2007, a constitucionalidade do art. 112, §2º da Constituição fluminense, no qual *é vedada a concessão de gratuidade nos serviços sem a indicação da correspondente fonte de custeio*. Na hipótese questionava-se a limitação ao legislativo, uma alegada afronta aos princípios federativos de modicidade tarifária e da dignidade humana, mas o Excelso Pretório entendeu que a norma confirmada não implica em restrição a princípios constitucionais, pois *a falta de previsão do lastro financeiro correspondente não contribui com a dignidade ou modicidade*, e que *a vedação é mera restrição material, uma autolimitação legislativa razoável*. Obviamente essa autolimitação é matéria cuja iniciativa compete ao Executivo que ordena a vida da *urbs*. O interessante é que, no caso, o Estado do Rio de Janeiro ditou a regra como princípio para todos os seus municípios.

---

[242] JUSTEN FILHO. *Teoria geral das concessões de serviço público*, p.183.

[243] Com esse raciocínio de proteção ao equilíbrio econômico-financeiro no oferecimento do serviço, o STF entendeu necessário exigir cautelas orçamentárias, com apuração de estimativa de perda de receita para isenção de estacionamento rotativo, além de afirmar o repúdio à quebra de isonomia injustificada do benefício a agentes públicos no AG. REG. no RE nº 492.816/SP, Rel. Min. Joaquim Barbosa, *DJe*, 21 mar. 2012.

O entendimento do STF é acompanhado por outros tribunais, inclusive o Tribunal de Justiça mineiro,[244] especialmente quanto à análise sobre a ofensa aos princípios de independência e harmonia entre os Poderes contidos na Constituição Federal e repetidos nas Estaduais (no caso da Constituição Mineira a ofensa se dá em relação aos arts. 6º, 165, §1º e 173, *caput* e §1º, como já decidiu o TJMG[245]), na medida em que o Legislativo é recorrente em decidir indevidamente pela criação de gastos na gestão de serviços públicos, o que compete ao Executivo, e essa atuação legislativa, inadvertidamente, nem se preocupa com o impacto financeiro das propostas.

A identificação do usuário nem sempre será determinante para o benefício da gratuidade na fruição dos serviços públicos. A própria Constituição Federal determina o direito aos serviços de saúde e educação prestados aos tomadores dos serviços sem que estes se comprometam a financiá-los diretamente, eis que são suportados pela receita dos impostos.

Outra forma de custeio que não se vincula a um tomador direto é a do serviço de iluminação pública, cujo art. 149-A da Constituição Federal passou a permitir, desde a EC 39/2002, que Municípios e Distrito Federal instituam e cobrem contribuição, na forma da lei, mas não se pode destacar quem, no tecido social, usufrui desse serviço para vincular ou quantificar a exata participação de cada um.

Portanto, embora a gratuidade possa se estabelecer por características, razões ou situações personalíssimas, não se pode dizer que será sempre esse traço o vínculo determinante para indicar quem usufrui determinado serviço público sem desembolsar o valor da tarifa.

---

[244] *Vide*, entre outros, a decisão da ADI nº 1.0000.11.022653-7/000, do TJMG, julgada em 13.07.2011 e publicada em 16.09.2011, onde, à unanimidade, a Corte Superior suspendeu os efeitos de lei de iniciativa da Câmara Municipal que concedia passe livre no transporte urbano para militares em horário de expediente e portando a farda, porque caracteriza o vício de iniciativa, viola o disposto no artigo 61, parágrafo 1º, da Constituição Federal e artigos da Constituição Estadual e da Lei Orgânica Municipal, não sendo admitido, segundo se questionou, que o Legislativo apresente projeto de lei que implique organização/prestação de serviços públicos e/ou que altere o equilíbrio econômico financeiro municipal. De outro lado, a norma contraria dispositivos da Lei de Responsabilidade Fiscal no que se refere à renúncia de receita, pois não providencia a estimativa de impacto orçamentário financeiro no exercício em que inicia sua vigência, nem nos dois exercícios financeiros subsequentes.

[245] TJMG. ADI nº 1.0000.06.449057-6/000 - EMENTA: Ação Direta de Inconstitucionalidade. Concessão de liminar. Vício de iniciativa. Matéria que somente cabe ao Prefeito Municipal. Infração da competência da BHTrans. 1. Nos termos dos arts. 6º e 173, da Constituição do Estado de Minas Gerais, é inconstitucional, por vício formal, lei de iniciativa de vereador que venha a trazer aumento de despesas e que disponha sobre regulação de trânsito, matéria da competência da BHtrans.

Uma definição explícita em relação à gratuidade é a tutela constitucional aos maiores de sessenta e cinco anos para o uso do transporte coletivo urbano, como prescreve o artigo 230, §2º da CRFB. É uma ação afirmativa de *status* constitucional que resgata o respeito àqueles que já doaram muito de si e não podem ser esquecidos. O Estatuto do Idoso (Lei Federal nº 10.741/03) considera como tal o maior de sessenta anos, mas a norma constitucional relativa à gratuidade nos transportes públicos eleva o direito ao benefício em comento para idade superior em cinco anos.

A Constituição traz a presunção de que na velhice, mais do que em qualquer outro ciclo da vida, a dignidade não pode ficar ilhada pelo isolamento que a eventual falta de condições pessoais para custear a mobilidade pode causar no comezinho direito de ir e vir de todo cidadão. Por esse raciocínio é que boa doutrina considera a garantia uma possibilidade, não se constituindo em direito absoluto, pois que tem como destinatário apenas aquele que carece de amparo somente no caso de configurada a impossibilidade de custear o atendimento. Nesse sentido confira-se José Nilo De Castro[246] e Miguel Reale.[247] Certamente esses respeitadíssimos autores entendem que o §2º deve se orientar pela indicação do *caput* do artigo 230 da CRFB, lendo dali que o dever é de amparar e não necessariamente de custear independentemente da configuração da situação de desamparo.

Contudo esse não é o entendimento dominante[248] e o STF pacificou a questão e superou esse debate ao julgar a ADI nº 3.768-4/DF, com relatoria da Ministra Cármen Lúcia. A ação, proposta pela Associação Nacional das Empresas de Transportes Urbanos (NTU), arguiu a constitucionalidade do artigo 39[249] da Lei Federal nº 10.741, de 01º.10.2003 (Estatuto do Idoso) em face de diversos dispositivos constitucionais, em especial por ofensa à leitura que se queria restritiva do artigo 230, §2º. A NTU questionou a necessidade de que lei indicasse

---

[246] CASTRO. *Direito municipal positivo*, p. 355-356.
[247] REALE. *Aplicações da Constituição de 1988*, p. 115-116.
[248] MORAES. *Direito constitucional administrativo*, p. 881, descreve a evolução jurisprudencial e destaca o alcance estendido pelo Estatuto do Idoso para atendimento na região semiurbana, zona rural e metropolitana, bem como a dissensão jurisprudencial entre o TJSP0 (pela inexistência de obrigatoriedade constitucional ao transporte gratuito aos idosos) e o STF (favorável à gratuidade).
[249] Art. 39. Aos maiores de 65 (sessenta e cinco) anos fica assegurada a gratuidade dos transportes coletivos públicos urbanos e semi-urbanos, exceto nos serviços seletivos e especiais, quando prestados paralelamente aos serviços regulares. E o parágrafo primeiro ainda dispõe que: – §1º Para ter acesso à gratuidade, basta que o idoso apresente qualquer documento pessoal que faça prova de sua idade.

a compensação da gratuidade aos delegatários dos serviços, visando a que o STF consagrasse limites e possibilidades dessa gratuidade à chamada reserva do possível nas finanças municipais e admitisse ao menos o equilíbrio econômico-financeiro dos contratos vigentes.

De fato, justifica o voto a improcedência da ação no fato de que quando a norma constitucional regra a facilidade do deslocamento, o faz tendo em vista a *"garantia da qualidade de vida digna para aquele que não pode pagar ou já colaborou com a sociedade em períodos pretéritos, de modo a que lhe assiste, nesta fase da vida, direito a ser assumido pela sociedade quanto aos ônus decorrentes daquele uso".* O julgamento parecia, assim, rumar para a ideia de que o amparo é devido apenas para quem não pode pagar, até porque o voto faz menção da insuficiência das aposentadorias para suprimento das necessidades básicas e de dados do Ministério do Desenvolvimento Social e Combate à Fome, indicativos do contingente de idosos de baixa renda no Brasil, vulneráveis econômica e socialmente, e que utiliza precipuamente do transporte coletivo gratuito.

À proponente da ação parecia mais interessar discutir o direito ao equilíbrio econômico-financeiro dos contratos e essa foi a tônica do voto da relatora, mas o voto do Ministro Menezes Direito enfrentou a discussão sobre a questão do desamparo ou não, ao afirmar que o texto constitucional não comporta exceções, no que seu raciocínio foi acompanhando pelo Ministro Ricardo Lewandowski. Portanto, para o STF, a norma tem eficácia plena e a gratuidade independe da condição financeira do idoso. Essa leitura não parece admitir oposição, na medida em que o §2º do artigo 230 da Lei Magna realmente não distingue os idosos entre si por aspectos econômicos ou por qualquer outro. O que o texto dita é a distinção dos maiores de sessenta e cinco anos em relação aos demais usuários no que concerne ao pagamento da tarifa.

Além da gratuidade ditada pela Constituição Federal e regulada pela Lei Federal nº 10.741/03 vigoram em âmbito nacional aquelas estabelecidas:

a) no §5º, do art. 630 da CLT, que assegura a gratuidade para os *agentes de inspeção do Ministério do Trabalho,* quando no exercício de suas funções;

b) no art. 9º do Decreto-Lei nº 3.326/1941 e art. 51 do Decreto-Lei nº 5.405/1943, que assegura a gratuidade *aos carteiros e mensageiros da ECT,* quando no exercício de suas funções;

c) no art. 16 da Lei Federal nº 4.192/1962 que assegura a gratuidade aos *oficiais da Justiça do Trabalho,* quando no exercício de suas funções profissionais; e

d) no art. 43 da Lei Federal nº 5.010/1966 que assegura a gratuidade aos *oficiais da Justiça Federal*, quando no exercício de suas funções profissionais.

A Lei Orgânica de Assistência Social, Lei Federal nº 8.742/93 estabelece, especialmente em seu artigo 5º, que a assistência social é exercida de modo descentralizado, legitimando-se os Municípios a dispor sobre as ações assistencialistas aos seus cidadãos, segundo suas realidades, seus contextos, para cuja disciplina e aplicação dispõem de autonomia legislativa e executiva.[250]

No caso dos transportes públicos há um traço perverso na gratuidade, pois quem assume os custos são os outros usuários que dela não se beneficiam.[251] Assim, quando um carteiro faz uso gratuito do transporte público para levar a correspondência a seu destino, quem está custeando aquele encargo não é quem recebe o benefício dos serviços dos correios, mas o usuário do transporte. Essa é a mesma consequência para a gratuidade do oficial de justiça quando no empenho de seu mister se vale do transporte público. Tais previsões de gratuidade nada têm de justas e o mais correto seria que, como é o caso de qualquer outro servidor público, que recebessem vales-transportes para o trajeto casa-trabalho aqueles que por seus ganhos tivessem direito ao benefício e, para os itinerários do serviço, os custos fossem suportados pelo poder público com repasse desses custos aos beneficiários, se for o caso.

É necessário estabelecer um divisor finalístico e essencial entre as gratuidades que as normas federais estabelecem. Existem as gratuidades de agentes públicos em serviço de um lado com fundamentos bem distintos daquela dispensada ao idoso de outro.

A Lei nº 10.741/03 (Estatuto do Idoso) reproduz o que dita a Constituição Federal e não há inconstitucionalidade na restrição que faz ao uso dos transportes seletivo e especial quando prestados paralelamente ao coletivo, pois que a garantia constitucional é apenas para o último. Convém observar que a previsão da gratuidade para o caso do idoso não tem que se justificar em aspectos econômicos, mas na solidariedade que aparece como princípio social do art. 3º da CRFB.

---

[250] Essa foi a conclusão na ADI nº 1.000.08.482613-0/000, Rel. Des. Antônio Carlos Cruvinel do TJMG, *DJMG*, 30 jul. 2010.

[251] Segundo levantamento da Associação Nacional das Empresas de Transportes Urbanos (NTU) realizado nas principais cidades brasileiras, 34% dos usuários têm direito a gratuidades ou abatimentos nas tarifas de transporte público coletivo urbano ou metropolitano. Essas gratuidades e abatimentos segundo a NTU, impactam, em média, as tarifas das cidades pesquisadas em 17% (Anuário NTU 2010-2011, p. 34).

Caberia também invocar a hipótese como própria do *constitucionalismo fraternal*, conforme a prédica do Ministro Ayres Brito, em sua obra *Teoria da Constituição*,[252] ou, melhor ainda, como *constitucionalismo altruísta*, como dizem os italianos.

O *STF* já se pronunciou sobre serem inquestionáveis a natureza e a fonte normativa dessa gratuidade ao idoso, em votação na qual se destacou como legítima a adequação da norma local ao novo ordenamento estatuído no âmbito nacional em proteção ao idoso, restando apenas ao concessionário o pedido de revisão contratual, quando comprovada a quebra do equilíbrio inicial do contrato em nível de impacto inaceitável.[253] De fato, quem conhece o setor sabe que não é tão simples responsabilizar o Poder Público para assumir custos de benefícios que a lei cria, mas, no caso da gratuidade do idoso, assegurada pelo art. 230 da CRFB, o *STF* declarou expressamente que o benefício não pode ser repassado aos demais usuários, devendo ser calculado o acréscimo para assunção na relação delegante/delegatário.[254]

O que demanda um debruçar mais atento nesse tema é a gratuidade assegurada para servidores federais, agentes de inspeção do Ministério do Trabalho, oficiais da Justiça do Trabalho e da Justiça Federal, e para os carteiros e mensageiros da ECT, uma empresa pública federal, tudo conforme ditames das normas federais acima apontadas, todas anteriores à Constituição de 1988.

Não se pode invocar como fundamento dessas gratuidades a dignidade da pessoa humana ou a modicidade tarifária, porque, muito ao contrário, esses benefícios que a legislação federal criou geram custo aos serviços, impactam a tarifa e, portanto, oneram os demais usuários, que, na maioria das vezes, nem são beneficiários pontuais da atuação desses servidores e representam o extrato social mais carente do transporte pela via pública como única forma de acesso a necessidades básicas da dignidade humana.

Como se trata de regulamentação tarifária, o que deve ser verificado é a competência para essa atuação legislativa. Hely Lopes Meirelles afirma que o transporte coletivo local *"ficará sujeito a regulamentação e controle do Município, quer na sua implantação e operação,* **quer na sua remuneração, cujas tarifas são fixadas por ato do prefeito**,

---

[252] Rio de Janeiro: Forense, 2003.
[253] STF. ADI nº 3768/DF, *DJ*, p. 28, 26 out. 2007, Rel. Min. Cármen Lúcia.
[254] *Vide* item 11 do voto da Relatora na ADI nº 3.768/DF, Min. Cármen Lúcia.

observadas as normas superiores pertinentes – federais e estaduais".[255] (Destacou-se). A dúvida é como saber em que sentido e assuntos e com quais limites devem ser observadas as normas federais e estaduais nessa hipótese do serviço local de transportes coletivos?

Para decidir tais limites, aprecie-se, *a priori*, se a Constituição vigente recepcionou as normas federais que impuseram gratuidades no transporte público urbano. Para tanto, devem ser estudados e comparados os artigos 22, IX e XI, 18 e 30, I e V da CRFB, sabendo-se que, no modelo federativo nacional não há que se falar em hierarquia entre os organismos estruturantes. Ao contrário, a adoção desse modelo estrutural implica a admissão de autonomia para as entidades integrantes da federação.[256] E, em razão desse modelo brasileiro específico, são as autoridades locais que decidem a respeito de assuntos locais sem nenhuma ingerência de autoridades externas.[257]

Quando da fixação da tarifa zero ou gratuita nos casos que a legislação federal impôs ao transporte coletivo urbano não vigorava a CRFB/88. A autonomia municipal passou a ser reconhecida a partir do artigo 18 da Constituição vigente, reforçando o que preceitua o artigo1º da mesma Carta, e essa autonomia se divide nas capacidades de autogoverno, autolegislação e autoadministração do município.

Uadi Bulos[258] ensina que a autoadministração *se delineia mediante a **prestação e manutenção de serviços locais**, bem como o controle do orçamento municipal, para **equilibrar as receitas e as despesas**.* (Destacamos). Existe, pois, na hipótese da gratuidade uma normatização de cunho mediato sobre finanças públicas, que se vincula aos limites do artigo 18 da CRFB/88, e outra de cunho imediato sobre o serviço de transporte coletivo público, que se vincula aos limites do artigo 30, I e V da CRFB/88.

De outro giro, o artigo 22 da CRFB cuida das competências privativas da União para legislar, indicando entre elas, os assuntos relativos a trânsito e transporte. Comentando esse dispositivo, bem como o artigo 24, Ivan Rigolin[259] assevera que isso *não significa que a União pode avançar sobre matéria restrita à competência privativa dos Municípios ou dos Estados.*

---

[255] MEIRELLES. *Direito municipal brasileiro*, 6. ed., p. 321.
[256] TAVARES. *Curso de direito constitucional*, p. 1060.
[257] TEMER. *Elementos de direito constitucional*, p. 87.
[258] BULOS. *Curso de direito constitucional*, p. 730.
[259] RIGOLIN, Ivan. Micro e pequenas empresas em licitação – A LC nº 123, de 14.12.06 – comentários aos arts. 42 a 49. Disponível em: http://www.acopesp.com.br/artigos/dr_ivan_2006/art102.htm. Acesso em: 21 ago. 2012.

Nesse sentido, o *STF*[260] já declarou que a competência regulamentar dos serviços de transportes coletivos é repartida conforme o interesse, sendo dos Municípios aquela restrita ao transporte local, nos termos do artigo 30 da Carta Magna. Em razão da autonomia municipal, o *STF*[261] também decidiu que não parece razoável, à vista do art. 30, V da Carta Constitucional, que a política tarifária de um ente federativo se submeta ou se vincule pelo que for decidido por outro.

Por outro lado, o *artigo 27* do projeto de lei que deu origem à Lei nº 12.587/12 propunha a revogação das normas federais que asseguram a gratuidade no transporte urbano aos carteiros e mensageiros da ECT e aos agentes de inspeção do Ministério do Trabalho, mas esse dispositivo foi vetado. Curioso é que o fundamento do veto é a dificuldade que teria a União em se adaptar à nova realidade econômica da medida sem planejamento prévio, quando se sabe que os Municípios é que estão sofrendo a ingerência que impõe a adequação e equilíbrio das contas dos serviços que gerencia e este tão pouco pode ser onerado por custos da União com seus serviços ou servidores.

Entretanto, embora tenha assim se manifestado a presidência no veto ao artigo 27, não houve veto ao parágrafo 8º do artigo 9º da Lei nº 12.587/12, o qual diz que *compete ao poder público delegante a fixação dos níveis tarifários*, e certamente é possível falar-se que uma dessas possibilidades é o nível de tarifa zero, ou seja, a gratuidade, razão pela qual, ainda que fossem consideradas recepcionadas pela atual Constituição todas as quatro normas nas quais a União estabeleceu a tarifa zero no âmbito municipal, seriam conflitantes com a dicção do art. 9º, §8º e por este dispositivo, indiretamente, perderiam vigência, gerando um conflito de fácil solução entre fazer valer o que ela dita (e, portanto, é lei) e o que dela foi vetado (e, portanto, nunca foi lei).

Ainda se observa na Lei nº 12.587/12 alguns indicativos sobre a repartição de competências no setor de transporte de maneira a reforçar o acima exposto quanto ao repúdio da usurpação de competência no que concerne aos aspectos financeiros do planejamento. O primeiro indicativo está no fato de que os artigos 17 e 18 não autorizam a União e os Estados a influir na política tarifária dos serviços de transportes coletivos urbanos e o segundo está no artigo 25 que também prevê planejamento orçamentário para o aprimoramento dos sistemas e melhoria

---
[260] ADI nº 1.191-PI, Rel. Min. Ilmar Galvão, *DJ*, 26 maio 1995.
[261] RE nº 191.532-3 SP, Rel. Min. Sepúlveda Pertence, *DJ*, 29 ago. 1997.

da qualidade, o que afasta qualquer medida que onere financeiramente a operação dos serviços, como acontece no caso das gratuidades. Exemplo clássico dessas ingerências foi objeto de análise do STF na *ADI nº 2.349-7/ES, DJ*, 14 out. 2005, julgamento no qual foi declarada a inconstitucionalidade parcial de dispositivo da Constituição Estadual capixaba que, por via oblíqua, acabava com a gratuidade nos transportes urbanos para os policiais civis. Nesse julgamento o STF foi explícito em afirmar que não se cuida na hipótese de transporte e trânsito, cuja competência é privativa da União, a teor do inciso XI do artigo 22 da CRFB. Quanto a ser a hipótese de diretriz da política nacional de transporte, o STF admitiu que o Estado-membro podia àquela altura fixar em seu âmbito, possivelmente porque naquela época não havia uma lei nacional, deixando entender (embora não tenha afirmado) que o inciso IX do mesmo artigo 22 é norma de eficácia contida.

As questões aqui acentuadas e outros temperamentos necessários na norma apontam para uma breve alteração da lei no tema dos subsídios.

Os subsídios cruzados intersetoriais são aqueles, de caráter exógeno, obtidos por aporte de setores outros que não o dos transportes, especialmente os definidos por extrato de renda ou oriundos de uma atividade específica. É o caso da taxação da gasolina em Bogotá, por exemplo, mas há registros de vários outros setores na França, na Alemanha etc.

Os subsídios cruzados intrassetoriais são apoios monetários dentro do próprio setor de transportes, público ou privado, que podem existir sob várias formas. São, portanto, de caráter endógeno. Há os que se originam no mesmo modal e os que resultam de cooperação entre modais diferentes. Entre modais diferentes é possível haver, por exemplo, a integração entre ônibus e metrô com limite de intervalos limitados de utilização, e esse tipo é comum em capitais brasileiras. Dentro do mesmo modal temos exemplo de apoio financeiro de um transporte seletivo para um coletivo (ambos de ônibus), bem como os subsídios cruzados por extensão ou por bairros conforme a faixa social. Dentro do setor de transporte é possível ainda identificar o pedágio urbano cobrado de veículos leves como forma de subsidiar o transporte coletivo.

3.4.2.3.2 As CCTs (Câmaras de Compensação Tarifária)

Outro mecanismo de subsídio cruzado intrassetorial muito utilizado dentro do mesmo modal é o das *Câmaras de Compensação Tarifária*.

Chamadas de CCT,[262] tais Câmaras servem para equilibrar o sistema. Mais que o equilíbrio econômico-financeiro de um contrato isolado, essa metodologia promove, por meio de uma conta gráfica de equilíbrio, a compensação entre as linhas deficitárias e as superavitárias. Como, geralmente, as linhas de percursos mais extensos e com terreno pior para a circulação dos veículos atendem as camadas sociais que mais precisam do transporte público esses itinerários geram custos maiores que as linhas com itinerários centrais, de piso mais uniforme que têm mais atenção e cuidado na manutenção, e que, por isso, importam em depreciação mais lenta para os veículos e, consequentemente, com melhor retorno para o prestador dos serviços.

Daí que é preciso que as operadoras dos serviços superavitárias repassem para as deficitárias o que exceder do custo calculado da tarifa de equilíbrio, para controle do fluxo financeiro pela Câmara de Compensação, a qual repassará as sobras para as operadoras dos serviços deficitários. Assim, por exemplo, ao invés daquele que mais precisa pagar 3x e o que é mais abastado pagar x, ambos passam a pagar 2x, que será o custo médio, atribuído como tarifa de equilíbrio, apurada pelo gestor por uma intervenção contratual de cunho social. Assim, o custo da tarifa, igual para os grupos de linhas ou para todas as linhas, conforme o caso, é compartilhado dentro do sistema que se compensa, já que o custo de cada linha é diferente, mas a tarifa é igual.

Essa fórmula, caso prevista no contrato da delegação, tem respaldo na legislação, a qual permite que as partes prevejam e ajustem a adoção de mecanismos de revisão ou compensação da concessão/permissão, a fim de manter-se o equilíbrio econômico-financeiro (art. 9º, §2º, da Lei Federal nº 8.987/95).[263] Essa é uma espécie de revisão agendada que acontece a cada acerto da conta gráfica de equilíbrio do sistema a que aderem espontaneamente as operadoras, porque previamente estabelecida como regra desde o edital da delegação, sendo desejável a existência de um conselho fiscal da CCT, com membros do poder concedente e gestor, das operadoras e entidades sindicais ou outras representativas da sociedade civil.

---

[262] Sobre CCT, leia-se BOUZADA. *Custo do transporte coletivo por ônibus*, p. 68-71. Leia-se também o parecer de Caio Tácito (*RDA*, n. 169, p. 187-197, jul./set.1987), onde o autor conclui que a CCT viola o equilíbrio econômico-financeiro e o direito de permissionário à receita quando implantada essa regra de compensação em delegação já em curso.

[263] Lei nº 8.987/95 – Art. 9º, §2º – Os contratos poderão prever mecanismos de revisão das tarifas, a fim de manter-se o equilíbrio econômico-financeiro.

Destarte, se o equilíbrio entre "créditos e débitos" do sistema se faz dentro do próprio sistema, através da CCT, conforme contrato assinado por todos os delegatários, todos os contratados deverão suportar eventuais ônus do sistema, que são diferentes dos ônus específicos e isolados de cada contrato. À exceção de desequilíbrios pontuais de cada contrato, a lógica financeira contratual passa a ser quase que totalmente a do sistema que se compensa por si, e só ele é credor ou devedor, da mesma forma que só ele assume os encargos e os riscos. A solução do impasse é o aumento da tarifa, caso seja possível fazê-lo sem comprometimento do princípio da modicidade ou a cobertura do déficit por meio de outros subsídios mencionados no dispositivo em comento.

O parágrafo 6º do art. 9º impõe a reversão do eventual superávit ao próprio Sistema de Mobilidade Urbana, sem nada especificar, resultando dessa disposição que várias são as opções de aplicação desde que o investimento seja considerado componente do sistema que é vetorial. É o caso das CCTs acima mencionadas, mas também pode ser considerada reversão ao sistema, em razão da redação vaga, o recebimento normal da tarifa pelas prestadoras, quando o contrato seja explícito e objetivo sobre a vantagem que o delegatário deve oferecer em contrapartida, o que será considerado pelo poder público na revisão da tarifa e nas fiscalizações do contrato.

O parágrafo 7º confere ao poder público delegante a competência para a fixação,[264] reajuste e revisão da tarifa. A fixação se fará por ato do Executivo ou do órgão componente da estrutura governamental responsável pelos serviços, ou ainda, da entidade criada para esse fim, na forma da lei. Essa fixação, atribuição indelegável de quem detém a suprema titularidade dos serviços, deve resultar dos cálculos de viabilidade dos serviços em planilha que considere os insumos e encargos a serem enfrentados, os quais a lei chamou de Custo Real dos Serviços (CRS), mas também devem embutir a Remuneração do Prestador (RP), o que reflete o modelo conhecido como *cost plus*, através do qual nessa planilha se inclui a margem de remuneração sobre o capital.

O reajuste nada mais é que a alteração periódica, contratualmente prevista quanto a prazo e critérios, para corrigir os efeitos corrosivos da inflação no poder de compra da moeda e, consequentemente, do que se cobra pela utilização do serviço. Devem compor essa fórmula todos os

---

[264] TJMG. AC nº 1.0433.04.140721-7/005, 5ª C. Cível Rel. Des. José Francisco Bueno, *DJMG*, 25 jul. 2006.

insumos relevantes da prestação. No caso dos transportes coletivos de passageiros por ônibus, em geral fazem parte dessa fórmula os índices de variação dos custos fixos, que independem das distâncias rodadas (IPVA, mão de obra empenhada e respectivos encargos, aluguel de garagem) e dos custos variáveis, que dependem das distâncias rodadas (combustíveis e lubrificantes, desgaste de pneus, peças e acessórios, a remuneração e amortização do capital, despesas administrativas, a produção quilométrica, dentre outras).[265] O que é discrepante nessa lei é o cuidado que se deve ter para não confundir os reajustes com a chamada *"revisão* ordinária de tarifa" (§10).

A revisão, até a nova orientação do §10, que traduz espécie ordinária, sempre foi reconhecida como o meio de proteção do equilíbrio econômico-financeiro do contrato da prestação dos serviços que pode ser invocada sempre que se estabelecer um desequilíbrio insuportável (extraordinário) para o prestador ou desvantajoso para o usuário.[266] Essa, aliás, é uma característica específica dos contratos de prestação de serviços delegados. Diferem de outros contratos administrativos, nos quais o equilíbrio se mede entre os fardos do contratante e do contratado em relação aos custos inicialmente estabelecidos. No caso dos serviços públicos, quem está no polo oposto ao contratado é o usuário, que tem direito à tarifa módica, como fundamento para aferição e arguição do equilíbrio, embora quem normalmente o represente nessa apuração e questionamento seja o poder público delegante, porque é o contratante do liame jurídico, mas acumula a função e o dever de zelar pela modicidade, razão pela qual a instituição de uma revisão ordinária e periódica visa assegurar a constante apreciação do ambiente econômico das delegações.

---

[265] Sobre o tema de custos de transporte leia-se VASCONCELOS. *A cidade, o transporte e o trânsito*, cap. 6. Também é interessante saber que vários Municípios, ainda hoje, adotam critérios estabelecidos por apurações, estudos, gráficos e, especialmente composição de planilhas de custos sugeridos por cartilhas do extinto GEIPOT. O GEIPOT foi criado pelo Decreto nº 57.003, de 11 de outubro de 1965, com a denominação de Grupo Executivo de Integração da Política de Transportes e com sua direção superior formada pelo Ministro da Viação e Obras Públicas, Ministro de Estado da Fazenda, Ministro Extraordinário para o Planejamento e Coordenação Econômica e pelo Chefe do Estado Maior das Forças Armadas, conforme foi sugerido pelo Acordo de Assistência Técnica firmado naquele ano entre o governo brasileiro e o Banco Internacional para a Reconstrução e Desenvolvimento (BIRD). O GEIPOT foi extinto pela Medida Provisória nº 427, de 9 de maio de 2008 (convertida na Lei nº 11.772/2008), oportunidade em que foi instituída a inventariança, cujos procedimentos estão disciplinados no Decreto nº 6.485, de 17 de junho de 2008.

[266] Veja-se, como exemplo, a recomendação do subitem 9.2.13 da Decisão do TCU no AC-2065-45/06-P, Sessão 08.11.06, Rel. Min. Marcos Bemquerer.

O parágrafo 8º atribui ao poder delegante a responsabilidade pela fixação dos níveis de tarifa. Assim como são indelegáveis as tarefas de fixação e de revisão da tarifa, seria óbvio que apenas o poder delegante pudesse distinguir níveis diferenciados de preço dos serviços. Essa competência está em seu campo regulamentar e não implicará usurpação de atividade legislativa. A lei reconhece o espaço discricionário necessário, afinal, quem recebe a titularidade do serviço, podendo prestá-lo diretamente ou delegá-lo, tem que deter o poder de definir, com exclusividade, o valor de cada nível de prestação. Esse dispositivo mostra-se útil para que ninguém duvide que, desde que obedecidas eventuais condicionantes do ato convocatório da licitação e normas locais sobre a aferição das variações, tem sim o delegante poder para distinguir serviços, sem que isso importe em violação à igualdade, porque é razoável que o serviço diferenciado tenha tarifa compatível com o acréscimo consequente de custo, desde que se garanta a generalidade do serviço minimamente adequado, contextualizado para cada realidade urbana.

A diferenciação de níveis tarifários resulta da diferenciação de níveis de atendimento ou de tipos ou qualidades de serviço ou ainda de questões personalíssimas ditadas como prerrogativas legais. Note-se que até em serviços de saúde foi estabelecida, pelo artigo 7º, IX, "b" da Lei Federal nº 8.080, de 19.09.1990, a *hierarquização* como um dos princípios organizacionais, admitindo-se abrangências diferenciadas de ação conforme a maior ou menor complexidade, para regulamentar o artigo 198 da CRFB. Se na área de saúde, que é direito de todos (CRFB, 196) os serviços podem ser divididos em níveis de complexidade, caberá, sem dúvida, essa diferenciação nos transportes públicos com o fim de organizar os serviços e isso não viola a igualdade constitucional.

A diferenciação dos níveis de tarifa não é inovação do Estatuto da Mobilidade, pois o artigo 13 da Lei Federal nº 8.987/95 já estabelecia que as tarifas podem ser diferenciadas em função das características técnicas e dos custos específicos provenientes do atendimento aos distintos segmentos de usuários. Portanto, são três os elementos que admitem distinção, se bem que o terceiro pode estar, em certas circunstâncias, atrelado ao segundo, e são eles: as características técnicas, os custos e os segmentos de usuários.

É claro que o alvo principal do artigo 13 do estatuto das concessões são os segmentos de usuários de baixa renda, que bem podem ser subsidiados pelos segmentos mais abastados, quando possível essa distinção. É que a fixação das tarifas e de seus níveis não se resume a uma conta de equivalência entre custo e consumo, sendo igualmente relevante o alcance social para definição das equações que conferem legitimidade ao resultado. Fechar as contas financeiras é importante, mas fechar a conta social é essencial. Não seria um compromisso com uma equação econômica, mas uma ação afirmativa.

No setor de saneamento básico a Lei nº 11.445/07 foi ainda mais específica e avançada. Embora tenha positivado como primeiro de seus princípios orientadores a universalização do acesso (art. 1º, inc. I) – assim como prevê o Estatuto da Mobilidade no art.5º, I – estabeleceu entre os aspectos econômicos e sociais *fatores para diferenciação* (art. 30), inclusive a capacidade de pagamento (art. 30, V) e o nível de renda (art. 35, I) e *critérios para diferenciação conforme características* do beneficiário e da origem dos recursos (art. 31) ou do local (art. 35, II e 36, II).

O importante, como diz Marçal Justen Filho, é que a diferenciação de tarifas deverá retratar, no mundo jurídico, a diferenciação entre as situações concretas atendidas.[267]

O parágrafo 9º traz uma orientação incomum, inovando no campo da eficiência. É que, em geral, os contratos são construídos sob a lógica de que o prestador pode e deve ser premiado pela produtividade, afinal presume-se que esta foi conquistada por eficiência empresária. Esse raciocínio é verdadeiro, mas a lei também assegura a transferência desse benefício ao usuário dos serviços.[268] É claro que a lei está falando de ganhos especialmente no aspecto financeiro, já que o dispositivo trata dos reajustes periódicos de tarifas, o que deságua na almejada modicidade, cujo destinatário, em última análise, deve ser o usuário. O reajuste se traduz em uma fórmula que considera os insumos relevantes da prestação desde seu início e a variação periódica desses custos indicada no edital e contrato, devendo ser, no mínimo, anual.

O parágrafo 10 também estabelece como imperativa a periodicidade para a revisão de tarifa que deverá ser estabelecida no contrato desde a minuta do edital. Nisso houve uma parametrização do legislador para também impor periodicidade mínima, o que a legislação e a doutrina

---

[267] JUSTEN FILHO. *Concessões de serviços públicos*, p. 163.
[268] Como exemplo, veja-se que na concessão do transporte coletivo de passageiros por ônibus convencional de Belo Horizonte, que vigorará até o ano de 2028, há previsão, na cláusula 22.4 do contrato, de divisão dos ganhos de produtividade em igual proporção entre o Concessionário e os usuários, sendo que estes últimos se apropriam do ganho por meio da tarifa (*vide* http://www.bhtrans.pbh.gov.br/portal/page/portal/portal publicodl/Temas/Onibus/gestao-transporte-onibus-2013/E072C1C4E009E920E040000 A1D2810D0BHLESTE.pdf. Acesso em 14 mar. 2017).

definiam como próprio apenas do reajuste, mas atente-se para a norma do §1º, do artigo 2º da Lei nº 10.192, de 14.02.2001, a qual impede que seja a periodicidade do reajuste inferior a um ano. É, por isso, conveniente e salutar que essa *revisão*, cuja periodicidade cabe ao poder público dimensionar, também não seja fixada nos respectivos editais e contratos em prazo inferior a um ano.[269]

Se os reajustes e as revisões ordinárias se assemelham quanto à obrigação de prévia fixação de periodicidade, em nada se parecem no que concerne à finalidade. Os reajustes têm critérios e insumos previamente conhecidos desde o ato convocatório da delegação. As revisões ordinárias se prestam a investigar regularmente as variações desconhecidas no momento da contratação como, por exemplo, o custo da inclusão de novas tecnologias que, por ser possível ao poder público exigir a implementação, com base nos princípios da atualidade e da eficiência, devem aderir ao contrato como cláusula de reequilíbrio o quanto antes, podendo em aditamento à avença passar até a compor a cláusula de reajuste em situações em que a obrigação se incorpore definitivamente às responsabilidades e custos contratuais.

Fora isso, só poderá haver a revisão de impacto imprevisível, ou previsível, porém de grau imprevisível, desde que fundamentada, em caráter excepcional, na forma do *parágrafo 12*. Quando essa revisão for provocada por pleito do delegatário dos serviços, este deverá demonstrar a necessidade com elementos indispensáveis e suficientes para subsidiar a decisão e em qualquer caso haverá de ser observado o interesse público.

Os incisos I e II do parágrafo 10 revelam a característica finalística dos serviços públicos sobre a qual tratamos no início desta obra. A figura do usuário sobressai como alvo maior dos serviços de transporte pelo viés socieconômico. Tanto as receitas alternativas quanto os ganhos de eficiência de produtividade das empresas devem beneficiar os usuários. Na verdade, o que se transfere são os efeitos econômicos das tarifas em benefício daqueles que não podem honrá-la senão com muito sacrifício.

O inciso III deve ser lido juntamente com o artigo 10 da Lei Federal nº 8.987/95, o qual confere ao contratante da delegação a incumbência de ditar os padrões de verificação do equilíbrio econômico-financeiro do ajuste celebrado, que nada mais são do que as condições normais de execução pactuadas. Não há porque incumbir o poder concedente

---

[269] No mesmo contrato de Belo Horizonte referenciado na nota anterior, a revisão ordinária tem previsão na cláusula 22.1 com ocorrência a cada quatro anos.

do azedume das responsabilidades e oscilações normais do contrato, uma vez que, para se livrar desse fardo optou pelo trespasse da gestão operacional ao terceiro interessado, mas este assumirá os riscos delimitados no ato da assinatura de seu termo de compromisso. É na medida indicada pelo contrato que o particular assume os riscos razoavelmente oscilantes do desempenho dele esperado que este honre suas obrigações prestacionais.

Boa doutrina advoga, com base no inciso II do artigo 2º da Lei Federal nº 8.987/95, que os riscos advindos pela efetividade do serviço público concedido cabem tão só ao concessionário,[270] produzindo a transferência, para a órbita alheia, dos riscos e encargos derivados da prestação do serviço público, porque seria ofensivo à ordem jurídica o modelo contratual que reservasse ao Estado o risco do prejuízo e assegurasse ao delegatário o privilégio de parte dos lucros.[271]

Contudo, o inciso III do §10 da norma que comentamos impõe ao revisor do contrato o dever de *aferir seu equilíbrio econômico e financeiro* de forma a permitir que seja cotejado até onde vai o risco e a partir de quando ele exorbita do que se assumiu e deve ser compensado ou reequilibrado.

Nessa linha de raciocínio parece mais temperada e afinada, ao menos ao regramento agora positivado especificamente para os contratos de serviços de transporte público coletivo, a leitura da tese de doutoramento do Dr. Marcos Augusto Perez (orientada pela professora Odete Medauar) onde condensou o que aceita como inteligência da norma do artigo 10 da Lei nº 8.987/95 para a corrente doutrinária que representa. Sua constatação é que:

> (...) a Lei nº 8.987/95, ao estabelecer que a concessão se dá "por sua conta e risco" referindo-se à esfera de responsabilidades do concessionário, na verdade não transfere normativamente todos os riscos da concessão ao concessionário, mas tão-somente *aqueles que o negócio (o contrato), em função de suas condicionantes econômico-financeiras, estabelece*.[272]

De fato, o §4º do art.9º e o art. 10 da Lei nº 8.987/95[273] colocam o foco legal do reequilíbrio econômico-financeiro no objetivo de manter

---

[270] CRETELLA JR. *Curso de direito administrativo*, p. 359.
[271] JUSTEN FILHO. *Concessões de serviços públicos*, p. 67.
[272] PEREZ. *O risco no contrato de concessão de serviço público*, p. 131.
[273] Art. 9º A tarifa do serviço público concedido será fixada pelo preço da proposta vencedora da licitação e preservada pelas regras de revisão previstas nesta Lei, no edital e no contrato.

a equação econômica do pacto. Por sua vez, quando o inciso III, do §10 do estatuto em comento impõe monitoramento constante do equilíbrio econômico-financeiro da delegação, avança para um objetivo explícito maior de preservar a continuidade e outros aspectos da adequação dos serviços, pois mais que a preservação do contrato está em jogo a manutenção do serviço, de caráter essencial, segundo o art. 30, V da CRFB. Cristiana Fortini já extraia do estatuto das concessões esse entendimento sobre a inteligência do reequilíbrio das delegações em geral ao afirmar que *se houve a opção motivada pela prestação indireta, há o interesse em preservá-la*,[274] mas o monitoramento por meio de revisões periódicas que o estatuto da mobilidade impõe deixa essa finalidade mais explícita.

Cabe, pois, ao poder delegante estabelecer tanto a periodicidade mínima dos reajustes (§9º) e das revisões periódicas (§10) quanto incluir a transferência de parcela dos ganhos de eficiência e produtividade das empresas aos usuários (§10). Em qualquer caso, as aferições que ensejam os reajustes e revisões terão como parâmetro indicador definido em contrato (§10, III), pois é nele que são fixados os critérios de adequação no atendimento. Esse monitoramento também tem o condão de evidenciar que a expressão "por sua conta e risco" presente no art. 2º da Lei nº 8.987/95, não pode deixar que o trespasse da operação desonere o poder delegante de se empenhar na manutenção do serviço adequado. Certamente por isso é que Fortini conclui que o risco a que se submete o concessionário não é absoluto.[275]

O parágrafo 11 reforça o entendimento acima exposto quando retira da segurança do direito um padrão de equilíbrio econômico financeiro que deixa de existir quando da oferta de descontos, sazonais ou não, pelo operador dos serviços. Para esta situação o contrato poderá apenas regular a anuência do poder público, mas em hipótese alguma a cobertura do risco, presumida e integralmente assumido pelo delegatário dos serviços, o que não configura nem atrai qualquer espécie de revisão, nem mesmo a de caráter excepcional do *parágrafo 12*.

---

§4º Em havendo alteração unilateral do contrato que afete o seu inicial equilíbrio econômico-financeiro, o poder concedente deverá restabelecê-lo, concomitantemente à alteração.
Art. 10. Sempre que forem atendidas as condições do contrato, considera-se mantido seu equilíbrio econômico-financeiro.
[274] FORTINI. *Contratos administrativos*: franquia, concessão e PPP, p. 42.
[275] *Op. cit.*

A sazonalidade é um indicativo de estações ou ciclos, mas o uso de outros critérios de desconto não está impedido. A possibilidade de descontos sazonais permite, por exemplo, incentivar o uso do transporte coletivo no período de férias escolares, no qual, historicamente, há uma acentuada queda na arrecadação. Assim também, pode servir de incentivo a um uso específico, como promover um evento, ou admitir prática mercadológica, com o fim de arrecadar mais a partir da diminuição da tarifa. Para todas as hipóteses é imprescindível que sejam obedecidos os princípios constitucionais, especialmente o da igualdade, e a necessária anuência do poder público.

O STJ já se manifestou quanto à legalidade do mecanismo de descontos na integração entre modais, inclusive quanto à possibilidade de limitação de tempo para utilização dos bilhetes com desconto, a qual seria inerente à caracterização das viagens integradas.[276]

3.4.3 Controle e diretrizes para a delegação

> Art. 10. A contratação dos serviços de transporte público coletivo será precedida de licitação e deverá observar as seguintes diretrizes:
>
> I - fixação de metas de qualidade e desempenho a serem atingidas e seus instrumentos de controle e avaliação;
>
> II - definição dos incentivos e das penalidades aplicáveis vinculadas à consecução ou não das metas;
>
> III - alocação dos riscos econômicos e financeiros entre os contratados e o poder concedente;
>
> IV - estabelecimento das condições e meios para a prestação de informações operacionais, contábeis e financeiras ao poder concedente; e
>
> V - identificação de eventuais fontes de receitas alternativas, complementares, acessórias ou de projetos associados, bem como da parcela destinada à modicidade tarifária.
>
> Parágrafo único. Qualquer subsídio tarifário ao custeio da operação do transporte público coletivo deverá ser definido em contrato, com base em critérios transparentes e objetivos de produtividade e eficiência, especificando, minimamente, o objetivo, a fonte, a periodicidade e o beneficiário, conforme o estabelecido nos arts. 8º e 9º desta Lei.

---

[276] STJ. REsp nº 1.273.722/RJ, Rel. Min. Mauro Campbell Marques, 2ª Turma, *DJe*, 28 nov. 2011.

O *artigo 10* impõe a licitação como critério de seleção do contratado para prestar os serviços de transporte público coletivo. A redação alterou pouco em relação ao artigo 14 da Lei nº 8.987/95, que estabeleceu a necessidade da licitação para a concessão. Aqui a norma dita o procedimento previamente ao contrato. A par da discussão sobre ser ou não a permissão um contrato, não resta dúvida que também para ela a licitação se impõe, da mesma forma que o estatuto das concessões também é aplicável às permissões no que couber.

Resta claro, porém, que, legalmente, não há imposição aqui de processo licitatório para o transporte individual de passageiros, assunto que será tratado adiante. A licitação também tem diretrizes e elas são indicadas nos incisos como se segue.

3.4.3.1 A delegação dos serviços e seus contratos

Embora na doutrina haja voz no sentido de que a delegação é exceção no caso dos transportes coletivos municipais,[277] na prática dos grandes centros urbanos não se vê execução direta desses serviços, até porque é unânime o entendimento no campo político de que o investimento é alto e compensa o trespasse à iniciativa privada que também tem mais eficiência na operação. Celso Antônio Bandeira de Mello é o doutrinador que repudia essa concepção com certo saudosismo em relação ao tempo em que o Estado era mais prestador que delegante. Cita, em nota de rodapé,[278] com muita razão e propriedade, os exemplos negativos das Agências Reguladoras que não conseguem colocar ordem nos serviços aéreos e de telefonia, dentre outros, sem que daí resulte as presumidas sanções supostas na legislação.

O artigo 175 da CRFB incumbiu ao Poder Público, *na forma da lei*, diretamente ou sob regime de concessão ou permissão, sempre através de licitação, a prestação de serviços públicos. Inicialmente, em razão da expressão "na forma da lei" houve discussão se seria a norma autoaplicável ou não, e se não, haveria que esperar a norma regulamentadora para ser exigível a licitação.

O fato é que o próprio texto do dispositivo em causa já reforçava a necessidade de obediência aos princípios da isonomia, da impessoalidade e da moralidade que não prescindem de um processo

---

[277] BULOS. *Constituição Federal anotada*, p. 1278.
[278] BANDEIRA DE MELLO. *Curso de direito administrativo*. 26. ed., p. 671, nota 20.

seletivo equitativo e sem direcionamentos para a escolha do prestador, pois a própria dicção do artigo 175 frisa a necessidade do procedimento prévio licitatório ao utilizar o advérbio *sempre*, que não deixa dúvidas quanto a ser imediatamente aplicável esse comando, até porque o que há de acontecer na forma da lei é o que o parágrafo único impõe a ela dispor, sem falar na recepção do Decreto-Lei nº 2.300/86, então vigente, de forma a não deixar lacuna na legislação quanto a essa exigência.

Essa autoaplicabilidade foi prestigiada pelo STF no *RE nº 140.989/RJ*, j. 16.03.1993, Rel. Min. Octávio Gallotti, que no *RE nº 214.382, DJ*, 19 nov. 1999 entendeu também prevalecer a licitação até quando discutida em face do princípio da livre-iniciativa em demanda relativa a certame para o transporte interestadual de passageiros.

A Lei Federal nº 12.587/12 prestigia a aplicação de regramentos das Leis Federais nºs 8.666/93 e 8.987/95, citando expressamente essa última e apenas quando regulamenta o direito dos usuários. Contudo, como lei especial que cuida com exclusividade das delegações de serviços públicos de transporte, a LPNMU se sobrepõe em seus regramentos no caso de conflito com a Lei Geral das Concessões e a Lei Geral das Licitações.[279]

Exemplificando, enquanto o artigo 18, I da Lei Federal nº 8.987/95, estabelece que os editais das licitações de serviços públicos em geral devem conter as metas da concessão, *o artigo 10* da Lei Federal nº 12.587/12 expande os ditames a respeito das metas da contratação, explicitando objetivamente no inciso I que as tais devem ser relativas à qualidade e desempenho a serem atingidos, prescrevendo ainda a previsão de instrumentos de controle e avaliação dessas metas.[280] Portanto, existem especificidades que a LPNMU agrega e sobrepõe as normas das concessões de outros serviços nesses aspectos minudenciados.

---

[279] Aplica-se aí a regra do art. 2º, §2º da LNDB, o qual dispõe que "a lei nova, que estabeleça disposições gerais ou especiais a par das já existentes, não revoga nem modifica a lei anterior". Portanto, as leis convivem, aplicando-se cada qual em seu caso de abrangência sem que uma revogue a outra. Esclareça-se que através da Lei nº 12.376, de 30 de dezembro de 2010, que entrou em vigor em 31.12.2010, foi alterada a ementa da Lei de Introdução ao Código Civil (Decreto-Lei nº 4.657, de 04.09.1942), passando a vigorar com a seguinte nomenclatura: "Lei de Introdução às Normas do Direito Brasileiro". Com isso, o Decreto-Lei nº 4.657, de 04.09.1942, passou a denominar-se "Lei de Introdução às normas Do Direito Brasileiro" e não mais Lei de Introdução do Código Civil (LICC). Há autores que nomeiam LINDB e outros LNDB.

[280] Há proposições do Senador Antonio Anastasia (PEC nº 71/2015 e PLS nº 348/2015) no sentido de obrigar o prestador de serviços públicos a disponibilizar informações, metas e indicadores sobre a qualidade do serviço.

De resto, naquilo que a LPNMU é omissa caberá, obvia e obrigatoriamente, a invocação subsidiária tanto da Lei nº 8.666/93 quanto da Lei nº 8.987/95. Usando os mesmos artigos do exemplo acima, nota-se que, embora a LPNMU tenha se aprofundado na questão das metas, foi omissa quanto ao objeto, sua abrangência e reversibilidade de bens, entre outros temas. Conquanto a lei de concessões supra essas lacunas, alguns editais pecam em não tratar da abrangência da prestação e da reversibilidade dos bens adequadamente.

3.4.3.2 Da abrangência geográfica da delegação e da reversibilidade

Os atos convocatórios das licitações de transporte público, como regra, não devem selecionar propostas para linhas ou itinerários, mas regiões ou bacias, ainda que no planejamento destas estejam previstos aqueles (itinerários e linhas), isto porque a dinâmica das cidades é mutante. A lógica deve ser a mesma do setor de telefonia, no qual não é ofertada a implantação e operação de um determinado número de linhas, mas de uma planta, uma região. Quem oferecer mais pela outorga assumirá os riscos dos efeitos migratórios dos interesses da comunidade e respectiva população usuária da região, que pode, por qualquer motivo, aumentar ou diminuir, assim como investir mais ou menos.[281]

Em razão desse equívoco muito comum nas licitações de transporte coletivo, é que o STJ se viu obrigado a não admitir a assunção de trecho com itinerário não previsto originalmente em edital que adotou essa lógica de licitar linhas. No *RMS nº 27.355/GO*, o STJ entendeu que a recorrente não tinha direito a preservar exclusividade em trecho que seria licitado por faltar, no seu caso, a prévia licitação, ou seja, o Poder Público teve que licitar linha a ser implantada na região onde já atuava uma contratada.

---

[281] É importante entender que esse raciocínio é totalmente válido para as licitações em que concorrem pessoas jurídicas, organizadas isoladamente ou em consórcio, para atender aos lotes licitados num dado contexto urbano. Nas hipóteses de licitações que admitem pessoas físicas ou empresas individuais, como no transporte suplementar realizado por *vans* ou micro-ônibus de particulares que prestam os serviços com veículo único num contexto de uma linha, é necessário que a delegação se dê por vagas, ou seja, cada delegatário concorre a uma delegação na qual adjudicará o direito a explorar o serviço numa determinada linha com seu veículo único juntamente com outros adjudicatários que igualmente prestarão o serviço cada qual com o seu.

Da mesma forma, nos transportes públicos existem casos em que serão poucos os bens reversíveis, e em outros, a reversibilidade será significativa. Nos serviços de metrô, as estações e os trilhos devem, e até os próprios vagões podem, ser reversíveis. No caso do transporte coletivo por ônibus, ao contrário, não é interessante para o Poder Público receber os veículos de volta, razão pela qual as planilhas nesses contratos estabelecem, como regra, a quase totalidade da depreciação dos ônibus. Na prática, se um ônibus é depreciado, em média, no prazo de dez anos, a concessão deve prever no mínimo esse prazo para a delegação ser econômica e operacionalmente eficiente, e o Poder Público não ficará com sucatas ao final da prestação, uma vez que será prevista no edital essa depreciação à medida que ela acontece no curso da delegação.

O inciso I do artigo 10, como já dito, impõe que sejam fixadas metas de qualidade e desempenho, bem como os respectivos instrumentos de controle e avaliação.

Como principal meta de política de mobilidade deve ser destacada uma consistente priorização ao transporte coletivo que resulte em redução do tempo das viagens para a conquista do usuário por esse óbvio atrativo. Essa também é a equação da viabilidade econômico-financeira do serviço, que aponta para uma das visões de sustentabilidade da circulação urbana, cujo alvo é beneficiar pessoas mais do que negócios, porque a ordem econômica valoriza a livre-iniciativa com o fim de assegurar a todos existência digna, conforme os ditames da justiça social, nos termos do artigo 170 da Constituição Federal.

Assim, tanto a qualidade quanto o desempenho, eleitos como parâmetros para a fixação de metas nos contratos, devem ser medidos tendo em vista a eficiência da prestação com mira na satisfação do usuário. Não é à toa que o capítulo da política urbana da Constituição foi inserido no título da ordem econômica e social. As pessoas que a Federação, regida pela Carta Republicana, quis proteger vivem num contexto urbano e a dignidade delas depende essencialmente das metas de política de qualidade e desenvolvimento urbano que é aferidora mais exata e qualificada da satisfação que a arrecadação do PIB nacional.

As metas devem ser claras e facilmente aferíveis, o que significa que os critérios devem ter objetividade.

O inciso II impõe a definição dos incentivos e penalidades aplicáveis quando não atingidas as metas na prestação. De fato, o problema maior dos contratos não está na sua elaboração, mas na fiscalização.

O controle bom existirá quando os níveis de atendimento tiverem parâmetros firmes e realistas quanto ao que se quer e se pode atingir. Esse é ponto mais negativo da experiência do Poder Público enquanto contratante no Brasil, razão por que aderimos à avaliação de Bandeira de Mello, para quem o Estado é muito pior fiscalizador ou "controlador" do que prestador de serviços.

O inciso III confirma o que pregamos no comentário do inciso III do §10 do artigo 9º. Lá está regrado que o contrato deve indicar como aferir o equilíbrio. Aqui está disposto que o contrato deverá destinar ao ente contratante ou ao contratado os riscos, que por serem econômicos, devem preferencialmente indicar rubricas, para apropriação de cada qual.

O inciso IV determina que seja dialógica a relação, obrigando a indicação dos meios a serem utilizados para uma relação transparente. A vantagem é que os serviços passam a ter exigência legal de manutenção de um diário de ocorrências para apurações operacionais, contábeis e financeiras, especialmente se estas forem necessárias em caso de discussão sobre cumprimento adequado das obrigações de cada qual. Facilita a apuração de responsabilidades de fatos passados.

O inciso V estabelece a necessidade de identificação das fontes de receita, complementares, acessórias ou de projetos associados ao poder concedente. Essa diretriz serve para determinar que os contratos forneçam critérios claros especialmente aos beneficiários dos serviços para fiscalizarem, conforme admitido pelo art.14, II, a apuração das fontes que podem contribuir com a modicidade das tarifas, sempre revertida ao usuário.

O parágrafo único inclui os subsídios tarifários entre os objetivos de produtividade e eficiência, para que também estes sejam especificados com objetividade, pois o assunto interessa tanto aos usuários quanto aos afluentes aos certames para a seleção dos prestadores dos serviços, na medida em que precisam saber os primeiros de onde pode advir receita que lhes permitam beneficiarem-se quando da fixação ou revisão da tarifa e, os segundos, ficam cientes previamente de como devem fazer os cálculos dos ganhos e das parcelas deste que repassarão aos usuários nos termos do §9º do artigo 10.

> Art. 11. Os serviços de transporte privado coletivo, prestados entre pessoas físicas ou jurídicas, deverão ser autorizados, disciplinados e fiscalizados pelo poder público competente, com base nos princípios e diretrizes desta Lei.

O artigo 11 estabelece a autorização como ato administrativo de tutela e vigilância da atividade do particular que confere legitimidade à prestação dos serviços privados de transporte coletivo. Na prática é o que já acontece, pois o fomento, nesse caso, embora não dependa de licitação, como se dá com as concessões e permissões, funciona como um limite regulamentado em norma própria para exercício da faculdade de se obrar em tal ofício.

A essas autorizações aplicam-se os princípios do artigo 5º e as diretrizes do artigo 6º, que devem agora nortear a disciplina pelo poder público, bem como a fiscalização. Se a lei disse que tais serviços "deverão ser autorizados" essa dicção pode ter duas leituras. Poderia daí se entender que a lei dá o tom vinculante ao ato de tal forma que uma vez disciplinado pelo poder público competente, terá o interessado direito a prestar os serviços desde que atenda aos condicionamentos regrados. No entanto, em leitura mais restritiva e adequada parece que a intenção do legislador é apenas dizer que a eventual regulamentação dessa atividade, se e quando acontecer, deve ser com base nos princípios e diretrizes dessa lei. Se o regramento local estabelecer autorização em sentido estrito será discricionária e precaríssima a atuação. Se a norma local definir pelo sentido amplo, que admite a licença como espécie do gênero para conferir o direito, o ato será vinculado. Em qualquer hipótese o ato é unilateral, pois depende apenas de anuência do poder competente.

Esse dispositivo pode ter vindo com a intenção de normatizar o que Estados e Municípios já faziam com os chamados "fretamentos", sem a diretriz do dispositivo, mas, na verdade, os fretamentos caracterizam uma viagem individualizada e não transporte coletivo, na medida em que estes são cessões de um veículo para um objetivo comum a todos. Por meio dos fretamentos viajam grupos de turismo, de sacoleiros ou para eventos e festas, acampamentos etc., todos numa viagem individualizada para os objetivos de um grupo.

Entretanto, como o art. 11 trata de transporte privado coletivo, há aqui uma questão de ordem constitucional ainda mais relevante e que demandará definição judicializada firme e esclarecedora do que o legislador constitucional quis proteger. O caráter essencial do transporte público coletivo urbano de passageiros é fixado no art. 30, V da Carta Constitucional, por certo, tendo em vista a proteção que a continuidade e generalidade desse atendimento devem ter, conforme, aliás, regula o art. 6º da Lei nº 8.987/95.

Como já dissemos, o traço da essencialidade que a Constituição só pontuou para esse serviço público na forma coletiva de atendimento o distingue exatamente pela dependência que dele tem toda a vida citadina, inclusive a manutenção regular do atendimento dos demais serviços públicos nela disponíveis.[282]

A previsão do art. 11, certamente, abre uma brecha perigosa de concorrência predatória do serviço privado, que não tem qualquer compromisso com os princípios do art. 6º da Lei nº 8.987/95, como o transporte regular licitado para prestar serviço público essencial, sinalizando, assim, possível violação ao equilíbrio econômico-financeiro assegurado pela política tarifária imposta pelo art. 175 da Constituição, que deve seguir a estabilidade assegurada pelo art. 37, XXI da mesma CRFB.

> Art. 11-A. Compete exclusivamente aos Municípios e ao Distrito Federal regulamentar e fiscalizar o serviço de transporte remunerado privado individual de passageiros previsto no inciso X do art. 4º desta Lei no âmbito dos seus territórios. (Incluído pela Lei nº 13.640, de 2018)
>
> Parágrafo único. Na regulamentação e fiscalização do serviço de transporte privado individual de passageiros, os Municípios e o Distrito Federal deverão observar as seguintes diretrizes, tendo em vista a eficiência, a eficácia, a segurança e a efetividade na prestação do serviço: (Incluído pela Lei nº 13.640, de 2018)
>
> I - efetiva cobrança dos tributos municipais devidos pela prestação do serviço; (Incluído pela Lei nº 13.640, de 2018)
>
> II - exigência de contratação de seguro de Acidentes Pessoais a Passageiros (APP) e do Seguro Obrigatório de Danos Pessoais causados por Veículos Automotores de Vias Terrestres (DPVAT); (Incluído pela Lei nº 13.640, de 2018)
>
> III - exigência de inscrição do motorista como contribuinte individual do Instituto Nacional do Seguro Social (INSS), nos termos da alínea h do inciso V do art. 11 da Lei nº 8.213, de 24 de julho de 1991. (Incluído pela Lei nº 13.640, de 2018)

---

[282] Invocando os arts. 208, VII e 227 da CRFB e o art. 11, VI da LDB (Lei nº 9394/96), o TJMG deu provimento a uma tutela antecipada rogada no Agravo de Instrumento nº 1.007.18.00348/5-6/001 (6ª C. Cível, Rel. Des. Edilson Olimpio Fernandes, em 16/10/2018, pub. em 26/10/2018) na Ação Civil Pública movida pelo Ministério Público Estadual. No caso, a mãe de um estudante, amparada pelo *parquet*, exigia da municipalidade transporte para uma escola urbana que ficava a 42 km de sua casa, para evitar que a criança se submetesse a uma classe multisseriada em sua comunidade na área rural. A decisão unânime no agravo provido evidencia a importância do transporte para efetivação do serviço público de educação assegurado na Constituição, tanto no âmbito urbano quanto no rural.

O dispositivo trata da competência municipal que resulta do art. 30, I da Constituição Federal. Sendo, como é, o transporte um direito social (art. 6º da CRFB) e traduzindo, na hipótese, um interesse local, inclusive no DF quando atua nessa dimensão, a lei ruma em sintonia com a estrutura da organização federativa republicana positivada, inclusive quando em sua redação se inclui o advérbio *exclusivamente*. Há quem defenda que o município não dispõe de competência para legislar sobre o tema, configurando violação a restrição constitucional explícita (art. 22, XI da CRFB), mas o STF caminha para o entendimento de que cabe ao município, ainda que com alguns limites, legislar a respeito.[283]

Registre-se, por absolutamente necessário, que a questão entre ser público ou privado não é a mais relevante. O que atrai a competência, além do interesse local, segundo a dicção da norma, é o fato de ser um serviço *remunerado*. Não se trata, pois, de um carona, mas de um usuário e consumidor de serviço. Para essa relação consumerista é que a lei remete ao Município o que deve ser entendido como imperatividade – e não mera faculdade – de regulamentação e fiscalização.

A norma acentua, no parágrafo único, que essa regulamentação e fiscalização são relativas ao transporte *privado* individual de passageiros, indicação que, depois da decisão da Ministra Rosa Weber no RE nº 1.169.159,[284] em 26/10/2018, tem novo significado, na medida em que, se o táxi é atividade econômica – e não serviço público –, inexiste, na prática, transporte individual remunerado de passageiros que se qualifique como público.

---

[283] (Veja-se CAVALCANTI, Bruno. *Problemas na lei que regulamenta o transporte por aplicativos*. Disponível em: www.conjur.com.br. Acesso em: 04 mar. 2019). Houve até quem dissesse que a Lei nº 13.640/18 trouxe um risco de transformar o transporte por aplicativos em mais uma "jabuticaba" no Brasil (Veja-se LUCCAS, Victor Nóbrega; LUÍS, Daniel Taveira. *A regulamentação municipal dos serviços de transporte por aplicativo e o risco da jabuticaba*. Disponível em: www.migalhas.com.br/arquivos/2018/5/art20180517-02.pdf. Acesso em: 04 mar. 2019). Data venia, o risco não veio com a lei. Ele foi implantado, em nosso sentir, pelos arts. 18 e 30, I e II da CRFB, quando o legislador constituinte inaugurou a ideia da autonomia municipal para cuidar, com exclusividade, do interesse local e também suplementar a legislação federal e a estadual no que couber. De fato, a opção da estrutura federativa da nossa Constituição é uma jabuticaba, ou seja, a Lei nº 13.640/18 só faz respeitar o ordenamento estabelecido em sede constitucional. O STF, aliás, está em vias de pacificar esse entendimento, conhecidos os votos dos Ministros Barroso (relator) e Fux na Repercussão Geral que advirá do TEMA 967 e também na ADPF 449 nessa linha.

[284] Na primeira edição desta obra, acompanhando a mais respeitada doutrina sobre o tema, já dizíamos que o táxi não é serviço público, mas agora, depois dessa decisão, que invoca outros julgados em recursos repetitivos, nos termos do art. 932, "b" e VIII do CPCe 21, §1º, do RISTF, a matéria, antes controversa em Tribunais Estaduais, restou pacificada também na jurisprudência.

Dessa forma, a interpretação desse dispositivo depende do significado da expressão *"não aberto ao público"* e da rigorosa obediência ao que se pretendeu com sua inclusão na norma. É que tanto os táxis quanto os serviços oferecidos por aplicativos não vinculados a táxis lançam mão da tecnologia para captação de *clientela exclusiva e cadastrada*, por meio de plataforma georreferencial, mas só nos táxis é que se adota também a chamada autônoma na rua pelo usuário, com o costumeiro aceno de mão.

De fato, nada impede que qualquer pessoa do povo se cadastre em aplicativos, o que, na prática, esvazia o que a lei pretendeu distinguir, da mesma forma que existe o risco de alguém acenar para um veículo vinculado a aplicativo que não atenda através de táxis e ali negociar viagem sem intervenção do aplicativo, o que configuraria clandestinidade, além de desagradar o operador da plataforma do aplicativo ao qual eventualmente esteja vinculado.

Destarte, é impossível defender, como alguns advogam, que, a eficiência, a eficácia, a segurança e a efetividade na prestação do serviço só admitem regulação e fiscalização do poder público quando o serviço não for explorado sob a forma privada, escorando-se na livre-iniciativa. A livre-iniciativa não é um cheque em branco blindado ao ponto de impedir o Estado de regular e proteger usuários de serviços, incluídos aqueles que embora não sejam públicos, enquadram-se entre os de interesse público e são remunerados.[285]

Disso resulta que os incisos deste e do artigo seguinte contêm exigências pertinentes à eficiência, eficácia, efetividade e segurança na prestação, a que título for, porque o foco da norma ao instituir requisitos de adequação não é o prestador, mas o usuário. A lei está muito mais a serviço deste, e àquele cabe não apenas servi-lo, mas servi-lo bem, atendendo a requisitos mínimos regulados pelo poder público.

>Art. 11-B. O serviço de transporte remunerado privado individual de passageiros previsto no inciso X do art. 4º desta Lei, nos Municípios que optarem pela sua regulamentação, somente será autorizado ao motorista que cumprir as seguintes condições: (Incluído pela Lei nº 13.640, de 2018)

---

[285] Calixto Salomão Filho já disse que "livre iniciativa não é sinônimo de liberdade econômica absoluta (...) O que ocorre é que o princípio da livre iniciativa, inserido no caput do art. 170 da Constituição Federal, nada mais é do que uma cláusula geral cujo conteúdo é preenchido pelos incisos do mesmo artigo. Esses princípios claramente definem liberdade de iniciativa não como uma liberdade anárquica, porém social, e que pode, consequentemente ser limitada" (SALOMÃO FILHO, Calixto. *Regulação da atividade econômica (princípios e fundamentos jurídicos)*. São Paulo: Malheiros, 2001, p. 93-94).

I - possuir Carteira Nacional de Habilitação na categoria B ou superior que contenha a informação de que exerce atividade remunerada; (Incluído pela Lei nº 13.640, de 2018)

II - conduzir veículo que atenda aos requisitos de idade máxima e às características exigidas pela autoridade de trânsito e pelo poder público municipal e do Distrito Federal; (Incluído pela Lei nº 13.640, de 2018)

III - emitir e manter o Certificado de Registro e Licenciamento de Veículo (CRLV); (Incluído pela Lei nº 13.640, de 2018)

IV - apresentar certidão negativa de antecedentes criminais. (Incluído pela Lei nº 13.640, de 2018)

Parágrafo único. A exploração dos serviços remunerados de transporte privado individual de passageiros sem o cumprimento dos requisitos previstos nesta Lei e na regulamentação do poder público municipal e do Distrito Federal caracterizará transporte ilegal de passageiros. (Incluído pela Lei nº 13.640, de 2018)

Os três incisos do art. 11-B elencam condições mínimas – não exaustivas – de atendimento pelos condutores de veículos para a exploração de atividade remunerada de transporte individual de passageiros. A informação de que "Exerce Atividade Remunerada" (EAR) é imposta pelo art. 147, §5º do CTB. A CNH e o CRLV são documentos imprescindíveis à regularidade do motorista e do veículo, respectivamente, nos termos dos Capítulos XI e XIV e sob as penas do Capítulo XV do CTB.

Por sua vez, a caracterização do transporte ilegal de passageiros, quando remunerado, já tinha previsão no art. 231, VIII do CTB na falta do *licenciamento* para essa finalidade. Ocorre que o licenciamento é atividade que compete aos DETRANS e, na hipótese, a placa vermelha evidencia esse registro para admitir que o veículo seja empenhado nessa prestação autorizado pelo estado competente.

Na presente lei, o que se regula não é o licenciamento do veículo, mas o registro da própria atividade como um todo, prevendo-se na norma municipal, além de idade máxima para o veículo, a obrigatória exibição de certidão de antecedentes criminais dos condutores e necessidade de seguro, que são quesitos de segurança, bem como a atuação mediante inscrição no INSS e repartição fazendária, para o correspondente recolhimento de tributos, visando à verificação da regularidade fiscal.

No entanto, o artigo faculta ao Município decidir por regular ou não a atividade. Essa dita *opção* também irá provocar discussão, isso porque a falta da regulamentação, por óbvio, já foi tida pelo Judiciário como impeditiva de sancionamento, e a própria dicção do parágrafo único ajuda a explicar esse entendimento, uma vez que não se pode punir sem previsão legal sobre a tipificação e a dosimetria da sanção. Portanto, em rigor, não é uma faculdade, senão para viabilizar o caos em caso de omissão. Há que ser lida a disposição como atribuição compulsória que parte de um mínimo necessário.

Nesse ponto, bem escolia Fortini ao afirmar que o que a lei faz é oferecer "um piso de condições, mas não um teto. Se assim fosse, o espaço para a regulamentação estaria esvaziado, restando nada ou quase nada a fazer aos municípios e ao Distrito Federal".[286]

> Art. 12. Os serviços de utilidade pública de transporte individual de passageiros deverão ser organizados, disciplinados e fiscalizados pelo poder público municipal, com base nos requisitos mínimos de segurança, de conforto, de higiene, de qualidade dos serviços e de fixação prévia dos valores máximos das tarifas a serem cobradas. (Redação dada pela Lei nº 12.865, de 2013)
>
> Art. 12-A. O direito à exploração de serviços de táxi poderá ser outorgado a qualquer interessado que satisfaça os requisitos exigidos pelo poder público local. (Incluído pela Lei nº 12.865, de 2013)
>
> §1º É permitida a transferência da outorga a terceiros que atendam aos requisitos exigidos em legislação municipal. (Incluído pela Lei nº 12.865, de 2013)
>
> §2º Em caso de falecimento do outorgado, o direito à exploração do serviço será transferido a seus sucessores legítimos, nos termos dos arts. 1.829 e seguintes do Título II do Livro V da Parte Especial da Lei nº 10.406, de 10 de janeiro de 2002 (Código Civil). (Incluído pela Lei nº 12.865, de 2013)
>
> §3º As transferências de que tratam os §§1º e 2º dar-se-ão pelo prazo da outorga e são condicionadas à prévia anuência do poder público municipal e ao atendimento dos requisitos fixados para a outorga. (Incluído pela Lei nº 12.865, de 2013)
>
> Art. 12-B. Na outorga de exploração de serviço de táxi, reservar-se-ão 10% (dez por cento) das vagas para condutores com deficiência. (Incluído pela Lei nº 13.146, de 2015) (Vigência)
>
> §1º Para concorrer às vagas reservadas na forma do *caput* deste artigo, o condutor com deficiência deverá observar os seguintes requisitos quanto ao veículo utilizado: (Incluído pela Lei nº 13.146, de 2015) (Vigência)

---

[286] FORTINI, Cristiana. Lei 13.640/18: fim da controvérsia sobre os aplicativos de transporte de passageiros? Disponível em: www.conjur.com.br/2018-abr-05/lei-1364018-fim-contro versia-aplicativos-transporte-de-passageiros. Acesso em: 4 mar. 2019.

I - ser de sua propriedade e por ele conduzido; e (Incluído pela Lei nº 13.146, de 2015) (Vigência)

II - estar adaptado às suas necessidades, nos termos da legislação vigente. (Incluído pela Lei nº 13.146, de 2015) (Vigência)

§2º No caso de não preenchimento das vagas na forma estabelecida no *caput* deste artigo, as remanescentes devem ser disponibilizadas para os demais concorrentes. (Incluído pela Lei nº 13.146, de 2015) (Vigência)

O artigo 12 cuida dos serviços de utilidade pública de transporte individual de passageiros, que devem ser prestados sob *organização, disciplina e fiscalização municipal*. No caso, o art. 12-A faz referência expressa ao serviço de táxi e a lei impõe uma espécie de outorga, sendo possível apenas a forma de autorização, na medida em que táxi não é nem nunca deveria ter sido entendido como serviço público, senão como atividade econômica.

Em vários municípios há, na prática, permissões para exploração do serviço de táxi delegadas mediante licitação, especialmente após a Constituição de 1988. A permissão é delegação de caráter precário, cuja revogação e licitação constitui ato discricionário da Administração Pública,[287] mas permissões de táxi delegadas anteriormente à CRFB de 1988 podem ser mantidas em face da preservação ao ato jurídico perfeito e ao direito adquirido.[288] É oportuno lembrar que o art. 1º do Decreto-Lei nº 2.300, de 21.11.1986 não incluía as permissões dentre os "contratos" sujeitos à prévia licitação, o que vigorou até a promulgação da Lei nº 8.666, em 22.06.1993, a qual impôs a licitação no art. 2º.

Como se disse, a decisão de licitar é discricionária,[289] mas a discussão sobre licitar, no caso dos táxis, é ainda mais delicada. Esclareça-se que boa parte dos prestadores que receberam delegações antes da Lei nº 8.987/95, e em número maior ainda as outorgas anteriores a 1988, não tiveram um termo formal nesse sentido, o que faz presumir, nesses casos, o trespasse por *autorização* ou simples *licença*.

---

[287] STJ. REsp nº 410.367/MG, Recurso Especial 2002/0012851-2 , 2ª Turma, Rel. Min. Eliana Calmon, *DJ*, p. 283, 02 dez. 2002;TJMG. AC nº 1.0024.01.060117-7/002, 3ª C. Cível, un., Rel. Des. Kildare Carvalho, *DJMG*, 11 jun. 2010.

[288] CASTRO, José Nilo de; VIEIRA, Virgínia Kirchmeyer. Permissão de serviço público de transporte. Táxi. anterior à Constituição Federal de 1988 e à Lei de Concessão e Permissão de 1995. Impossibilidade de alteração por lei nova. ato jurídico perfeito. Direito adquirido. *Revista de Direito Municipal – JN&C*, ano III, n. 5, p. 333-344, jan./jun. 2001.

[289] A Empresa de Transportes e Trânsito de Belo Horizonte (BHTRANS) deflagrou a primeira licitação de táxi no país, em 1995, na vigência da Lei Federal nº 8.987/95, segundo informa a ANTP na obra AFFONSO; BADINI; GOUVÊA. *Mobilidade e cidadania*, p. 191.

O *STF* já disse que o *transporte coletivo* de passageiros é serviço público (*RE nº 140.989/RJ*), o que atrai a aplicação do artigo 175 da Constituição Federal, impondo, para os coletivos, a seleção dos delegatários por procedimento licitatório, mas, o *transporte individual* não era reconhecido como tal, senão como serviço de utilidade pública, próprio do exercício da livre-iniciativa, razão pela qual o Estado não deve titularizá-lo, embora deva submetê-lo a disciplina estatal reguladora, com vistas a preservar interesses coletivos. Certamente por isso, a lei estabeleceu no artigo 12 que tais serviços *deverão ser organizados, disciplinados e fiscalizados pelo poder público municipal, com base nos requisitos mínimos de segurança, de conforto, de higiene, de qualidade dos serviços e de fixação prévia dos valores máximos das tarifas a serem cobradas*.

Veja-se que a lei não diz mais que *deverão ser prestados sob permissão*, mas que *deverão ser organizados, disciplinados e fiscalizados*, orientações estas precedidas do verbo em questão. O certo é que a relevância do serviço de transporte individual de passageiros indica que deva se submeter à regulação, prestado ou não a partir de ato administrativo. Correta, portanto, a dicção do artigo 11, que impôs tais deveres também para os casos de transportes enumerados como de caráter privado, tais como o transporte de escolares.

O artigo 12 não tem redação das melhores, mas a Lei nº 12.865/2018 acertou em retirar a antiga obrigatoriedade de delegação mediante permissão, só cabível para a exploração de serviço público, o que não é o caso, isto porque, como diz Celso Antônio Bandeira de Mello, a legislação, frequentemente, utiliza acriticamente expressões sem distinguir ou selecionar com rigor uma dada designação para uma determinada espécie de ato.[290] A jurisprudência também critica a incerteza das terminologias.[291]

O certo, nessa tônica, seria mesmo referir-se aos serviços de táxi como sujeitos a *autorização*, já que há, em linha com o art. 170, § único da CRFB, previsão em lei da profissão, assim como da atividade econômica nas legislações municipais, inclusive em leis orgânicas de

---

[290] BANDEIRA DE MELLO. *Curso de direito administrativo*, 26. ed., p. 433. Miguel Reale acentua que a permissão se constitui como se fora autorização e é exercida como se fora concessão, o que explica que os nossos legisladores ora empreguem um vocábulo, ora outro, ou os dois, indiferentemente, demonstrando a falta de clara determinação conceitual (Natureza jurídica da permissão e da autorização apud REALE, Miguel. *Direito administrativo*: estudos e pareceres).

[291] STJ. REsp nº 410367/MG, Recurso Especial 2002/0012851-2, 2ª Turma, Rel. Min. Eliana Calmon, *DJ*, p. 283, 02 dez. 2002.

diversos municípios, valendo conferir o ensino de Hely Lopes Meirelles sobre a hipótese, quando diz:

> A modalidade de serviços autorizados é adequada para todos aqueles que não exigem execução pela própria Administração, nem pedem especialização na sua prestação ao público, como ocorre com os serviços de táxi (...), os quais, embora não sendo uma atividade pública típica, convém que o poder Público reconheça e credencie os seus executores e sobre ele exerça o necessário controle no seu relacionamento com o público e com órgãos administrativos a que se vinculam para o trabalho (...)[292]

A jurisprudência também oscila quanto à forma de delegação, ora afirmando que os serviços de táxi se transferem por autorização,[293] ora afirmando que é o caso de licença.[294] Celso Antônio Bandeira de Mello concluiu em parecer que a exploração de táxi não é serviço público, mas atividade econômica, regida pelos princípios da atividade econômica e que não se categorizam os taxistas como permissionários.[295] José dos Santos Carvalho Filho,[296] já fazendo menção à Lei nº 12.587/12, alinha-se ao entendimento de Clóvis Beznos no sentido de que o serviço de táxi deve ser autorizado, entendimento que nos parece o mais adequado,[297] o que não impede a adoção de um processo de seleção dos aceitos à prestação dos serviços com preservação da igualdade ou mediante simples credenciamento dos prestadores, vinculando o procedimento adotado tanto a Administração quanto os prestadores, especialmente quanto ao imprescindível regulamento. Antes da citada decisão da

---

[292] MEIRELLES. *Direito administrativo brasileiro*. 30. ed., p. 391.
[293] TJAC. MS 98.000.902.2, Rel. Des. Eva Evangelista, j. 10.02.1999.
[294] STJ. ROMS nº 15.490 - RJ (2002/0145783-7), item 2, Rel. Min. José Delgado *DJ*, 07 abr. 2003. Veja-se ainda o REsp nº 410367/MG, (2002/0012851-2), 2ª Turma, Rel. Min. Eliana Calmon, *DJ*, 02 dez. 2002 onde o STJ acentua o usual desprestígio à melhor técnica também na nomenclatura permissão/concessão. Nessa assentada o STJ esclarece que mesmo tendo em comum a prévia licitação, a permissão permanece como precária e alterável por iniciativa da Administração, enquanto a concessão garante a revisão de cláusulas.
[295] BANDEIRA DE MELLO. Serviços Públicos e Serviços de Utilidade Pública. Caracterização dos serviços de táxi. Ausência de precariedade na titulação para prestá-lo e desvio de poder legislativo, *In*: BANDEIRA DE MELLO. *Pareceres de direito administrativo*, p. 212-227.
[296] CARVALHO FILHO. *Manual de direito administrativo*. 25. ed., p. 444.
[297] Maria Sylvia Zanella Di Pietro reconhece, dentre várias acepções de autorização, uma que a observa como ato administrativo unilateral e discricionário pelo qual o Poder Público delega ao particular a exploração de serviço público, a título precário, mas discorda dessa corrente quando diz que a autorização é conferida ao particular apenas para seu usufruto e não no atendimento de necessidades coletivas (*Parcerias na Administração Pública*, p. 136-137).

Ministra Rosa Weber, os Municípios optavam por permissões licitadas[298] para delegações a prazo certo, o que, por essa condição, doutrina e jurisprudência equiparam-na a uma concessão.

Contudo, embora doutrinariamente, com honrosas exceções,[299] sempre tenha se entendido que o serviço de táxi deva ser autorizado, por ser serviço de utilidade pública – um mero préstimo realizado por um veículo de aluguel – e reiteramos que essa é a noção mais adequada, a redação original da norma em comento tratava o táxi como serviço público, razão pela qual entendemos que a mudança da lei veio corrigir esse equívoco que encontrava eco em farta jurisprudência.

Quando a lei se presta a definições revela a intenção do legislador em facilitar o trabalho do exegeta, o que é um equívoco, pois muitas vezes o que acaba por fazer é enrijecer a doutrina, decotando desta um papel que só a ela devia caber. A jurisprudência prestigia, por vezes, a corrente positivista no sentido de afirmar que a lei tem esse poder de decidir qual a natureza da atividade e dizer quando um serviço é público.

Diga-se, por oportuno, que o fato de uma farmácia ou uma seguradora serem atividades privadas sujeitas a rigorosos controles e vigilância em suas atividades, inclusive quanto a preços e outros limites de atuação, nada disso transmuda a atividade de inegável interesse geral em serviço público, pelo que acompanhamos a doutrina de Hely Lopes Meirelles e José dos Santos Carvalho Filho quando afirmam que táxi é atividade privada sujeita a controles estatais, mas não é serviço público, ainda que a lei assim possa ter em algum momento definido.

Ajuda na compreensão do tema o que já explicamos, nos comentários ao artigo 4º, VIII, sobre o enquadramento do táxi como um transporte individual de passageiros, e o que o distingue do transporte coletivo não é o número de passageiros, mas justamente o fato da viagem ser individualizada, isto porque se trata de serviço específico, aleatório, personalizado, sem itinerário ou rota predefinidos.[300] O

---

[298] Em reunião Plenária, o TCE-MG decidiu que a permissão para exploração de serviço de táxi deve ocorrer por processo licitatório, tipo melhor técnica, podendo ser utilizado como critério de classificação a pontuação relativa ao tempo de experiência como motorista profissional (Consultas nº 841.512 e 851.235 Rel. Cons. Mauri Torres, 16.11.2011).

[299] CASTRO, José Nilo de; VIEIRA, Virgínia Kirchmeyer. Permissão de serviço público de transporte. Táxi. anterior à Constituição Federal de 1988 e à Lei de Concessão e Permissão de 1995. Impossibilidade de alteração por lei nova. ato jurídico perfeito. Direito adquirido. *Revista de Direito Municipal – JN&C*, ano III, n. 5, p. 343, jan./jun. 2001 adotam entendimento de que a permissão é a forma mais adequada para a delegação.

[300] Nesse sentido o RMS nº 21.922 GO, no qual o STJ distinguiu expressamente o táxi como transporte individual de passageiros, rejeitando a aplicação de normas do transporte coletivo a esse tipo de prestação.

transporte coletivo é serviço público não apenas porque a lei afirma, mas porque suas características evidenciam uma prestação pública de atendimento contínuo à coletividade e de caráter essencial, e que, por isso mesmo, impõe obediência ao *princípio da modicidade*.

Convém pontuar que a mesma lei afirma no artigo 4º, inciso VIII, que táxi é *"veiculo de aluguel"* ao passo que, como sabido, não se aluga serviço público, mas presta-se, gratuitamente ou mediante tarifa, a qual deve ser módica. Se comparada à tarifa praticada no transporte coletivo, a do táxi não é módica, mas ainda que a ela não comparada – para os que entendem que a razoabilidade não é fruto de comparação, mas da equivalência entre custo e preço – é óbvio o caráter seletivo desse modal, o que o afasta da modicidade e a própria generalidade fica fragilizada, princípios que, no dizer de Celso Antônio Bandeira de Mello, deveriam inexoravelmente comparecer quando se esteja perante uma atividade qualificável como serviço público.[301]

Há também quem entenda que o táxi é serviço público porque deixa de ser seletivo, na medida em que é alternativa para emergências ou para a carestia dos estacionamentos.[302] *Data venia*, nenhum desses critérios pode ser aceito para classificar o serviço como público. As emergências, em geral, são para atendimento a interesses privados. O fato do serviço público de saúde não atender satisfatoriamente seu encargo por meio das ambulâncias, não transmuda a natureza privada da prestação típica do táxi e aos estacionamentos privados não se impõe a modicidade. Porém, ainda que se implantem estacionamentos públicos dissuasórios, conforme a orientação da Lei nº 12.587/12, o raciocínio seria impróprio, até porque estes não poderiam ser caros ou visar outra finalidade que não o interesse público.

O tema é, sem dúvida, tormentoso, ao que se acresce a dificuldade para se estabelecer o que é a figura criada do *"táxi lotação"*, regulamentado por alguns Municípios, para colher passageiros ao longo de itinerários predefinidos mediante pagamento de tarifa única e igual para todos os usuários, que podem fazer uso simultâneo ou não dos serviços, sem desviar cada qual os veículos para seus interesses individuais. Este sim, porque autorizado a realizar viagens não individualizadas, qualifica-se como transporte coletivo e tem em si como que uma faceta evidente desse serviço público no contexto urbano.

---

[301] BANDEIRA DE MELLO. *Curso de direito administrativo*, 26. ed., p. 670-671.
[302] Esses argumentos foram indicados na Apelação Cível nº 1.0024.01.577094-4/017 do TJMG para reforçar a agora superada ideia de que o táxi é serviço público.

Toda a celeuma, ao que parece, restou pacificada pelo esforço repetitivo do STF na questão, como acentuado e decidido por último em decisão monocrática da lavra da Ministra Rosa Weber, em 26/10/2018, nos autos do RE nº 1169159/MG, conforme comentado alhures.[303] Esse julgamento, transitado em julgado em 12.02.2019, chancela também com o reconhecimento da constitucionalidade à possibilidade de sucessão hereditária da outorga de serviço de táxi prevista no art. 12-A, §2º, que deve se limitar ao tempo da outorga, conforme restrição óbvia e justa do §3º.

O art. 12-A, incluído pela Lei nº 12.865/13, cuida da exploração do serviço de táxi e prevê que o poder público pode exigir requisitos mínimos. Embora o dispositivo se refira e restrinja seu alcance ao âmbito local, é certo que o intermunicipal também pode valer-se dessa orientação, porque a circunstância, assim como a do metropolitano, onde há regiões reconhecidas assim, tratam da vida de pelo menos dois contextos urbanos, realidade reconhecida pelo art. 17. Embora a jurisprudência precise avançar nesse tema, é fato que, ao menos operacionalmente, o setor público e o privado já dialogam sobre a gestão do tal *"caráter urbano"* do transporte interurbano de passageiros, sem falar nos convênios entre municípios, por vezes firmados entre estes e estados, como deve ser, mas admitindo-se a delegação deste aos municípios, nos termos do art. 17, parágrafo único.

O art. 12-B impõe reserva de 10% das vagas na exploração do serviço de táxi a condutores com deficiência. O ideal seria o texto dizer autorizatários e não condutores, e assim deve ser entendido, para não gerar dúvida quanto ao preenchimento da vaga se dar não por este, mas por meio de um auxiliar que também é condutor. Outra leitura poderia dificultar o acesso de pessoas com deficiência à vaga em si – não apenas na condição de auxiliar –, e a lei, certamente, pretende o contrário. Os requisitos mínimos do §1º são relativos ao veículo utilizado, devendo os municípios regular as questões relativas aos requisitos para os condutores com deficiência, além das orientações e diretrizes que já constam na lei em comento.

> Art. 13. Na prestação de serviços de transporte público coletivo, o poder público delegante deverá realizar atividades de fiscalização e controle dos serviços delegados, preferencialmente em parceria com os demais entes federativos.

---

[303] Vide comentários ao art. 4º, VIII nos subitens 3.2.6 e 3.2.7 desta obra.

O artigo 13 responsabiliza o poder público delegante pela fiscalização e controle dos serviços de transporte público coletivo, indicando ser desejável que essa atividade se realize em parceria com os demais entes federativos. Embora o dispositivo não atribua ao poder público as funções de organização e disciplina, como expressamente ditou o artigo 12, é claro que o delegante também deverá fazê-lo, porque isso é atribuição de quem controla.

É prática muito comum entre Estados e Municípios a realização de convênios com o objetivo de fiscalizar os serviços, podendo qualquer deles lavrar o auto de infração, na medida em que os agentes de ambos têm fé pública. Contudo, caberá ao ente delegante validar ou não o auto e intimar o infrator para a prévia e ampla defesa antes de confirmar a sanção, sobre a qual também permitirá em seguida o recurso, procedimentos cuja ordem e constitucionalidade foram afirmadas pela Súmula nº 312 do STJ quando o assunto é multa de trânsito, mas o princípio constitucional que assegura a ampla defesa é igualmente aplicável aqui no serviço público de transporte para as sanções dos regulamentos.

A lei diz que cabe ao poder delegante a fiscalização e controle, mas nada impede, em nosso entendimento, que, como fazem alguns Municípios, seja autorizada por lei a criação de ente municipal da Administração Indireta incumbido dessa tarefa. Adotamos o entendimento de que a natureza jurídica desse ente pode ser privada, obedecidos alguns critérios condicionantes,[304] entendimento adotado também por Gasparini,[305] Sundfeld,[306] José Afonso da Silva,[307] José Vicente Santos de Mendonça,[308] Hely Lopes Meirelles, em parecer em favor da CET/SP, e pelo próprio *STF* em ação na qual entedeu que é possível à INFRAERO aplicar sanções. Em voto confuso, o STJ entendeu que é possível o exercício parcial do poder de polícia pela Administração

---

[304] Assim, para o exercício do poder de polícia por entidade privada, José dos Santos Carvalho Filho assevera que o que se precisa averiguar é o preenchimento de três condições: 1ª) a pessoa jurídica deve integrar a estrutura da Administração Indireta, isso porque sempre poderá ter a seu cargo a prestação de serviço público; 2ª) a competência delegada deve ter sido conferida por lei; 3ª) o poder de polícia há de restringir-se à prática de atos de natureza fiscalizatória, partindo-se, pois, da premissa de que as restrições preexistem e de que se cuida de função executiva, e não inovadora. CARVALHO FILHO. *Manual de direito administrativo*. 19. ed., p. 72.

[305] GASPARINI. *Direito administrativo*. 5. ed., p. 131.

[306] SUNDFELD, Carlos Ari. Empresa estatal pode exercer o Poder de Polícia. *BDA*, fev. 93.

[307] SILVA, José Afonso da. Poder de polícia. *RDA*, n. 132, p. 253, abr./jun. 1978.

[308] MENDONÇA. Estatais com poder de polícia: por que não?. *RDA*, p. 98-118.

Indireta, admitindo-se a fiscalização, mas não o sancionamento.[309] [310] Essa decisão firmou-se em fundamentos combatidos com maestria na tese de doutorado do professor Flávio Unes, leitura essencial para compreensão do tema.[311]

3.4.3.3 O poder delegante e os delegatários

Quando o artigo 175 da CRFB diz que a prestação de serviços públicos é incumbência do Poder Público o enquadra de forma irrenunciável como o titular dos tais, aquele que não apenas o possui, mas é o senhor, o proprietário que sobre esses préstimos exerce toda a potestade, domínio e influência. Sendo o Estado, pois, o potentado responsável pela organização dos serviços que lhe cabe oferecer, pode exercer esse domínio e senhorio de per si ou delegar a implantação e operação a terceiros, o que não o impede de fiscalizar e, no interesse público, avocar, retomando essas atribuições, garantida a ampla defesa e o contraditório,[312] bem como a indenização quando e no que cabível.

A delegação pode ser legal, quando o Estado outorga à pessoa autônoma a execução da atividade mediante lei, ou negocial, quando transfere o serviço a um particular, o qual atuará em colaboração com o Estado, através de um trespasse de cuja convocação pode resultar uma concessão, permissão ou autorização, nos limites da lei.[313] O que precisa ficar claro é que a delegação se limita à operação, o que significa que o delegante não abdica da titularidade quando do trespasse, tanto que a situação de retorno à centralidade dos serviços pode ocorrer por lei ou termo de extinção da delegação a qualquer momento que o interesse público exigir, obedecidas as formas e delineamentos legais desse encerramento da transferência da gestão operacional.

Quando a outorga dos serviços acontece por meio de lei, além de receber a incumbência da operação, a entidade da Administração

---

[309] REsp nº 817.534/MG, Rel. Min. Mauro Campbell Marques, *DJe*, 10 dez. 2009, EDcl no REsp publicado em 16.06.2010. Há Recurso Extraordinário com repercussão geral reconhecida aguardando o deslinde da discussão (RE 633.782).
[310] RE nº 363.412-7/BA, Rel. Min. Celso de Mello, *DJe*, 19 set. 2008.
[311] UNES, Flávio. *Regulação, fiscalização e sanção*: fundamentos e requisitos da delegação do exercício do poder de polícia administrativa a particulares. Belo Horizonte: Fórum, 2013.
[312] STJ. MS nº 5.431-DF, Rel. designado Min. Adhemar Maciel, *DJ*, 17 maio 1999.
[313] Sobre delegação legal e negocial *vide* ARAÚJO. *Curso de direito administrativo*, p. 167-168 e CARVALHO FILHO. *Manual de direito administrativo*. 25. ed., p. 345-346.

Indireta também assume, legalmente, a titularidade, mas mesmo essa transferência pode também ser revertida pela mesma forma, ou seja, por lei do ente que autorizou a criação da pessoa jurídica, que é autônoma enquanto subsiste a outorga, mas, como ente criado, submete-se à vontade do criador. Contudo, convém frisar que afora a situação de retomada por meio da lei que revoga a anterior instituidora, não há como o poder central prestar a atividade transferida. Seria inócua e esvaziada de objetivo, nesse caso, a existência da entidade descentralizada, conforme a lúcida pena de Fortini.[314]

Dessa forma, a outorga legal dispensa termo contratual de delegação, até porque quando da criação da entidade descentralizada a própria lei instituidora acomete ao novo ser jurídico suas competências específicas, seus poderes e controles, sua organização e possibilidade de delegação, esta sim, sempre através de licitação e respectivo contrato, nos termos da CRFB/175.

No caso dos transportes de passageiros a operação é realizada em praticamente todo o país por particulares contratados por órgãos ou entidades estatais, cada qual em seu âmbito de atuação. Há quem sugira o modelo da parceria público-privada como solução para o trespasse dos serviços.[315]

3.4.3.4 Custo de Gerenciamento Operacional

Em geral, os contratos ou termos de delegação dos serviços públicos de transporte coletivo ou individual de passageiros têm cláusula com previsão de retenção ou cobrança de uma parcela que remunera o poder concedente pelo custo de gerenciamento operacional. Essa verba, conhecida como CGO (Custo de Gerenciamento Operacional) ou por nomes equivalentes, serve para honrar as despesas administrativas e de controle que deve realizar o órgão ou entidade que promoveu a delegação e fiscaliza a operação dos serviços.

---

[314] Para Cristiana Fortini, a existência de entidade criada pelo Estado impede que o ente político retome a prestação da atividade transferida. Segundo a professora da UFMG, admitir o contrário seria concordar que pode haver entidade componente da Administração Indireta livre de qualquer objetivo (FORTINI. *Contratos administrativos*: franquia, concessão e PPP, p. 11).

[315] CASTRO. O serviço de transporte público: perspectivas ante o modelo de PPP. *In*: BACELAR FILHO; BLANCHET. *Serviços públicos*: estudos dirigidos, p. 167-180.

Como esse custo é um ônus convencionado, não há que se falar em compulsoriedade de forma a caracterizar taxa, como já se pacificou.[316] Adere espontaneamente à delegação quem por ela se interessa, sabendo de antemão as regras e os ônus que terá que suportar. A verba é da gênese da relação entre o delegatário e o Poder Público, nasce com a solenidade que firmou o início da prestação livremente pactuada, reproduzida nesta a partir da previsão editalícia para sua cobrança e exigibilidade. Ausente a compulsoriedade no pagamento da verba, basta a previsão no contrato ou termo de delegação, dispensando-se previsão legal, porque a cobrança a esse título não tem natureza tributária.

Por esse raciocínio, ainda que norma quisesse definir o Custo de Gerenciamento Operacional como tributo, sua natureza jurídica é tão evidenciada na essência da contraprestação contratual, que o STF consagrou ser característica do preço público "o elemento pacto contratual ou facultatividade" (*RE nº 71.324-MG*, Tribunal Pleno, Rel. Min. Bilac Pinto, *RTJ*, 61/173). A natureza jurídica é mais importante que o próprio direito positivo, a ponto do STF também defender a prevalência da natureza jurídica da exação em espécie, em face do "*nomen iuris*" atribuído erroneamente pela norma (*RE-AgR nº 429.664 / SC – Santa Catarina*, Min. Cezar Peluso, *DJ*, p. 32, 24 mar. 2006).

Do exposto até aqui podemos concluir, como já se disse, que, como prestação, o preço (Custo de Gerenciamento Operacional) se caracteriza fundamentalmente por ser uma obrigação "contratual" (a vontade participa na formação da obrigação) e "contraprestacional" (existe um dá lá de um *facciere* em contrapartida a um toma cá do que se paga, ou seja, uma troca de serviço por dinheiro). Há, pois, uma prestação específica que se remunera, enquanto o tributo (taxa) se caracteriza por ser uma obrigação "compulsória" (decorrente da norma jurídica) e "não-contraprestacional" (não existe uma comutatividade, pois o contribuinte paga o tributo sem estar adquirindo nada, ocorrendo mera transferência de riqueza da economia privada para o Estado).

Os delegatários não são contribuintes compulsórios, pois que aderem livremente a um contrato (que estabeleceu uma contraprestação, não uma taxa), razão porque é conveniente a observação do professor

---

[316] Vide Súmula nº 545/STF, REsp nº 37.656/SP, Rel. Min. Milton Luiz Pereira 1ª Turma, *DJ*, 17 abr. 1995; TJMG. AC nº 1.0024.06.270097-6/003, 8ª C. Cível Rel. Tereza Cristina da Cunha Peixoto, *DJMG*, 09 jun. 2010, e; AC nº 1.0024.06.258075-8/001, 4ª C. Cível, Rel. Des. Moreira Diniz, *DJMG*, 17 abr. 2008. No mesmo sentido o REsp nº 154.048/SP, Resp nº 37.877/SP, Resp nº 40.325/SP, e ainda, no TJMG a AC nº 1.0702.04.137846-5/002, Rel. Des. Silas Vieira e a AC nº 1.0145.01.016226-4/001, Relator para o acórdão o eminente Des. Eduardo Andrade.

Reinaldo Moreira Bruno inclusive relativamente às permissões, quando diz "que o legislador infraconstitucional estabeleceu a obrigatoriedade da existência de um contrato para outorga de permissão de serviço público, portanto, cai por terra a idéia de constituir-se ato unilateral (...)".[317] Da mesma forma, Marçal Justen Filho ensina que a evolução política alterou o panorama que antes existia distinguindo a permissão da concessão, concluindo que "Outorgar uma permissão significa aceitar uma proposta o que se assemelha a um acordo de vontades. A permissão passa a ser relação jurídica sujeita a regime muito similar ao contratual".[318] Com essas contribuições doutrinárias fica afastada até mesmo a sustentação de que nas permissões não poderia haver voluntariedade, por se tratarem de atos administrativos unilaterais.

Portanto, em qualquer espécie de delegação em que espontaneamente o particular adere às condições de um ajuste formal com a Administração, poderá ter o CGO como parcela de remuneração do custo operacional, tanto que sobre a verba incide ISS, como já entendeu o STJ.[319] Essa decisão resulta na obviedade oceânica de que, caso fosse o CGO um tributo, a incidência do ISS se constituiria em bitributação.

3.4.3.5 O equilíbrio econômico-financeiro e os arts. 9º e 10 da Lei nº 8.987/95

A Carta Republicana assegura, no inciso XXI do artigo 37, o equilíbrio econômico-financeiro dos serviços contratados pela Administração Pública, aferido este a partir da manutenção das condições efetivas da proposta ofertada no certame que deu causa ao ajuste.

A regra vale para os serviços concedidos ou permitidos, mas a jurisprudência nega o direito ao equilíbrio quando ausente a licitação, porque a falha constitui vício intransponível de forma. Não há dúvida, também, de que o reequilíbrio tem sua gênese na existência de delegação que se submete aos pressupostos constitucionais, em especial a licitação imposta pelo artigo 175 da CRFB. O entendimento sedimentado é no sentido de que não é devida indenização ao permissionário de serviço público de transporte coletivo por prejuízos suportados em face de déficit nas tarifas quando ausente o procedimento licitatório

---

[317] BRUNO. *Direito administrativo*, p. 309.
[318] JUSTEN FILHO. *Teoria geral das concessões de serviço público*, p. 109.
[319] REsp nº 1088853, Rel. Min. Herman Benjamin, 2ª Turma *DJe*, 20 abr. 2009.

prévio,[320] ainda que os Termos de Permissão tenham sido assinados em período anterior à Constituição Federal de 1988.[321] Aliás, o STJ também entendeu que permissão outorgada antes da Carta de 1988 não enseja possibilidade de revisão de preço das tarifas, prática só autorizada para as concessões.[322]

Quanto ao mais, atendidas as condições do contrato, albergadas, corroboradas e amalgamadas pelas regras do edital da licitação, o que se pode dizer é que o risco faz parte da atividade empresária, especialmente nas delegações de serviços públicos. O que passar disso está fora do equilíbrio econômico-financeiro estabelecido pelo próprio contrato, em obediência ao art. 10, da Lei nº 8.987/95. Isso é assegurado pela lei, tal como acentua a doutrina, ensinando Carlos Pinto Coelho Motta que *"A manutenção das condições do contrato é o critério definido pela lei para a verificação do equilíbrio econômico-financeiro"*.[323]

Comentando igualmente o art. 10, da Lei nº 8.987/95, Marçal Justen Filho acrescenta:

> Portanto, o dispositivo apenas pode significar que, mantidas as condições normais de execução do contrato, será reputado mantido o equilíbrio econômico-financeiro do contrato.[324]

E na mesma obra arremata:

> A não ser assim, ficaria comprometida a indisponibilidade do interesse público.[325]

Veja-se que o art.2º da Lei nº 8.987/95 dispõe que:

Art. 2º Para os fins do disposto nesta Lei, considera-se:
I - ... ;
II - concessão de serviço público: a delegação de sua prestação, feita pelo poder concedente, mediante licitação, na modalidade de concorrência, à pessoa jurídica ou consórcio de empresas que demonstre capacidade para seu desempenho, por sua conta e risco e por prazo determinado;
(...)

---

[320] EDcl no AgRg no REsp nº 1108628/PE, Rel. Min. Humberto Martins, *DJe*, 03 ago. 2010.
[321] REsp nº 886.925/MG (2006/0150530-5), Rel. Min. Castro Meira, *DJ*, 21 nov. 2007.
[322] REsp nº 410367/MG (2002/0012851-2), 2ª Turma, Rel. Min. Eliana Calmon, *DJ*, 02 dez. 2002.
[323] MOTTA. *Eficácia nas licitações e contratos*, p. 772.
[324] JUSTEN FILHO. *Concessões de serviços públicos*, p. 158.
[325] JUSTEN FILHO. *Concessões de serviços públicos*, p. 157.

O professor Marçal Justen Filho, uma das mais autorizadas vozes da doutrina brasileira sobre o tema de concessões, comentou o inciso II, do art. 2º assim:

> Em última análise, a concessão produz a transferência, para a órbita alheia, dos riscos e encargos derivados da prestação do serviço público. Se o titular da competência para prestação do serviço público mantiver em sua esfera jurídica a responsabilidade pelos encargos e riscos correspondentes, não se configura "concessão". Aliás, na medida em que o delegatário não concorresse com uma parcela dos riscos e não estivesse sujeito a arcar com os prejuízos, nem se poderia cogitar de atribuir-lhe uma parcela dos lucros. Seria ofensivo à ordem jurídica o modelo contratual que reservasse ao Estado o risco do prejuízo e assegurasse ao delegatário o privilégio de parte dos lucros. (JUSTEN FILHO. *Concessões de serviços públicos*, p. 67) (g.n.)

No mesmo sentido Cretella Jr.:

> os riscos advindos pela efetividade do serviço público concedido cabem tão-só ao concessionário (CRETELLA JR. *Curso de direito administrativo*, p. 359)

Parte da doutrina mostrou-se inicialmente atormentada com a transferência legal explícita do risco ao delegatário dos serviços, até porque a legislação também contempla e assegura o equilíbrio econômico-financeiro. Porém, em tese de doutoramento orientada pela professora Odete Medauar, Marcos Augusto Perez condensou o que é aceito como inteligência da norma para essa restrita corrente doutrinária. Sua constatação é que:

> a Lei nº 8.987/95, ao estabelecer que a concessão se dá "por sua conta e risco" referindo-se à esfera de responsabilidades do concessionário, na verdade não transfere normativamente todos os riscos da concessão ao concessionário, mas tão-somente aqueles que o negócio (o contrato), em função de suas condicionantes econômico-financeiras, estabelece.[326]

É absolutamente perfeita a ponderação de Cristiana Fortini[327] quanto ao dever do poder delegante de se empenhar interessadamente

---

[326] PEREZ. *O risco no contrato de concessão de serviço público*, p. 131.
[327] FORTINI. *Contratos administrativos*: franquia, concessão e PPP, p. 42.

na preservação dessa prestação pela forma indireta, conforme sua própria escolha de realização do trespasse, mas a professora mineira comenta em sua obra duas decisões plenárias do TCU,[328] pinçadas daquela Corte com extrema felicidade, ressaltando a necessidade de tratar com responsabilidade e vinculadamente ao contrato os pleitos de acréscimos e reequilíbrios em geral nas delegações.

3.4.3.6 Os credenciamentos

O credenciamento é uma figura sem previsão legal, embora a construção doutrinária que deu origem ao termo tenha se valido da inteligência do artigo 25 da Lei Federal nº 8.666/93, isto porque o procedimento é de competição inviável, na medida em que o que se quer na hipótese não é selecionar a prestação mais vantajosa, mas todas as aceitáveis.

Se por um lado o tema de licitações é de competência privativa da União para legislar sobre normas gerais, por outro podem Estados e Municípios ter normas suplementares próprias no que concerne aos credenciamentos, caso se entenda que esse expediente é uma espécie de contratação do setor público.[329]

Quando o poder público municipal credencia, por exemplo, farmácias que atendam seus servidores, prestando serviços ou comercializando fármacos, está admitindo todos aqueles estabelecimentos que se inscrevam para realizar a prestação desejada pela Administração e que preencham os requisitos mínimos uniformes, nos termos da regulação específica para o caso.

Da mesma forma, a cidade de Santiago no Chile adotou, na virada desse século e milênio, uma espécie de credenciamento de transporte público de passageiros, uma experiência trágica, da qual a linda capital chilena não era digna. Esse tipo de solução para o transporte público é inadequada, pois o empresário sério e competente não se interessa em investir num nível tão baixo de competição no atendimento.

No caso de Santiago, bastava ao interessado adquirir um selo em bancas de revista para colocar no para-brisa dianteiro de qualquer

---

[328] Decisão Plenária nº 228/1999, *DOU*, 21 maio 1999 e nº 1.460/02, de 11.11.2002, comentadas na p. 45 da obra de Cristiana Fortini citada na nota anterior.

[329] O TCU entendeu que a satisfação dos interesses nos serviços necessários se dará, no caso de credenciamento, pela pluralidade de prestadores qualificados, justamente quando inviável a contratação de uma única pessoa, física ou jurídica, selecionada (TC-016.171/94-2, Rel. Min. Adhemar Paladini Ghisi, j. 15.03.1995).

veículo para se credenciar a prestar o serviço de transporte público. O grande equívoco de não se estabelecer requisitos mínimos da prestação eficiente, como idade de frota, vistorias periódicas e outras circunstâncias técnicas, operacionais e administrativas, igualou o prestador bom e o ruim. Não obstante a aparência de desburocratização e do provável discurso de favorecimento do pequeno empreendedor, o resultado é que veículos antigos e impróprios, sem qualquer segurança e sem uniformidade alguma, a não ser pelo uso do selo, que devia ser trocado após o período de validade estabelecido, a qualidade de vida da população e a própria vida dos usuários estavam em grande risco, sem falar no fato de que os condutores desses veículos não tinham qualquer treinamento e fiscalização e dificilmente poderiam indenizar eventuais danos a usuários ou terceiros. À época, esse era o exemplo lembrado no discurso dos que defendiam a liberação do transporte clandestino de passageiros no Brasil, mas não há dúvida de que a adoção do credenciamento, além de permitir a exploração do serviço por uma frota infinita que inviabiliza o controle, permite até, como aconteceu em várias cidades do mundo, o surgimento de milícias que se propõem a um pseudocontrole, com consequências sociais violentas e, também por outras tantas razões, indesejáveis.

Não se nega aqui a possibilidade do credenciamento para outros serviços distintos do transporte público de passageiros, sabendo-se que, na prática, alguns serviços autorizados são denominados assim, mas a realidade é exatamente e não mais que um mero credenciamento, tendo mais semelhanças com a licença do que com a autorização.

3.4.3.7 O transporte clandestino

Desde o final do último milênio e início do atual o transporte clandestino se espalhou como uma praga nas cidades e rodovias brasileiras. Duas razões para isso podiam e ainda podem ser identificadas: as condições insatisfatórias de atendimento do transporte regular e o alto índice de desemprego que empurrou muita gente para aquilo que consideram uma oportunidade ímpar de trabalho. Esses trabalhadores informais arrecadam, em um único dia, o equivalente a três vezes (ou mais) o valor da multa para a infração prevista no artigo 231, VIII do CTB no exercício da atividade não autorizada pelo poder concedente. Como o dispositivo não autoriza apreender o veículo, os agentes de trânsito podem retê-lo até a regularização, que, nos termos do artigo 270, §1º do CTB, consiste meramente no desembarque imediato dos passageiros, os quais novamente sobem no veículo um quarteirão depois do local onde está a *blitz* e seguem viagem.

Nesse tipo de prestação foram encontrados veículos com mais de quinze anos de uso, em péssimas condições de conservação e segurança, motoristas sem habilitação e preparo para o transporte de passageiros e tantas outras situações de irregularidade e risco. A fiscalização foi intensificada. Alguns condutores desses veículos, conhecidos por "perueiros" e outras alcunhas, muitas vezes amparados por liminares que impedem uma atuação mais enérgica dos fiscais, são pais de família e procuram sinceramente um meio de sustento; outros que já foram flagrados tinham mandados de prisão expedidos em face da prática dos mais variados crimes.

Um caos urbano se instalou, especialmente nas capitais, com apoio da população, que prefere a agilidade dos carros menores num transporte que os usuários dos serviços não viam – e não veem – como clandestino, preferindo chamá-lo de "alternativo", o que provocou a sempre sensível, mas firme manifestação de José Nilo de Castro, que nos idos de 2001 escreveu que "*Inexiste serviço de transporte alternativo – é clandestino, ilegal, inexistente no mundo jurídico –, como não há segurança pública alternativa nem Justiça alternativa*".[330] Com a ousadia peculiar de sua pena, o saudoso administrativista ainda afirmou nessa prédica que a autorização da atuação dos clandestinos por liminares é uma substituição da ação executiva desprovida de razoabilidade e promotora do caos urbano. De fato, uma decisão judicial nesse escopo é, *data venia*, um salvo conduto para grassar a clandestinidade, e, por que não dizer, para uma contravenção penal, porque o artigo 47 do Decreto nº 3.688, de 03/10/1941 assim define o exercício de atividade profissional ou econômica sem o devido preenchimento das condições previstas em lei.

De fato, essa era uma circunstância muito delicada que angustiava os prefeitos na organização dos serviços de transporte coletivo de passageiros na virada do milênio. Nessa época (e ainda hoje) o poder público tinha estrutura ou forças acanhadas para retomar o controle da situação, enquanto o serviço regular singrava e sangrava com significativa perda de receita, com apoio da população, que não percebe o malefício da clandestinidade, que é exatamente como os que compram vídeos de filmes pirateados. Uma solução tentada pelas autoridades foi multar os infratores com base no artigo 230, V do CTB, que considera

---

[330] CASTRO. Transporte alternativo (clandestino). *Revista de Direito Municipal – JN&C*, p. 20. E, no mesmo sentido CASTRO. *Direito municipal positivo*, p. 345.

infração conduzir veículo que não esteja registrado e devidamente licenciado, entendendo-se que, quando a lei diz *devidamente licenciado* também quer dizer *devidamente licenciado para a atividade na qual está empenhado*. Essa leitura foi tida por descabida na medida em que um mesmo código não deveria ter dois dispositivos (230, V e 231, VIII) para punir a mesma situação e porque a competência para a aplicação da sanção do art. 230 é estadual.[331] Também foi repudiada, por ofensa à Constituição, lei municipal que instituía multa em valor superior ao já fixado pelo CTB para a mesma hipótese.[332]

---

[331] TJMG. 2ª Câmara Cível, AC Nº 000.238.624-1/00 Rel. Des. Brandão Teixeira, *DJMG*, 25 abr. 2003.

[332] TJMG, *idem* mesmo acórdão da referência anterior, valendo aqui destacar trecho didático do aresto, escorado na doutrina de Ilson Krigger, nos seguintes termos: "Apreensão, multa e retenção possuem conceitos diversos, os quais merecem especial e isolada referência". Apreensão ocorre em infrações de natureza gravíssima ou grave (além da prevista no art. 229, do CTB, cuja infração é média), sendo "penalidade imposta ao condutor e/ou proprietário, pela autoridade de trânsito, que consiste na retirada de circulação e de sua posse, do veículo que se encontre em infração, sendo recolhido ao depósito e nele permanecendo sob custódia e responsabilidade do órgão ou entidade apreendedora, com ônus para seu proprietário, por um prazo de até trinta dias, conforme critério a ser estabelecido pelo Conselho Nacional de Trânsito" (KRIGGER. *Processo administrativo e defesa do infrator no Código de Trânsito brasileiro*, p. 57-58). Multa é "a responsabilização pecuniária do infrator pela infração cometida" (*ibidem*, p. 55). Reter o veículo significa "pará-lo, mantendo-o no local onde se encontra, apenas pelo tempo necessário, para que seja sanado o problema constatado, que se constitua infração de trânsito". É medida administrativa que tem caráter complementar à penalidade de multa (*ibidem*, p. 40). Pode durar o tempo necessário para sanar a infração, e, na hipótese de transporte de passageiros sem a necessária licença, poderá ser mantida por tempo necessário para impedir o imediato reembarque dos usuários. Em relação ao transporte coletivo irregular, também referido alhures como clandestino, a citada Lei Federal já prevê a multa como única penalidade, de forma que a apreensão de veículo no âmbito do município de Belo Horizonte, prevista na Lei Municipal nº 7.907/99, extrapola a regra nacional preestabelecida. Além disso, os valores das multas estabelecidos na Lei Municipal (2.000 UFIRs e, no caso de reincidência, 4.000 UFIRs) são muito maiores que aquele estabelecido para a infração prevista no artigo 231, VIII, do CTB (considerada infração de natureza média, cuja multa equivale a 80 (oitenta) UFIRs, nos termos do art. 258, III), incidindo na mesma ofensa constitucional. Se a norma superior já previu a penalidade afeta ao transporte remunerado de pessoas sem licença para esse fim, não cabe o exercício da competência suplementar do município. Não há brancos a preencher. O Município legislou dispondo sobre penalidades por infração de trânsito que se insere dentro da competência da União, cujo interesse é nacional. Seria absurdo admitir que a prática de infração de trânsito tipificada no CTB fosse apenada de maneira específica ou especial em Belo Horizonte. Não se poderia aceitar que, no país inteiro, determinada infração seja apenada de uma determinada forma e, em determinado município, o seja de outra. O CTB rege "o trânsito de qualquer natureza, nas vias terrestres do território nacional, abertas à circulação" (art. 1º), de modo que suas normas são de interesse nacional e devem ser estipuladas uniformemente para todo o território nacional. Conforme observa Kildare Carvalho, "as normas gerais se justificam pela necessidade de uniformização de determinadas matérias, a fim de se evitar que a excessiva diversificação normativa dos Estados-Membros comprometa o conjunto do país", o que serve, obviamente, em relação às normas municipais (*op. cit.*, p. 359). Conforme exposto, enquanto cabe à União legislar sobre os assuntos nacionais de trânsito e transporte, ao Estado-membro compete regular

A solução mais eficiente para esses casos foi requerer ao Judiciário que fixasse multa por desobediência à proibição judicial de descumprimento da lei, bem como apreensão do veículo até o pagamento da respectiva multa. O fundamento das sanções deixou de ser a infração em si, cujo valor da multa era (e ainda é) ínfimo, para ser o descumprimento da ordem judicial para obediência à lei, o que diminuiu sensivelmente a atratividade que a impunidade exercia sobre os clandestinos, em face da tutela inibitória.

É lamentável ter que concluir que a lei não se cumpre por si e que as sanções que ela prevê não se prestam a intimidar os infratores; mas toda guerra é assim, se as armas legítimas não se mostram eficientes, ao Estado não existe a opção de arrefecer e admitir a derrota. O Poder Público tem que buscar caminhos de enfrentamento do caos até superar o mal que aflige a sociedade, e que emperra e deslustra os serviços que a esta se deve prestar com eficiência e segurança.[333] Há propostas de várias entidades representativas protocoladas em gabinetes do Congresso Nacional requerendo o aumento do valor da multa do CTB para coibir o transporte clandestino.

3.5 Dos direitos dos usuários

> Art. 14. São direitos dos usuários do Sistema Nacional de Mobilidade Urbana, sem prejuízo dos previstos nas Leis nos 8.078, de 11 de setembro de 1990, e 8.987, de 13 de fevereiro de 1995:
>
> I - receber o serviço adequado, nos termos do art. 6º da Lei no 8.987, de 13 de fevereiro de 1995;

---

e prover os aspectos regionais e a circulação intermunicipal em seu território. Por último, ao Município cabe a ordenação do trânsito urbano, que é de seu interesse local. Enfim, a competência do Município se restringe à circulação urbana e ao tráfego local, abrangendo o transporte coletivo em todo o seu território, observando-se as necessidades específicas de sua população. "O ato de planejar, organizar e coordenar o trânsito e transporte deve abranger as peculiaridades locais, com vista ao desenvolvimento das atividades urbanas, não quer dizer que o Município pode utilizar-se de sua competência legislativa para modificar regras nacionais inseridas no Capítulo XV do CTB, que já cuida das infrações de trânsito".

[333] O Centro de Apoio Operacional das Promotorias Criminais, de Execução Penal, do Tribunal do Júri e da Auditoria Militar (CAOCrim) expediu a NOTA TÉCNICA Nº 04/2018, de 22.08.2018, para orientar a atuação dos órgãos de execução do Ministério Público, por considerar crime de usurpação de função pública, tipificado no art. 328 do Códio Penal, a conduta irregular de transporte coletivo de passageiros, quando prestado nos âmbitos municipal e intermunicipal sem a devida concessão, permissão ou autorização do poder concedente, mencionando também como incidentes os infratores nas hipóteses dos arts. 45 e 47 da Lei de Contravenções Penais pelo exercício de atividade econômica sem o preenchimento das condições legais.

II - participar do planejamento, da fiscalização e da avaliação da política local de mobilidade urbana;

III - ser informado nos pontos de embarque e desembarque de passageiros, de forma gratuita e acessível, sobre itinerários, horários, tarifas dos serviços e modos de interação com outros modais; e

IV - ter ambiente seguro e acessível para a utilização do Sistema Nacional de Mobilidade Urbana, conforme as Leis nºs 10.048, de 8 de novembro de 2000, e 10.098, de 19 de dezembro de 2000.

Parágrafo único. Os usuários dos serviços terão o direito de ser informados, em linguagem acessível e de fácil compreensão, sobre:

I - seus direitos e responsabilidades;

II - os direitos e obrigações dos operadores dos serviços; e

III - os padrões preestabelecidos de qualidade e quantidade dos serviços ofertados, bem como os meios para reclamações e respectivos prazos de resposta.

Art. 15. A participação da sociedade civil no planejamento, fiscalização e avaliação da Política Nacional de Mobilidade Urbana deverá ser assegurada pelos seguintes instrumentos:

I - órgãos colegiados com a participação de representantes do Poder Executivo, da sociedade civil e dos operadores dos serviços;

II - ouvidorias nas instituições responsáveis pela gestão do Sistema Nacional de Mobilidade Urbana ou nos órgãos com atribuições análogas;

III - audiências e consultas públicas; e

IV - procedimentos sistemáticos de comunicação, de avaliação da satisfação dos cidadãos e dos usuários e de prestação de contas públicas.

O Capítulo III do Estatuto da Mobilidade Urbana cuida dos direitos dos usuários no *artigo 14* e dos instrumentos assegurados à sociedade civil no *artigo 15*, garantindo a ambos, especialmente, os direitos de participação, informação, fiscalização e avaliação, inclusive com prestação de contas, tudo como já referido no capítulo em que tratamos do princípio da consensualidade e da participação, para onde remetemos o leitor. Contudo, diga-se que ali sugerimos que a participação tivesse um *status* de princípio, mas não há como negar que o reconhecimento da participação como direito no artigo 14, inciso II já é um grande avanço legislativo a ser comemorado, pois confere efetividade ao artigo 37, §3º, I da CRFB.[334]

---

[334] O inciso I, do §3º, do artigo 37 prevê a possibilidade de *reclamações relativas à prestação dos serviços públicos em geral, asseguradas a manutenção de serviço de atendimento e a avaliação periódica externa e interna, da qualidade dos serviços.*

A distinção entre os destinatários das garantias de um para outro artigo (14 e 15) tem sua razão de ser. Destaque-se aí outro progresso legislativo. De fato, não apenas os operadores da mobilidade e os usuários dos modais coletivos de transporte devem ter direitos assegurados. A sociedade civil como um todo tem interesses diretos envolvidos no assunto e devem participar no planejamento, fiscalização e avaliação como estatui o artigo 15. Veja-se como exemplo, os setores da construção civil, da saúde, da indústria e do comércio, entre tantos outros. A má prestação dos serviços de transporte coletivo, por exemplo, tem repercussão direta nessas atividades e que refletem em toda a sociedade. Quanto às disposições serem isoladas, há que se fazer uma ressalva à omissão no texto do inciso I do artigo 15, pela ausência de indicação de representante específico dos usuários de transporte, o que pode ser suprido com a inclusão desse mandatário entre os membros da sociedade civil, já que o dispositivo adota a locução *"representantes"* no plural.

Quatro leis federais são indicadas como vetores a serem respeitados no atendimento aos usuários do Sistema Nacional de Mobilidade Urbana. São elas o Código de Defesa do Consumidor (Lei nº 8.078/90), o Estatuto das Concessões (Lei nº 8.987/95), a Lei da prioridade de atendimento (Lei nº 10.048/00) e a Lei de acessibilidade para pessoas portadoras de deficiência ou com mobilidade reduzida (Lei nº 10.098/00). Os usuários de transportes públicos ou privados são considerados consumidores nos moldes do CDC e o transporte de passageiros é um negócio jurídico, que deve ser interpretado conforme a boa-fé e os usos do lugar de sua celebração (CCB/2002, art. 113), ficando submetidos os contraentes aos princípios da probidade e da boa-fé (CCB/2002, art. 422).

Em relação ao usuário, a responsabilidade da concessionária é objetiva (art. 37, §6º da CRFB), mas pode ser excluída se provada a inexistência de defeito, culpa exclusiva do consumidor ou de terceiro. É o caso de assalto à mão armada no interior de coletivo, considerado caso fortuito externo.[335] Em se tratando de ação indenizatória, é possível a denunciação da seguradora à lide (art. 101, II, do CDC). Não há dúvida, portanto, que nas relações entre usuário e operador de transportes é aplicável a Lei Federal nº 8.078/90, com as ressalvas que ela mesma regula e que os usuários têm direito de serem informados

---

[335] TJMG. 16ª Câmara Cível AC Nº 1.0702.06.324226-8/001, Rel. Des. José Marcos Vieira, *DJMG*, 28 maio 2010.

sobre suas responsabilidades e as dos operadores dos serviços (art. 14, parágrafo único do estatuto da mobilidade), admitindo-se também a regulamentação de deveres e responsabilidades.

A *Lei Federal nº 10.048*, de 08.11.2000 cuida especificamente da *prioridade de atendimento*, conforme sua ementa, assegurando tratamento diferenciado às pessoas que especifica. O artigo 3º da referida norma dispõe que *as empresas públicas de transporte e as concessionárias de transporte coletivo* **reservarão assentos, devidamente identificados**, *aos idosos, gestantes, lactantes, pessoas portadoras de deficiência e pessoas acompanhadas por crianças de colo*. A *Lei Federal nº 10.098*, de 19.12.2000 estabelece normas gerais e critérios básicos para a *promoção da acessibilidade das pessoas portadoras de deficiência ou com mobilidade reduzida*, mediante a supressão de barreiras e de obstáculos nas vias e espaços públicos, no mobiliário urbano, na construção e reforma de edifícios e nos meios de transporte e de comunicação. Essa lei impõe que projetos e implantações de barreiras, elementos, mobiliários, sinalizações e qualquer obstáculo à circulação se submetam a restrições no âmbito das vias públicas, tudo com vistas à possibilidade e condição de alcance para utilização dos espaços públicos com segurança e autonomia por pessoa portadora de deficiência ou com mobilidade reduzida. O artigo 16 determina que os veículos de transporte coletivo deverão cumprir os requisitos de acessibilidade estabelecidos nas normas técnicas específicas. Essa Lei é regulamentada pelo Decreto nº 5.296, de 02.12.2004.

Há que se atentar para o fato de que à época da promulgação da Lei Federal nº 12.587/12 ainda não existia a Lei Federal nº 13.146, de 2015, que trata da inclusão da pessoa com deficiência, a qual tem vários dispositivos pertinentes ao transporte de passageiros, e, por ser posterior, deve-se acolher o que dela é pertinente, inclusive os artigos 111 e 112 que alteraram dispositivos das Leis Federais nº 10.048 e nº 10.098, ambas de 2000.

Talvez a parte mais importante do Capítulo III da Lei nº 12.587/12 seja a que trata dos diversos instrumentos dialógicos entre a Administração e a sociedade, precipuamente no interesse dos usuários. O parágrafo único do artigo 14 cuida do direito à informação, podendo se valer ainda o usuário da lei de acesso à informação, porém e especialmente da lei em comento, que assegura a preservação de direitos e obrigações tanto dos usuários quanto dos operadores, devendo ser previamente regulamentados padrões qualitativos e quantitativos de adequação e meios para reclamações, com respectiva procedimentalização.

Todo o artigo 15 trata também desse caráter dialógico, cuidando não do usuário diretamente, mas de como deve atuar a sociedade civil, que influenciará no planejamento e na avaliação sistemática, com acesso a ouvidorias e participação em audiências e consultas públicas (15, II e III). A Lei do Processo Administrativo (Lei Federal nº 9.784/1999) estabelece, nos artigos 31 e 32,[336] os institutos da consulta e da audiência públicas, que devem ser instauradas previamente à tomada de decisões, para debater assuntos de interesse geral. Ambas as oitivas são parte instrutória do procedimento com vistas a auscultar como pensa a sociedade a respeito do assunto, sem caráter vinculante.

3.5.1 Usuários: o cidadão e o consumidor

O estatuto da mobilidade trata explicitamente o usuário do Sistema Nacional de Mobilidade Urbana como consumidor. Veja-se que, para essa garantia, não faz distinção entre o serviço de transporte público ou privado, coletivo ou individual, embora, o caso do inciso I, do art. 14 cuide apenas dos serviços públicos sujeitos à delegação e licitação, pois escora-se na Lei de Concessões.

Num conceito lato, cidadania é o direito a ter direitos e já não há novidade nem cabe discussão quanto ao direito do cidadão usuário de serviços públicos ser tratado e respeitado com as garantias legais devidas ao consumidor. Nesse sentido é farta e remansosa a doutrina[337] e jurisprudência[338] do artigo 22 do CDC, o qual, explicitamente, reforça a obrigação dos prestadores, tratados como fornecedores, de prestar serviços adequados, eficientes, seguros e, quanto aos essenciais – caso dos transportes coletivos – contínuos.

3.6 Das atribuições – a competência para organizar e regulamentar os serviços

O entrelaçamento dos interesses dos Municípios com os interesses dos Estados, e com os interesses da Nação, decorre da natureza

---

[336] Sobre os artigos 31 e 32 da Lei nº 9.784/1999 recomenda-se a leitura de *Processo Administrativo: comentários à Lei nº 9.784/1999*, de Cristiana Fortini, Maria Fernanda Pires de Carvalho Pereira e Tatiana Martins da Costa Camarão (3. ed. Belo Horizonte: Fórum, 2012, p. 136-142).

[337] GRINOVER. *Código de Defesa do Consumidor*: comentado pelos autores do anteprojeto, p. 224-229.

[338] REsp nº 976.836/RS, Rel. Min. Luiz Fux, 1ª Seção, *DJe*, 05 out. 2010.

mesma das coisas. O que os diferencia é a predominância e não a exclusividade.[339] Os artigos 16 a 20 distribuem as atribuições dos entes da federação para a aplicação e efetividade da Lei nº 12.587/2012 e submete essa atuação às respectivas leis e disponibilidades orçamentárias de cada ente federativo, além dos regramentos e condicionantes da Lei de Responsabilidade Fiscal.

> Art. 16. São atribuições da União:
>
> I - prestar assistência técnica e financeira aos Estados, Distrito Federal e Municípios, nos termos desta Lei;
>
> II - contribuir para a capacitação continuada de pessoas e para o desenvolvimento das instituições vinculadas à Política Nacional de Mobilidade Urbana nos Estados, Municípios e Distrito Federal, nos termos desta Lei;
>
> III - organizar e disponibilizar informações sobre o Sistema Nacional de Mobilidade Urbana e a qualidade e produtividade dos serviços de transporte público coletivo;
>
> IV - fomentar a implantação de projetos de transporte público coletivo de grande e média capacidade nas aglomerações urbanas e nas regiões metropolitanas;
>
> V - (VETADO);
>
> VI - fomentar o desenvolvimento tecnológico e científico visando ao atendimento dos princípios e diretrizes desta Lei; e
>
> VII - prestar, diretamente ou por delegação ou gestão associada, os serviços de transporte público interestadual de caráter urbano.
>
> §1º A União apoiará e estimulará ações coordenadas e integradas entre Municípios e Estados em áreas conurbadas, aglomerações urbanas e regiões metropolitanas destinadas a políticas comuns de mobilidade urbana, inclusive nas cidades definidas como cidades gêmeas localizadas em regiões de fronteira com outros países, observado o art. 178 da Constituição Federal.
>
> §2º A União poderá delegar aos Estados, ao Distrito Federal ou aos Municípios a organização e a prestação dos serviços de transporte público coletivo interestadual e internacional de caráter urbano, desde que constituído consórcio público ou convênio de cooperação para tal fim, observado o art. 178 da Constituição Federal.
>
> Art. 17. São atribuições dos Estados:
>
> I - prestar, diretamente ou por delegação ou gestão associada, os serviços de transporte público coletivo intermunicipais de caráter urbano, em conformidade com o§1º do art. 25 da Constituição Federal;

---

[339] DÓRIA, Sampaio. Autonomia dos municípios. *Revista da Faculdade de Direito de São Paulo*, São Paulo, v. 24, p. 419.

II - propor política tributária específica e de incentivos para a implantação da Política Nacional de Mobilidade Urbana; e

III - garantir o apoio e promover a integração dos serviços nas áreas que ultrapassem os limites de um Município, em conformidade com o §3º do art. 25 da Constituição Federal.

Parágrafo único. Os Estados poderão delegar aos Municípios a organização e a prestação dos serviços de transporte público coletivo intermunicipal de caráter urbano, desde que constituído consórcio público ou convênio de cooperação para tal fim.

Art. 18. São atribuições dos Municípios:

I - planejar, executar e avaliar a política de mobilidade urbana, bem como promover a regulamentação dos serviços de transporte urbano;

II - prestar, direta, indiretamente ou por gestão associada, os serviços de transporte público coletivo urbano, que têm caráter essencial;

III - capacitar pessoas e desenvolver as instituições vinculadas à política de mobilidade urbana do Município; e

IV – (VETADO).

Art. 19. Aplicam-se ao Distrito Federal, no que couber, as atribuições previstas para os Estados e os Municípios, nos termos dos arts. 17 e 18.

Art. 20. O exercício das atribuições previstas neste Capítulo subordinar-se-á, em cada ente federativo, às normas fixadas pelas respectivas leis de diretrizes orçamentárias, às efetivas disponibilidades asseguradas pelas suas leis orçamentárias anuais e aos imperativos da Lei Complementar nº 101, de 4 de maio de 2000.

3.6.1 A contextualização do ordenamento jurídico incidente sobre transporte e trânsito

A análise que se propõe neste trabalho não seria completa e útil sem digressão, ainda que breve, sobre a competência conforme a natureza dos serviços relativos a transporte de passageiros em vias públicas, o que, em certa medida, também envolve os temas de tráfego e trânsito.

Destarte, não há como olvidar a repartição de competências estabelecida pela Constituição da República de 1988, a partir do artigo 22, XI, que deve ser lido em conjunto com o artigo 30, incisos I e V, segundo os quais, respectivamente, "Compete privativamente à União legislar sobre: (…) XI – trânsito e transporte" e "Compete aos Municípios: I – legislar sobre assuntos de interesse local (…) V - organizar e prestar, diretamente ou sob regime de concessão ou permissão, os serviços públicos de interesse local, incluído o de transporte coletivo, que tem caráter essencial".

A Constituição também atribuiu à União a competência para legislar sobre transporte rodoviário, mas nada estabeleceu sobre o transporte intermunicipal, do que resulta a competência residual dos Estados-membros, nos termos do artigo 25, §1º da Carta Federal, como já decidiu o STF.[340]

O assunto transporte recebeu tratamento e regulação infraconstitucional por meio da Lei Federal nº 10.233, de 05.06.2001, a qual dispôs, dentre outros temas, sobre os *princípios, diretrizes* e *ordenação* dos transportes terrestres, nos termos do art. 178 da Constituição Federal, reorganizando o gerenciamento do Sistema Federal de Viação e regulando a prestação de serviços de transporte no território nacional, aplicáveis aos sistemas de transportes das três esferas governamentais.

Essa norma decorre também da competência privativa da União e nela existe uma interface entre os diversos modais em todos os entes da federação, explicitando, inclusive, sobre o transporte municipal especialmente nos artigos 2º, 6º, III, 11, IX, 14, §2º e 22, §2º.[341]

No exercício de sua competência privativa (não exclusiva[342]) a União fez também publicar a Lei nº 9.503/97, que é o Código de Trânsito Brasileiro (CTB), regulamentando o "trânsito de qualquer natureza

---

[340] STF. ADI nº 2.349/ES e respectiva Medida Cautelar.

[341] Art. 2º O Sistema Nacional de Viação – SNV é constituído pela infra-estrutura viária e pela estrutura operacional dos diferentes meios de transporte de pessoas e bens, sob jurisdição da União, dos Estados, do Distrito Federal e dos Municípios.
Art. 6º No exercício da atribuição prevista no art. 5º, caberá ao CONIT:
III – harmonizar as políticas nacionais de transporte com as políticas de transporte dos Estados, do Distrito Federal e dos Municípios, visando à articulação dos órgãos encarregados do gerenciamento dos sistemas viários e da regulação dos transportes interestaduais, intermunicipais e urbanos;
Art. 11. O gerenciamento da infra-estrutura e a operação dos transportes aquaviário e terrestre serão regidos pelos seguintes princípios gerais:
IX – estabelecer prioridade para o deslocamento de pedestres e o transporte coletivo de passageiros, em sua superposição com o transporte individual, particularmente nos centros urbanos;
Art. 14. O disposto no art. 13 aplica-se segundo as diretrizes:
§2º É vedada a prestação de serviços de transporte coletivo de passageiros, de qualquer natureza, que não tenham sido autorizados, concedidos ou permitidos pela autoridade competente.
Art. 22. Constituem a esfera de atuação da ANTT:
§2º A ANTT harmonizará sua esfera de atuação com a de órgãos dos Estados, do Distrito Federal e dos Municípios encarregados do gerenciamento de seus sistemas viários e das operações de transporte intermunicipal e urbano.

[342] A competência exclusiva da União na área de transportes se limita aos serviços delimitados pelo artigo 21, alíneas "c", "d" e "e",, sendo esta última previsão relativa ao transporte rodoviário interestadual e internacional, ou seja, a competência exclusiva não é para legislar, mas para a execução desses serviços no âmbito federal.

nas vias terrestres do território nacional, abertas à circulação", mas cuidando também do transporte de passageiros, ainda que em pequena medida, especialmente no artigo 231, VIII, o qual considera infração média a realização da atividade remunerada de transporte de pessoas ou bens sem a correspondente licença ou permissão da autoridade competente.

Na esteira dessa dicção da norma, o CTB não é apenas lei federal, mas de caráter nacional. Até por isso, previu a composição do SNT (Sistema Nacional de Trânsito), no artigo 7º, neste incluindo órgãos ou entidades municipais na composição, bem como estabeleceu a competência desses entes municipais no artigo 24.

O referido Código também fixou normas de caráter nacional para o transporte de passageiros, como se verifica nos artigos 105, II, 117, 136 a 139,[343] do acima mencionado artigo 231, VIII, por exemplo, até

---

[343] Art. 105. São equipamentos obrigatórios dos veículos, entre outros a serem estabelecidos pelo CONTRAN: (...)
II - para os veículos de transporte e de condução escolar, os de transporte de passageiros com mais de dez lugares e os de carga com peso bruto total superior a quatro mil, quinhentos e trinta e seis quilogramas, equipamento registrador instantâneo inalterável de velocidade e tempo;
Art. 117. Os veículos de transporte de carga e os coletivos de passageiros deverão conter, em local facilmente visível, a inscrição indicativa de sua tara, do peso bruto total (PBT), do peso bruto total combinado (PBTC) ou capacidade máxima de tração (CMT) e de sua lotação, vedado o uso em desacordo com sua classificação.
Art. 136. Os veículos especialmente destinados à condução coletiva de escolares somente poderão circular nas vias com autorização emitida pelo órgão ou entidade executivos de trânsito dos Estados e do Distrito Federal, exigindo-se, para tanto:
I - registro como veículo de passageiros;
II - inspeção semestral para verificação dos equipamentos obrigatórios e de segurança;
III - pintura de faixa horizontal na cor amarela, com quarenta centímetros de largura, à meia altura, em toda a extensão das partes laterais e traseira da carroçaria, com o dístico ESCOLAR, em preto, sendo que, em caso de veículo de carroçaria pintada na cor amarela, as cores aqui indicadas devem ser invertidas;
IV - equipamento registrador instantâneo inalterável de velocidade e tempo;
V - lanternas de luz branca, fosca ou amarela dispostas nas extremidades da parte superior dianteira e lanternas de luz vermelha dispostas na extremidade superior da parte traseira;
VI - cintos de segurança em número igual à lotação;
VII - outros requisitos e equipamentos obrigatórios estabelecidos pelo CONTRAN.
Art. 137. A autorização a que se refere o artigo anterior deverá ser afixada na parte interna do veículo, em local visível, com inscrição da lotação permitida, sendo vedada a condução de escolares em número superior à capacidade estabelecida pelo fabricante.
Art. 138. O condutor de veículo destinado à condução de escolares deve satisfazer os seguintes requisitos:
I - ter idade superior a vinte e um anos;
II - ser habilitado na categoria D;
III - (VETADO)
IV - não ter cometido nenhuma infração grave ou gravíssima, ou ser reincidente em infrações médias durante os doze últimos meses;

porque qualquer veículo só poderá transitar pela via quando atendidos os requisitos e condições de segurança estabelecidos naquele estatuto (art. 103).

3.6.2 A competência municipal legislativa e material para tratar do transporte urbano

A competência legislativa é aquela relacionada com a elaboração da lei, enquanto que a competência material se acha voltada para a realização das diferentes tarefas ou serviços.

Assim posto o assunto desses serviços no ordenamento, especialmente em sintonia com o art. 30 da CRFB/88, referidas normas (Leis nº 9.503/97 e nº 10.233/01) também reservaram expressamente aos Municípios a competência para regular o transporte público urbano, assunto de interesse local, acentuando que a realização de transporte remunerado sem a autorização do poder competente constitui conduta vedada (art. 14, §2º da Lei nº 10.233/01) e infração sujeita às sanções legais (art. 231, VIII do CTB, Lei nº 9.503/97). O próprio Sistema Nacional de Mobilidade Urbana foi criado como um conjunto organizado de todos os serviços de deslocamentos de pessoas e cargas no território do Município (art. 3º, da Lei nº 12.587/12).

Pontue-se que o único serviço de interesse local destacado no artigo 30 da CRFB foi o transporte coletivo urbano. Todos os demais serviços de interesse local foram tratados no inciso I juntamente com o transporte coletivo quando se fala em *competência legislativa*, mas só este foi referenciado no inciso V como *competência material*, certamente para destacar seu caráter essencial, como concluiu José Afonso da Silva.[344]

O tema do transporte tem competência distribuída em todas as esferas federativas, com reserva de tratamento do contexto urbano para o Município, assim como regional para os Estados, e federal para a União, ainda que, quanto aos dois primeiros (Municípios e Estados) em alguns casos se limite a legislação suplementar.

A competência para organizar os serviços e legislar sobre transporte local é, pois, privativa do Município,[345] o que afasta qualquer

---

V - ser aprovado em curso especializado, nos termos da regulamentação do CONTRAN. Art. 139. O disposto neste Capítulo não exclui a competência municipal de aplicar as exigências previstas em seus regulamentos, para o transporte de escolares.

[344] SILVA. *Comentário contextual à Constituição*, p. 310, item 5.2, *in fine*.

[345] A competência legislativa para dispor sobre transporte irregular de passageiros e imposição de penalidade de apreensão de veículo está sendo discutida na ADI nº 3.784/

intervenção política ou administrativa, devendo ser observadas as disciplinas gerais da prestação dos serviços públicos estabelecidas pela Lei nº 8.987/95, bem como os princípios e diretrizes da Lei nº 10.233/2001 e da mobilidade urbana da Lei nº 12.587/12, o que revela o quanto o Município foi tolhido pela restrição da normatividade superior na medida em que dependia das diretrizes que a Constituição estabeleceu ser da alçada e responsabilidade da União Federal fixar. No caso das diretrizes da mobilidade os Municípios esperaram mais de vinte e três anos pela regulamentação dos artigos 21, XX, e 182 da CRFB pela Lei nº 12.587/12.

Não discrepa desse entendimento quanto a ser competência municipal, o saudoso mestre Hely Lopes Meirelles, ao dizer que:

> O trânsito e o tráfego são daquelas matérias que admitem a tríplice regulamentação – federal, estadual e municipal – conforme a natureza e âmbito do assunto a prover. (...)
>
> De um modo geral, pode-se dizer que cabe à União legislar sobre os assuntos nacionais de trânsito e transporte, ao Estado-membro compete regular e prover os aspectos regionais e a circulação intermunicipal em seu território, e ao Município cabe a ordenação do trânsito urbano, que é de seu interesse local (CF, art. 30, I e V). (...)
>
> A circulação urbana e o tráfego local, abrangendo o transporte coletivo em todo o território municipal, são atividades da estrita competência do Município, para atendimento das necessidades específicas de sua população (...)
>
> O transporte coletivo urbano e rural, desde que se contenha nos limites territoriais do Município, é de sua exclusiva competência, como serviço público de interesse local, com caráter essencial (CF, art. 30, V). (...)
>
> O que convém reiterar é que todo transporte coletivo local é da competência do Município, que o poderá executar diretamente por seus órgãos, ou indiretamente por entidades municipais ou por delegatários particulares, mediante concessão ou permissão.[346]

Deve-se registrar que esse entendimento foi albergado pelo Professor Hely Lopes Meirelles em todas as suas obras e edições desde a Constituição de 1988.[347]

DF, tendo o STF admitido que a controvérsia possui repercussão geral (RE nº 661.702, *DJe*, 29 jun. 2012 e AI nº 562.338, em 09.08.2012, *DJe*, 22 ago. 2012, ambos de relatoria do Min. Marco Aurélio).

[346] MEIRELLES. *Direito municipal brasileiro*. 15. ed., p. 444-449.

[347] Vide MEIRELLES. *Direito municipal brasileiro*. 6. ed., p. 320-321

No mesmo diapasão, o *STJ* também já se pronunciou sobre a competência municipal para regulamentar o serviço público de transporte no âmbito local assim:

> Ementa – Mandado de segurança. Recurso ordinário. Transporte coletivo. Serviço público de interesse local. Competência dos municípios. Constituição Federal, art. 30,V.
> A Carta Constitucional reserva aos municípios a competência para organizar e prestar, diretamente ou sob regime de concessão ou permissão, os serviços públicos de interesse local, incluindo o de transporte coletivo, que tem caráter essencial. Sendo assim, os problemas relacionados à circulação dos coletivos, às áreas para estacionamento, aos pontos de parada, aos horários, à concessão e ao itinerário das linhas, ficam compreendidos entre as atribuições das autoridades municipais, sem que importe invasão de competência estadual ou federal. (STJ, ROMS 575/RJ. Rel. Hélio Mosimann, *RSTJ*, v. 42, p. 114 e in, *RDA*, 191/177)

A jurisprudência é unânime em concluir que a competência para organizar e fiscalizar transporte e trânsito é comum, sendo a do Município relativa ao transporte urbano. Vários são os pronunciamentos dos tribunais do país reconhecendo que o Município está no exercício de sua competência constitucional quando disciplina e fiscaliza o serviço público local essencial do transporte de passageiros como corolário do poder de organização do mesmo serviço que está a cargo da municipalidade.[348] Outras decisões no mesmo sentido estão mencionadas nesta obra nos comentários ao artigo 4º, XI, XII e XIII da Lei nº 12.587/12.

Convém frisar que está sedimentado o entendimento de que quem legisla, em regra, também organiza e fiscaliza. E seria mesmo um absurdo, no caso do Município, poder legislar sobre o transporte público urbano e não poder fiscalizar, ou pior, se ao legislar sobre essa matéria, o Município definisse que o Estado ou a União seriam os responsáveis pela fiscalização em obediência à lei municipal, embora seja permitida a cooperação por meio de convênios para a mera autuação, dependendo da autoridade do ente competente apenas para a validação do auto e aplicação de sanção, se for o caso.

---

[348] *Vide* TJMG. AC nº 000.236.839-7/00, Rel. Aloysio Nogueira, *DJMG*, 11 out. 2002; AC nº 1.0056.04.086572-9/002, Rel. Alvim Soares, *DJMG*, 23 jan. 2009; TJSP Apelação nº 0169770-16.2008.8.26.0000, julgado em 05.11.2001, Rel. Oscild de Lima Júnior.

Essa premissa da legislação no que concerne à competência tem sido confundida, como no caso da ação movida pelo Ministério Público Federal contra o DNIT para promover a revisão da segurança e da limitação das velocidades na circulação (que é um dos alvos da mobilidade sustentável) no trajeto do Anel Rodoviário de Belo Horizonte. No curso da referida ação, o MPF pediu a denunciação do Município e da Empresa de Transportes e Trânsito de Belo Horizonte ao argumento de que aquele trecho rodoviário tem interseção com a mobilidade e com os interesses dos citadinos. A questão, embora pareça intrincada, porque se sustentou a configuração do interesse local, não pode gerar dúvida, na medida em que a competência para o controle da rodovia é federal e nesta não se realiza propriamente um serviço público local. Ainda que inegável a alegada interseção, a ordenação, a sinalização, a fiscalização e a sanção na rodovia são atribuições dos órgãos federais.

Data venia, em nosso entendimento, essa interpretação do MPF não condiz com o princípio federativo, e esse artigo 3º – tanto quanto o 1º – acentua a restrição ao âmbito municipal de auto-organização. Quando a lei pinçou o termo "território" não escolheu mal, mas não pode isso significar que, caso o Anel Rodoviário passe ao longo do território do Município, deixa de ter a natureza de rodovia, cuja competência de organização e fiscalização é federal, porque essa inteligência legal tem sede constitucional e se a questão é de competência constitucional, dependeria de delegação legal (inexistente) para assunção da responsabilidade de organização e fiscalização pelo ente municipal. Se assim fosse, como todas as rodovias passam por algum município, em todas as demandas que envolvessem a discussão de responsabilidades nas rodovias teriam algum município como parte.

Assim, em que pese a origem federal do cuidado legislativo no que concerne a transporte e trânsito (CRFB, art. 22, XI), não há dúvida de que o Município tem competência para legislar sobre assuntos de interesse local, incluído o transporte público, sendo o coletivo de caráter essencial (CRFB, art. 30, I e V), cuja competência para organização e controle é privativa do Município. Portanto, esse é um tema em que as competências são muito claras nas orientações da Constituição Federal.

Quadra aqui destacar que essa competência, em regra, é acometida ao Executivo municipal, não apenas em razão da organização dos serviços, mas a própria via pública é um bem que está sob a administração do Chefe do Executivo Municipal, e são rotineiras as decisões pela inconstitucionalidade de lei municipal de iniciativa do legislativo que usurpa a competência aqui tratada.³⁴⁹ Várias são também as situações em que o legislativo propõe impropriamente, por sua iniciativa, leis que impõem gastos ao Executivo para implantação de serviços e obrigações (p. ex: gratuidades) com ônus, sem previsão das respectivas fontes de custeio desses gastos, em ofensa ao que estipulam as leis orgânicas municipais em geral e outras normas de todas as esferas, tais como o artigo 35 da Lei nº 9.074/1995.

Também já se decidiu em várias assentadas que a legislação municipal não está apta a instituir penalidades pecuniárias para inibir a suposta afronta às concessões públicas e ao Código de Trânsito Brasileiro, diploma próprio e bastante em sua previsão de sanções.³⁵⁰ Esse entendimento vale-se da premissa de que o Município não pode aumentar o valor, mas não o impede de legislar.

Conquanto tenha o STF definido que os Estados-membros são competentes para explorar e regulamentar a prestação de serviços de transporte intermunicipal em ação que discutia a regulamentação de gratuidade, e tenha dito nesse aresto que a prestação de transporte urbano, consubstanciando serviço público de interesse local, é matéria albergada pela competência legislativa dos Municípios, não cabendo aos Estados-membros dispor a seu respeito (*ADI nº 2.349*, Rel. Min. Eros Grau, julgamento em 31.8.2005, Plenário, *DJ*, 14 out. 2005³⁵¹), deve ficar claro e bem frisado que no transporte intermunicipal não convém aos Estados estabelecer pontos de embarque e desembarque ou itinerários locais sem anuência do poder municipal, sob pena de ingerência que afronta ao princípio federativo e configuração de concorrência predatória quando coincidentes as rotas e, especialmente, os pontos de embarque e desembarque.

Em razão desse nosso entendimento, discordamos daquele externado pela Excelsa Corte no *RE nº 549.549-AgR*, Rel. Min. Ellen Gracie, julgamento em 25.11.2008, Segunda Turma, *DJe*, 19 dez. 2008 e preferimos a conclusão do *STJ* quando entendeu que é da competência do Município disciplinar o tráfego e trânsito na cidade respectiva, cabendo ao Estado apenas a concessão e fiscalização das concessões e trechos (*RMS nº 12.766/RJ*; Rel. Min. Eliana Calmon; Órgão Julgador: T2; DJU,

---

[349] TJMG 1.0000.06.449057-6/000, *DJMG*, 06.03.2009, Rel. Dorival Guimarães Pereira, Relator para o acórdão Jarbas Ladeira.

[350] *Vide* TJMG. Apelação Cível nº 1.0024.01.079128-3/001, 3ª Câmara Cível, Rel. Exmo. Sr. Des. Schalcher Ventura, dentre outras.

[351] No mesmo sentido: ADI 845, Rel. Min. Eros Grau, j. 22.11.2007, Plenário, *DJe*, 07 mar. 2008.

16 dez. 2002). Embora com entendimento não tão claro e dizendo acompanhar o STJ, o TJMG se manifestou no sentido de que a decisão deve ser conjunta do Estado e do Município, mas reconheceu que pode haver uma interferência prejudicial no tráfego municipal, que torna as ordens de serviço da autarquia estadual fixando pontos de parada no âmbito do município inexequíveis diante do interesse local.[352]

3.6.3 O interesse público e o interesse local

É reconhecido como adequado o entendimento de Hely Lopes Meirelles de que o interesse local não é exclusivo, mas predominante.[353] Regina Nery Ferrari entende por interesse local aquele ligado de forma direta e imediata à sociedade municipal e cujo atendimento não pode ficar na dependência de autoridades distantes do grupo, que não vivem os problemas locais.[354]

Ao assinalar a lei da gratuidade dos transportes coletivos urbanos e semiurbanos estende, evidentemente, aos rurais no plano municipal, mas não ao transporte intermunicipal. No momento em que um distrito deixa de pertencer a um município, tornando-se outro em razão da emancipação, ainda que prematura, o transporte que o alcança passa a ser intermunicipal, cessando a gratuidade legal, inclusive a determinada pelo art. 39, da Lei nº 10.741/03 (Estatuto do Idoso).[355] Nesse dispositivo também é afastada, por motivos óbvios, a gratuidade dos serviços seletivos e especiais, quando prestados paralelamente aos regulares, critério também ajustável a outras hipóteses do benefício e não apenas aos idosos.

3.6.4 As regiões metropolitanas

As regiões metropolitanas podem ser identificadas tanto como um reflexo positivo de desenvolvimento como pela ideia e presença de uma "dor de crescimento". Por um lado, o organismo que não cresce é tido por ineficaz em seu propósito de existir. Pode ser considerado

---

[352] AC nº 1.0024.03.996199-0/001, Rel. Des. José Domingues Ferreira Esteves, 6ª Câmara Cível, *DJMG*, 12 maio 2006.
[353] MEIRELLES. *Direito municipal brasileiro*. 6. ed., p. 120. Vide também citação do STJ MS 575 no capítulo da Essencialidade.
[354] FERRARI. *Controle da constitucionalidade das leis municipais*, p. 59.
[355] STJ. REsp nº 1.046.243 – MG, Rel. Min. Humberto Martins.

doente, inóspito e até indesejável. Assim, o município que decresce em vários aspectos, inclusive em densidade demográfica, revela uma ausência de riquezas que motivem sua manutenção, com tendência ao ostracismo, o que o conduz a uma espécie de exílio em seu próprio território. Engolfa-se e reverte-se em um não-ser social e político.

Por outro lado, o adensamento das grandes metrópoles, decorrente da opção das pessoas de viverem mais próximas dos centros de consumo maiores e mais modernos, se submetendo a morar empilhadas em edifícios cada vez mais altos, trouxe, como resultado dessa busca, algumas cicatrizes indeléveis ao convívio dos indivíduos, e, como consequência, ao convívio das cidades, que além de se ocuparem da própria ordenação, se ocupam e se preocupam com o contexto de conurbação em várias dimensões, e isso inclui a mobilidade, que já era de difícil solução no grande condomínio chamado cidade e que agora tem limites geográficos expandidos até encontrar a cerca do município vizinho.

Com tanta gente vivendo em cidades dormitórios, satélites das capitais, não há como fugir ao ordenamento supralocal e o legislador constituinte avançou junto com o seu tempo nesse tema. Se antes as regiões metropolitanas eram instituídas pela União, o parágrafo 3º, do artigo 25 da Constituição de 1988 acometeu aos Estados essa atribuição, os quais, mediante lei complementar, podem reconhecer o óbvio, integrando a organização, o planejamento e a execução de funções públicas de interesse comum de municípios limítrofes, legalmente agrupados tanto quanto geograficamente. Não se trata de um quarto ente federado, pois do texto constitucional não se pode entender esse propósito. A ideia nuclear e prática do dispositivo é de mera divisão administrativa para integração, com vistas a um planejamento necessário e uma execução eficiente, através de uma organização compartilhada, com o fim de satisfazer necessidades estruturantes, que se tornam viáveis e acessíveis à coletividade por meio de serviços públicos.

Nesse contexto, o maior desafio para viver passa a ser a dificuldade de conviver. É que a construção do compartilhamento da vida ultracitadina passa por evasivas e entraves políticos, mais ainda em tempos de crise, nos quais dois municípios cobram impostos de todas as moradias e empreendimentos nas áreas limítrofes, mas quando problemas aparecem, remetem a responsabilidade ao prefeito vizinho.

O ator mais importante passa a ser o Estado, a quem a lei atribui a responsabilidade de garantir apoio e promover integração dos serviços nas áreas que ultrapassem os limites de um Município (artigo 17, III). O dispositivo não estabelece como se dão o apoio e a promoção, mas, certamente, para ambos os termos, além de ações políticas e gestão do conflito, a ajuda se manifesta com investimento e alocação de recursos, pois este inciso III do artigo 17 deve ser lido conjuntamente com o artigo 25, que fala, expressamente, de ações programáticas e instrumentos de apoio para aprimoramento dos sistemas de mobilidade, devendo constar dos planos plurianuais e leis de diretrizes orçamentárias.

Topicamente, o que interessa no caso dos transportes é saber e fincar que compete ao Estado a criação de linhas ou serviços de transportes de passageiros intermunicipais, aí incluídos os metropolitanos, o que pode se dar de forma direta ou por delegação, nos termos do artigo 17, I, e, aos Municípios, a delimitação dos locais onde podem ou não existir pontos de embarque e desembarque de passageiros de modo a proteger a vida da cidade. Convém que, não apenas as entidades representativas e assembleias metropolitanas se envolvam, mas que haja atuação conjugada do Estado e dos Municípios limítrofes na estipulação de itinerários que não atuem em concorrência predatória ao transporte local, nem criem quaisquer problemas à ordem e autonomia municipal. Esse raciocínio não é capaz de derruir o interesse regional, que deve ser claramente parametrizado pelas Constituições Estaduais, as quais, em regra estabelecem o transporte intermunicipal e sistema viário de âmbito metropolitano como função pública de interesse comum. É o caso do artigo 43, I da Constituição Mineira.

Conquanto possa parecer um aparente paradoxo, basta distinguir a integração e a autonomia como dois polos aliançados por objetivos, conforme a lúcida e sintética definição de Ana Carolina Wanderley Teixeira, para quem *o fenômeno metropolitano opõe-se à rígida divisão administrativa e político-territorial dos Municípios, integrando-os, sem que tal signifique o abandono de sua autonomia.*[356]

Uma evidência de que a lei é texto atrasado é o *artigo 16*, que atribui à União a assistência técnica e financeira a projetos estruturantes (inc. I) e a obrigação de apoiar e estimular ações coordenadas e integradas entre Municípios e Estados em áreas conurbadas, inclusive em regiões de fronteira com outros países (§1º). No primeiro caso, mencione-se o PAC da mobilidade, lançado em março de 2011, quando a União já assistiu financeiramente a projetos locais, especialmente com vistas a atender aos eventos esportivos internacionais que se aproximavam (Copa das Confederações e Copa do Mundo, Olimpíadas

---

[356] TEIXEIRA. *Região metropolitana*: instituição e gestão contemporânea: dimensão participativa, p. 77.

e Paralimpíadas). No caso do parágrafo primeiro, pode-se dizer que já existe a prática, como nos transportes realizados entre Timon (PI) e São Luís (MA) ou entre Foz do Iguaçu (PR) e Ciudad del Este, no Paraguai e tantos outros.

As boas regras do *artigo 17* ficam por conta da regulamentação da possibilidade de descentralização com a delegação a Municípios parceiros da organização do transporte metropolitano e da possibilidade de estabelecerem uma política tributária específica de incentivos, o que pode se dar através de isenção ou ao menos redução de alíquotas nos casos em que incide o ICMS nos transportes ou combustíveis.

A regra mais relevante entre as atribuições dos Municípios é a que prevê a obrigação de estabelecimento de política de mobilidade e regulamentação dos serviços de transporte urbano (*artigo 18, I*), com o consequente desenvolvimento de instituições vinculadas à política de mobilidade urbana (*artigo 18, III*). Veja-se que a lei não atribui ao Município regular apenas o transporte público, isto porque todo e qualquer deslocamento de pssoas ou cargas em seu território lhe compete, em face do inegável interesse local.

3.7 Diretrizes políticas e instrumentos de gestão, controle e restrição de uso da via pública e mobilidade urbana

> Art. 21. O planejamento, a gestão e a avaliação dos sistemas de mobilidade deverão contemplar:
>
> I - a identificação clara e transparente dos objetivos de curto, médio e longo prazo;
>
> II - a identificação dos meios financeiros e institucionais que assegurem sua implantação e execução;
>
> III - a formulação e implantação dos mecanismos de monitoramento e avaliação sistemáticos e permanentes dos objetivos estabelecidos; e
>
> IV - a definição das metas de atendimento e universalização da oferta de transporte público coletivo, monitorados por indicadores preestabelecidos.
>
> Art. 22. Consideram-se atribuições mínimas dos órgãos gestores dos entes federativos incumbidos respectivamente do planejamento e gestão do sistema de mobilidade urbana:
>
> I - planejar e coordenar os diferentes modos e serviços, observados os princípios e diretrizes desta Lei;
>
> II - avaliar e fiscalizar os serviços e monitorar desempenhos, garantindo a consecução das metas de universalização e de qualidade;

III - implantar a política tarifária;

IV - dispor sobre itinerários, frequências e padrão de qualidade dos serviços;

V - estimular a eficácia e a eficiência dos serviços de transporte público coletivo;

VI - garantir os direitos e observar as responsabilidades dos usuários; e

VII - combater o transporte ilegal de passageiros.

Viver em sociedade com qualidade é buscar a *feliz cidade*. Definir metas para a mobilidade é priorizar um resultado desejável à vida urbana sustentável por meio de estudos sociais e econômicos da utilização dos espaços, cujos objetivos sejam constantemente revistos e monitorados. Não existe plano de um governo. O que deve existir é um plano para a mobilidade, sabendo-se que todo plano de mobilidade é obra inacabada. Os objetivos de longo prazo um dia serão de médio e, finalmente, de curto prazo ou mesmo podem ser abandonados nesse percurso se outras ideias e tecnologias mais eficientes surgirem, o que não significa que devam ser adiados, esquecidos ou conduzidos sem empenho pelas dúvidas que possam advir da falta de recursos.

Por menor que seja a cidade, os munícipes têm direito ao estabelecimento de diretrizes e instrumentos, ambos monitorados. O planejamento deve ser feito com registro das razões de escolha das formulações para que sempre se saiba por qual motivo foram implantados ou abortados ao longo dos anos, isto porque a Administração Pública se submete ao *princípio da motivação*, e agora, com a promulgação do estatuto, também está jungida à *legalidade*, uma vez que foram positivados como norma princípio a gestão e avaliação – a qual impõe planejamento –, o que corresponde a imperativos de acompanhamento, avanços e delimitação clara das estimativas de cumprimento das metas estabelecidas. A lei andou bem ao impor o prévio estabelecimento de indicadores de monitoramento como mecanismo de gestão e, ao mesmo tempo, de avaliação.

A identificação dos meios financeiros que assegurem a consecução do planejamento, gestão e avaliação estabelecida pelo *artigo 21, II* segue a mesma lógica do artigo 55, V do Estatuto das Licitações (Lei nº 8.666/93) e o espírito da Lei de Responsabilidade Fiscal (LC nº 101/00). É óbvio que a mobilidade envolve uma gestão patrimonial para a qual o estatuto e exame, na linha da LRF, exigem previsão e transparência quanto às fontes de custeio e o cumprimento de metas de receitas e despesas.

Quando o *caput* do *artigo 22* faz menção de *órgãos*, o vocábulo não aparece para vedar outra forma de gestão, mas, certamente admite a referência a *entidades* da Administração Indireta, pois a descentralização é adotada em alguns entes federados na gestão do sistema de mobilidade urbana mediante a instituição de pessoa jurídica autônoma, cuja criação é autorizada por lei. Estes entes (órgãos ou entidades) podem até implantar uma política tarifária, conforme atribuição gizada no *artigo 22, III*, mas a fixação de tarifa é atribuição do Executivo (Administração Direta), e a própria lei endossa essa competência quanto ao estabelecimento de valor, níveis e reajustes quando, repetidamente, reconhece como competente o poder público delegante nos §§2º, 8º, 9º e 10 do artigo 9º, e ainda que tenha sido autorizada a criação de entidade para organização, gestão e controle do sistema da mobilidade, essa outorga faz da entidade uma delegatária, não um poder.

A lei assegura a transparência dos objetivos (*art. 22, I*), do que decorre o direito à informação. Em era digital o mais recomendado é colocar dados relevantes e cronogramas à disposição dos interessados pela rede mundial de computadores.

Quanto a itinerários e frequências dos diversos modais, bom é que os usuários possam opinar, mas será o delegante o competente para dispor a respeito, sendo óbvia a previsão do *art. 22, IV*.

O *artigo 22, V* impõe como atribuição mínima o estímulo à eficácia e eficiência nos serviços públicos de transporte coletivo. É totalmente compreensível a restrição desses estímulos apenas ao transporte coletivo e faz sentido diante da própria ideia do que é eficiência em mobilidade. A eficácia tem a ver com o que se propõe realizar, desde o planejamento até o cumprimento dessa meta, enquanto a eficiência está ligada ao modo mais proveitoso de executar esse querer no curso dessa caminhada proposta. Em tema mobilidade urbana, o que se deve querer é a mobilidade sustentável, ágil, com custo módico e será especialmente eficiente o estímulo quando a infraestrutura atrair o máximo de usuários, desestimulando o transporte que não seja o coletivo, sendo essa a razão da restrição do dispositivo.

3.7.1 Os princípios da razoabilidade e da proporcionalidade, a reserva do possível e a qualidade percebida

O *artigo 22, VI* da Lei Federal nº 12.587/12, tratou do equilíbrio entre os direitos e a responsabilidade dos usuários. A norma impôs aos órgãos gestores do sistema da mobilidade urbana em cada ente federativo a obrigação de observar as responsabilidades e garantir os direitos dos usuários e, se por um lado cabe à lei fixar direitos, por outro, caberá ao usuário pressionar por conquistas qualitativas na esfera legal. O que não se sabe, contudo, é qual o grau de exigências pode o usuário reivindicar.

Não há como se olvidar que a organização dos serviços públicos compete ao Executivo que, pela iniciativa de leis submetidas ao Legislativo e por regulamentos próprios, deve elaborar e implantar o modelo de qualidade de atendimento geral, bem como alguns específicos, quando a situação demandar, com o intuito de preordenar a atuação dos gestores com mira nos ganhos de qualidade e, consequentemente, na satisfação dos usuários, convertendo a *qualidade percebida* em *máxima realização*.

Um risco que o ordenamento acentua é a judicialização dos serviços de transportes públicos. Este e outros serviços de atendimento ao público vêm acumulando demandas perante o Judiciário, algumas sem a menor pertinência, configurando abuso de quem as provoca, quase sempre sem conhecimento ou compreensão da legislação aplicável.

Essa prática trouxe à balha a discussão sobre a *reserva do possível*, cuja construção e resposta impõe ao julgador encontrar a solução menos gravosa aos interesses contrapostos do usuário dos serviços e de quem os presta, que, por sua vez, tem outras obrigações a custear em favor da coletividade, na medida em que os *direitos individuais* configuram um quinhão do *interesse público* e com este deve harmonizar.

O escape à equação aparentemente insolúvel será confirmado quando for possível conjugar uma e outra coisa como se ambas fossem a mesma porque, no sentido do étimo, efetivamente são, na medida em que o interesse público tem origem nos vários interesses individuais que preservam o viver do indivíduo enquanto membro da sociedade. O que se quer para todos é o que se quer para cada um.

Assim como a razoabilidade e a proporcionalidade[357] devem nortear a adoção das medidas necessárias ao alcance do interesse público de modo a impedir restrições e meios descabidos, da mesma

---

[357] Registre-se que ambos os princípios (razoabilidade e proporcionalidade) são piso (não teto) porque é a atuação administrativa que eles visam conter quanto a eventuais exageros e nesse sentido aliam-se à legalidade e à finalidade para orientar essa atuação da Administração Pública. Como princípios são também normas, têm eles a função não apenas de instruir e densificar a essência da atuação, mas também a de regular e estabelecer limites.

forma não se pode impor tarefas impossíveis ao Poder Público. É o que se convencionou chamar *reserva do possível*.

Conquanto pudesse ser desejável a construção de metrôs que cobrissem satisfatoriamente os trajetos possíveis em todas as cidades com mais de duzentos mil habitantes ou o uso de ônibus com rebaixamento de piso em toda a frota dessas cidades, sabe-se que essa é uma condição distante do realizável ao menos em médio prazo. O que parece ser a linha de corte que delimita o exigível é, antes de tudo, o *princípio da dignidade humana* e isso pode ser obtido com soluções economicamente mais modestas, como é o caso do elevador no lugar do ônibus de piso com rebaixamento e a implantação do BRT onde tecnicamente ele se mostra viável e recomendável como solução mais barata que o metrô.

No caso dos transportes públicos urbanos deve se atentar para o que chamamos de *qualidade percebida*, que vem a ser o que cada comunidade espera receber do Estado. A diferença entre o que um alemão e um brasileiro esperam receber de serviço público é proporcional ao nível do serviço que efetivamente recebem, pois qualidade se mede e se percebe pelo índice de satisfação.

A satisfação é, pois, proporcional à acomodação. Assim é em razão da importância da condução consensual da coisa pública. Se o usuário do serviço público se acomoda com o que tem, a Administração Pública tende a manter-se no estágio alcançado de atendimento. Se, ao contrário, a comunidade participa exigindo e ao mesmo tempo respeitando o interesse público que compartilha com seus semelhantes, o avanço da qualidade será fruto da evolução ética que experimenta. Existem aí dois problemas coletivos: A ética do cidadão e a ética do Estado.

Por um lado, o que se percebe é que, quanto mais a tecnologia e a comodidade avançam, mais a moral retrocede e não há como resgatar ou estabilizar uma ordem política e social aceitável ou uma democracia verdadeiramente igualitária se o egoísmo vaidoso e a desordem pessoal da moral de cada um não for revista. Embora a moral administrativa e a moral comum não sejam a mesma coisa, não há como negar, como ensina Márcio Cammarosano,[358] que a moralidade como princípio da Administração remete aos valores morais albergados na norma jurídica.

Há como que um descompasso entre as conquistas do que se convencionou como "qualidade de vida" e a qualidade moral, de forma

---

[358] CAMMAROSANO. *O princípio constitucional da moralidade e o exercício da função administrativa*.

a afetar não apenas a percepção do que tem qualidade e é bom, mas a própria noção do que é aceitável ou mesmo desejável. Como acentua Eduardo Giannetti, existe uma séria defasagem entre as conquistas externas da civilização e o amadurecimento moral dos homens.[359]

Lado outro, é também fato que cada vez mais o *cidadão* vem sendo tratado como *administrado*, o que representa visível diferença na qualidade dos serviços, sobretudo na forma como o serviço lhe é oferecido e prestado. A diferença reside no fato de que enquanto a cidadania é atributo próprio de quem goza de direitos, ser administrado é estar assujeitado e subordinado à ação da Administração Pública.

A verdade que precisa ser reconhecida é que cada sociedade suporta a qualidade à qual se submete, e, na maioria dos casos, a recíproca também é verdadeira. Portanto, para quem se acostumou a considerar aceitável se deslocar em cima de um cavalo sem cela numa estrada de terra repleta de cascalho, passear na garupa de uma motocicleta de cem cilindradas numa avenida com buracos a cada trinta metros pode ser avaliado como uma sofisticação.

Falar em *qualidade percebida* é falar numa medida reconhecida ou como aquilo que cada coletividade reconhece como digno em cada época considerada. Na década de 1960 as crianças se divertiam ao serem conduzidas num bagageiro no fundo de um "fusca" apelidado de "cachorreira", o que hoje seria impensável. Não se reclama, em nossos dias, a ausência de cintos de segurança no transporte coletivo urbano, mas já se sente desconforto térmico, especialmente nos dias de calor intenso. Não se mede o índice de satisfação dos usuários dos serviços por fatores ultrapassados, externos e impertinentes. Seria tão absurdo quanto quantificar a qualidade das políticas públicas tendo como referencial apenas o crescimento do PIB.

Exemplo de avanço na qualidade percebida nos transportes públicos são os ônibus adotados nos municípios conforme a localização do motor (à frente ou não). Da mesma forma, o combustível fóssil tem sofrido combate pela sociedade em geral como um aspecto da qualidade percebida de mobilidade sustentável, mas a qualidade mais perceptível está ligada à pontualidade e velocidade do transporte, pois na atual geração cada minuto a mais à espera ou dentro de um coletivo representa a insatisfação mais comum.

---

[359] GIANNETTI. *Vícios privados, benefícios públicos?*: a ética na riqueza das nações, p. 40. Nessa obra, Giannetti faz um denso e maravilhoso estudo sobre a tese do neolítico moral – a crença de que o retardamento ético do homem é a causa principal do hiato entre *o que é e o que deve ser*.

O *artigo 22, VII*, estabelece a última atribuição mínima, qual seja, o combate ao transporte ilegal de passageiros. O transporte ilegal de cargas é de competência das polícias ostensivas de segurança, nos termos do art. 144 da CRFB e por isso não cabia previsão de atribuição a gestores desse tipo de transporte, ainda que tratado em outros aspectos pelo estatuto da mobilidade. Quanto ao transporte de passageiros, a ilegalidade já é regulada no artigo 231 do CTB, cujo valor ínfimo da multa não representa punição adequada para uma conduta com tantos impactos negativos, que apreciamos no capítulo sobre transporte clandestino, ao qual remetemos o leitor, especialmente no que se refere à jurisprudência, que, em grande proporção, repudia a possibilidade de cada município legislar aumentando esse valor para proteger o interesse local nos termos do artigo 30, I da CRFB e o uso do sistema viário, o que tem amparo na lei.

> Art. 23. Os entes federativos poderão utilizar, dentre outros instrumentos de gestão do sistema de transporte e da mobilidade urbana, os seguintes:
> I - restrição e controle de acesso e circulação, permanente ou temporário, de veículos motorizados em locais e horários predeterminados;
> II - estipulação de padrões de emissão de poluentes para locais e horários determinados, podendo condicionar o acesso e a circulação aos espaços urbanos sob controle;
> III - aplicação de tributos sobre modos e serviços de transporte urbano pela utilização da infraestrutura urbana, visando a desestimular o uso de determinados modos e serviços de mobilidade, vinculando-se a receita à aplicação exclusiva em infraestrutura urbana destinada ao transporte público coletivo e ao transporte não motorizado e no financiamento do subsídio público da tarifa de transporte público, na forma da lei;
> IV - dedicação de espaço exclusivo nas vias públicas para os serviços de transporte público coletivo e modos de transporte não motorizados;
> V - estabelecimento da política de estacionamentos de uso público e privado, com e sem pagamento pela sua utilização, como parte integrante da Política Nacional de Mobilidade Urbana;
> VI - controle do uso e operação da infraestrutura viária destinada à circulação e operação do transporte de carga, concedendo prioridades ou restrições;
> VII - monitoramento e controle das emissões dos gases de efeito local e de efeito estufa dos modos de transporte motorizado, facultando a restrição de acesso a determinadas vias em razão da criticidade dos índices de emissões de poluição;
> VIII - convênios para o combate ao transporte ilegal de passageiros; e

IX - convênio para o transporte coletivo urbano internacional nas cidades definidas como cidades gêmeas nas regiões de fronteira do Brasil com outros países, observado o art. 178 da Constituição Federal.

Art. 24. O Plano de Mobilidade Urbana é o instrumento de efetivação da Política Nacional de Mobilidade Urbana e deverá contemplar os princípios, os objetivos e as diretrizes desta Lei, bem como:

I - os serviços de transporte público coletivo;

II - a circulação viária;

III - as infraestruturas do sistema de mobilidade urbana, incluindo as ciclovias e ciclofaixas; (Redação dada pela Lei nº 13.683, de 2018)

IV - a acessibilidade para pessoas com deficiência e restrição de mobilidade;

V - a integração dos modos de transporte público e destes com os privados e os não motorizados;

VI - a operação e o disciplinamento do transporte de carga na infraestrutura viária;

VII - os polos geradores de viagens;

VIII - as áreas de estacionamentos públicos e privados, gratuitos ou onerosos;

IX - as áreas e horários de acesso e circulação restrita ou controlada;

X - os mecanismos e instrumentos de financiamento do transporte público coletivo e da infraestrutura de mobilidade urbana; e

XI - a sistemática de avaliação, revisão e atualização periódica do Plano de Mobilidade Urbana em prazo não superior a 10 (dez) anos.

§1º Em Municípios acima de 20.000 (vinte mil) habitantes e em todos os demais obrigados, na forma da lei, à elaboração do plano diretor, deverá ser elaborado o Plano de Mobilidade Urbana, integrado e compatível com os respectivos planos diretores ou neles inserido.

§2º Nos Municípios sem sistema de transporte público coletivo ou individual, o Plano de Mobilidade Urbana deverá ter o foco no transporte não motorizado e no planejamento da infraestrutura urbana destinada aos deslocamentos a pé e por bicicleta, de acordo com a legislação vigente.

§3º O Plano de Mobilidade Urbana deverá ser compatibilizado com o plano diretor municipal, existente ou em elaboração, no prazo máximo de 6 (seis) anos da entrada em vigor desta Lei. (Redação dada pela Lei nº 13.406, de 2016)

§4º Os Municípios que não tenham elaborado o Plano de Mobilidade Urbana até a data de promulgação desta Lei terão o prazo máximo de 7 (sete) anos de sua entrada em vigor para elaborá-lo, findo o qual ficarão impedidos de receber recursos orçamentários federais destinados à mobilidade urbana até que atendam à exigência desta Lei. (Redação dada pela Lei nº 13.683, de 2018)

§5º O Plano de Mobilidade Urbana deverá contemplar medidas destinadas a atender aos núcleos urbanos informais consolidados, nos termos da Lei nº 13.465, de 11 de julho de 2017. (Incluído pela Lei nº 13.683, de 2018)

§6º (VETADO). (Redação dada pela Lei nº 13.683, de 2018)

A lei em comento pretende ser uma referência indicativa de responsabilidades, porque impõe reiteradamente o estabelecimento de metas pertinentes e pontualmente a necessidade de aferição periódica dos resultados que devem ser esperados. O que há de responsável é o fato de a lei dialogar com a realidade do setor. Não se pode falar em mobilidade sem pensar em atendimento universal, planejamento operacional e financeiro, medições de qualidade e combate à clandestinidade, tópicos cuidadosamente referidos na norma.

Existem instrumentos de gestão (*artigo 23*) e instrumentos de controle, fiscalização e difusão de informações (*artigo 3º, §3º, III*) que permitem maior eficácia na gestão da mobilidade urbana.

Dos instrumentos de controle podem ser destacados os detectores de velocidade e avanço de semáforo (radares) e câmeras de detecção de invasão de faixas exclusivas. A Administração Pública vale-se de contratos com a iniciativa privada para implantação desses equipamentos hábeis à medição (art. 218/CTB). Esses ajustes se inserem na categoria de serviços de execução contínua, nos termos do inciso II do art. 57 da Lei Federal nº 8.666/93.[360]

Entre os instrumentos de difusão de informações são mais comuns os painéis móveis veiculares (PMV), que atualizam dados sobre as condições da via e fluidez de tráfego para os usuários.

Entre as políticas de gestão e restrição ao trânsito de veículos privados, existem a adoção de *faixas de uso exclusivo* para serviços de urgência ou de *corredores e faixas, inclusive reversíveis*, para o transporte público coletivo, ciclovias e outros modos não motorizados (artigo 23, IV, da Lei nº 12.587/12), a cobrança pelo *estacionamento rotativo* nas vias públicas, sistema em razão do qual se paga pela desafetação temporária e democrática da via para uso privado compartilhado e não pela guarda do veículo, como adiante será abordado, o *rodízio* (já adotado em horários e locais delimitados na capital paulista, por meio da Lei Municipal nº 12.490, de 03.10.1997, regulamentada pelo

---

[360] Consulta nº 859.179, Rel. Cons. Cláudio Couto Terrão, 18.07.2012.

Decreto nº 37.085, da mesma data) no qual, em dias, horários e locais previamente determinados, os veículos particulares são impedidos de circular conforme o dígito final da placa de licenciamento, o *pedágio urbano* (*arts. 23, I e 24, IX e X*), no qual cobra-se pelo uso da via pública por veículos motorizados privados quando, em horários determinados, penetram e circulam em áreas e locais de grande adensamento do tráfego indicados na norma, podendo a partir da arrecadação investir em manutenção e modernização da infraestrutura ou em transporte coletivo de melhor qualidade.

No pedágio urbano, adotado em Milão[361] desde 2008 para veículos altamente poluentes e, desde janeiro de 2012 para todos os demais, é cobrada uma taxa de cinco euros para circular no centro da cidade, entre 7h30 e 19h30. Na Inglaterra o preço varia de 8 a 12 libras para rodar entre 7 e 18 horas, de segunda a sexta-feira, exceto em feriados e na época das festas de fim de ano. Especificamente em Londres, o *Congestion Charge* (Taxa de Congestionamento) é de 12 libras por dia.

O que se mira é a regulação do tráfego, não cabendo confundir com o tradicional *pedágio de financiamento* – a partir do qual se custeia a construção e manutenção da via – nem com o que chamamos aqui de *restrição absoluta*, que pode ser através de duas formas, sendo a primeira a adoção de *quarteirões fechados* para uso quase que exclusivo de pedestres, ressalvadas as emergências, bicicletas e operações de carga e descarga, estas preferencialmente com sinalização específica, bem como por meio da *proibição de circulação* em vias públicas em horários restritos, como acontece na região central de Buenos Aires no horário compreendido entre 11 e 16 horas, desde 06.02.2012,[362] ou em períodos parciais predeterminados, caso de Paris, onde a *Freeway* ao longo do Rio Sena tem trechos transformados em praias públicas na época do verão.

A maior novidade como marco regulatório do Plano Nacional de Mobilidade Urbana que veio ao mundo jurídico por meio da Lei nº 12.587/12 certamente é a previsão de restrição e controle de acesso e circulação em locais e áreas específicas, como se faz através *do rodízio* e do *pedágio urbano*, entre outras medidas possíveis. Essas regras foram positivadas nos *artigos 23, I e III e 24, IX*, que estabelecem,

---

[361] Conforme noticiado pelo *Jornal Metro*, 18 jan. 2012, p. 6.
[362] Conforme noticiado pelo *Jornal Metro*, 13 jan. 2012, p. 8. A informação dá conta de que a Rua Florida, um dos principais centros comerciais da cidade, está entre as áreas de trânsito restrito do microcentro e que é possível requerer à autoridade de trânsito permissão de circulação em alguns casos.

respectivamente: a) a possibilidade de utilização de instrumentos de restrição e controle de acesso e circulação *(23, I)*; b) a tributação desestimuladora do uso da infraestrutura urbana por determinados modos, certamente com foco na moderação do uso dos motorizados individuais *(23, III)*; e c) a admissão de que cada Município poderá fixar em seu PMU as áreas e horários de acesso e circulação restrita ou controlada *(24, IX)*. Sem essa diretriz nacional os Municípios ficavam impedidos de adotar, por exemplo, o *pedágio urbano*, pois seria questionável regular o assunto na falta dos nortes do Plano Nacional que a Constituição exige.

É natural que a implantação dessas restrições sofra resistência inicial, mas se justifica como qualquer limitação administrativa que restringe o direito e o interesse privado em prol da coletividade. E há explicação matemática para a necessidade urgente dessas soluções próprias do poder de polícia, partindo-se do direito ao uso compartilhado da via pública.

Considerando que um ônibus conduz cinco passageiros por metro quadrado, que é a especificação média dos fabricantes, tendo em vista normatização da ABNT, e que um automóvel tem em torno de oito metros quadrados, é possível chegar a um cálculo simples de uso quarenta vezes maior de espaço público por um único passageiro em veículo particular se comparado com um ônibus. Se aviões e ônibus cobram o dobro do preço da classe econômica pela viagem na classe executiva, e não há nesses casos o dobro do espaço, porque um cidadão que usa, em seu veículo particular, 40 (quarenta) vezes mais espaço na via urbana que os passageiros dos ônibus não pode pagar por esse luxo?

Um instrumento de gestão da mobilidade muito eficiente que a lei estabeleceu é o de permitir essa extrafiscalidade prevista no art. 23, III. Nesse sentido, não visa a norma arrecadação, mas evitar atividade prejudicial pela ordenação do uso não adequado – ou iníquo, nos termos do princípio do art. 5º, VIII – do espaço de circulação. Exatamente por essa finalidade e característica é que há quem defenda que a modalidade tributária é de "taxa de polícia".[363] Bem utilizada, a medida é um escudo socioambiental para a promoção da sustentabilidade no espaço urbano.

---

[363] KÄSSMAYER, Karin; ZUGMAN, Moises. O direito à mobilidade urbana e o desestímulo ao uso de modos de transporte pela aplicação de tributos: breve análise do art. 23, inc. III, da Lei nº 12.587 de 2012. *Interesse Público – IP*, Belo Horizonte, ano 14, n. 73, p. 213-235, maio/jun. 2012.

A vida da cidade não é regular enquanto não há uma disciplina rígida quanto ao transporte de carga na infraestrutura viária (art. 23, VI), sob pena de comprometer, por um lado, o abastecimento das cidades e, por outro, a segurança da circulação, na medida em que veículos pesados trazem riscos no contexto urbano tanto à vida das pessoas quanto no que concerne ao eventual comprometimento da fluidez na mobilidade.

Outro expediente importantíssimo, previsto no art. 24, VII da lei, é a necessidade de ordenar os polos geradores de viagens (PGV), que são locais ou intalações que, ocasional ou constantemente, atraem grande número de viagens em razão das atividades ali desenvolvidas. Se os aplicativos de transporte, sem autorização ou regulação de norma cabível, já perceberam isso e estabelecem dinâmicas por vezes extorsivas e criticadas pelo mundo inteiro, por que não haveria o poder público de, com o lícito propósito do interesse público, produzir análises de casos e compensações, tais como custear estudos de impacto e eventuais modificações na geometria da via, desempenhando um papel estruturador do desenvovimento sustentável?

Cabe a regulação de critérios de autorização de implantação, dos acessos necessários, da oferta de vagas de estacionamento, escalonamento dos graus de impacto, repercussões, sanções e muitas outras circunstâncias que a implantação ou ampliação desses polos provocam.

Existe grande celeuma também sobre serem ou não indenizáveis pelo ente que organiza o estacionamento nas vias públicas os danos havidos nos veículos estacionados nas zonas de parqueamento público intituladas pelo artigo 24, X do CTB como sistema de *estacionamento rotativo*. Quando esse dispositivo estabelece a competência de órgãos e entidades municipais de trânsito, no âmbito de suas respectivas circunscrições, para implantar, operar e manter essa operação e manutenção, refere-se ao sistema democrático de utilização da via e não a manutenção da guarda de veículos, porque isso nem se dá na prática, como acontece nos estacionamentos privados.

No rotativo não há uma contraprestação por um serviço de guarda. Há o cumprimento de um dever de ofício estabelecido no Código de Trânsito Brasileiro (CTB) como comando para a organização do compartilhamento do espaço público, bem como a ordenação do espaço urbano que resulta do Estatuto das Cidades e o Plano Diretor de cada município. O CTB prevê a restrição na utilização de um bem de uso comum tendo em vista o interesse local geral, transmutando-o, temporariamente, por sua privatividade de utilização, em bem de uso especial.

Essa mutação temporária da natureza do bem se qualifica exatamente em razão da utilização (não da guarda) do bem ser remunerada.[364] Não fosse assim, as regiões de centro expandido das grandes metrópoles sofreriam danos irreparáveis à mobilidade, uma vez que vários veículos estacionados logo na primeira hora da manhã poderiam monopolizar grandes extensões de áreas públicas por um dia inteiro. Acentue-se que não é a mera rotatividade ou a imposição de pagamento que afasta a indenização, pois hotéis e outros prédios comerciais também adotam esse sistema, inclusive gratuitamente.[365] O que caracteriza a diferença é o interesse público envolvido no compartilhamento e ordenação da via que é pública.

Há uma grande diferença entre a exploração de uma atividade econômica e a organização do interesse público. Quem explora a atividade econômica ganha por guardar o veículo pelo tempo que for necessário à utilização exclusiva de um bem que é particular, pouco importando nessa relação o interesse coletivo. Há como que uma locação privada da área por tempo variável, medido em horas, frações, dias e até por utilização constante com paga mensal, para assegurar a guarda da propriedade móvel do locador daquela área.[366]

O sistema rotativo, bem diferente, tem um tempo limite determinado, após o qual o veiculo pode ser multado e até rebocado, porque aquele próprio móvel não está a cumprir a função social da propriedade quando avança contra o interesse coletivo de compartilhamento da área. Não há que se falar no interesse privado, pois que impera a supremacia do interesse público contra o uso iníquo do espaço coletivo. Nesse ponto, a Lei Federal nº 12.587/12 positivou o princípio da equidade no uso do espaço público de circulação, vias e logradouros (artigo 5º, VIII).

---

[364] Em sentido contrário sobre a manutenção do caráter de uso de bem comum veja-se a decisão do TJRS nº 70023243157, onde se transcreveu doutrina que defende que a via pública não perde a sua qualidade de bem de uso comum do povo quando são instituídas as áreas de rotativo. Pelo contrário, segundo esse entendimento, os estacionamentos rotativos têm justamente a finalidade de permitir a utilização das vagas na rua por um maior número de pessoas; buscam evitar que o uso de tais bens se "eternize" por alguns indivíduos.

[365] *Vide* TJRS nº 70035406990, que aprecia discussão sobre estacionamento rotativo gratuito em hotel.

[366] O STF pacificou que viola o art. 22, I da CRFB lei estadual que impede cobrança de estacionamento em estabelecimento privado, por ser o direito civil matéria de competência privativa da União (ADI nº 1.623/RJ, Rel. Min. Joaquim Barbosa, *DJe*, 15 abr. 2011). No mesmo sentido ADI nº 1.918/ES, Rel. Min. Maurício Correa, *DJ*, 1º ago. 2003. No RE nº 313.060/SP, a Excelsa Corte também julgou inconstitucional, por violar o artigo 22, VII da CRFB, lei municipal que obriga a cobertura de seguro contra furto e roubo de automóvel em estacionamento de estabelecimento privado (Rel. Min. Ellen Grace, *DJ*, 24 fev. 2006).

Diferentemente do estacionamento privado, no rotativo não existe em nenhuma hipótese a identificação do usuário, porque não é relevante que ela aconteça, até pela generalidade que a oportunidade conferida ao indivíduo anônimo encerra.

Outra distinção que há entre as hipóteses é no aspecto regulamentar, já que o regulamento interno de um estacionamento privado pode ditar tudo o que a lei não veda, enquanto o regulamento de uso do bem público, ditado e policiado pela autoridade pública, é restringido pelos princípios que orientam a Administração Pública. Não se confunda aqui a ideia de polícia com guarda, pois que esse poder é para a Administração Pública referente às restrições que a ela cabe regrar e vigiar quanto a direitos, bens e atividades privadas, em benefício da coletividade.

Na prática jurisdicional, inúmeras decisões conduzem a um entendimento bem parecido com o acima exposto,[367] até porque a vigilância e segurança públicas, em face do princípio da especialidade, não competem ao Município, mas ao Estado.[368] Também pode ajudar na construção desse raciocínio para afastar a responsabilidade objetiva a decisão, em 04/12/2018, do STJ, no REsp 1.749.941-PR quando a 3ª Turma da Corte, sob relatoria da Minstra Nancy Andrighi, e unanimemente, entendeu que em caso de roubo e sequestro em rodovia pedagiada é impossível afirmar que a ocorrência do dano sofrido guarda conexidade com as atividades desenvolvidas pela concessionária, na medida em que *o fato de terceiro pode romper o nexo de causalidade*.

Houve também tentativa de dispor em lei municipal sobre a obrigatoriedade de o Executivo indenizar proprietário de veículo roubado em estacionamento rotativo, frustrada, é claro, já que compete privativamente à União legislar sobre Direito Civil, onde se insere tal matéria.[369]

O combate ao transporte clandestino, que a lei admite seja feito por meio de convênio (23, VIII) já acontece na prática, mas é uma luta árdua que às vezes tem no Judiciário oscilações quanto à legalidade da conduta, o que fomenta a atuação, especialmente por parte da camada mais desempregada da população. Há de tudo nas ruas, até quem exerça

---

[367] AC nº 595132960, 1ª Câmara Cível, TJRS, Rel. Tupinambá Miguel Castro do Nascimento, Julgado em 06.12.1995. É conveniente também a leitura das decisões de AC nºs 70010218857 e 70023243157 do mesmo TJRS.

[368] TJRS nº 70014141345, *DJRS*, 06 ago. 2007.

[369] TJMG. ADI nº 1.0000.07.459204-9/000, Rel. Kildare Carvalho, *DJMG*, 29 jan. 2010.

a atividade com CNH falsificada, entre outros graves problemas, e a população não faz ideia ou não se interessa em avaliar os riscos.

O §1º, do art. 24 tem um avanço importantíssimo, que protege a população dos pequenos municípios da dor de crescimento mais comum e desastrosa: a falta de planejamento para os deslocamentos sustentáveis e ordenados e tudo que envolve a mobilidade urbana. Todo município com população acima de vinte mil habitantes está obrigado a elaborar Plano de Mobilidade compatível com o Plano Diretor. Essa imposição existe mesmo para aqueles municípios que não são servidos por transporte público (§2º).[370]

Os §§3º e 4º, do artigo 24 da Lei Federal nº 12.587/12 previam, nas respectivas redações originais, que os municípios com mais de vinte mil habitantes estavam obrigados a elaborar Planos de Mobilidade Urbana, integrados ao Plano Diretor, até 3 (três) anos após a vigência da lei. Esse prazo foi alterado, primeiro pela Lei nº 13.406, de 26/12/2016, para compatibilização com o Plano Diretor em até 6 (seis) anos após a vigência da lei, ou seja, a mudança teria de se dar até 13/04/2018, conforme a nova redação do §3º.

Depois percebeu-se que também seria necessária outra alteração do §4º (além da promovida na Lei nº 13.406/16), o que se deu através da nova redação ditada pela Lei nº 13.683/2018, concedendo-se o prazo de 7 (sete) anos para a elaboração de Plano de Mobilidade pelos Municípios que ainda não o tinham, sob pena de ficarem impedidos de receber recursos orçamentários federais destinados à mobilidade urbana, até que atendam a essa exigência legal.

De se notar que as novas leis modificativas não prorrogaram o prazo anterior, até porque não se prorroga o que está findo, na medida em que a Lei nº 13.406/2016 foi editada quando o prazo original já havia se esgotado, o que também vale para a Lei nº 13.683/2018. Por essa razão, o legislador cuidou em não prorrogar, mas em estabelecer a norma atual, prevendo novo prazo de encerramento da oportunidade, já que, à época de sua publicação, era muito maior o número dos municípios obrigados à adequação que ainda não haviam obedecido ao ditame para se adaptarem.

---

[370] Desde a promulgação da lei, em 2012, até o fim de 2016 a obrigação de implantar Planos de Mobilidade tinha sido atendida por apenas 5% dos municípios alcançados pela norma, segundo apuração, em 2017, pela Confederação Nacional dos Transportes, conforme cnt.org.br/imprensa/noticia/lei-que-trata-da-politica-nacional-de-mobilidade-urbana-completa-cinco-anos. Acesso em 4 mar. 2019.

Daí que, se não se prorroga o que está findo, o §4º desafiou a interpretação do dispositivo, uma vez que inserida a redação que, embora nova, tratava e modificava a lei original (12.587/12), contando-se, então, desde a vigência[371] da lei alterada, para findar-se o prazo deste parágrafo em 12/04/2019, com o devido respeito a quem defende que se estende até 2025, contando-se a partir da entrada em vigor da Lei nº 13.406/2016.

O art. 24, §5º orienta que os Planos de Mobilidade devem contemplar medidas para atender núcleos urbanos informais consolidados. Entre outros objetivos fixados na Lei nº 13.465/2017, o mais importante consta do art. 10, VII, qual seja, garantir a efetivação da função social da propriedade, que é preceito constitucional a ser perseguido, especialmente como forma de ascenção aos socialmente marginalizados no reino dos "puxadinhos", dos quais as metrópoles brasileiras são repletas.

3.7.2 Histórico e espécies de pedágio urbano

> *Temos brinquedos sofisticados, reluzentes e perigosos nas mãos, mas carecemos ainda da maturidade ética – da capacidade adequada de escolha e julgamento moral – para tirar deles o melhor proveito ou, até mesmo, para impedir que terminem nos destruindo (...)*[372]

No primeiro século antes de Cristo, Júlio César, num alvor de mobilidade urbana, baniu o tráfego de rodas no centro de Roma durante o dia, e depois limitou o número de carruagens que poderiam entrar na cidade.[373] Esse dado revela que os ditadores sempre foram ousados quanto a medidas restritivas de direitos sem temer o risco de queda na popularidade.

---

[371] Registre-se que a Lei nº 12.587, de 03.01.2012 teve vigência 100 (cem) dias depois de promulgada, em 13.04.2012.

[372] GIANNETTI. *Vícios privados, benefícios públicos?*: a ética na riqueza das nações, p. 60.

[373] Disponível em: http://www.vocesabia.net/domesticas/curiosidades-do-transito. Acesso em: 26 abr. 2012.

A vida citadina exige avaliações quanto ao uso e compartilhamento do espaço urbano, mas as medidas necessárias, embora tenham o propósito de democratizar o uso da via pública, demoram a ser absorvidas pela população, porque quebram paradigmas da zona de conforto das pessoas, acostumadas à mesmice da paisagem sem avaliar se há bem-estar na manutenção do que se tem ou se a nova proposta é que conduz à melhoria da qualidade de vida. É difícil, por exemplo, aceitar a implantação de estacionamento rotativo em frente de casa onde antes era possível parar o próprio carro para qualquer fim, mas esse recurso vai se ampliando à medida que a cidade cresce e o espaço público demanda o uso comedido, organizado e igualitário. É o caso do pedágio urbano, expediente que a LPNMU indica como solução mitigadora de congestionamentos e defasagem de vagas nos centros urbanos até onde eles se estenderem.

Uma espécie de *pedágio urbano* é a chamada *taxação de congestionamento*, adotada desde a década de 1970 em Singapura (ou Cingapura), e em 1983 em Hong Kong. Em Londres, há notícia de sugestões de implantação, respectivamente, em 1959, pelo prêmio Nobel William Vickrey e, em 1964, através do "Relatório Smeed" do Ministério dos Transportes do Reino Unido, sendo mais recente a experiência de Estocolmo, em 2006. Essa taxação impõe o pagamento para uso privado do espaço público das regiões mais adensadas dos centros urbanos em horários específicos.

Todas essas taxações se submeteram a aperfeiçoamentos seguidos, nos quais é sabido que foi adotada, primeiramente, a venda de adesivos para fixação no para-brisa e depois foram criados meios eletrônicos de fiscalização e cobrança quando os veículos privados passam por portais de delimitação das áreas congestionadas ou nos chamados *pedágios de eixo*, no caso de circulação em vias expressas. Com o avanço da tecnologia não é difícil a colocação de dispositivo localizador quando da vistoria veicular de tal forma que, além de aumentar a segurança em poder encontrar o veículo quando furtado, sabe-se quantas vezes ele adentrou na área de adensamento e restrição com pedágio. É o que já acontece em Singapura, permitindo a medição em tempo real da tarifação, e será implantado no Brasil a partir do SINIAV (Sistema Nacional de Identificação Automática de Veículos), que estava previsto para junho de 2014, depois para janeiro de 2016, mas ainda não está em desenvolvimento, sendo o principal entrave a integração dos DETRANS. A Resolução nº 741/18 do CONTRAN previu a implantação de QR Code nas placas de veículos em substituição momentânea aos chips até que se encerre a implantação do SINIAV.

Em todas essas práticas a intervenção estatal se faz através de atos normativos e do poder de polícia, daí a importância jurídica das políticas públicas de mobilidade urbana e do adequado tratamento do assunto tanto pelo traço da opção do direito a ser positivado, quanto pela política mais apropriada a cada época e local. A precisão na atuação deve ser cirúrgica, firme e impessoal, pois está em jogo o interesse público e, mais especificamente, a dinâmica da cidade através de instrumentos de desestímulo ao uso de transporte individual motorizado.[374]

Como é óbvio, e já acontece nos locais onde existem restrições de circulação, essas regras não se aplicam a veículos destacados com as devidas ressalvas nas respectivas normas como, por exemplo, os de serviços de emergência, guinchos, táxi, motocicletas e similares, transportes escolares e coletivos ou outros serviços autorizados a operar, justamente porque, mais do que tudo, a mobilidade dos tais é que se quer priorizar, especialmente nesses locais de adensamento onde o interesse público está presente em grande medida.

A vantagem dessas cobranças, especialmente as dos pedágios, é que a arrecadação deve ser direcionada a subsidiar o transporte coletivo até o ponto de quase acabar com a tarifa destes, o que é imposto pelo *artigo 23, inciso III* da Lei nº 12.587/12. É uma forma de socializar a riqueza através da gestão do transporte, cumprindo o objetivo ou *princípio da solidariedade social* apregoado pelo artigo 3º da Constituição Federal. Daí é que se pode concluir que, como já se disse, *a mobilidade urbana é, ao mesmo tempo, causa e efeito do desenvolvimento urbano*.[375]

Segundo estudo comparativo feito pela Associação Nacional de Transportes Públicos (ANTP),[376] em 2010 ocorreram 17,3 bilhões de viagens em transportes públicos (ônibus municipais e intermunicipais e veículos sobre trilhos), enquanto no transporte individual (automóveis e motocicletas) foram 18,1 bilhões de viagens/ano, o que reforça a necessidade de gestão *"lato sensu"*, especialmente com ações de estímulo ou desestímulo, mais do que somente aumento de frotas. Há muito

---

[374] Sobre esse tema, vejam-se estudos de casos e indicações de estratégias (GOMIDE; MORATO. *Instrumentos de desestímulo ao uso do transporte individual motorizado*: lições e recomendações).
[375] AFFONSO; BADINI; GOUVÊA. *Mobilidade e cidadania*, p. 16.
[376] Relatório comparativo 2003/2010, divulgado em nov. 2011, pela ANTP no http://www.antp.org.br.

ainda o que fazer, considerando que o referido relatório apurou que, em 2010, foram realizadas 0,47 viagens em transporte coletivo por habitante por dia no Brasil, o que aponta para a necessidade de se empenhar na adoção e implantação das políticas de desestímulo e restrição ao uso do transporte individual.

Em relatório de 2016, publicado em maio de 2018, a mesma ANTP, valendo-se de um sistema de informações de 533 municípios brasileiros que desde 2014 tinham mais de 60 mil habitantes cada um, parece ter verificado que a realidade não mudou muito nessa questão, na medida em que, mais de cinco anos depois, apurou 18,3 bilhões de viagens/ano em transportes coletivos (ônibus e trilhos) contra 19 bilhões de viagens/ano em transporte individual (automóvel e motocicleta).[377]

Frise-se que, no caso do Brasil, as alterações de circulação, sinalização, parqueamento e restrições em geral que se mostram necessárias não se devem apenas ao crescimento das cidades e ao aumento da frota, mas também e, em razoável medida, à ocupação irregular do solo, fator cultural significativo de subdesenvolvimento, que evidencia, além do egoísmo de cada um, a falta de senso e educação para a mobilidade sustentável e democrática, e, como consequência, cerceia as potencialidades, seja de desenvolvimento, seja de melhoria da vida dos munícipes.

No caso dos demais países, o que se verifica é que entre aqueles que adotaram o pedágio urbano existem economias liberais e regimes ditatoriais, o que arrefece a ideia de que a medida tem como foco principal apenas uma tributação redistributiva e socializante, embora a possibilidade de custear o transporte coletivo com a taxação do privado seja uma inegável finalidade. O que parecem estes povos buscar também como propósito relevante é a importância da preservação da qualidade de vida nos centros urbanos.

Finalmente, convém neste tema pontuar que a *taxação de congestionamento* em locais e horários específicos não viola o direito à liberdade de locomoção, e é até mais fácil demonstrar a permanência desse direito do que na hipótese dos pedágios em rodovias concedidas, na medida em que, no contexto urbano, é livre o uso de vários outros modais, como o transporte público e, na falta deste, as bicicletas, enquanto que nas rodovias, nem sempre existe uma via alternativa que assegure a livre locomoção.

---

[377] Disponível em: http://files.antp.org.br/simob/simob-2016-v6.pdf, p. 8. Acesso em: 25 mar. 2019.

3.7.2.1 Da sinalização das políticas de restrição

A adoção de tais políticas, não depende, necessariamente, de sinalização na via pública, segundo entendeu o *TJSP*[378] na Apelação nº 0005082-67.2011.8.26.0053, da Comarca de São Paulo, de relatoria do eminente Desembargador Eduardo Pachi, em 05.12.2011, *dispensando a sinalização do rodízio como condição de legitimidade e legalidade da autuação*. É que, uma vez implantadas, conforme o regramento fixado na norma municipal, tais restrições têm aplicação imediata, com eficácia plena, resultante da presunção de legitimidade da atuação da Administração.

Explicando essa presunção como atributo do ato, Hely Lopes Meirelles ensina que a *eficácia* é a idoneidade que se reconhece ao ato administrativo para produzir seus efeitos específicos. Pressupõe, portanto, a realização de todas as fases e operações necessárias à formação do ato final, segundo o Direito Positivo vigente.[379]

De fato, o artigo 80 do Código de Trânsito Brasileiro[380] faculta (não obriga) a colocação, ao longo da via, da sinalização prevista nele e na legislação complementar. É sabido que compete ao CONTRAN especificar e autorizar até sinalizações não previstas no CTB (art. 80, §2º), como seria o caso das placas sinalizadoras de pedágio urbano, trechos de rodízio, radares etc, contudo, embora a municipalidade não possa ficar refém do conhecimento ou não da norma pelos usuários da via, é razoável crer que a colocação da sinalização da norma restritiva ao menos facilita a exata identificação das áreas onde ela é aplicável, alertando quem está em trânsito quanto ao início do trecho regrado com as restrições locais.

Ademais, se for o caso de regra restritiva de âmbito municipal, como é a hipótese de implantação do pedágio urbano e do rodízio, o visitante usuário da via teria notória dificuldade na assimilação, e, embora não pudesse alegar ignorância da norma que decorre da diretriz nacional veiculada pela Lei nº 12.587/12, teria razoável fundamento e peso fático diferente do que acontece, por exemplo, com o CTB,

---

[378] Com entendimento mais moderado, o mesmo *TJSP* decidiu na AC nº 0044940-76.2009.8.26.0053, em 26.09.2011, com relatoria do Desembargador Torres de Carvalho, que a falta de sinalização pode justificar a anulação das autuações de motoristas que desconhecem a cidade.

[379] MEIRELLES. *Direito administrativo brasileiro*. 30. ed., p. 159.

[380] CTB, Art. 80 – *Sempre que necessário*, será colocada ao longo da via, sinalização prevista neste Código e em legislação complementar, destinada a condutores e pedestres, vedada a utilização de qualquer outra. (Destacamos)

em relação ao qual se aplica, sem sombra de dúvida e sem a ideia de conhecimento restrito, o artigo 3º da LINDB.[381]

Pelo mesmo raciocínio, como exemplo, podemos citar a obrigação das partes de juntar em juízo a legislação municipal invocada nos autos, pois não há presunção de conhecimento das tais por todas as instâncias do Judiciário. A existência da lei federal prevendo a possibilidade de adoção das restrições mediante lei local minimiza esse argumento.

Com o fim de padronizar os procedimentos e uniformizar a utilização dos medidores de velocidade em todo o território nacional, o CONTRAN fez publicar a Resolução nº 146, de 27.8.2004 e, por isso, as cidades vinham sinalizando a existência de radares onde esses equipamentos foram instalados até a revogação desta resolução. De fato, a fiscalização de velocidade por radar é adotada nas três esferas federativas, inclusive na local, porque prevista em âmbito nacional pelo art. 218 do CTB, mas o Código não exige explicitamente a sinalização dos locais onde tais equipamentos estão instalados, nem mesmo o limite de velocidade é de sinalização obrigatória na dicção do artigo 80 do CTB, a não ser quando o órgão com circunscrição sobre a via adotar limites inferiores aos do §1º do artigo 61 do CTB por questões peculiares de segurança.

Os administradores públicos mais fundamentalistas queixavam-se da orientação para sinalizar radares e ironizavam a obrigação como quem se sente obrigado a colocar uma banda de música anunciando a existência dos detectores de velocidade.

O CONTRAN, então, reviu sua posição anterior e revogou a Resolução 146, através da publicação, em 13.12.2011, da Resolução nº 396, dispensando, em âmbito nacional, a sinalização da existência do radar, e, nas estradas e rodovias, dispensou até mesmo o uso das placas sinalizadoras de velocidade máxima a ser imprimida onde os limites considerados se limitarem aos estabelecidos no §1º do artigo 61 do CTB. Quando nessas vias (estradas e rodovias) os limites não forem os do artigo 61, §1º ou houver diferença de limite por tipo de veículo, a sinalização da velocidade deverá existir.

---

[381] LINDB, Art. 3º – *Ninguém se escusa de cumprir a lei alegando que não a conhece.* Através da Lei nº 12.376, de 30 de dezembro de 2010, que entrou em vigor em 31.12.2010, foi alterada a ementa da Lei de Introdução ao Código Civil (Decreto-Lei nº 4.657, de 04.09.1942), passando a vigorar com a seguinte nomenclatura: "Lei de Introdução às Normas do Direito Brasileiro". Com isso, o Decreto-Lei nº 4.657, de 04.09.1942, passou a denominar-se "Lei de Introdução às normas do Direito Brasileiro" e não mais Lei de Introdução do Código Civil (LICC). Há autores que nomeiam LINDB e outros LNDB.

O que se deve acentuar é que o uso eficiente desses equipamentos e meios de restrição e controle da via, além dos benefícios para a diminuição de congestionamentos, pode salvar vidas da ceifa estúpida que as estatísticas de trânsito revelam. Os dados existentes mostram que nos locais onde essas restrições existem o número de congestionamentos e acidentes, especialmente os com vítimas fatais, diminuem sensivelmente. Embora esses instrumentos sejam valiosos para a organização da vida cidadã, não se pode olvidar que a mobilidade consciente e a preferência pelo transporte coletivo é a via de escape mais perene, razão pela qual Poder Público e cidadãos devem se empenhar nisso.

Em conclusão e retomando o tema central desse capítulo, frisamos que a priorização ao transporte coletivo de passageiros, estabelecida pelo inciso IX, do artigo 11 da Lei Federal nº 10.233/01 guindou a mobilidade ao patamar de princípio quando se cuida desses serviços de transporte público, antes mesmo da promulgação da Lei Federal nº 12.587/12.

Outra análise conclusiva importante é a de que a perspectiva da mobilidade é prevista de forma atrelada aos princípios da eficiência, segurança, regularidade e modicidade, além das responsabilidades quanto à pontualidade e conforto na legislação brasileira, pois o artigo 20, II, "a" da Lei Federal nº 10.233/2001, estabelece como objetivos da ANTT e da ANTAQ garantir a mobilidade de pessoas e bens, assegurando que todos esses préstimos estejam associados à prestação.

A observância desses princípios, associados à mobilidade que deve nortear todos os planejamentos urbanos, inclusive a preferência de fomento à infraestrutura voltada para os diversos modais de transporte coletivo, tornam os serviços mais atrativos aos usuários e o aumento do número de passageiros traz vários benefícios, tais como o aumento da receita e a consequente redução no custo da operação.

3.7.3 Políticas públicas de mobilidade sustentável

Compete ao Estado realizar um conjunto de ações programáticas e preventivas com o fim de manter o bem-estar social e econômico, erradicar a pobreza e integrar toda a sociedade nos veios do desenvolvimento sustentável, ao que se dá o nome de *políticas públicas*. Muitas dessas ações, contudo, são adotadas apenas quando já existem problemas e entraves ao interesse coletivo.

A expansão da infraestrutura viária tem sido a solução mais adotada pelos governos para resolver tanto a mobilidade quanto a sustentabilidade no uso da via pública, mas esta não é uma solução sustentável,[382] muito menos duradoura, na medida em que há uma demanda latente por tráfego e os congestionamentos que os alargamentos das vias ou as criações de variantes de rotas aliviam serão, no longo prazo, buscadas por novos usuários ou preferidas em horários de menor pico até que estejam igualmente saturadas.

Historicamente, não é difícil constatar que, no julgamento das pessoas comuns, político bom sempre foi aquele que constrói bastante obra. Em nossos arraiais, sempre se considerou um visionário progressista o prefeito ou governador expansionista, o que governa como um trator, que irrompe os delineamentos e amplia as estacas, mas o aumento na oferta da infraestrutura para atender à demanda da capacidade viária não é mais eficiente do que a priorização do transporte público. O país possui uma indústria de veículos, mas as cidades não possuem indústria de ruas,[383] e os governos municipais nem devem anelar ter esse tipo de visão restrita de política desenvolvimentista, até porque um novo viaduto pode acabar por se constituir apenas na menor distância entre dois congestionamentos.

A lógica da mobilidade propõe uma reflexão mais ampla e ao mesmo tempo mais racional. Não que as obras devam parar imediatamente, mas, certamente, elas devem ter como foco absoluto a expansão de vias dedicadas à mobilidade (ciclovias, trólebus, BRT etc), de forma a permitir a integração eficiente dos sistemas de baixa, média e alta capacidade, especialmente nos grandes centros, onde tudo deve fluir por meio de uma rede multimodal, e não é demais frisar que tudo será em vão se não for acompanhado de forte conscientização da população para a mobilidade.

De fato, são constantes os seminários e *"workshops"* sobre mobilidade urbana em todo o país, mas para um seleto grupo de técnicos e especialistas do setor. Mesmo os seminários jurídicos sobre urbanismo concentram-se nas discussões sobre potenciais construtivos, onde se estudam operações urbanas, desapropriações, tombamentos e outras intervenções do Estado sobre a propriedade privada, ou seja, é possível afirmar, sem medo de errar, que era incomum e mesmo inexistente

---

[382] Em estudo sobre as estratégias para o transporte urbano no desenvolvimento das cidades, o Banco Mundial concluiu que *apesar de a expansão das cidades exigir um fornecimento adequado de infraestrutura, é física e economicamente impossível escapar dos congestionamentos com a construção de novas vias nas cidades mais adensadas* (Cidades em movimento: estratégia de transporte urbano do Banco Mundial, p. 427).

[383] BOARETO. A mobilidade urbana sustentável. *Revista dos Transportes Públicos*, p. 49.

até a primeira década do século XXI o debate sobre a importância da mobilidade e dos transportes públicos, e os eventos esportivos em sequência (Copa das Confederações, Copa do Mundo, Olimpíadas e Paraolimpíadas) acabaram por despertar o receio da falta desse preparo justamente no momento pelo qual passa o país onde o automóvel passou na frente da casa própria como sonho de consumo.

É preciso que mesmo os entusiastas do urbanismo atentem para o fato de que a dinâmica da ocupação do solo tem consequência imediata no surgimento de polos geradores de tráfego, mais fomentadores do caos que da riqueza. Os estudiosos olvidaram até então que o inciso VIII do artigo 30 da CRFB[384] confere competência aos Municípios para além do mero parcelamento e ocupação do solo. Há também no dispositivo expressa previsão para planejamento e controle do uso, o que evoca a noção de mobilidade, por meio do trânsito e do transporte. Estamos em plena era da mobilidade urbana.

3.7.4 Interface entre trânsito e transporte

Da mesma forma, nas entidades e órgãos públicos não falta a promoção de debates e campanhas educativas sobre trânsito custeadas pela receita das multas, conforme indicativo imposto pelo artigo 320 do CTB, até porque são obrigatórias, de difusão midiática gratuita e devem ser permanentes, elaboradas de acordo com as peculiaridades locais e promovidas no âmbito escolar e, ainda se necessário, através de convênios, tudo a teor do que preceituam os artigos 74 a 79 do CTB, mas a própria comunidade não consegue ver que o debate e a educação para uma cultura da mobilidade urbana traz efeitos significativos para a vida da cidade, e especialmente para o trânsito, talvez porque o CTB não pareça explícito quanto à imprescindibilidade da *educação para a mobilidade*, que as políticas públicas precisam incrementar.

O CTB, contudo, é explícito quanto à *ordenação* da mobilidade quando impõe a anuência do órgão ou entidade com circunscrição sobre a via para a aprovação de projeto de edificação que possa transformar-se em polo atrativo de trânsito, exigindo também que no projeto conste área para estacionamento e indicação das vias de acesso adequadas (CTB/93). Por causa desse dispositivo, em muitas aprovações

---

[384] CRFB, Art. 30, VIII – promover, no que couber, adequado ordenamento territorial, mediante *planejamento e controle do uso*, do parcelamento e da ocupação do solo urbano.

são exigidos, com espeque legal, investimentos de adequação da via com ônus para o interessado, justamente para manter a mobilidade ou mitigar os impactos da nova construção na acessibilidade.

Na mesma linha, o artigo 95 do CTB impede o início de obra ou evento na via sem permissão prévia do órgão ou entidade com circunscrição sob a via quando tais intervenções possam perturbar ou interromper a livre circulação de veículos e pedestres, ou colocar em risco a segurança.

Essas ordenações e tantas outras do CTB e a legislação correlata revelam a intrínseca relação da mobilidade urbana com o trânsito de modo a conduzir ao entendimento de que quando a lei impõe a educação para o trânsito, deva se incluir nos conteúdos programáticos de tais cursos a educação para a mobilidade, porque é disciplina igualmente regrada como aqui se explicou.

Na verdade, a mobilidade urbana já é tratada informalmente no Brasil como assunto tão relevante para a sociedade quanto o futebol. Todos os brasileiros se acham técnicos, reclamam e dão palpites, e é mesmo necessário que seja assim como forma de influência participativa da vida democrática.[385]

Ao comentar o artigo 22, XI da CRFB, José Afonso da Silva se reporta à finalidade do trânsito e do respectivo código estabelecida logo no artigo 1º do CTB e conclui que o final desse dispositivo faz uma conexão entre trânsito e transporte, pois define a locução *trânsito* como a utilização das vias públicas "para fins de circulação, parada estacionamento e operação de carga e descarga". Se essa é a finalidade do trânsito definida em lei, o professor conclui que *a disciplina do trânsito tem por objetivo possibilitar melhores condições de transporte*.[386]

Com esse raciocínio é possível observar o quanto o Código de Trânsito contribui como norma para as políticas públicas da mobilidade. Não que a norma seja em si uma política. Ela não é. De fato, convém à atividade administrativa abrigar-se na tutela das normas e delas depender para sua efetividade, para que não se confunda a vontade

---

[385] Na coluna Observatório, do Caderno Metro Novidades do jornal *METRO/BH*, de 06 mar. 2012, p. 10, a articulista Cris Guerra questiona o tamanho exagerado dos carros particulares que transitam conduzindo apenas o motorista no artigo intitulado "Querida, encolha seu carro!" Essa escritora é apresentada no rodapé também como publicitária e vários outros títulos, mas não como especialista em mobilidade, o que demonstra claramente a importância da participação cidadã na vida da cidade, contribuindo com sua crítica para o debate.

[386] SILVA. *Comentário contextual à Constituição*, p. 268.

do agente com o interesse público em causa a cada decisão e também para que a impunidade não banalize ou diminua a relevância do tema.

Políticas públicas não são normas, mas delas não prescindem e até dependem, ou, como ensina Fábio Konder Comparato,[387] a política aparece, antes de tudo, como uma atividade, isto é, um conjunto organizado de normas e atos tendentes à realização de um objetivo.

Dessa forma, a mobilidade e a sustentabilidade a que se sujeitam os serviços públicos de transporte coletivo urbano carecem de normas claras e bem postas no ordenamento, mais como normas-princípio do que como regramentos pontuais e passageiros, embora também estes sejam necessários para adequações e necessidades eventuais.

Quando da promulgação do Estatuto das Cidades (Lei nº 10.257, de 10.07.2001) 38 municípios brasileiros se viram legalmente obrigados a preparar um plano de mobilidade urbana, por força do §2º artigo 41 daquele diploma, que impôs a elaboração, àquela época, no caso de cidades com mais de quinhentos mil habitantes, de um plano de transporte urbano integrado, compatível com o plano diretor ou nele inserido.

Agora, desde a vigência do Estatuto da Mobilidade, em 13.04.2012, como a referência quantitativa de habitantes que era de quinhentos mil caiu para vinte mil, seguindo o critério do artigo 41, I, da Lei nº 10.257/01, o número de municípios alcançados pela exigência aumentou de 38 para pelo menos 1.673 municípios, os quais estão obrigados a integrar ao plano diretor o respectivo plano de mobilidade urbana, com sistemática de avaliação, revisão e atualização periódica, em prazo não superior a 10 (dez) anos, por força do *artigo 24, inciso XI e parágrafos 1º a 3º*. Os Municípios que descumprirem o prazo fixado no texto ficam impedidos de receber recursos orçamentários federais destinados à mobilidade urbana até que atendam à exigência legal (*art. 24, §4º*), mas o prazo foi prorrogado até 13.04.2019, como já explicado, e, ainda assim, a inadimplência de um município não impede a transferência de recursos para o Estado ou para outro município, ainda que os recursos transferidos sejam utilizados em ação de mobilidade urbana que beneficie o município inadimplente.[388]

---

[387] COMPARATO. Ensaio sobre o juízo de constitucionalidade de políticas públicas. *In*: BANDEIRA DE MELLO. *Estudos em homenagem a Geraldo Ataliba*, v. 2, p. 353.

[388] Sobre a interpretação teleológica da norma de vedação e a intranscendência da sanção *vide* BICALHO, Luciano Medeiros de Andrade. A Lei nº 12.587/12 e o impedimento de receber recursos orçamentários federais destinados à mobilidade urbana. *Revista Brasileira de Direito Municipal – RBDM*, Belo Horizonte, ano 18, n. 66, p. 67-82, out./dez. 2017.

Anote-se, com bastante atenção, que o artigo 24 obriga a instituição e atualização de plano de mobilidade urbana não apenas para os municípios com mais de 20.000 habitantes. O §1º desse artigo inclui também nessa responsabilidade todos os municípios que se enquadrem nos demais incisos do artigo 41 do Estatuto da Cidade (não apenas no inciso I, que fixa o referencial do número mínimo de habitantes). O §2º do artigo 24 diz que Municípios sem sistema de transporte público devem ter Plano de Mobilidade com foco no transporte não motorizado e no planejamento da infraestrutura urbana destinada aos deslocamentos a pé e por bicicleta, sem, contudo, estabelecer para este caso relação direta com o número de habitantes. Dessa forma, deverão ser alcançados pela inteligência do artigo 24 cumulado com o artigo 41 da Lei nº 10.257/01 mais que os 1.673 antes referenciados, o que obrigará a mobilização desses governos para evitar a perda de repasses de recursos federais.

Como a qualidade é um conceito dinâmico, a Lei Federal nº 12.587/12 andou bem ao limitar a validade do Plano de Mobilidade Urbana em prazo não superior a 10 (dez) anos (*art. 24, XI*), e a maturidade do poder público nesse caso se revelará quando a cada revisão souber auscultar os anseios realizáveis da coletividade. É como avaliam Jorge Drkos e Francisco Fuster quando dizem que *"La tarea previa para una planificación estratégica es la de elaborar un modelo de municipio nacido de la voluntad y las expectativas de la población"*.[389]

> Art. 25. O Poder Executivo da União, o dos Estados, o do Distrito Federal e o dos Municípios, segundo suas possibilidades orçamentárias e financeiras e observados os princípios e diretrizes desta Lei, farão constar dos respectivos projetos de planos plurianuais e de leis de diretrizes orçamentárias as ações programáticas e instrumentos de apoio que serão utilizados, em cada período, para o aprimoramento dos sistemas de mobilidade urbana e melhoria da qualidade dos serviços.
>
> Parágrafo único. A indicação das ações e dos instrumentos de apoio a que se refere o caput será acompanhada, sempre que possível, da fixação de critérios e condições para o acesso aos recursos financeiros e às outras formas de benefícios que sejam estabelecidos.
>
> Art. 26. Esta Lei se aplica, no que couber, ao planejamento, controle, fiscalização e operação dos serviços de transporte público coletivo intermunicipal, interestadual e internacional de caráter urbano.
>
> Art. 27. (VETADO).

---

[389] DRKOS; FUSTER. *Autonomia municipal*, p. 59.

Art. 28. Esta Lei entra em vigor 100 (cem) dias após a data de sua publicação.

O artigo 25 estabeleceu uma brecha regulatória que fragiliza completamente a implantação das políticas de mobilidade previstas na norma. Quando o dispositivo restringe os investimentos necessários às possibilidades orçamentárias sem fixar patamar mínimo, como acontece, por exemplo, com educação e saúde, deixa a critério das casas legislativas a definição da existência ou não da disponibilidade. Embora seja prudente a previsão orçamentária de gastos como condição de realizá-los, a disponibilidade não pode ser caracterizada ao sabor das injunções políticas nesse nível. É a antítese e o retrocesso de muita coisa que se previu no próprio estatuto e cerceará sensivelmente os investimentos.

O artigo 26 trata da abrangência da aplicação no que diz respeito ao planejamento, controle, fiscalização e operação apenas dos serviços de transporte público coletivo, o que é uma restrição, a nosso ver, destoada da estrutura e assuntos que a norma trata, até porque o controle é também a possibilidade de sanção, instrumento fundamental para a garantia da efetividade da norma e da ordem pública.

Aquele que no projeto era o artigo 27 foi vetado por recomendação do Ministério do Trabalho e Emprego, uma vez que, segundo a justificativa do veto, revogava a gratuidade para carteiros e fiscais do trabalho quando em serviço sem estabelecer medidas e prazos que permitam o planejamento e a readequação das atividades, com prejuízo à prestação dos serviços e à população, além de conflitar com a prescrição do artigo 9º. Essa revogação repetiria às avessas uma prática muito comum no legislativo brasileiro que, constantemente, é repreendido pelo Judiciário por criar despesas para o Executivo sem o lastro correspondente da previsão da receita que cobrirá o ônus criado.[390]

---

[390] Além da já citada ADI nº 3.225 do STF, a ADI nº 1.0000.09.509537-8/000, do TJMG, Rel. Manoel Saramago, obstando a eficácia de norma até que se supra a deficiência de custeio, a AC nº 1.0390.05.009404-9/001, Rel. Edgard Penna Amorim, do TJMG, incumbindo ao poder concedente (não ao legislativo) a decisão de dispor sobre a origem dos recursos que custearão o ônus da gratuidade. Ressalva-se faça à ausência de inconstitucionalidade material nos casos em que a gratuidade pode ser normatizada pelo legislativo quando se tratar de medida de assistência social a respeito da qual inexiste vedação para que o Município edite norma regulamentando a matéria, como é o caso da gratuidade que beneficie deficientes físicos (*vide* ADIN nº 1.0000.10.016805-3/000, Rel. Paulo Cézar Dias, *DJMG*, 14 out. 2011). Embora regulando a delegação de serviços de competência da União, a Lei Federal nº 9.074/95 estabeleceu (o que foi seguido por normas estaduais e municipais por todo o país) que a estipulação de novos benefícios tarifários pelo poder concedente fica condicionada à previsão, em lei, da origem dos recursos ou da simultânea revisão da

Os especialistas do setor certamente não se dobrarão diante do veto ao artigo 27, fundado na suposta necessidade de reflexão sobre um período de transição do modelo de subsídios, e buscarão, com persistência, retirar do usuário o fardo de custear o setor compensando as gratuidades, propondo ainda mudanças no §5º do artigo 9º, cuja redação sofreu a influência do Ministério do Planejamento, além de outras questões que merecerão discussões para os avanços que a sociedade entender necessários.

A previsão do *artigo 25* é talvez um dos maiores avanços da lei ao impor aos entes estatais a obrigação de fazerem constar em suas leis de diretrizes e até em projetos de planos plurianuais as ações programáticas e os instrumentos de apoio para o aprimoramento periódico dos sistemas de mobilidade urbana e melhoria da qualidade dos serviços. Pode-se dizer que esse é o ponto de magnitude e maturidade de um assunto que vinte e quatro anos antes a Constituição Federal estabeleceu ser de caráter essencial. Não há mais como o Estado negar a prioridade e o respeito que o assunto merece quando o plano nacional coloca o tema na agenda dos custos e investimentos estatais.

O *artigo 26*, por sua vez, inclui o tema da mobilidade urbana na agenda de planejamento, admitindo-se a invocação do estatuto naquilo que couber. Se boa parte dos gestores do transporte urbano do país (prefeitos, secretários, diretores e técnicos do setor público ou privado) não abrem mão de seus carros particulares no dia 22 de setembro (Dia mundial sem carro) é porque até eles reconhecem que a falta de planejamento e ações adequadas levaram as cidades a uma condição sofrível de mobilidade para o transporte coletivo urbano e metropolitano.

A referência serve como diretriz para implantação dos sistemas de mobilidade, porque caberá a cada entidade estatal mover-se para regular em sua esfera de competência seguindo esses parâmetros, especialmente no que concerne aos monitoramentos e avaliações de desempenho, pois, é possível dizer que no Brasil o que existe em termo de fiscalização e acompanhamento é pífio.

Encerrando a norma, o *artigo 28* estabeleceu vigência para a lei a partir de 13 de abril de 2012.

---

estrutura tarifária do concessionário ou permissionário, de forma a preservar o equilíbrio econômico do contrato, ou seja, a preocupação não era com o prejuízo ao usuário, mas com o cumprimento do artigo 37, XXI da CRFB.

3.8 Responsabilidade administrativa, civil e penal

Como cediço, o artigo 175 da Constituição Federal incumbe a prestação de serviços públicos ao Poder Público, o qual pode prestá-lo diretamente ou através de terceiros, nos limites do dispositivo e normas regulamentadoras.

Existem serviços que a própria Constituição define como públicos, e é também a Carta Republicana que, com base na *teoria do risco administrativo*, estabelece a *responsabilidade objetiva* no artigo 37, §6º quando da atuação omissiva ou comissiva do Poder Público ou do particular prestador de serviços públicos resultar danos a terceiros, assim considerados aqueles que sofrem o dano na prestação faltosa lesiva, sejam usuários ou não dos serviços. Contudo, é admitida como excludente a prova de culpa da vítima ou de terceiro, o caso fortuito ou a força maior, assegurado o direito de regresso contra o responsável nos casos de dolo ou culpa, com abrandamento da responsabilidade do Estado ou de seu delegatário em caso de culpa concorrente. Embora o artigo 43 do CCB não aponte essa responsabilidade para o particular prestador de serviços públicos, o texto constitucional supre essa omissão.

Contudo, a ideia de responsabilidade é mais ampla – conforme o tipo, extensão e temperamentos do dano – e mais antiga que esses regramentos, eis que seu nascedouro remonta e se mistura com a evolução do Estado de Direito desde o final do século XVIII, quando a *teoria da irresponsabilidade do Estado* se tornou insustentável.

A *teoria da irresponsabilidade* se estabelecia pela máxima francesa *"Le roi ne peut mal faire"* que correspondia ao *"The King can do no wrong"* dos ingleses. Assim, se o soberano era o próprio direito não errava e seus atos não podiam ser submetidos aos tribunais. Essa teoria se fundava também no raciocínio de que sendo o Estado uma ficção, não tem vontade própria e, se seus representantes agiam contra a lei, deveriam assumir pessoalmente os prejuízos que essa ação não autorizada causasse.

A partir daí e encerrando a fase da irresponsabilidade, em raros casos previstos expressamente em lei cabia indenização aos particulares comprovadamente lesados, mas entre os franceses o Conselho de Estado tinha que autorizar o conhecimento das demandas com esse objeto.[391] Assim, ainda que de forma acanhada, veio a fase das *teorias civilistas*

---

[391] BANDEIRA DE MELLO. *Curso de direito administrativo*. 26 ed., p. 991-992 noticia que disposições análogas existiam na Alemanha, Prússia e Baviera.

quando cabia indenização nos danos resultantes de atos de gestão, nos quais o que se realizava era meramente a administração do patrimônio estatal, mas se os atos envolvessem uma parcela do exercício do poder soberano estatal (atos de império[392]) não se responsabilizava o Estado.

Em substituição a essa teoria ganhou relevo a *teoria publicista*, isto porque a própria figura do preposto do Estado passou a agir imputado, com a autoridade pública que mistura a figura do agente com a do próprio Estado e torna visivelmente injusto o dano como que causado pelo próprio Estado.

Curiosamente, a teoria da responsabilidade do Estado tomou corpo a partir de um marco histórico em discussão sobre o campo de responsabilidade estatal desde um acidente verificado justamente no setor de transportes. Boa doutrina indica esse fato do setor como o marco do reconhecimento do Direito Administrativo como ramo autônomo da ciência do Direito.

Di Pietro[393] relata o episódio decidido na cidade de Bordeaux, em 1873, em que a menina Agnès Blanco foi colhida por uma vagonete da Cia. Nacional de Manufatura do Fumo ao atravessar uma rua da cidade de Bordeaux, o que resultou em ação de indenização civil movida perante o Tribunal de Conflitos. Aquela Corte estabeleceu o divisor de presunção da responsabilidade a partir da atribuição pública de assumir que o interesse coletivo está acima da mera investigação subjetiva do *jus civile*, atraindo o que passou a ser reconhecido como a passagem da responsabilidade civil para a de natureza pública.

Vários casos e decisões do Conselho de Estado francês se sucederam a este até se estabelecer no caso *Anguet*, em 1911, a distinção entre a culpa do serviço e a culpa pessoal do agente, que evoluiu como teoria da falta do serviço ou culpa administrativa, a qual ainda não se mostrava suficiente a amparar situações de danos causados sem acidente ou ofensa a leis e regulamentos.[394]

---

[392] Segundo Edimur Ferreira de Faria (*Controle do mérito do ato administrativo pelo judiciário*, p. 117), *atos de império* são aqueles editados pela autoridade pública, no exercício da potestade decorrente da supremacia da Administração Pública em relação aos administrados, enquanto os *atos de gestão*, embora também editados pelo poder público, poderiam ser de competência do particular. Como exemplo dos atos de império, o estimado professor cita aqueles praticados no exercício do poder de polícia, e exemplifica o serviço postal como de gestão.

[393] DI PIETRO. *Direito administrativo*, p. 645.

[394] Sobre o histórico e evolução das teorias da responsabilidade é rica e valiosa e a contribuição de Júlio César dos Santos Esteves, em sua dissertação de mestrado, que se converteu na obra *Responsabilidade civil do Estado por ato legislativo*, p. 39-76.

No Brasil, nunca se adotou a teoria da irresponsabilidade no direito positivo, eis que a Constituição de 1824 acolheu, em seu art. 179, nº 29, a responsabilidade pessoal dos funcionários, assim como a responsabilidade dos Ministros no art. 133, se bem que, na prática, o Brasil Colônia tinha o poder máximo na Corte portuguesa no período anterior à Constituição Imperial.[395]

Contudo, o que é relevante para nosso estudo é a contribuição dos serviços de transporte para entender a *teoria do risco*. Essa teoria sobrepôs à importância da culpa, o nexo de causalidade entre o serviço público e o dano verificado. Na doutrina do risco administrativo perde, em grau de relevância, qual agente atuou, como atuou e até mesmo se atuou ou se deixou de atuar quando devia fazê-lo, bastando que o dano se vincule a uma conduta omissiva ou comissiva de quem faz as vezes do Estado na prestação de serviço público que a este cabe organizar e realizar com eficiência e segurança.[396] A origem casuística dessa teoria é emblemática para assinalar a importância dos serviços públicos de transporte desde sempre e dos riscos que envolvem sua prestação.

Nesse caso, configurada a responsabilidade objetiva, isto é, a responsabilidade civil, cabe ao prestador dos serviços causador do prejuízo arcar com a recomposição do patrimônio material afetado.

No que concerne ainda à amplitude da responsabilidade, diga-se que, além da administrativa e da civil, existe a responsabilidade criminal, que independe daquelas e se caracteriza pela presença de um ilícito penal.

O Código Civil Brasileiro reserva o capítulo XIV (arts. 730 a 756) à atividade de transporte de bens ou pessoas. Assim, o transportador responde pelos danos causados às pessoas transportadas e suas bagagens, salvo motivo de força maior, sendo nula qualquer cláusula excludente da responsabilidade (art. 734), aplicando-se também outros dispositivos desse *códex* que aderem aos negócios em geral naquilo

---

[395] *Vide*, igualmente, o relato de Júlio Esteves, na obra citada.

[396] Silvio Rodrigues ensina que na responsabilidade objetiva a atitude culposa ou dolosa do agente causador do dano é de menor relevância, pois, desde que exista relação de causalidade entre o dano experimentado pela vítima e o ato do agente, surge o dever de indenizar, quer tenha este último agido ou não culposamente. A teoria do risco é a da responsabilidade objetiva. Segundo essa teoria, aquele que, através de sua atividade, cria risco de dano para terceiros deve ser obrigado a repará-lo, ainda que sua atividade e seu comportamento sejam isentos de culpa. Examina-se a situação, e, se for verificada, objetivamente, a relação de causa e efeito entre o comportamento do agente e do dano experimentado pela vítima, esta tem direito de ser indenizada por aquele (RODRIGUES. *Direito civil*, p. 10).

que couber, como é o caso das excludentes da responsabilidade civil por prejuízos resultantes de força maior ou caso fortuito interno ou externo (art. 393).

Segundo o professor Pablo Stolze Gagliano, o caso fortuito interno incide durante o processo de elaboração do produto ou execução do serviço, não eximindo a responsabilidade civil do fornecedor, enquanto o caso fortuito externo é alheio ou estranho ao processo de elaboração do produto ou execução do serviço, excluindo a responsabilidade civil. Com base em entendimento semelhante, o STJ afastou a responsabilidade do transportador por assalto no transporte coletivo, eis que configurada a hipótese de fortuito externo[397] e o TST decidiu que não pode ser imputada responsabilidade ao empregador por assaltos, ameaças e demais violências sofridas pelos empregados durante a prestação de serviços.[398] Em ambos os casos está presente o *princípio da especialidade*, na medida em que segurança pública não compete ao tomador ou prestador do serviço de transporte. É incumbência do Estado. Convém atentar ainda nessa hipótese para o fato de que não se aplica aqui a Súmula 187 do STF, posto que este verbete mantém a responsabilidade em caso de acidente (não assalto) com o passageiro causado por terceiro, quando cabe a ação regressiva do transportador em face do causador do dano.

Também parece caminhar a jurisprudência no sentido de que o poder concedente dos serviços de transporte nem deveria compor o polo passivo da ação judicial, quando prevista no contrato da delegação a responsabilidade exclusiva do delegatário em face da atuação de seus prepostos e em decorrência da prestação em si.[399]

O STJ reconhece a concorrência de culpas – da vítima de atropelamento em via férrea e da concessionária de transporte ferroviário –, porquanto cabe à empresa fiscalizar e impedir o trânsito de pedestres nas suas vias.[400]

O STF passou a entender que a concessionária de transporte coletivo também é objetivamente responsável quando o dano atinge o

---

[397] STJ. REsp nº 726.371/RJ, Rel. Min. Hélio Quaglia Barbosa, *DJ*, 05 fev. 2007.
[398] Agravo de Instrumento em Recurso de Revista nº TST-AIRR-461-47.2010.5.03.0087, julgado em 08.02.2012.
[399] AGA nº 2009.01.00.016333-0/MG; Agravo Regimental no Agravo de Instrumento – Rel. Des. Federal Selene Maria de Almeida, 5ª Turma – Publicação: e-*DJF1*, p. 158, 13 nov. 2009. Data da Decisão 21.10.2009. O TJSC decidiu em sentido contrário, como noticiado no REsp nº 99056/SC, Rel. Min. Luiz Fux, 1ª Turma, *DJe*, 27 maio 2009.
[400] STJ. REsp nº 494.183/SP, Rel. Min. Maria Isabel Gallotti, 4ª Turma, *DJe*, 09 set. 2011 e REsp nº 1155559, Rel. Min. Herman Benjamin, *DJe*, 30 jun. 2010.

não usuário dos serviços públicos, sendo suficiente a presença do nexo de causalidade entre o ato administrativo e o dano causado ao terceiro não usuário do serviço público.[401]

A prescrição é trienal na pretensão de reparação civil por ato ilícito causado por empresa privada prestadora de serviço público, prevalecendo o artigo 206, §3º, V do CCB sobre o artigo 1º, "c" da Lei nº 9.494/97.[402]

---

[401] RE nº 591.874, Rel. Min. Ricardo Lewandowski, *DJe*, 17 dez. 2009, pub. 18.12.2009.
[402] TJMG 3566469-93.2007.8.13.0079, Rel. Des. Luciano Pinto, *DJMG*, 30 abr. 2008.

CONCLUSÃO

Ao fim e ao cabo, o que se pode estabelecer como peroração é que a mobilidade urbana foi guindada ao patamar de importância que o tema merece, com o tratamento legislativo necessário, conforme exigência da Constituição Federal, que também estabelece uma interface com a sustentabilidade, igualmente prestigiada em sede constitucional como direito intergeneracional pelos artigos 3º, 170 e 225 do Texto Magno.

O estabelecimento da política nacional de mobilidade urbana como norma que cumpre comando constitucional consolida a efetividade de mais uma faceta do direito à cidadania, traz segurança jurídica aos cidadãos e prestígio ao ordenamento como um todo. Certamente, a lei também cria um espaço normativo necessário à maturidade nacional para o desenvolvimento sustentável e para um pensamento prospectivo do povo brasileiro em relação a uma conduta urbana de primeiro mundo.

Que se destaque, ainda sob o aspecto constitucional, que a inclusão do transporte entre os direitos sociais, no art. 6º da Carta Republicana, trouxe mais densidade ao tema, que alcançou estatura de Política de Estado, que é bem mais que mera política pública ou de governo, e essa envergadura tem *status* de grande estabilidade, que afasta a adoção da flexibilidade indesejável. A mobilidade deve ser tratada sim como algo necessariamente mutante, que demanda novos estudos e avanços, mas isso não significa que seja flexível em tudo e a todo vento novo de ação de governo, sem atentar para os preceitos fincados como princípios, objetivos e diretrizes inegociáveis em legislação robusta com alvos perenes.

É mais que justificado que, se vivemos num século essencialmente urbano e se oitenta e cinco por cento das pessoas neste país residem na dimensão da *urbe*, deva o ordenamento regular as questões de habitação, saneamento e transporte e a Lei nº 12.587/12 constitui-se em instrumento não apenas regulatório de um grande condomínio chamado cidade, mas garantidor da vida humana digna num contexto de intensos conflitos quando fixa princípios, diretrizes e objetivos. As leis são boas quando alcançam essa finalidade de se mostrar como ferramenta de utilidade ao convívio social.

Como qualquer produto criado pelos homens, o texto pode ser melhorado, mas isso não o diminui. Ao contrário, justamente por permitir que seja construído consensualmente pelos cidadãos e pelo Estado executor, legislador e juiz, legitima ainda mais as alterações que virão, que devem ser constantes naquilo que não é principiológico ou matricial, para que esses novos avanços sejam democraticamente estabelecidos após a experiência e reflexão quanto aos melhores conteúdos e resultados que se possa obter de uma norma diretriz.

Além da consensualidade como forma explícita regrada de se buscar o arranjo da mobilidade e da acessibilidade, a norma impõe a transparência das políticas públicas de mobilidade perante o usuário que, por lei, passa a ter não apenas o direito, mas também o compromisso com o planejamento, a fiscalização e a avaliação das metas e objetivos traçados e implementados.

Um dos conteúdos que parece ter faltado e pode ser objeto do clamor social é o fato de a lei não impor investimentos em *educação para a mobilidade*. A lei sequer cuida da educação como ferramenta de implementação dos objetivos. Embora possa ser entendida como *instrumento de apoio*, tal como previsto no artigo 25, não há uma necessária autorização de gasto específico para a educação para a mobilidade. O artigo 320 do CTB, por exemplo, estabeleceu que a receita arrecadada com a cobrança das multas de trânsito será aplicada, exclusivamente, em sinalização, engenharia de tráfego, de campo, policiamento, fiscalização e *educação de trânsito*, impondo o parágrafo primeiro que cinco por cento dessa cobrança deve ser aplicada em segurança e educação para o trânsito, e mesmo com tanta campanha é difícil incutir impulsos de dirigibilidade segura e prudente nos condutores de veículos.

O dispositivo do CTB delega ao CONTRAN o dever de explicitar as formas de aplicação da receita arrecada pelas multas de trânsito em educação para o trânsito, e essa orientação se deu por meio da Resolução nº 638/2016, com alteração da Resolução nº 660/17 e da Deliberação nº 160/17, a qual, por óbvio, sequer tangencia a educação para a mobilidade, porque são assuntos distintos. Não seria um exagero dizer que a educação para a mobilidade é tão ou mais importante que os investimentos em infraestrutura viária, pois um compartilhamento egoísta e desregrado da via pública diminui bastante o potencial de mobilidade que as condições físicas podem oferecer se bem utilizadas. Lado outro, a educação para a mobilidade não preserva apenas a vida das pessoas como faz a educação para o trânsito, mas, sobretudo, proporciona a melhoria da qualidade e padrão de vida em sociedade na medida em que o estatuto nacional consolida a ideia de que o transporte urbano só se sustenta na medida em que, mesmo nos deslocamentos de cargas, for estabelecido como transporte humano, pois o alvo do direito e da justiça são as pessoas, no que concerne à existência e às relações, jurídicas ou não. Com certeza, o que ainda falta numa lei que institui uma política que deve ser de Estado – mais do que política pública – é conjugar o verbo *educar*, do que não cuida no estatuto aqui estudado com a especificidade que o tema merece.

REFERÊNCIAS

AFFONSO, Nazareno Stanislau; BADINI, Cristina; GOUVÊA, Fátima. *Mobilidade e cidadania*. ANTP, São Paulo, 2003.

ALESSI, Renato. *Instituciones de derecho administrativo*. 3. ed. Trad. italiana de Buenaventura Pellisé Prats. Barcelona: Bosch, 1970.

ARAGÃO, Alexandre Santos de. *Direito dos serviços públicos*. Rio de Janeiro: Forense, 2007.

ARAÚJO, Edmir Netto de. *Curso de direito administrativo*. 5. ed. São Paulo: Saraiva, 2010.

ASSOCIATION OF STATE HIGHWAY AND TRANSPORTATION OFFICIALS – AASHTO. *A Policy on Geometric Design of Highways and Streets*. American. EUA, 1990.

BANCO MUNDIAL. *Cidades em movimento*: estratégia de transporte urbano do Banco Mundial. São Paulo: Sumatra Editorial, 2003.

BANDEIRA DE MELLO, Celso Antônio. *Curso de direito administrativo*. 16. ed. São Paulo: Malheiros, 2003.

BANDEIRA DE MELLO, Celso Antônio. *Curso de direito administrativo*. 26. ed. rev. e atual. São Paulo: Malheiros, 2009.

BANDEIRA DE MELLO, Celso Antônio. *Prestação de serviços públicos e administração indireta*. 2. ed. 3. tiragem. São Paulo: Revista dos Tribunais, 1987.

BANDEIRA DE MELLO, Celso Antônio. Serviços públicos e serviços de utilidade pública. Caracterização dos serviços de táxi. Ausência de precariedade na titulação para prestá-lo e desvio de poder legislativo. *In*: BANDEIRA DE MELLO, Celso Antônio. *Pareceres de direito administrativo*. São Paulo: Malheiros, 2011.

BATISTA JÚNIOR, Onofre Alves. *Princípio constitucional da eficiência administrativa*. 2. ed. Belo Horizonte: Fórum, 2012.

BICALHO, Luciano Medeiros de Andrade. A Lei nº 12.587/12 e o impedimento de receber recursos orçamentários federais destinados à mobilidade urbana. *Revista Brasileira de Direito Municipal – RBDM*, Belo Horizonte, ano 18, n. 66, p. 67-82, out./dez. 2017.

BLANCHET, Luiz Alberto. *Concessão e permissão de serviço público*. Curitiba: Juruá.

BOARETO, Renato. A mobilidade urbana sustentável. *Revista dos Transportes Públicos*, São Paulo, ano 25, n. 100, 3. trim. 2003.

BONAVIDES, Paulo. *Curso de direito constitucional*. 4. ed. São Paulo: Malheiros, 1993.

BOUZADA, Célio Freitas. *Custo do transporte coletivo por ônibus*. Belo Horizonte: C/Arte, 2003.

BRASIL. Ministério das Cidades. PlanMob: construindo a cidade sustentável. *Caderno de Referência para Elaboração de Plano de Mobilidade Urbana*, n. 1, 2007.

BRASIL. Ministério dos Transportes. *Subsídio do transporte coletivo urbano*: alternativas de aplicação. Brasília: Subsecretaria de Transportes Urbanos, 1985.

BRUNO, Reinaldo Moreira. *Direito administrativo*. Belo Horizonte: Del Rey, 2005.

BUCCI, Maria Paula Dallari (Org.). *Políticas públicas*: reflexões sobre o conceito jurídico. São Paulo: Saraiva, 2006.

BULOS, Uadi Lamego. *Constituição Federal anotada*. 9. ed. São Paulo: Saraiva, 2009.

BULOS, Uadi Lamego. *Curso de direito constitucional*. São Paulo: Saraiva, 2007.

CADERNOS MARE DA REFORMA DO ESTADO. Brasília: Ministério da Administração Federal e Reforma do Estado, n. 6, 1998.

CAMMAROSANO, Márcio. *O princípio constitucional da moralidade e o exercício da função administrativa*. Belo Horizonte: Fórum, 2006.

CANOTILHO, J.J. Gomes. *Direito constitucional e teoria da Constituição*. 3. ed. Coimbra: Almedina, 1999.

CANOTILHO, J.J. Gomes; MOREIRA, Vital. *Constituição da República portuguesa anotada*. 3. ed. Coimbra: Coimbra Ed., 1993.

CARVALHO FILHO, José dos Santos. *Manual de direito administrativo*. 25. ed. São Paulo: Atlas, 2012.

CARVALHO FILHO, José dos Santos. *Manual de direito administrativo*. 22. ed. Rio de Janeiro: Lumen Juris, 2009.

CARVALHO FILHO, José dos Santos. *Manual de direito administrativo*. 19. ed. Rio de Janeiro: Lumen Juris, 2008.

CARVALHO FILHO, José dos Santos. *Manual de direito administrativo*. 15. ed. Rio de Janeiro: Lumen Juris, 2006.

CARVALHO, Kildare Gonçalves. *Direito constitucional*. 15. ed. Belo Horizonte: Del Rey, 2009.

CASTRO, José Nilo de. *Direito municipal positivo*. 7. ed. Belo Horizonte: Del Rey, 2010.

CASTRO, José Nilo de. *Hei de vencer*. Belo Horizonte: Fórum, 2011.

CASTRO, José Nilo. Transporte alternativo (clandestino). *Revista de Direito Municipal – JN&C*, ano 3, n. 5, p. 20, jan./jun. 2001.

CASTRO, Rodrigo Pironti Aguirre de. O serviço de transporte público: perspectivas ante o modelo de PPP. *In*: BACELAR FILHO, Romeu Felipe; BLANCHET, Luiz Alberto (Coord.). *Serviços públicos*: estudos dirigidos. Organizadores: Daiana Trybus, Paulo Henrique Ribas e Rodrigo Pironti Aguirre de Castro. Belo Horizonte: Fórum, 2007.

CAVALCANTI, Bruno. Problemas na lei que regulamenta o transporte por aplicativos. Disponível em: www.conjur.com.br. Acesso em: 4 mar. 2019.

CAVALCANTI, Themistocles Brandão. *Tratado de direito administrativo*. 3. ed. Rio de Janeiro: Freitas Bastos, 1956. v. 2.

CHEVALLIER, Jacques. *Le service public*. Paris: PUF, 2008.

CIDADES em movimento: estratégia de transporte urbano do Banco Mundial. São Paulo: Sumatra Editorial, 2003.

COELHO, Fábio Pontes. É papel do Estado: mudar para promover a sustentabilidade. *In*: BLIACHERIS, Marcos Weiss; OLIVEIRA, Maria Augusta Soares Ferreira de (Coord.). *Sustentabilidade na Administração Pública*: valores e práticas de gestão socioambiental. Belo Horizonte: Fórum, 2012.

COELHO, Fábio Ulhoa. *Curso de direito civil*: contratos. 3. ed. rev. São Paulo: Saraiva, 2009. v. 3.

COMPARATO, Fábio Konder. Ensaio sobre o juízo de constitucionalidade de políticas públicas. *In*: BANDEIRA DE MELLO, Celso Antônio (Org.). *Estudos em homenagem a Geraldo Ataliba*. São Paulo: Malheiros, 1997. v. 2.

COSTALDELLO, Angela de Cassia. A supremacia do interesse público e a cidade: a aproximação essencial para a efetividade dos direitos fundamentais. *In*: BACELLAR FILHO, Romeu Felipe; HACHEM, Daniel Wunder (Coord.). *Direito administrativo e interesse público*: estudos em homenagem ao Professor Celso Antônio Bandeira de Mello. Belo Horizonte: Fórum, 2010.

CRETELLA JR., José. *Curso de direito administrativo*. Rio de Janeiro: Forense, 2001.

DALLARI, Dalmo de Abreu. *Elementos de teoria geral do Estado*. 30. ed. São Paulo: Saraiva, 2011.

DEL VECCHIO, Giorgio. *Lições de filosofia do direito*. 5. ed. Coimbra: Armênio Amado Editor, 1979.

DI PIETRO, Maria Sylvia Zanella. *Direito administrativo*. 23. ed. São Paulo: Atlas, 2010.

DI PIETRO, Maria Sylvia Zanella. *Parcerias na Administração Pública*. 7. ed. São Paulo: Atlas, 2009.

DI PIETRO, Maria Sylvia Zanella; RIBEIRO, Carlos Vinícius Alves (Coord.). *Supremacia do interesse público e outros temas do direito administrativo*. São Paulo: Atlas, 2010.

DRKOS, Jorge; FUSTER, Francisco. *Autonomia municipal*. Buenos Aires: Sudamericana: COPPPAL, 2008.

DROMI, Roberto. *Derecho administrativo*. 6. ed. actual. Buenos Aires: Ediciones Ciudad Argentina, 1997.

ESTEVES, Júlio César dos Santos. *Responsabilidade civil do Estado por ato legislativo*. Belo Horizonte: Del Rey, 2003.

FARIA, Edimur Ferreira. *Controle do mérito do ato administrativo pelo judiciário*. Belo Horizonte: Fórum, 2011.

FARIA, Edimur Ferreira. *Curso de direito administrativo positivo*. 7. ed. Belo Horizonte: Del Rey, 2011.

FERRARI, Regina Maria Macedo Nery. *Controle da constitucionalidade das leis municipais*. 3. ed. São Paulo: Revista dos Tribunais, 2003.

FERRAZ JR., Tércio Sampaio. *Direito constitucional*. São Paulo: Manole, 2007.

FIORILLO, Celso Antônio Pacheco. *Estatuto da Cidade Comentado*: Lei 10.257/2001: Lei do Meio Ambiente Artificial. 2. ed. São Paulo: Revista dos Tribunais, 2005.

FORTINI, Cristiana. *Contratos administrativos*: franquia, concessão e PPP. 2. ed. São Paulo: Atlas, 2009.

FORTINI, Cristiana. Lei 13.640/18: fim da controvérsia sobre os aplicativos de transporte de passageiros? Disponível em: www.conjur.com.br/2018-abr-05/lei-1364018-fim-controversia-aplicativos-transporte-de-passageiros. Acesso em: 4 mar. 2019.

FORTINI, Cristiana; PEREIRA, Fernanda Pires de Carvalho; CAMARÃO, Tatiana Martins da Costa. *Processo administrativo*: comentários à Lei nº 9.784/1999. 3. ed. Belo Horizonte: Fórum, 2012.

FREITAS, Juarez. *O controle dos atos administrativos e os princípios fundamentais*. 4. ed. São Paulo: Malheiros, 2009.

FREITAS, Juarez. *Sustentabilidade*: direito ao futuro. 2. ed. Belo Horizonte: Fórum, 2012.

GABARDO, Emerson. *Princípio constitucional da eficiência administrativa*. São Paulo: Dialética, 2002.

GARCIA, Flávio Amaral. *Regulação jurídica das rodovias concedidas*. Rio de Janeiro: Lumen Juris, 2004.

GASPARINI, Diogenes. *Direito administrativo*. 11. ed. São Paulo: Saraiva, 2006.

GASPARINI, Diogenes. *Direito administrativo*. 5. ed. São Paulo: Saraiva, 2004.

GIANNETTI, Eduardo. *Vícios privados, benefícios públicos?*: a ética na riqueza das nações. São Paulo: Companhia das Letras, 2007.

GOMIDE, Alexandre de Ávila; MORATO, Renato. *Instrumentos de desestímulo ao uso do transporte individual motorizado*: lições e recomendações. São Paulo: Instituto de Energia e Meio Ambiente, 2011.

GORDILLO, Agustín. *Tratado de derecho administrativo*. 5. ed. Belo Horizonte: Del Rey; Fundación de Derecho Administrativo, 2003. t. II, La defensa del usuário y del administrado.

GOUVEIA, Rodrigo. *Os serviços de interesse geral em Portugal*. Coimbra: Coimbra Ed., 2001.

GRINOVER, Ada Pelegrini *et al*. *Código de Defesa do Consumidor*: comentado pelos autores do anteprojeto. 9. ed. Rio de Janeiro: Forense Universitária, 2007.

GROTTI, Dinorá Adelaide Musetti. *O serviço público e a Constituição brasileira de 1988*. São Paulo: Malheiros, 2003.

GUERRA, Evandro Martins. *Direito administrativo sintético*. Belo Horizonte: Fórum, 2007.

GUGLIELMI, Gilles J.; KOUBI, Geneviève. *Droit du service public*. Paris: Montchrestien, 2000.

GUIMARÃES, Geraldo L. Spagno. As delegações dos serviços de transporte, algumas implicações de sua classificação como direito social e o imperativo uso da tecnologia como instrumento de auxílio à mobilidade. *In*: PIRES, Antonio Cecílio Moreira; PIRES, Lilian Regina Gabriel (Org.). *Mobilidade urbana*: desafios e sustentabilidade. São Paulo: Ponto e Linha, 2016, p. 97-106.

GUIMARÃES, Geraldo Luís Spagno. Transportes públicos urbanos: mobilidade como (garantia de) direito fundamental. *Revista da Procuradoria-Geral do Município de Belo Horizonte – RPGMBH*, Belo Horizonte, ano 1, p. 104-113, jan./jun. 2008.

JUSTEN FILHO, Marçal. *Concessões de serviços públicos*. São Paulo: Dialética, 1997.

JUSTEN FILHO, Marçal. *Teoria geral das concessões de serviço público*. São Paulo: Dialética, 2003.

KÄSSMAYER, Karin; ZUGMAN, Moises. O direito à mobilidade urbana e o desestímulo ao uso de modos de transporte pela aplicação de tributos: breve análise do art. 23, inc. III, da Lei nº 12.587 de 2012. *Interesse Público – IP*, Belo Horizonte, ano 14, n. 73, p. 213-235, maio/jun. 2012.

KRIGGER, Ilson Idalécio Marques. *Processo administrativo e defesa do infrator no Código de Trânsito brasileiro*. 2. ed. Porto Alegre: Síntese, 1999.

LAUBADÈRE, A. de. *Traité élémentaire de droit admnistratif*. Paris: L.G.D.J., 1953.

LEFEBVRE, Henri. *O direito à cidade*. Tradução de Rubens Eduardo Frias. São Paulo: Centauro, 2001.

LESBAUPIN, Ivo. *As classes populares e os direitos humanos*. Petrópolis: Vozes, 1984.

LIMA, Alberto; HENARES, Halley. A tarifa, os tributos e o usuário. *Revista dos Transportes Públicos*, São Paulo, ano 27, n. 105, p. 9-22, 1. trim. 2005.

LIMA, Rui Cirne. *Princípios de direito administrativo*. 6. ed. São Paulo: Revista dos Tribunais, 1987.

LUCCAS, Victor Nóbrega; LUÍS, Daniel Taveira. A regulamentação municipal dos serviços de transporte por aplicativo e o risco da jabuticaba. Disponível em: www.migalhas.com.br/arquivos/2018/5/art20180517-02.pdf. Acesso em: 4 mar. 2019.

MACHADO, Hugo de Brito. *Curso de direito tributário*. 30. ed. São Paulo: Malheiros, 2009.

MAFFINI, Rafael. *Direito administrativo*. São Paulo: Revista dos Tribunais, 2006.

MARQUES, José Roberto. *Meio ambiente urbano*. Rio de Janeiro: Forense Universitária, 2005.

MAXIMILIANO, Carlos. *Hermenêutica e aplicação do direito*. 9. ed. Rio de Janeiro: Forense, 1980.

MEDAUAR, Odete. *Direito administrativo moderno*. 10. ed. São Paulo: Revista dos Tribunais, 2006.

MELLO, Rafael Munhoz de. Atividade de fomento e o princípio da isonomia. *In*: SPAPARINI, Priscilia; ADRI, Renata Porto (Coord.). *Intervenção do Estado no domínio econômico e no domínio social*: homenagem ao Professor Celso Antônio Bandeira de Mello. Belo Horizonte: Fórum, 2010, p. 263-265.

MEIRELLES, Hely Lopes. *Direito administrativo brasileiro*. 30. ed. São Paulo: Malheiros, 2005.

MEIRELLES, Hely Lopes. *Direito municipal brasileiro*. 15. ed. São Paulo: Malheiros, 2006.

MEIRELLES, Hely Lopes. *Direito municipal brasileiro*. 6. ed. São Paulo: Malheiros, 1993.

MENDONÇA, José Vicente Santos de. Estatais com poder de polícia: por que não?. *RDA*, n. 252, 2009.

MODESTO, Paulo. Notas para um debate sobre o princípio da eficiência. *Interesse Público*, São Paulo, v. 2, n. 7, jul./set. 2000.

MODESTO, Paulo. Participação Popular na Administração Pública: mecanismos de operacionalização. *Revista Eletrônica de Direito do Estado*, Salvador, Instituto de Direito Público da Bahia, n. 2, abr./jun. 2005. Disponível em: <http://www.direitodoestado.com.br>. Acesso em: 24 abr. 2012.

MOLINERO, Ángel Molinero; ARELLANO, Ignácio Sánchez. *Transporte público*: planeación, diseño, operación y administración. 3. ed. México: Fundación ICA, 1998.

MORAES, Alexandre de. *Direito Constitucional*. São Paulo: Atlas, 2011.

MORAES, Alexandre de. *Direito constitucional administrativo*. 3. ed. São Paulo: Atlas, 2006.

MORAES, Bernardo Ribeiro de. *Compêndio de direito tributário*. Rio de Janeiro: Forense, 2002.

MORAES, Bernardo Ribeiro de. *Direitos humanos fundamentais*: teoria geral, comentários aos arts. 1º a 5º da CRFB, doutrina e jurisprudência. 9. ed. São Paulo: Atlas, 2011.

MOREIRA NETO, Diogo de Figueiredo. *Curso de direito administrativo*: parte introdutória, parte geral e parte especial. 15. ed. Rio de Janeiro: Forense, 2009.

MOREIRA NETO, Diogo de Figueiredo. *Legitimidade e discricionariedade*: novas reflexões sobre os limites e controle da discricionariedade. 2. ed. Rio de Janeiro: Forense, 1991.

MOREIRA NETO, Diogo de Figueiredo. *Mutações do direito público*. Rio de Janeiro: Renovar, 2006.

MOREIRA NETO, Diogo de Figueiredo. Novos institutos consensuais da ação administrativa. *RDA*, v. 231, 2003.

MOTTA, Carlos Pinto Coelho. *Curso prático de direito administrativo*. 3. ed. Belo Horizonte: Del Rey, 2011.

MOTTA, Carlos Pinto Coelho. *Eficácia nas concessões, permissões e parcerias*. Belo Horizonte: Del Rey, 2007.

MOTTA, Carlos Pinto Coelho. *Eficácia nas licitações e contratos*. 9. ed. Belo Horizonte: Del Rey, 2002.

NOHARA, Irene Patrícia. *Direito administrativo*. São Paulo: Atlas, 2011.

OLIVEIRA, Gustavo Justino de. *Direito administrativo democrático*. Belo Horizonte: Fórum, 2010.

OLIVEIRA, Marcos Fontoura de. *Transporte, privilégio e política*: um estudo sobre gratuidade no transporte coletivo em Belo Horizonte. Belo Horizonte: Guanabara, 2002.

OLIVEIRA, Rafael Carvalho Rezende de. *Princípios do direito administrativo*. Rio de Janeiro: Lumen Juris, 2011.

OSORIO, Letícia Marques. Diretrizes gerais: introdução. *In*: MATTOS, Liana Portilho (Org.). *Estatuto da Cidade comentado*: Lei nº 10.257, de 10 de julho de 2001. Belo Horizonte: Mandamentos, 2002.

OVIEDO, Carlos García; USEROS, Enrique Martínez. *Derecho administrativo*. 3. ed. Madrid: Eisa, 1951.

PEREIRA, Cesar A. Guimarães. *Usuários de serviços públicos*: usuários, consumidores e os aspectos econômicos dos serviços públicos. São Paulo: Saraiva, 2006.

PEREIRA, Flávio de Leão Bastos. A fundamentalidade do direito à mobilidade urbana. *In*: PIRES, Antonio Cecílio Moreira; PIRES, Lilian Regina Gabriel (Org.). *Mobilidade urbana*: desafios e sustentabilidade. São Paulo: Ponto e Linha, 2016, p. 17-27.

PEREZ, Marcos Augusto. *O risco no contrato de concessão de serviço público*. Belo Horizonte: Fórum, 2006.

PINTO, Victor Carvalho. *Direito urbanístico*: plano diretor e direito de propriedade. São Paulo: Revista dos Tribunais, 2005.

PIRES, Ailton Brasiliense; PINTO, Valeska Peres. Investir no transporte público é uma das respostas à crise econômica atual. *Revista dos Transportes Públicos*, São Paulo, ano 30/31, n. 119/120, 3. e 4. trim. 2008.

POMPEU, Cid Tomanik. *Autorização administrativa*. 2. ed. São Paulo: Revista dos Tribunais, 2007.

REALE, Miguel. *Aplicações da Constituição de 1988*. Rio de Janeiro: Forense, 1990.

REALE, Miguel. *Direito administrativo*: estudos e pareceres. Rio de Janeiro: Forense, 1969.

REVISTA DE DIREITO MUNICIPAL – JN&C. Belo Horizonte, ano III, n. 5, jan./jun. 2001.

REVISTA IBERO-AMERICANA DE DIREITO PÚBLICO – RIADP/IADP. Rio de Janeiro, 2000.

REVISTA MÃO DUPLA. Belo Horizonte: BHTRANS, n. 90, ago. 2011. Edição especial.

RIGOLIN, Ivan. Micro e Pequenas empresas em licitação: a Lei Complementar nº 123, de 14.12.2006: comentários aos artigos 42 a 49. *RDA*, n. 14, p. 186-201, fev. 2007.

RIVERO, Jean. *Droit administratif*. Trad. Rogério Ehrardt Soares. Coimbra: Almedina, 1981.

RIZZARDO, Arnaldo. *Comentários ao Código de Trânsito brasileiro*. 3. ed. São Paulo: Revista dos Tribunais, 2001.

ROCHA, Carmen Lúcia Antunes. *Princípios constitucionais da Administração Pública*. Belo Horizonte: Del Rey, 1994.

RODRIGUES, Silvio. *Direito civil*. 19. ed. São Paulo: Saraiva, 2002. v. 4.

ROSA, João Guimarães. *Primeiras histórias*. Rio de Janeiro: Nova Fronteira, 2005. Sorôco, sua mãe, sua filha.

SARLET, Ingo Wolfgang, Os Direitos Sociais como Direitos Fundamentais: contributo para um balanço aos vinte anos da Constituição Federal de 1988. Disponível em: http://www.stf.jus.br/arquivo/cms/processoAudienciaPublicaSaude/anexo/artigo_Ingo_DF_sociais_PETROPOLIS_final_01_09_08.pdf. Acesso em: 26 fev. 2017.

SASSEN, S. *La Ville Globale*: New York, Londres, Tokyo. Paris: Descartes & Cie, 1996.

SILVA, De Plácido e. *Vocabulário jurídico*. 27. ed. Rio de Janeiro: Forense, 2006.

SILVA, Fernando Quadros da. *Agências reguladoras*: a sua independência e o princípio do Estado Democrático. Curitiba: Juruá, 2005.

SILVA, João Baptista da. *Código de Trânsito brasileiro explicado*. Belo Horizonte: O Lutador, 1999.

SILVA, José Afonso da. *Comentário contextual à Constituição*. 2. ed. São Paulo: Malheiros, 2006.

SILVA, José Afonso da. *Curso de direito constitucional positivo*. 26. ed. São Paulo: Malheiros, 2006.

SOTO, Hernando de. *O mistério do capital*. Rio de Janeiro: Record, 2001.

SOUTO, Marcos Juruena Villela. *Desestatização, privatização, concessões, terceirizações e regulação*. 4. ed. Rio de Janeiro: Lumen Juris, 2001.

SOUTO, Marcos Juruena Villela. *Desestatização*: privatização, concessões e terceirizações. 2. ed. Rio de Janeiro: Lumen Juris, 1999.

SOUTO, Marcos Juruena Villela. *Direito administrativo das concessões*. 5. ed. Rio de Janeiro: Lumen Juris, 2004.

SOUZA, Horácio Augusto Mendes Souza. *Regulação jurídica do transporte rodoviário de passageiros*. Rio de Janeiro: Lumen Juris, 2003.

SPONVILLE, André-Comte. *O pequeno tratado das grandes virtudes*. Trad. Eduardo Brandão. São Paulo: Martins Fontes, 1999.

STUBER, Walter Douglas. *O financiamento de projetos no Brasil e a lei de concessões*. M. Limonad, 1996.

SUNDFELD, Carlos Ari. *Direito administrativo ordenador*. São Paulo: Malheiros, 1993.

SUNDFELD, Carlos Ari. *Fundamentos de direito público*. 5. ed. São Paulo: Malheiros, 2010.

SUNDFELD, Carlos Ari. Serviços públicos e regulação estatal. *In*: SUNDFELD, Carlos Ari. *Direito administrativo econômico*. São Paulo: Malheiros, 2000.

TAVARES, André Ramos. *Curso de direito constitucional*. 7. ed. São Paulo: Saraiva, 2009.

TEIXEIRA, Ana Carolina Wanderley. *Região metropolitana*: instituição e gestão contemporânea: dimensão participativa. 2. ed. Belo Horizonte: Fórum, 2009.

TELLES JUNIOR, Goffredo. *O povo e o poder*: "todo poder emana do povo e em seu nome será exercido". 2. ed. rev. São Paulo: J. de Oliveira, 2006.

TEMER, Michel. *Elementos de direito constitucional*. 16. ed. São Paulo: Malheiros.

UNES, Flávio. *Regulação, fiscalização e sanção*: fundamentos e requisitos da delegação do exercício do poder de polícia administrativa a particulares. Belo Horizonte: Fórum, 2013.

VASCONCELOS, Eduardo A. O custo social da motocicleta no Brasil. *Revista dos Transportes Públicos*, ano 30/31, p. 127-142, 3. e 4. trim. 2008.

VASCONCELOS, Eduardo Alcântara de. *A cidade, o transporte e o trânsito*. São Paulo: Prolivros, 2005.

VASCONCELOS, Eduardo Alcântara de. *Transporte urbano nos países em desenvolvimento*. 3. ed. São Paulo: Annablume, 2000.

VASCONCELOS, Eduardo Alcântara de. *Transporte urbano, espaço e equidade*: análise das políticas públicas. São Paulo: Annablume, 2001.

VEDEL, George. *Derecho administrativo*. Madrid: Aguilar, 1980. Tradución de la 6ª edición francesa.

VERRONI, José Henrique Zioni. *Tarifa do transporte público urbano por ônibus*: uma contribuição para determinação de seu valor. Campinas, 2006.

WOLKMER, Antonio Carlos. *Pluralismo jurídico*: fundamentos para uma nova cultura no direito. São Paulo: Alfa-Omega, 2001.

WORLD COMISSION ON ENVIRONMENT AND DEVELOPMENT – WCED. *Our Commom Future*. The Brundtland Report. Oxford: Oxford University Press, 1987.

ANEXO

PRESIDÊNCIA DA REPÚBLICA
Casa Civil
Subchefia para Assuntos Jurídicos
LEI Nº 12.587, DE 3 DE JANEIRO DE 2012.

> *Institui as diretrizes da Política Nacional de Mobilidade Urbana; revoga dispositivos dos Decretos-Leis nºs 3.326, de 3 de junho de 1941, e 5.405, de 13 de abril de 1943, da Consolidação das Leis do Trabalho (CLT), aprovada pelo Decreto-Lei nº 5.452, de 1º de maio de 1943, e das Leis nºs 5.917, de 10 de setembro de 1973, e 6.261, de 14 de novembro de 1975; e dá outras providências.*

A PRESIDENTA DA REPÚBLICA Faço saber que o Congresso Nacional decreta e eu sanciono a seguinte Lei:

CAPÍTULO I
DISPOSIÇÕES GERAIS

Art. 1º A Política Nacional de Mobilidade Urbana é instrumento da política de desenvolvimento urbano de que tratam o inciso XX do art. 21 e o art. 182 da Constituição Federal, objetivando a integração entre os diferentes modos de transporte e a melhoria da acessibilidade e mobilidade das pessoas e cargas no território do Município.

Parágrafo único. A Política Nacional a que se refere o *caput* deve atender ao previsto no inciso VII do art. 2º e no §2º do art. 40 da Lei nº 10.257, de 10 de julho de 2001 (Estatuto da Cidade).

Art. 2º A Política Nacional de Mobilidade Urbana tem por objetivo contribuir para o acesso universal à cidade, o fomento e a concretização das condições que contribuam para a efetivação dos princípios, objetivos e diretrizes da política de desenvolvimento urbano, por meio do planejamento e da gestão democrática do Sistema Nacional de Mobilidade Urbana.

Art. 3º O Sistema Nacional de Mobilidade Urbana é o conjunto organizado e coordenado dos modos de transporte, de serviços e de infraestruturas que garante os deslocamentos de pessoas e cargas no território do Município.

§1º São modos de transporte urbano:
I - motorizados; e
II - não motorizados.
§2º Os serviços de transporte urbano são classificados:
I - quanto ao objeto:
a) de passageiros;
b) de cargas;
II - quanto à característica do serviço:

a) coletivo;
b) individual;
III - quanto à natureza do serviço:
a) público;
b) privado.
§3º São infraestruturas de mobilidade urbana:
I - vias e demais logradouros públicos, inclusive metroferrovias, hidrovias e ciclovias;
II - estacionamentos;
III - terminais, estações e demais conexões;
IV - pontos para embarque e desembarque de passageiros e cargas;
V - sinalização viária e de trânsito;
VI - equipamentos e instalações; e
VII - instrumentos de controle, fiscalização, arrecadação de taxas e tarifas e difusão de informações.

Seção I

Das Definições

Art. 4º Para os fins desta Lei, considera-se:
I - transporte urbano: conjunto dos modos e serviços de transporte público e privado utilizados para o deslocamento de pessoas e cargas nas cidades integrantes da Política Nacional de Mobilidade Urbana;
II - mobilidade urbana: condição em que se realizam os deslocamentos de pessoas e cargas no espaço urbano;
III - acessibilidade: facilidade disponibilizada às pessoas que possibilite a todos autonomia nos deslocamentos desejados, respeitando-se a legislação em vigor;
IV - modos de transporte motorizado: modalidades que se utilizam de veículos automotores;
V - modos de transporte não motorizado: modalidades que se utilizam do esforço humano ou tração animal;
VI - transporte público coletivo: serviço público de transporte de passageiros acessível a toda a população mediante pagamento individualizado, com itinerários e preços fixados pelo poder público;
VII - transporte privado coletivo: serviço de transporte de passageiros não aberto ao público para a realização de viagens com características operacionais exclusivas para cada linha e demanda;
VIII - transporte público individual: serviço remunerado de transporte de passageiros aberto ao público, por intermédio de veículos de aluguel, para a realização de viagens individualizadas;
IX - transporte urbano de cargas: serviço de transporte de bens, animais ou mercadorias;
X - transporte motorizado privado: meio motorizado de transporte de passageiros utilizado para a realização de viagens individualizadas por intermédio de veículos particulares;
X - transporte remunerado privado individual de passageiros: serviço remunerado de transporte de passageiros, não aberto ao público, para a realização de viagens individualizadas ou compartilhadas solicitadas exclusivamente por usuários previamente cadastrados em aplicativos ou outras plataformas de comunicação em rede. (Redação dada pela Lei nº 13.640, de 2018)
XI - transporte público coletivo intermunicipal de caráter urbano: serviço de transporte público coletivo entre Municípios que tenham contiguidade nos seus perímetros urbanos;

XII - transporte público coletivo interestadual de caráter urbano: serviço de transporte público coletivo entre Municípios de diferentes Estados que mantenham contiguidade nos seus perímetros urbanos; e

XIII - transporte público coletivo internacional de caráter urbano: serviço de transporte coletivo entre Municípios localizados em regiões de fronteira cujas cidades são definidas como cidades gêmeas.

Seção II
Dos Princípios, Diretrizes e Objetivos da Política Nacional de Mobilidade Urbana

Art. 5º A Política Nacional de Mobilidade Urbana está fundamentada nos seguintes princípios:

I - acessibilidade universal;
II - desenvolvimento sustentável das cidades, nas dimensões socioeconômicas e ambientais;
III - equidade no acesso dos cidadãos ao transporte público coletivo;
IV - eficiência, eficácia e efetividade na prestação dos serviços de transporte urbano;
V - gestão democrática e controle social do planejamento e avaliação da Política Nacional de Mobilidade Urbana;
VI - segurança nos deslocamentos das pessoas;
VII - justa distribuição dos benefícios e ônus decorrentes do uso dos diferentes modos e serviços;
VIII - equidade no uso do espaço público de circulação, vias e logradouros; e
IX - eficiência, eficácia e efetividade na circulação urbana.

Art. 6º A Política Nacional de Mobilidade Urbana é orientada pelas seguintes diretrizes:

I - integração com a política de desenvolvimento urbano e respectivas políticas setoriais de habitação, saneamento básico, planejamento e gestão do uso do solo no âmbito dos entes federativos;
II - prioridade dos modos de transportes não motorizados sobre os motorizados e dos serviços de transporte público coletivo sobre o transporte individual motorizado;
III - integração entre os modos e serviços de transporte urbano;
IV - mitigação dos custos ambientais, sociais e econômicos dos deslocamentos de pessoas e cargas na cidade;
V - incentivo ao desenvolvimento científico-tecnológico e ao uso de energias renováveis e menos poluentes;
VI - priorização de projetos de transporte público coletivo estruturadores do território e indutores do desenvolvimento urbano integrado; e
VII - integração entre as cidades gêmeas localizadas na faixa de fronteira com outros países sobre a linha divisória internacional.
VIII - garantia de sustentabilidade econômica das redes de transporte público coletivo de passageiros, de modo a preservar a continuidade, a universalidade e a modicidade tarifária do serviço. (Incluído pela Lei nº 13.683, de 2018)

Art. 7º A Política Nacional de Mobilidade Urbana possui os seguintes objetivos:

I - reduzir as desigualdades e promover a inclusão social;
II - promover o acesso aos serviços básicos e equipamentos sociais;
III - proporcionar melhoria nas condições urbanas da população no que se refere à acessibilidade e à mobilidade;
IV - promover o desenvolvimento sustentável com a mitigação dos custos ambientais e socioeconômicos dos deslocamentos de pessoas e cargas nas cidades; e
V - consolidar a gestão democrática como instrumento e garantia da construção contínua do aprimoramento da mobilidade urbana.

CAPÍTULO II
DAS DIRETRIZES PARA A REGULAÇÃO DOS SERVIÇOS DE TRANSPORTE PÚBLICO COLETIVO

Art. 8º A política tarifária do serviço de transporte público coletivo é orientada pelas seguintes diretrizes:
I - promoção da equidade no acesso aos serviços;
II - melhoria da eficiência e da eficácia na prestação dos serviços;
III - ser instrumento da política de ocupação equilibrada da cidade de acordo com o plano diretor municipal, regional e metropolitano;
IV - contribuição dos beneficiários diretos e indiretos para custeio da operação dos serviços;
V - simplicidade na compreensão, transparência da estrutura tarifária para o usuário e publicidade do processo de revisão;
VI - modicidade da tarifa para o usuário;
VII - integração física, tarifária e operacional dos diferentes modos e das redes de transporte público e privado nas cidades;
~~VIII - articulação interinstitucional dos órgãos gestores dos entes federativos por meio de consórcios públicos; e~~
VIII - articulação interinstitucional dos órgãos gestores dos entes federativos por meio de consórcios públicos; (Redação dada pela Lei nº 13.683, de 2018)
~~IX - estabelecimento e publicidade de parâmetros de qualidade e quantidade na prestação dos serviços de transporte público coletivo.~~
IX - estabelecimento e publicidade de parâmetros de qualidade e quantidade na prestação dos serviços de transporte público coletivo; e (Redação dada pela Lei nº 13.683, de 2018)
X - incentivo à utilização de créditos eletrônicos tarifários. (Incluído pela Lei nº 13.683, de 2018)
§1º (VETADO).
§2º Os Municípios deverão divulgar, de forma sistemática e periódica, os impactos dos benefícios tarifários concedidos no valor das tarifas dos serviços de transporte público coletivo.
§3º (VETADO).
Art. 9º O regime econômico e financeiro da concessão e o da permissão do serviço de transporte público coletivo serão estabelecidos no respectivo edital de licitação, sendo a tarifa de remuneração da prestação de serviço de transporte público coletivo resultante do processo licitatório da outorga do poder público.
§1º A tarifa de remuneração da prestação do serviço de transporte público coletivo deverá ser constituída pelo preço público cobrado do usuário pelos serviços somado à receita oriunda de outras fontes de custeio, de forma a cobrir os reais custos do serviço prestado ao usuário por operador público ou privado, além da remuneração do prestador.
§2º O preço público cobrado do usuário pelo uso do transporte público coletivo denomina-se tarifa pública, sendo instituída por ato específico do poder público outorgante.
§3º A existência de diferença a menor entre o valor monetário da tarifa de remuneração da prestação do serviço de transporte público de passageiros e a tarifa pública cobrada do usuário denomina-se *deficit* ou subsídio tarifário.
§4º A existência de diferença a maior entre o valor monetário da tarifa de remuneração da prestação do serviço de transporte público de passageiros e a tarifa pública cobrada do usuário denomina-se *superavit* tarifário.
§5º Caso o poder público opte pela adoção de subsídio tarifário, o *deficit* originado deverá ser coberto por receitas extratarifárias, receitas alternativas, subsídios orçamentários, subsídios cruzados intrassetoriais e intersetoriais provenientes de outras

categorias de beneficiários dos serviços de transporte, dentre outras fontes, instituídos pelo poder público delegante.

§6º Na ocorrência de *superavit* tarifário proveniente de receita adicional originada em determinados serviços delegados, a receita deverá ser revertida para o próprio Sistema de Mobilidade Urbana.

§7º Competem ao poder público delegante a fixação, o reajuste e a revisão da tarifa de remuneração da prestação do serviço e da tarifa pública a ser cobrada do usuário.

§8º Compete ao poder público delegante a fixação dos níveis tarifários.

§9º Os reajustes das tarifas de remuneração da prestação do serviço observarão a periodicidade mínima estabelecida pelo poder público delegante no edital e no contrato administrativo e incluirão a transferência de parcela dos ganhos de eficiência e produtividade das empresas aos usuários.

§10. As revisões ordinárias das tarifas de remuneração terão periodicidade mínima estabelecida pelo poder público delegante no edital e no contrato administrativo e deverão:

I - incorporar parcela das receitas alternativas em favor da modicidade da tarifa ao usuário;

II - incorporar índice de transferência de parcela dos ganhos de eficiência e produtividade das empresas aos usuários; e

III - aferir o equilíbrio econômico e financeiro da concessão e o da permissão, conforme parâmetro ou indicador definido em contrato.

§11. O operador do serviço, por sua conta e risco e sob anuência do poder público, poderá realizar descontos nas tarifas ao usuário, inclusive de caráter sazonal, sem que isso possa gerar qualquer direito à solicitação de revisão da tarifa de remuneração.

§12. O poder público poderá, em caráter excepcional e desde que observado o interesse público, proceder à revisão extraordinária das tarifas, por ato de ofício ou mediante provocação da empresa, caso em que esta deverá demonstrar sua cabal necessidade, instruindo o requerimento com todos os elementos indispensáveis e suficientes para subsidiar a decisão, dando publicidade ao ato.

Art. 10. A contratação dos serviços de transporte público coletivo será precedida de licitação e deverá observar as seguintes diretrizes:

I - fixação de metas de qualidade e desempenho a serem atingidas e seus instrumentos de controle e avaliação;

II - definição dos incentivos e das penalidades aplicáveis vinculadas à consecução ou não das metas;

III - alocação dos riscos econômicos e financeiros entre os contratados e o poder concedente;

IV - estabelecimento das condições e meios para a prestação de informações operacionais, contábeis e financeiras ao poder concedente; e

V - identificação de eventuais fontes de receitas alternativas, complementares, acessórias ou de projetos associados, bem como da parcela destinada à modicidade tarifária.

Parágrafo único. Qualquer subsídio tarifário ao custeio da operação do transporte público coletivo deverá ser definido em contrato, com base em critérios transparentes e objetivos de produtividade e eficiência, especificando, minimamente, o objetivo, a fonte, a periodicidade e o beneficiário, conforme o estabelecido nos arts. 8º e 9º desta Lei.

Art. 11. Os serviços de transporte privado coletivo, prestados entre pessoas físicas ou jurídicas, deverão ser autorizados, disciplinados e fiscalizados pelo poder público competente, com base nos princípios e diretrizes desta Lei.

Art. 11-A. Compete exclusivamente aos Municípios e ao Distrito Federal regulamentar e fiscalizar o serviço de transporte remunerado privado individual de passageiros previsto no inciso X do art. 4º desta Lei no âmbito dos seus territórios. (Incluído pela Lei nº 13.640, de 2018)

Parágrafo único. Na regulamentação e fiscalização do serviço de transporte privado individual de passageiros, os Municípios e o Distrito Federal deverão observar as seguintes diretrizes, tendo em vista a eficiência, a eficácia, a segurança e a efetividade na prestação do serviço: (Incluído pela Lei nº 13.640, de 2018)

I - efetiva cobrança dos tributos municipais devidos pela prestação do serviço; (Incluído pela Lei nº 13.640, de 2018)

II - exigência de contratação de seguro de Acidentes Pessoais a Passageiros (APP) e do Seguro Obrigatório de Danos Pessoais causados por Veículos Automotores de Vias Terrestres (DPVAT); (Incluído pela Lei nº 13.640, de 2018)

III - exigência de inscrição do motorista como contribuinte individual do Instituto Nacional do Seguro Social (INSS), nos termos da alínea *h* do inciso V do art. 11 da Lei nº 8.213, de 24 de julho de 1991. (Incluído pela Lei nº 13.640, de 2018)

Art. 11-B. O serviço de transporte remunerado privado individual de passageiros previsto no inciso X do art. 4º desta Lei, nos Municípios que optarem pela sua regulamentação, somente será autorizado ao motorista que cumprir as seguintes condições: (Incluído pela Lei nº 13.640, de 2018)

I - possuir Carteira Nacional de Habilitação na categoria B ou superior que contenha a informação de que exerce atividade remunerada; (Incluído pela Lei nº 13.640, de 2018)

II - conduzir veículo que atenda aos requisitos de idade máxima e às características exigidas pela autoridade de trânsito e pelo poder público municipal e do Distrito Federal; (Incluído pela Lei nº 13.640, de 2018)

III - emitir e manter o Certificado de Registro e Licenciamento de Veículo (CRLV); (Incluído pela Lei nº 13.640, de 2018)

IV - apresentar certidão negativa de antecedentes criminais. (Incluído pela Lei nº 13.640, de 2018)

Parágrafo único. A exploração dos serviços remunerados de transporte privado individual de passageiros sem o cumprimento dos requisitos previstos nesta Lei e na regulamentação do poder público municipal e do Distrito Federal caracterizará transporte ilegal de passageiros. (Incluído pela Lei nº 13.640, de 2018)

~~Art. 12. Os serviços públicos de transporte individual de passageiros, prestados sob permissão, deverão ser organizados, disciplinados e fiscalizados pelo poder público municipal, com base nos requisitos mínimos de segurança, de conforto, de higiene, de qualidade dos serviços e de fixação prévia dos valores máximos das tarifas a serem cobradas.~~

Art. 12. Os serviços de utilidade pública de transporte individual de passageiros deverão ser organizados, disciplinados e fiscalizados pelo poder público municipal, com base nos requisitos mínimos de segurança, de conforto, de higiene, de qualidade dos serviços e de fixação prévia dos valores máximos das tarifas a serem cobradas. (Redação dada pela Lei nº 12.865, de 2013)

Art. 12-A. O direito à exploração de serviços de táxi poderá ser outorgado a qualquer interessado que satisfaça os requisitos exigidos pelo poder público local. (Incluído pela Lei nº 12.865, de 2013)

§1º É permitida a transferência da outorga a terceiros que atendam aos requisitos exigidos em legislação municipal. (Incluído pela Lei nº 12.865, de 2013)

§2º Em caso de falecimento do outorgado, o direito à exploração do serviço será transferido a seus sucessores legítimos, nos termos dos arts. 1.829 e seguintes do Título II do Livro V da Parte Especial da Lei nº 10.406, de 10 de janeiro de 2002 (Código Civil). (Incluído pela Lei nº 12.865, de 2013)

§3º As transferências de que tratam os §§1º e 2º dar-se-ão pelo prazo da outorga e são condicionadas à prévia anuência do poder público municipal e ao atendimento dos requisitos fixados para a outorga. (Incluído pela Lei nº 12.865, de 2013)

Art. 12-B. Na outorga de exploração de serviço de táxi, reservar-se-ão 10% (dez por cento) das vagas para condutores com deficiência. (Incluído pela Lei nº 13.146, de 2015) (Vigência)
§1º Para concorrer às vagas reservadas na forma do *caput* deste artigo, o condutor com deficiência deverá observar os seguintes requisitos quanto ao veículo utilizado: (Incluído pela Lei nº 13.146, de 2015) (Vigência)
I - ser de sua propriedade e por ele conduzido; e (Incluído pela Lei nº 13.146, de 2015) (Vigência)
II - estar adaptado às suas necessidades, nos termos da legislação vigente. (Incluído pela Lei nº 13.146, de 2015) (Vigência)
§2º No caso de não preenchimento das vagas na forma estabelecida no *caput* deste artigo, as remanescentes devem ser disponibilizadas para os demais concorrentes. (Incluído pela Lei nº 13.146, de 2015) (Vigência)
Art. 13. Na prestação de serviços de transporte público coletivo, o poder público delegante deverá realizar atividades de fiscalização e controle dos serviços delegados, preferencialmente em parceria com os demais entes federativos.

CAPÍTULO III
DOS DIREITOS DOS USUÁRIOS

Art. 14. São direitos dos usuários do Sistema Nacional de Mobilidade Urbana, sem prejuízo dos previstos nas Leis nºs 8.078, de 11 de setembro de 1990, e 8.987, de 13 de fevereiro de 1995:
I - receber o serviço adequado, nos termos do art. 6º da Lei nº 8.987, de 13 de fevereiro de 1995;
II - participar do planejamento, da fiscalização e da avaliação da política local de mobilidade urbana;
III - ser informado nos pontos de embarque e desembarque de passageiros, de forma gratuita e acessível, sobre itinerários, horários, tarifas dos serviços e modos de interação com outros modais; e
IV - ter ambiente seguro e acessível para a utilização do Sistema Nacional de Mobilidade Urbana, conforme as Leis nºs 10.048, de 8 de novembro de 2000, e 10.098, de 19 de dezembro de 2000.
Parágrafo único. Os usuários dos serviços terão o direito de ser informados, em linguagem acessível e de fácil compreensão, sobre:
I - seus direitos e responsabilidades;
II - os direitos e obrigações dos operadores dos serviços; e
III - os padrões preestabelecidos de qualidade e quantidade dos serviços ofertados, bem como os meios para reclamações e respectivos prazos de resposta.
Art. 15. A participação da sociedade civil no planejamento, fiscalização e avaliação da Política Nacional de Mobilidade Urbana deverá ser assegurada pelos seguintes instrumentos:
I - órgãos colegiados com a participação de representantes do Poder Executivo, da sociedade civil e dos operadores dos serviços;
II - ouvidorias nas instituições responsáveis pela gestão do Sistema Nacional de Mobilidade Urbana ou nos órgãos com atribuições análogas;
III - audiências e consultas públicas; e
IV - procedimentos sistemáticos de comunicação, de avaliação da satisfação dos cidadãos e dos usuários e de prestação de contas públicas.

CAPÍTULO IV
DAS ATRIBUIÇÕES

Art. 16. São atribuições da União:

I - prestar assistência técnica e financeira aos Estados, Distrito Federal e Municípios, nos termos desta Lei;

II - contribuir para a capacitação continuada de pessoas e para o desenvolvimento das instituições vinculadas à Política Nacional de Mobilidade Urbana nos Estados, Municípios e Distrito Federal, nos termos desta Lei;

III - organizar e disponibilizar informações sobre o Sistema Nacional de Mobilidade Urbana e a qualidade e produtividade dos serviços de transporte público coletivo;

IV - fomentar a implantação de projetos de transporte público coletivo de grande e média capacidade nas aglomerações urbanas e nas regiões metropolitanas;

V – (VETADO);

VI - fomentar o desenvolvimento tecnológico e científico visando ao atendimento dos princípios e diretrizes desta Lei; e

VII - prestar, diretamente ou por delegação ou gestão associada, os serviços de transporte público interestadual de caráter urbano.

§1º A União apoiará e estimulará ações coordenadas e integradas entre Municípios e Estados em áreas conurbadas, aglomerações urbanas e regiões metropolitanas destinadas a políticas comuns de mobilidade urbana, inclusive nas cidades definidas como cidades gêmeas localizadas em regiões de fronteira com outros países, observado o art. 178 da Constituição Federal.

§2º A União poderá delegar aos Estados, ao Distrito Federal ou aos Municípios a organização e a prestação dos serviços de transporte público coletivo interestadual e internacional de caráter urbano, desde que constituído consórcio público ou convênio de cooperação para tal fim, observado o art. 178 da Constituição Federal.

Art. 17. São atribuições dos Estados:

I - prestar, diretamente ou por delegação ou gestão associada, os serviços de transporte público coletivo intermunicipais de caráter urbano, em conformidade com o §1º do art. 25 da Constituição Federal;

II - propor política tributária específica e de incentivos para a implantação da Política Nacional de Mobilidade Urbana; e

III - garantir o apoio e promover a integração dos serviços nas áreas que ultrapassem os limites de um Município, em conformidade com o §3º do art. 25 da Constituição Federal.

Parágrafo único. Os Estados poderão delegar aos Municípios a organização e a prestação dos serviços de transporte público coletivo intermunicipal de caráter urbano, desde que constituído consórcio público ou convênio de cooperação para tal fim.

Art. 18. São atribuições dos Municípios:

I - planejar, executar e avaliar a política de mobilidade urbana, bem como promover a regulamentação dos serviços de transporte urbano;

II - prestar, direta, indiretamente ou por gestão associada, os serviços de transporte público coletivo urbano, que têm caráter essencial;

III - capacitar pessoas e desenvolver as instituições vinculadas à política de mobilidade urbana do Município; e

IV – (VETADO).

Art. 19. Aplicam-se ao Distrito Federal, no que couber, as atribuições previstas para os Estados e os Municípios, nos termos dos arts. 17 e 18.

Art. 20. O exercício das atribuições previstas neste Capítulo subordinar-se-á, em cada ente federativo, às normas fixadas pelas respectivas leis de diretrizes orçamentárias, às efetivas disponibilidades asseguradas pelas suas leis orçamentárias anuais e aos imperativos da Lei Complementar nº 101, de 4 de maio de 2000.

CAPÍTULO V
DAS DIRETRIZES PARA O PLANEJAMENTO E GESTÃO DOS SISTEMAS DE MOBILIDADE URBANA

Art. 21. O planejamento, a gestão e a avaliação dos sistemas de mobilidade deverão contemplar:
I - a identificação clara e transparente dos objetivos de curto, médio e longo prazo;
II - a identificação dos meios financeiros e institucionais que assegurem sua implantação e execução;
III - a formulação e implantação dos mecanismos de monitoramento e avaliação sistemáticos e permanentes dos objetivos estabelecidos; e
IV - a definição das metas de atendimento e universalização da oferta de transporte público coletivo, monitorados por indicadores preestabelecidos.

Art. 22. Consideram-se atribuições mínimas dos órgãos gestores dos entes federativos incumbidos respectivamente do planejamento e gestão do sistema de mobilidade urbana:
I - planejar e coordenar os diferentes modos e serviços, observados os princípios e diretrizes desta Lei;
II - avaliar e fiscalizar os serviços e monitorar desempenhos, garantindo a consecução das metas de universalização e de qualidade;
III - implantar a política tarifária;
IV - dispor sobre itinerários, frequências e padrão de qualidade dos serviços;
V - estimular a eficácia e a eficiência dos serviços de transporte público coletivo;
VI - garantir os direitos e observar as responsabilidades dos usuários; e
VII - combater o transporte ilegal de passageiros.

Art. 23. Os entes federativos poderão utilizar, dentre outros instrumentos de gestão do sistema de transporte e da mobilidade urbana, os seguintes:
I - restrição e controle de acesso e circulação, permanente ou temporário, de veículos motorizados em locais e horários predeterminados;
II - estipulação de padrões de emissão de poluentes para locais e horários determinados, podendo condicionar o acesso e a circulação aos espaços urbanos sob controle;
III - aplicação de tributos sobre modos e serviços de transporte urbano pela utilização da infraestrutura urbana, visando a desestimular o uso de determinados modos e serviços de mobilidade, vinculando-se a receita à aplicação exclusiva em infraestrutura urbana destinada ao transporte público coletivo e ao transporte não motorizado e no financiamento do subsídio público da tarifa de transporte público, na forma da lei;
IV - dedicação de espaço exclusivo nas vias públicas para os serviços de transporte público coletivo e modos de transporte não motorizados;
V - estabelecimento da política de estacionamentos de uso público e privado, com e sem pagamento pela sua utilização, como parte integrante da Política Nacional de Mobilidade Urbana;
VI - controle do uso e operação da infraestrutura viária destinada à circulação e operação do transporte de carga, concedendo prioridades ou restrições;
VII - monitoramento e controle das emissões dos gases de efeito local e de efeito estufa dos modos de transporte motorizado, facultando a restrição de acesso a determinadas vias em razão da criticidade dos índices de emissões de poluição;
VIII - convênios para o combate ao transporte ilegal de passageiros; e
IX - convênio para o transporte coletivo urbano internacional nas cidades definidas como cidades gêmeas nas regiões de fronteira do Brasil com outros países, observado o art. 178 da Constituição Federal.

Art. 24. O Plano de Mobilidade Urbana é o instrumento de efetivação da Política Nacional de Mobilidade Urbana e deverá contemplar os princípios, os objetivos e as diretrizes desta Lei, bem como:

I - os serviços de transporte público coletivo;
II - a circulação viária;
III - as infraestruturas do sistema de mobilidade urbana;
III - as infraestruturas do sistema de mobilidade urbana, incluindo as ciclovias e ciclofaixas; (Redação dada pela Lei nº 13.683, de 2018)
IV - a acessibilidade para pessoas com deficiência e restrição de mobilidade;
V - a integração dos modos de transporte público e destes com os privados e os não motorizados;
VI - a operação e o disciplinamento do transporte de carga na infraestrutura viária;
VII - os polos geradores de viagens;
VIII - as áreas de estacionamentos públicos e privados, gratuitos ou onerosos;
IX - as áreas e horários de acesso e circulação restrita ou controlada;
X - os mecanismos e instrumentos de financiamento do transporte público coletivo e da infraestrutura de mobilidade urbana; e
XI - a sistemática de avaliação, revisão e atualização periódica do Plano de Mobilidade Urbana em prazo não superior a 10 (dez) anos.

§1º Em Municípios acima de 20.000 (vinte mil) habitantes e em todos os demais obrigados, na forma da lei, à elaboração do plano diretor, deverá ser elaborado o Plano de Mobilidade Urbana, integrado e compatível com os respectivos planos diretores ou neles inserido.

§2º Nos Municípios sem sistema de transporte público coletivo ou individual, o Plano de Mobilidade Urbana deverá ter o foco no transporte não motorizado e no planejamento da infraestrutura urbana destinada aos deslocamentos a pé e por bicicleta, de acordo com a legislação vigente.

§3º O Plano de Mobilidade Urbana deverá ser integrado ao plano diretor municipal, existente ou em elaboração, no prazo máximo de 3 (três) anos da vigência desta Lei.
§3º O Plano de Mobilidade Urbana deverá ser integrado ao plano diretor municipal, existente ou em elaboração, no prazo máximo de sete anos, contado da data de vigência desta Lei. (Redação dada pela Medida Provisória nº 748, de 2016) Vigência encerrada
§3º O Plano de Mobilidade Urbana deverá ser compatibilizado com o plano diretor municipal, existente ou em elaboração, no prazo máximo de 6 (seis) anos da entrada em vigor desta Lei. (Redação dada pela Lei nº 13.406, de 2016)
§3º O Plano de Mobilidade Urbana será compatibilizado com o plano diretor municipal, existente ou em elaboração, no prazo máximo de sete anos, contado da data de entrada em vigor desta Lei. (Redação dada pela Medida Provisória nº 818, de 2018)
§3º O Plano de Mobilidade Urbana deverá ser compatibilizado com o plano diretor municipal, existente ou em elaboração, no prazo máximo de 6 (seis) anos da entrada em vigor desta Lei. (Redação dada pela Lei nº 13.406, de 2016)

§4º Os Municípios que não tenham elaborado o Plano de Mobilidade Urbana na data de promulgação desta Lei terão o prazo máximo de 3 (três) anos de sua vigência para elaborá-lo. Findo o prazo, ficam impedidos de receber recursos orçamentários federais destinados à mobilidade urbana até que atendam à exigência desta Lei.
§4º Os Municípios que não tenham elaborado o Plano de Mobilidade Urbana até a data de promulgação desta Lei terão o prazo máximo de sete anos, contado da data de sua entrada em vigor, para elaborá-lo. (Redação dada pela Medida Provisória nº 748, de 2016) Vigência encerrada
§4º Os Municípios que não tenham elaborado o Plano de Mobilidade Urbana até a data de promulgação desta Lei terão o prazo máximo de 6 (seis) anos de sua entrada em vigor para elaborá-lo, findo o qual ficam impedidos de receber recursos orçamentários federais destinados à mobilidade urbana, até que atendam à exigência desta Lei. (Redação dada pela Lei nº 13.406, de 2016)
§4º Os Municípios que não tenham elaborado o Plano de Mobilidade Urbana até a data de entrada em vigor desta Lei terão o prazo máximo de sete anos, contado da

~~data de sua entrada em vigor, para elaborá-lo. (Redação dada pela Medida Provisória nº 818, de 2018)~~

§4º Os Municípios que não tenham elaborado o Plano de Mobilidade Urbana até a data de promulgação desta Lei terão o prazo máximo de 7 (sete) anos de sua entrada em vigor para elaborá-lo, findo o qual ficarão impedidos de receber recursos orçamentários federais destinados à mobilidade urbana até que atendam à exigência desta Lei. (Redação dada pela Lei nº 13.683, de 2018)

~~§5º Encerrado o prazo a que se refere o §4º, os Municípios ficam impedidos de receber recursos orçamentários federais destinados à mobilidade urbana até que atendam à exigência estabelecida nesta Lei. (Incluído pela Medida Provisória nº 748, de 2016)~~
Vigência encerrada

§5º O Plano de Mobilidade Urbana deverá contemplar medidas destinadas a atender aos núcleos urbanos informais consolidados, nos termos da Lei nº 13.465, de 11 de julho de 2017. (Incluído pela Lei nº 13.683, de 2018)

~~§6º Os Municípios que descumprirem o prazo previsto no §4º ficarão impedidos de receber recursos federais destinados à mobilidade urbana até que seja elaborado o plano a que refere o *caput*. (Incluído pela Medida Provisória nº 818, de 2018)~~

§6º (VETADO). (Redação dada pela Lei nº 13.683, de 2018)

CAPÍTULO VI

DOS INSTRUMENTOS DE APOIO À MOBILIDADE URBANA

Art. 25. O Poder Executivo da União, o dos Estados, o do Distrito Federal e o dos Municípios, segundo suas possibilidades orçamentárias e financeiras e observados os princípios e diretrizes desta Lei, farão constar dos respectivos projetos de planos plurianuais e de leis de diretrizes orçamentárias as ações programáticas e instrumentos de apoio que serão utilizados, em cada período, para o aprimoramento dos sistemas de mobilidade urbana e melhoria da qualidade dos serviços.

Parágrafo único. A indicação das ações e dos instrumentos de apoio a que se refere o *caput* será acompanhada, sempre que possível, da fixação de critérios e condições para o acesso aos recursos financeiros e às outras formas de benefícios que sejam estabelecidos.

CAPÍTULO VII

DISPOSIÇÕES FINAIS

Art. 26. Esta Lei se aplica, no que couber, ao planejamento, controle, fiscalização e operação dos serviços de transporte público coletivo intermunicipal, interestadual e internacional de caráter urbano.

Art. 27. (VETADO).

Art. 28. Esta Lei entra em vigor 100 (cem) dias após a data de sua publicação.

Brasília, 3 de janeiro de 2012; 191º da Independência e 124º da República.

DILMA ROUSSEFF
Nelson Henrique Barbosa Filho
Paulo Sérgio Oliveira Passos
Paulo Roberto dos Santos Pinto
Eva Maria Cella Dal Chiavon
Cezar Santos Alvarez
Roberto de Oliveira Muniz

Esta obra foi composta em fonte Palatino Linotype, corpo 10
e impressa em papel Super Snowbright 70g (miolo) e Supremo 250g (capa)
pela Rona Editora, em Belo Horizonte/MG.